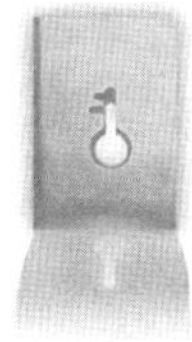

요한계시록
난해문제 집중분석

변동철 지음

쿰란출판사

추천사

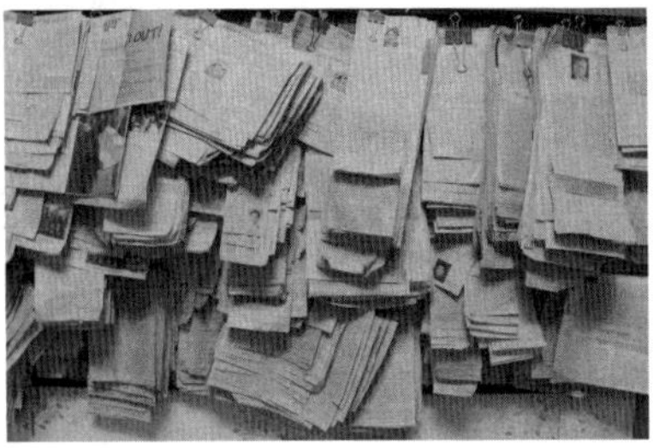

저는 작은 농촌마을에 있는 교회를 섬기는 목사입니다.

제가 추천해서는 도움이 안 될 것인데 오직 하나님만 의지하는 저자의 믿음 때문에 추천 글을 씁니다.

첫째 순수한 믿음의 바탕에서 쓰인 책입니다.

추천서 부탁을 받을 때 저는 변 목사님에게 "추천서란 교계와 사회에서 명성이 있는 분에게 받아야 효력이 있지 나 같은 사람에게 받는 것이 아닙니다"라고 했더니 변 목사님이 그러니까 목사님이 해주어야 한다고 하였습니다.

이처럼 변 목사님은 세상 조건을 바라지 않고 주님만 바라보는 순수한 믿음으로 이 책을 썼습니다.

둘째 새롭고 귀한 내용이 담겨있습니다.

저자인 변 목사님은 늘 배우는 자세로 여러 세미나를 참여하였고 수많은 책과 자료를 15년 넘게 모으고 연구하여 구약의 예수 그리스도 모형을 찾아 예표론 5권을 집필했고, 종말론 시리즈 8권

등 많은 책들을 저술하였습니다.

긴 세월의 기도와 많은 자료를 토대로 저술하였기에 새롭고 귀한 내용이 담겨있습니다.

전에 변 목사님의 옥탑 서재에 갔을 때 오려서 모은 어마한 양의 자료를 보고 감동이 되어 찍어온 사진을 같이 올립니다.

셋째 내용이 검증되었습니다.

이 책을 보고 너무나 유익하여 여러 목사님들을 초청하여 계시록 세미나를 열었고, 또 북방신학교를 운영하는 목사님께도 소개해드려 신학교 교수진을 대상으로 강의도 열었습니다. 반응은 모두 뜨거웠고, 칭찬과 박수가 쏟아졌습니다. 가장 이견이 많은 계시록이 이렇게 검증되어 칭찬과 박수를 받았으니 저 또한 확신 가운데 이 책을 소개할 수 있습니다.

변 목사님의 저서가 이 시대의 전 세계 사역자 분들에게 강력한 말씀의 검으로 무장하는 데 도움이 될 것을 확신하여 기쁜 마음으로 추천합니다.

2015년 4월 16일 새벽

경기도 용인에 있는 화산교회

김영남 목사

추천사

사랑하는 동역자이며 교수이신 변동철 목사님의 발간을 진심으로 축하합니다.

누구나 종말을 입에 담는 시대 상황에 맞추어 종말에 관한 성경의 계시 말씀을 깊이있게 연구하여 성경적이고 논리적인 종말론 시리즈를 집필하여 교계에 내놓았으니 얼마나 소중하고 감사한지요.

상징적이고 예언적인 말씀들의 난해한 문제들을 성경적이고 복음적으로 풀이하기 위해 다양한 자료를 모으고 수많은 책들을 읽으며 씨름한 결과 우리에게 꼭 필요한 책을 주었기에 감사한 마음으로 추천사를 씁니다.

성도들에게는 시대를 분별하며 깨어 있어 예수 그리스도의 거룩한 신부로 단장하도록 깨달음을 주는 책이 되리라 확신하고, 사역자들에게는 주님이 맡겨 주신 교회와 양들을 위해 시대에 맞은 양식을 제공하는 데 유익한 책이 되리라 확신하기에 적극 추천합니다.

Azusa Pacific University(Haggard School of Theology)
실천신학 교수
남가주삼성장로교회
신원규 목사

머리말

저는 신학생 시절부터 요한계시록에 대한 관심이 많아서 다양한 책들을 접했습니다. 그러면서 비유와 상징으로 기록된 요한계시록의 난해 구절들에 대한 확실한 결론을 이끌어내기가 쉽지 않다는 생각 때문에 요한계시록에 대한 연구를 포기하고 지내 왔습니다. 그런데 이 시대가 요한계시록의 말씀을 더 이상 덮어 두기에는 잘못된 해석으로 인해 진리가 왜곡되고 성도들의 영혼이 미혹되어 교회가 아픔을 겪는 사건들이 너무나도 많이 일어나고 있습니다. 따라서 이 시대에 부름 받은 목회자로서 성경의 결론이라고 할 수 있는 요한계시록에 대한 성경적 의미를 체계적으로 정리해야 된다는 시대적 사명감을 체감하게 됩니다.

저는 사단의 거짓 영에 사로잡힌 거짓 선지자의 미혹으로부터 교회를 지키고 진리를 수호하기 위해, 더 나아가서는 성도들이 다시 오실 예수 그리스도를 대망하는 재림신앙으로 무장되어 예수 그리스도의 신부로 단장하는 계기가 될 것을 소망하며 10년의 세월 동안 요한계시록 연구에 몰두하였습니다. 그 결과 요한계시록 1장부터 22장에 이르기까지 다섯 권의 강해집을 집필했고(1권 《일곱 별과 일곱 금촛대:1–3장》, 2권 《일곱 인봉과 일곱 나팔:4–9장》, 3권 《두 증인과 두 짐승:10–14장》, 4권 《일곱 대접과 음녀의 멸망:15–18장》, 5권 《천년왕국과 신천신지:19–22장》), 《요한계시록 난해문제 집중분석》, 《종말론 도표 강해》, 《성경으로 입증한 요한계시록》 등을 집필했습니다. 이제 그동안 집필한 책들이 주님의 몸 된 교회에 유익이 되기를 바라는 마음으로 출판하여 세상에 내어놓습니다.

성경은 점진적 계시로 이루어짐을 믿습니다. 시대에 따라 보다 더 깊고 성경적인 깨달음이 성령 안에서 교회들 위에 성취될 것임을 확신합니다. 저의 글이 있기까지 앞선 선배 목사님들의 연구와 글들이 디딤돌이 되어 주었음에 감사합니다. 이제 이 작은 종의 부족한 글이 또 하나의 디딤돌이 되기를 간절히 바라는 마음으로 이 책을 출판합니다.

이 책이 출판되기까지 은혜의 장중에 붙들어 주신 하나님께 모든 영광을 올려 드립니다. 같은 꿈과 비전을 가지고 기도하며 협력해 주신 동행교회 교우들과 사랑하는 아내와 가족들의 오랜 인내에도 고맙다는 말을 전합니다. 또한 출판을 위해 컴퓨터 입력에 힘써 주신 김명자 권사님과 출판을 위해 기쁜 마음으로 협력해 준 최원영 집사님 가정에도 사랑과 축복의 마음을 전합니다.

부족한 글임에도 추천해 주신 존경하는 선배 목사님들과 출판을 맡아 주신 쿰란출판사 이형규 장로님과 수고해 주신 모든 분들께 진심으로 감사드립니다.

저를 사랑하고, 제가 사랑하는 모든 분들께 하나님의 사랑과 은혜가 충만하길 기원합니다.

2015년 6월 1일

동행교회에서

변동철 목사

차례

4장의 난해문제

5장의 난해문제

6장의 난해문제

7장의 난해문제

8장의 난해문제

9장의 난해문제

10장의 난해문제

11장의 난해문제

12장의 난해문제

1장의 난해문제(難解問題)

문제 1 / 읽는 자, 듣는 자들, 지키는 자들(계 1:3)

문제 2 / 보좌 앞에 일곱 영(계 1:4)

문제 3 / 그를 찌른 자들(계 1:7)

문제 4 / 주(主)의 날(계 1:10)

문제 5 / 일곱 교회의 사자(계 1:20)

Question 문제 1

읽는 자, 듣는 자들, 지키는 자들

"이 예언의 말씀을 읽는 자와 듣는 자들과 그 가운데 기록한 것을 지키는 자들이 복이 있나니 때가 가까움이라"(계 1:3).

1. 읽는 자와(ὁ ἀναγινώσκων: 호 아나기노스콘)

'읽는 자'는 현재 능동태 단수로 관사가 있는 분사다. 이는 회중을 대표해서 성경을 읽는 자를 뜻한다. 당시는 성경이 매우 희귀했기 때문에 모든 회중이 성경을 가질 수 없었다. 그래서 회중을 대표해서 성경을 읽는 직분자가 있었다. 성경을 읽는 직분은 대단히 복된 직분이다. 그러므로 성경을 읽을 수 있다는 것만으로도 복된 자의 반열에 선 것으로 여겨야 한다. 또한 성경을 소유하고 하나님 말씀을 읽을 수 있는 것을 복으로 여겨야 한다. 누구든지 성경을 읽을 수 있는 것만으로도 하나님께 감사해야 할 조건이다. 우리 입술로 우리의 목소리로 거룩하신 하나님의 말씀을 읽을 수 있음이 복된 일이므로 성경 읽기를 기뻐하는 성도가 되길 바란다.

"……제사장 에스라가 율법책을 가지고……회중 앞에 이르러……읽으매 뭇백성이 그 율법책에 귀를 기울였는데"(느 8:2-3).

"그가 왕위에 오르거든 레위 사람 제사장 앞에 보관한 이 율법서를 등사하여 평생에 자기 옆에 두고 읽어서 그 하나님 여호와 경외하기를 배우며 이 율법의 모든 말과 이 규례를 행할 것이라 그리하면 그의 마음이 그 형제 위에 교만하지 아니하고 이 명령에서 떠나 좌로나 우로나 치우치지 아니하리니 이스라엘 중에서 그와 그 자손의 왕위에 있는 날이 장구(長久)하리라"(신 17:18-20).

2. 듣는 자들과(*ὁί ἀκούοντες*: 호이 아쿠온테스)

현재 능동태 복수 관사가 있는 분사로 청중을 뜻한다. 초대 교회 성도들은 자신이 읽을 수 없는 경우라도 하나님 말씀을 듣는 사실만으로도 감사했다. 그리스도인이라는 명칭 하나를 듣기 위해 갖은 고난과 핍박을 감당해야 했던 그들에게 반드시 속히 오리라 하시는 말씀을 듣는 것만으로도 얼마나 큰 위로와 힘이 되었겠는가? 예수님이 속히 오셔서 보응해 주시리라는 약속은 그리스도인답게 살기 위해 생명을 건 성도들에게 큰 용기를 불러일으키는 계시의 말씀이다.

〈은신처〉라는 제목의 영화를 본 일이 있다. 독일군 수용소에 갇힌 유대인 여성들 중에 코리 텐 붐 여사가 있었다. 그 영화는 코리 텐 붐 여사의 간증을 토대로 만들어진 영화였다. 수용소는 힘든 노동과 처참한 의 · 식 · 주로 인해 날마다 사람이 병들어 죽어가는 악몽 같은 현실이었다. 그런데 그중에 코리 텐 붐 여사와 그 언니가 속해 있었다. 믿음의 자매들은 어려운 환경 속에서도 예수님의 사랑과 하나님의 도우심을 믿으며, 작은 한 권의 성경책을 숨겨 가지고 여러 자매들에게 읽어 주며 복음을 증거하였다. 하루하루의 삶이 사선(死線)과도 같은 수용소 생활 속에서 하나님의 말씀을 읽어 주고 들으며 눈물 흘리던 그녀들의 모습이 감동적이었다.

믿음은 하나님의 말씀을 들음으로 말미암는다. 말씀을 들을 때 성령 충만의 은혜가 임한다. 하나님의 말씀에 귀를 기울이고 청종하는 사람에게 하나님의 복이 임한다.

> "그러므로 믿음은 들음에서 나며 들음은 그리스도의 말씀으로 말미암았느니라"(롬 10:17).
> "너희가 거듭난 것이 썩어질 씨로 된 것이 아니요 썩지 아니할 씨로 된 것이라 하나님의 살아 있고 항상 있는 말씀으로 되었느니라"(벧전 1:23).
> "베드로가 이 말 할 때에 성령이 말씀 듣는 모든 사람에게 내려오시니"(행 10:44).
> "너희가 어찌하여 양식 아닌 것을 위하여 은을 달아 주며 배부르게 못할 것을 위하여 수고하느냐 나를 청종하라 그리하면 너희가 좋은 것을 먹을 것이며 너희 마음이 기름진 것으로 즐거움을 얻으리라"(사 55:2).

3. 그 가운데 기록한 것을 지키는 자들이 복이 있나니

'지키는 자들이 복이 있다' 는 말씀은 말씀을 읽는 자나 듣는 자 모두 하나님의 말씀과 예수 그리스도의 복음을 믿고 신앙의 정절을 지키는 자가 되어야 한다는 뜻이다. 요한계시록의 일차적인 수신자는 심한 박해 속에서 신앙을 지키고 있던 소아시아의 일곱 교회 성도들이다. 혹자는 박해가 두려워 배교하고, 혹자는 이교도와 타협함으로 타락했다. 이러한 때에 신앙의 정절을 지키며 고난을 견디고 인내하는 성도들에게 요한계시록의 말씀을 계시해 주심으로 성도들이 끝까지 믿음을 지키며 이길 수 있도록 도우신다.

예수 그리스도의 계시인 요한계시록의 예언의 말씀은 행함 없는 이론이나 공상적인 교리 논쟁을 위한 책이 아니다. 이 말씀은 예수 그리스도의 신부 된 교회들이 사모하면서 읽고, 듣고, 지켜 행함으로 거룩한 신부로 단장하게 하는 복음의 말씀이다.

22장 7절에서도 "이 책의 예언의 말씀을 지키는 자가 복이 있으리라"고 말씀하신다. 요한계시록에 약속된 모든 상은 끝까지 믿음을 지키고 이긴 자에게 주어지는 하늘의 상급이다.

> "네가 장차 받을 고난을 두려워 말라 볼지어다 마귀가 장차 너희 가운데서 몇 사람을 옥에 던져 시험을 받게 하리니 너희가 십 일 동안 환난을 받으리라 네가 죽도록 충성하라 그리하면 내가 생명의 면류관을 네게 주리라"(계 2:10).

Question 문제 2

보좌 앞에 일곱 영

"요한은 아시아에 있는 일곱 교회에 편지하노니 이제도 계시고 전에도 계시고 장차 오실 이와 그 보좌 앞에 일곱 영과"(계 1:4).

'보좌 앞에 있는 일곱 영' 은 성령님을 상징하는 표현이다. 성경에서 '일곱' 이라는 숫자는 영적으로 '충만' 과 '완전' 을 나타내고 있다.

본문에서 성령을 '일곱 영' 이라 표현한 것은 교회를 은혜와 평강으로 인도하심에 부족함이 없으신 성령님의 완전성을 나타낸다. 교회가 성령으로 충만하지 못한 것과 하나님의 은혜와 평강 가운데 거하지 못하는 것은 성령의 능력이 부족해서가 아니라 교회가 믿음에서 있지 못하기 때문이다.

어떤 이들은 '일곱 영' 이 일곱 교회에 보낸 일곱 천사를 가리킨다고 주장하기도 한다. 그러나 일곱 영을 천사로 해석하는 것은 성경적 타당성이 없다. 4-5절 말씀은 성부, 성령, 성자의 이름으로 문안인사를 하는 내용이다.

베드로전서 1장 2절에 보면 베드로 사도가 성부, 성령, 성자의 이름으로 문안하고 있다.

> "하나님 아버지의 미리 아심을 따라 성령의 거룩하게 하심으로 순종함과 예수 그리스도의 피 뿌림을 얻기 위하여 택하심을 입은 자들에게 편지하노니 은혜와 평강이 너희에게 더욱 많을지어다"(벧전 1:2).

처음에 성부 하나님이 등장하고 마지막에 성자 예수님이 나오는데, 중간에 성령이 빠져버리고 대신 천사들이 등장한다면 앞뒤의 흐름이 맞지 않게 된다. 더 나아가 신학적으로 하나님 외에 천사가 교회에 은혜와 평강을 주는 주체가 될 수 없다.

천사는 구원받은 성도들을 섬기며 돕도록 보냄 받은, 하나님이 부리시는 영이다. 성령을 '일곱 영'으로 전하고 있는 것은 일곱이라는 숫자의 완전성과 충족성을 사용하여 은혜와 평강으로 이끄시는 성령 하나님의 충만한 역사하심을 전달하기 위한 상징적 표현이다.

스가랴 3장 9절에서는 예수님을 '일곱 눈을 가진 한 돌'로 계시하고 있다. 스가랴 4장 10절에서는 그 돌이 가지고 있는 '일곱 눈'은 곧 '여호와의 눈'이라고 증거한다. 구약에서부터 성령님의 완전성과 충족성을 '일곱 눈'으로 묘사하고 있는 것이다.

성령이 '보좌 앞에' 계신다 함은 성령이 성부 하나님으로부터 나와 성부의 왕적 권위와 능력과 기타 하나님의 모든 속성을 가지신 삼위 하나님이심을 나타내는 말씀이다.

성자 예수님이 성부 하나님 우편에 앉아 계시다는 표현이나 성령님이 성부 하나님 보좌 앞에 계신다는 표현은, 모두 권위적 속성을 말하고 있는 것이지 방위(方位)의 위치를 말하고 있는 것이 아니다. 하나님은 무소부재(無所不在)하신데 앞뒤 좌우의 방향성을 정한다는 것은 하나님의 속성에 맞지 않는 해석이다.

하나님을 3차원의 시 · 공간에 갇혀 사는 인생의 관점에 맞춰 생각하고 판단할 때, 성경 해석의 벽에 부딪히는 경향이 있다. 과학에서는 우주가 12차원으로 되었다고 주장하기도 한다. 3차원의 세계에 사는 우리가 12차원 밖에서까지 우주만물을 다스리시는 하나님을 표현하기에 한계가 있음을 인정하지 않을 수 없다.

축도할 때도 대부분 고린도후서 13장 13절 말씀인 "주 예수 그리스도의 은혜와 하나님의 사랑과 성령의 교통하심이 너희 무리와 함께 있을지어다" 하고 성삼위 하나님의 이름으로 축도한다. 하나님의 은혜와 평강은 힘으로도 능으로도 되지 아니하고, 오직 성령님의 충난한 역사로 말미암는 것이다.

문제 3 Question

그를 찌른 자들

"볼지어다 구름을 타고 오시리라 각인의 눈이 그를 보겠고 그를 찌른 자들도 볼 터이요 땅에 있는 모든 족속이 그를 인하여 애곡하리니 그러하리라 아멘"(계 1:7).

본문 말씀은 스가랴 선지자의 이상을 배경으로 하고 있다. 스가랴 12장 10절에서는 "내가 다윗의 집과 예루살렘 거민에게 은총과 간구하는 심령을 부어 주리니 그들이 그 찌른 바 그를 바라보고 그를 위하여 애통하기를 독자를 위하여 애통하듯 하며 그를 위하여 통곡하기를 장자를 위하여 통곡하듯 하리로다"라고 증거하고 있다.

구약 시대에 이상을 계시받은 스가랴 선지자가 바라본 모습이나 신약에 계시를 받은 요한 사도가 바라본 예수님의 재림 모습은 모두 각 사람의 눈으로 볼 수 있는 가시적(可視的) 사건임을 보여준다.

예수님의 재림 때 모습은 초림 때 모습처럼 그렇게 초라하고 은밀히 숨은 듯 오시는 것이 아니다. 승리의 주가 되신 예수님의 재림은 천사장의 나팔 소리와 함께 영광 중에 구름을 타시고 모든 인류가 보는 가운데 가시적으로 임하실 것임을 성경은 증거한다.

"주께서 호령과 천사장의 소리와 하나님의 나팔로 친히 하늘로 좇아 강림(降臨)하시리니 그리스도 안에서 죽은 자들이 먼저 일어나고 그 후에 우리 살아남은 자도 저희와 함께 구름 속으로 끌어올려 공중에서 주를 영접하게 하시리니 그리하여 우리가 항상 주와 함께 있으리라" (살전 4:16-17).

"사람들이 너희에게 말하되 보라 그리스도가 광야에 있다 하여도 나가지 말고 보라 골방에 있다 하여도 믿지 말라 번개가 동편에서 나서 서편까지 번쩍임같이 인자의 임함도 그러하리라……그때에 인자의 징조가 하늘에서 보이겠고 그때에 땅의 모든 족속들이 통곡하며 그들이 인자가 구름을 타고 능력과 큰 영광으로 오는 것을 보리라 저가 큰 나팔소리와 함께 천사들을 보내리니 저희가 그 택하신 자들을 하늘 이 끝에서 저 끝까지 사방에서 모으리라"(마 24:26-31).

현재는 오직 그리스도인들만이 예수 그리스도의 재림을 사실로 인식하고 믿음으로 받아들이지만, 예수 그리스도가 다시 오시는 재림의 날에는 그리스도인뿐만 아니라 모든 민족, 모든 육체가 예수 그리스도의 재림을 바라보고 알게 될 것이다.

"그를 찌른 자들도 볼 터이요"라는 말은 예수 그리스도를 인정하지 아니하고 도리어 주님의 몸 된 교회를 핍박하고 성도들을 박해하는 사람들도 자기들의 눈으로 예수 그리스도의 재림을 똑똑히 보게 될 것임을 강조하는 말씀이다. 성도들을 탄압하고 교회를 박해하는 행위는 곧 예수 그리스도를 핍박하고 박해하는 행동임을 지적하는 말씀이다.

바울 사도가 예수님을 만나기 전 아직 사울이었을 때, 성도들을 탄압하고 교회를 박해한 행위는 곧 예수 그리스도 자신을 핍박한 것이라고 말씀하셨다.

사도행전 9장 4절에서 예수님은 성도들을 핍박하는 사울을 향해 "사울아 사울아 네가 어찌하여 나를 핍박하느냐"고 말씀하고 계신다. 예수님은 교회의 머리가 되신다.

> "그는 몸인 교회의 머리라……"(골 1:18).
> "……그를 만물 위에 교회의 머리로 주셨느니라 교회는 그의 몸이니 만물 안에서 만물을 충만케 하시는 자의 충만이니라"(엡 1:22-23).

지금 이 순간에도 주님은 성도들과 함께하시며, 교회를 보호하시고 지켜 주신다. 이 시대에도 우리와 함께하시며 성도들을 핍박하고 교회를 박해하는 사람을 심판하심을 믿어 의심치 말자. 주님이 다시 오시는 그날은 예수 그리스도를 믿지 않고 핍박한 모든 사람들에 대한 총체적 심판의 날이요, 교회에게는 승리와 영광의 날이다. 혹 오늘 고난과 핍박 가운데서 신앙의 정절을 지키며 싸워가는 성도가 있는가? 그날을 사모하며 인내함으로 예수 그리스도의 고난에 참예한 자마다 영광과 기쁨이 넘쳐날 것이다.

> "그리스도의 고난이 우리에게 넘친 것같이 우리의 위로도 그리스도로 말미암아 넘치는도다"(고후 1:5).

Question 문제 4

주(主)의 날

"주의 날에 내가 성령에 감동하여 내 뒤에서 나는 나팔 소리 같은 큰 음성을 들으니"(계 1:10).

'주의 날' 에 대한 해석에는 크게 세 가지 견해가 있다.

1. 여호와의 날로 보는 견해

스코필드(C. I. Scofield), 월부어드(J. F. Walvoord), 팀 라헤이(Tim Lahaye), 세이스(Sayce) 등 일부 세대주의 학자들이 주장하는 견해로, 주의 날이 예수 그리스도께서 심판자로 오시는 날, 즉 '여호와의 날' 곧 미래적인 날(日)로 주장하고 있다.

이 견해는 본문의 계시 흐름에 조화되지 않으므로 성경적 해석이라고 할 수 없다. 계시의 흐름을 파악하기 위해 9-11절 말씀을 읽어보자.

"나 요한은 너희의 형제요 예수의 환난과 나라와 참음에 동참하는 자라 하나님의 말씀과 예수의 증거를 인하여 밧모라 하는 섬에 있었더니 주의 날에 내가 성령에 감동하여 내 뒤에서 나는 나팔 소리 같은 큰 음성을 들으니 가로되 너 보는 것을 책에 써서 에베소, 서머나, 버가모, 두아디라, 사데, 빌라델비아, 라오디게아 일곱 교회에 보내라 하시기로"(계 1:9-11).

이 말씀에 보면, 요한계시록은 사도 요한이 하나님의 말씀과 예수 그리스도의 복음을 증거하다가 밧모라 하는 섬에 유배되어 '주의 날'에 성령의 감동하심을 입어 계시받은 것을 기록하여 아시아의 일곱 교회에 증거한 말씀임을 밝혀 주고 있다. 그런데 본문에 계시되고 있는 '주의 날'을 예수 그리스도의 재림으로 성취될 심판의 날인 '여호와의 날'이라 해석한다면, 사도 요한이 심판의 날인 여호와의 날에 성령의 감동을 받아 요한계시록을 계시받아 기록하고 아시아의 일곱 교회에 편지하여 증거한다는 주장이 되어 계시 흐름에 맞지 않는 오류가 발생하게 된다.

윌리엄 헨드릭슨(William Hendriksen)은 요한계시록 1장 10절의 '주의 날'과 베드로후서 3장 10절의 '주의 날'을 동일시할 이유가 없다고 했다. '주의 날'(계 1:10)은 주님의 부활을 기념하는 뜻으로 지키는 것이며, 이것은 마치 고린도전서 11장 20절에 진술된 바 주님께서 십자가 위에서 죽으신 것을 위해서 주님의 성만찬을 기념하여 지키는 것과 마찬가지라고 주장한다.

세대주의 전천년설자인 비더울프(W. E. Biederwolf)조차 "그러나 말세 때 주의 날로 보는 견해를 뒷받침해 주는 증거는 충분치 못하다. 대부분의 사람들은 여기서의 주의 날이 그 주(週)의 첫째 날이라고 이해하는데, 이것은 매우 적절한 생각이다"라고 하였다. 그러므로 본문의 의미는, 사도 요한이 밧모라는 섬에 유배되어 있던 어느 주일날(안식 후 첫날)에 성령에 감동되어 요한계시록을 계시받아 기록하여 아시아의 일곱 교회에 증거하게 된 사건으로 해석하는 것이 계시 흐름에 조화되는 성경적 해석임을 알 수 있다.

2. 안식일(토요일)로 보는 견해

본문의 '주의 날' 을 구약의 율법이 정하고 있는 '안식일'(토요일)로 보는 견해는 안식교를 비롯한 이단적 교회들이 주장하는 견해다.

안식교의 신○○ 목사는 "주님이 안식일의 주인이라고 하신 이상 안식일의 중요성을 인식해야 한다. 예수님은 너희의 도망하는 일이 겨울에나 안식일에 되지 않도록 기도하라(마 24:20)며 예루살렘의 대멸망과 같은 극한 상황에서도 안식일을 거룩히 지켜야 할 것임을 예언하셨으므로 안식일의 중요성을 인식해야 한다. 사도행전에만 84회의 안식일 준수가 함축되어 있고, 사도 바울도 의식적인 율법인 할례는 한사코 반대했으면서도 안식일은 자신이 먼저 준수하여 솔선수범했다. 기독교가 일요일을 성수 주일로 지키는 것은 일반 자연신교에서 태양을 숭상하게 된 과정과 흡사한 우상숭배적인 예배 현상이다"라고 주장한다.

3. 주의 첫날인 주일(主日)로 보는 견해

개혁주의 신학자들과 전통적 교회에서는 본문의 '주의 날' 을 오늘날의 주의 첫날, 즉 예수님이 부활하신 주일(主日)로 해석한다.

1) 성경이 구약의 율법은 폐하여지고 반드시 변역(變易)될 것임을 선포하고 있다.

> "내가 그 모든 희락과 절기와 월삭과 안식일과 모든 명절을 폐하겠고"(호 2:11).
>
> "전엣 계명이 연약하며 무익하므로 폐하고 (율법은 아무것도 온전케 못할지라) 이에 더 좋은 소망이 생기니 이것으로 우리가 하나님께 가까이 가느니라"(히 7:18-19).
>
> "그 후에 말씀하시기를 보시옵소서 내가 하나님의 뜻을 행하러 왔나이다 하셨으니 그 첫 것을 폐하심은 둘째 것을 세우려 하심이니라 이 뜻을 좇아 예수 그리스도께서 몸을 단번(單番)에 드리심으로 말미암아 우리가 거룩함을 얻었노라"(히 10:9-10).
>
> "그는 우리의 화평이신지라 둘로 하나를 만드사 중간에 막힌 담을 허시고 원수된 것 곧 의문에 속한 계명의 율법을 자기 육체로 폐하셨으니 이는 이 둘로 자기의 안에서 한 새 사람을 지어 화평하게 하시고 또 십자가로 이 둘을 한 몸으로 하나님과 화목하게 하려 하심이라……"(엡 2:14-16).

브루스(F. F. Bruce)는 "복음은 율법과 달라서 하나님께 자유로이 나아가는 길을 열어놓았다는 사실이, 율법이 해낼 수 없었던 그 완전을 복음이 실현시켰다고 주장하는 근거다"라고 말했으며, 박윤선 목사는 "옛 계명이 폐기된 이유는 우리를 하나님으로 더불어 온전케 하지 못했기 때문이며, 탁월한 소망이신 그리스도께서 주시는 구원신앙의 길로만 가능하다"고 하였다.

존 브라운(John Brown)은 "이전의 계명은 연약하여 무익하므로 폐하고(율법은 아무것도 온전케 못할지라), 이제 우리가 하나님께 가까이

가게 하는 더 좋은 소망이 생긴다. 더 좋은 소망은 우리의 대제사장 이신 하나님의 독생자를 믿는 것으로만 가능하다"며 구약의 예언이 폐하고 새로운 소망의 법이 생겼다고 하였다.

예수 그리스도께서 육체를 입으시고 율법 아래 오신 것은 율법 아래 있는 자들을 속량하시고 하나님의 아들의 명분을 얻게 하려 하심이다.

> "때가 차매 하나님이 그 아들을 보내사 여자에게서 나게 하시고 율법 아래 나게 하신 것은 율법 아래 있는 자들을 속량하시고 우리로 아들의 명분을 얻게 하려 하심이라 너희가 아들인 고로 하나님이 그 아들의 영을 우리 마음 가운데 보내사 아바 아버지라 부르게 하셨느니라 그러므로 네가 이후로는 종이 아니요 아들이니 아들이면 하나님으로 말미암아 유업을 이를 자니라"(갈 4:4-7).
>
> "율법과 선지자는 요한의 때까지요 그 후부터는 하나님 나라의 복음이 전파되어 사람마다 그리로 침입하느니라"(눅 16:16).

히브리서 7장 12절에서는 "제사 직분이 변역(變易)한즉 율법도 반드시 변역하리니"라고 증거한다.

구약의 율법에서 지키던 할례의식은 신약에 와서 세례식으로 변하였고, 유월절 의식은 성찬식으로 변개하였으며, 피 흘림의 제사 행위는 예수 그리스도의 이름을 믿음으로 예배하는 예배 행위로 변하여 지켜지고 있는 것처럼, 구약의 율법에서 안식일(토요일)을 거룩히 지키라는 계명을 신약에 와서 안식일의 주인으로 오신 예수 그리스도의 부활의 날인 안식 후 첫날을 주일(主日)로 변역하여 지킴은 지극히 성경적인 믿음의 행위다.

성경이 율법이 폐하여질 것과 변역될 것을 증거하고 있음에도 불구하고 그 마음이 완고하여 아직까지 구약의 율법에 매여 안식일(토요일)을 지킴으로 구원을 받는다고 주장하는 것은, 구약을 볼 때 수건을 쓰고 읽음으로 그 마음이 덮여 예수 그리스도의 복음으로 돌아가지 못하고 율법의 종노릇하는 어리석음을 범하고 있는 것이다.

바울 사도는 이런 자들을 안타까워하며 자세히 설명하여 증거해 주고 있다.

> "우리는 모세가 이스라엘 자손들로 장차 없어질 것의 결국을 주목치 못하게 하려고 수건을 그 얼굴에 쓴 것같이 아니하노라 그러나 저희 마음이 완고하여 오늘까지라도 구약을 읽을 때에 그 수건이 오히려 벗어지지 아니하고 있으니 그 수건은 그리스도 안에서 없어질 것이라 오늘까지 모세의 글을 읽을 때에 수건이 오히려 그 마음을 덮었도다 그러나 언제든지 주께로 돌아가면 그 수건이 벗어지리라 주는 영이시니 주의 영이 계신 곳에는 자유함이 있느니라" (고후 3:13-17).
>
> "이와 같이 우리도 어렸을 때에 이 세상 초등 학문 아래 있어서 종노릇하였더니 때가 차매 하나님이 그 아들을 여자에게서 나게 하시고 율법 아래 나게 하신 것은 율법 아래 있는 자들을 속량하시고 우리로 아들의 명분을 얻게 하려 하심이라 너희가 아들인 고로 하나님이 그 아들의 영을 우리 마음 가운데 보내사 아바 아버지라 부르게 하셨느니라 그러므로 네가 이후로는 종이 아니요 아들이니 아들이면 하나님으로 말미암아 유업을 이를 자니라……이제는 너희가 하나님을 알 뿐더러 하나님의 아신 바 되었거늘 어찌하여 다시 약하고 천한 초등학문으로 돌아가서 다시 저희에게 종노릇 하려 하느냐 너희가 날과 달과 절기와 해를 삼가 지키니 내가 너희를 위하여 수고한 것이 헛될까 두려워하노라" (갈 4:3-11).
>
> "너희가 세례로 그리스도와 함께 장사한 바 되고 또 죽은 자들 가운데

서 그를 일으키신 하나님의 역사를 믿음으로 말미암아 그 안에서 함께 일으키심을 받았느니라 또 너희의 범죄와 육체의 무할례로 죽었던 너희를 하나님이 그와 함께 살리시고 우리에게 모든 죄를 사하시고 우리에게 거스리고 우리를 대적하는 의문에 쓴 증서를 도말(塗抹)하시고 제하여 버리사 십자가에 못 박으시고 정사와 권세를 벗어버려 밝히 드러내시고 십자가로 승리하셨느니라 그러므로 먹고 마시는 것과 절기나 월삭이나 안식일을 인하여 누구든지 너희를 폄론(貶論)하지 못하게 하라 이것들은 장래 일의 그림자이나 몸은 그리스도의 것이니라"(골 2:12-17).

2) 안식일의 주인 되신 예수 그리스도의 가르침

구약의 모든 성경은 예수 그리스도를 증거하는 말씀이다.

"너희가 성경에서 영생을 얻는 줄 생각하고 성경을 상고하거니와 이 성경이 곧 내게 대하여 증거하는 것이로다"(요 5:39).

구약에 나타난 인물이나 사물, 사건, 절기, 월삭, 안식일 등은 모두 예수 그리스도의 모형이요 예표며, 그림자요 상징임을 알 수 있다.

"이에 모세와 및 모든 선지자의 글로 시작하여 모든 성경에 쓴 바 자기에 관한 것을 자세히 설명하시니라"(눅 24:27).
"또 이르시되 내가 너희와 함께 있을 때에 너희에게 말한 바 곧 모세의 율법과 선지자의 글과 시편에 나를 가리켜 기록된 모든 것이 이루어져야 하리라 한 말이 이것이라 하시고 이에 저희 마음을 열어 성경을 깨닫게 하시고"(눅 24:44-45).

구약 율법의 계명인 안식일은 예수 그리스도 안에서 성취될 참 안식의 그림자에 불구하다. 안식일의 실체는 예수님이시다. 실체가 중요한 것이지 그림자가 소중한 것이 아니다.

마태복음 12장 8절 말씀에서 예수님은 친히 안식일의 주인이심을 선포하신다.

> "인자는 안식일의 주인이니라 하시니라"(마 12:8).

안식일의 주인이신 예수님께서는 안식일에도 사람을 고치시고 살리시는 일을 하심으로 율법을 폐하시고 사람들에게 예수 안에서 참 안식과 생명을 얻게 하셨다.

> "안식일에 예수께서 밀밭 사이로 지나가실새 그 제자들이 길을 열며 이삭을 자르니 바리새인들이 예수께 말하되 보시오 저희가 어찌하여 안식일에 하지 못할 일을 하나이까 예수께서 가라사대 다윗이 자기와 및 함께한 자들이 핍절되어 시장할 때에 한 일을 읽지 못하였느냐 그가 아비아달 대제사장 때에 하나님의 전에 들어가서 제사장 외에는 먹지 못하는 진설병을 먹고 함께한 자들에게도 주지 아니하였느냐 또 가라사대 안식일은 사람을 위하여 있는 것이요 사람이 안식일을 위하여 있는 것이 아니니 이러므로 인자는 안식일에도 주인이니라"(막 2:23-28).
>
> "예수께서 다시 회당에 들어가시니 한편 손 마른 사람이 거기 있는지라 사람들이 예수를 송사하려 하여 안식일에 그 사람을 고치시는가 엿보거늘 예수께서 손 마른 사람에게 이르시되 한가운데 일어서라 하시고 저희에게 이르시되 안식일에 선을 행하는 것과 악을 행하는 것, 생명을 구하는 것과 죽이는 것, 어느 것이 옳으냐 하시니 저희가 잠잠하

거늘 저희 마음의 완악함을 근심하사 노하심으로 저희를 둘러보시고 그 사람에게 이르시되 네 손을 내밀라 하시니 그가 내밀매 그 손이 회복되었더라 바리새인들이 나가서 헤롯당과 함께 어떻게 하여 예수를 죽일꼬 의논하니라"(막 3:1-6).

"모세가 너희에게 할례(割禮)를 주었으니 (그러나 할례는 모세에게서 난 것이 아니요 조상들에게서 난 것이라) 그러므로 너희가 안식일에도 사람에게 할례를 주느니라 모세의 율법을 폐하지 아니하려고 사람이 안식일에도 할례를 받는 일이 있거든 내가 안식일에 사람의 전신을 건전케 한 것으로 너희가 나를 노여워하느냐 외모로 판단하지 말고 공의의 판단으로 판단하라 하시니라"(요 7:22-24).

클라크(Clarke)는 "유대인의 안식일이 '주의 날'(계 1:10)로 불리는 그리스도인의 안식일로 변경된 것은, 그리스도가 안식일의 주가 될 뿐만 아니라 그 완성자이심을 표시한다"고 하였다.

박윤선 목사는 "첫째로, 구약 시대의 안식은 계명대로 엿새 동안 힘써 일하고 마지막 날 제7일에 안식하는 법이었다. 그러나 신약시대가 이르자 이 원리는 반대가 되어 7일 중 첫날에 먼저 안식하고 엿새 동안 힘써 일하는 것이다. 이것은 아무 뜻 없이 된 일이 아니다. 주님께서 먼저 구약 시대의 안식의 원리에 따라 모든 율법을 지키시고 죽으시기까지 힘써 일을 하신 열매로, 우리는 그 공로를 힘입어 7일 중 첫날에 안식하게 되는 것이다.

둘째로, 구약 시대의 이 안식일의 원리가 신약 시대에 이르러 7일 중 첫날로 바뀐 것은 초대 교회의 어떤 교중(敎衆)의 회의로 가결되어 실행된 것이 아니라 예수님의 부활하신 일에서 초대 교회가 우주의 새 창조를 느끼게 되어 그것을 기념하려는 데서 그렇게 된 것이다. 새 창조의 기념일은 주님께서 부활하신 날이다"라고 했다.

이상과 같이 안식일의 주인 되시는 예수 그리스도께서 율법의 모든 요구를 완성하시기 위해 십자가를 지시고 피 흘려 죽으시고 무덤에 장사지낸 바 되었다. 이제 예수 그리스도 안에서 부르심을 입은 성도들은 예수 그리스도의 부활하신 그날을 기념하는 '주의 날'(主日)을 지키는 새로운 피조물이 되었다.

> "그리스도의 사랑이 우리를 강권하시는도다 우리가 생각건대 한 사람이 모든 사람을 대신하여 죽었은즉 모든 사람이 죽은 것이라 저가 모든 사람을 대신하여 죽으심은 산자들로 하여금 다시는 저희 자신을 위하여 살지 않고 오직 저희를 대신하여 죽었다가 다시 사신 자를 위하여 살게 하려 함이니라 그러므로 우리가 이제부터는 아무 사람도 육체대로 알지 아니하노라 비록 우리가 그리스도도 육체대로 알았으나 이제부터는 이같이 알지 아니하노라 그런즉 누구든지 그리스도 안에 있으면 새로운 피조물이라 이전 것은 지나갔으니 보라 새것이 되었도다"
> (고후 5:14-17).

본문의 '주의 날'을 구약 율법의 계명인 안식일(토요일) 대신에 주의 첫날인 주일(主日)로 성수하게 된 것은, 부활의 첫 열매가 되신 주님을 기념하는 그리스도인의 바른 삶이며 성경적 신앙이다. '인자는 안식일의 주인'이라는 주님의 말씀을 '안식일을 준수하여야 한다'는 식으로 해석하는 것은 바리새인 같은 율법적 신앙인의 자세며, 아직 성경의 진리를 온전히 깨닫지 못하고 초등학문에 머무는 자의 완고한 주장이다.

3) 초대 교회에서 이미 주일을 지켰다.

예수님의 제자들과 초대 교회 성도들은 예수님이 부활하신 안식 후 첫날을 기념하여 모였음을 성경이 증거해 주고 있다.

> "오순절 날이 이미 이르매 저희가 다 같이 한곳에 모였더니"(행 2:1).

주님의 제자들이 마가 다락방에 모인 오순절 날은 안식일 이튿날인 주의 첫날 곧 지금 교회가 성수(聖守)하는 주일(主日)이다.

> "이스라엘 자손에게 고하여 이르라 너희는 내가 너희에게 주는 땅에 들어가서 너희의 곡물을 거둘 때에 위선 너희의 곡물의 첫 이삭 한 단을 제사장에게로 가져갈 것이요 제사장은 너희를 위하여 그 단을 여호와 앞에 열납되도록 흔들되 안식일 이튿날에 흔들 것이며 너희가 그 단을 흔드는 날에 일 년 되고 흠 없는 수양을 번제로 여호와께 드리고 그 소제로는 기름 섞은 고운 가루 에바 십분 이를 여호와께 드려 화제를 삼아 향기로운 냄새가 되게 하고 전제로는 포도주 힌 사분 일을 쓸 것이며 너희는 너희 하나님께 예물을 가져오는 그날까지 떡이든지 볶은 곡식이든지 생 이삭이든지 먹지 말지니 이는 너희가 그 거하는 각처에서 대대로 지킬 영원한 규례니라 안식일 이튿날 곧 너희가 요제로 단을 가져온 날부터 세어서 칠 안식일의 수효를 채우고 제 칠 안식일 이튿날까지 합 오십 일을 계수하여 새 소제를 여호와께 드리되"(레 23:10-16).

구약의 절기 등이 예수 그리스도의 모형이요 그림자며, 예수님은 그 실체이심을 성경이 증거해 주고 있다. 주님의 제자들이 마가의 다락방에 모였던 오순절 날은 부활하신 예수님께서 보내 주시겠다고 약속하신 성령이 강림하시사 초대 교회가 복음 증거 사역을 능력 있게 감당하는 사건의 성취 날이다.

그 이후 초대 교회 성도들이 모여 예배하며 교제한 날이 주의 첫날인 '주의 날' (계 1:10)인 주일(主日)이었음을 성경이 증거해 주고 있다.

> "안식후 첫날에 우리가 떡을 떼려 하여 모였더니 바울이 이튿날 떠나고자 하여 저희에게 강론할새 말을 밤중까지 계속하매" (행 20:7).
> "매주일 첫날에 너희 각 사람이 이를 얻은 대로 저축하여 두어서 내가 갈 때에 연보를 하지 않게 하라" (고전 16:2).

사도 시대 이후에도 주일에 모여 예배하는 교회의 역사는 계속되어 왔음을 역사는 증거하고 있다.

플리니(pliny)가 트라얀(Trajan) 황제(AD 75)에게 그리스도인들을 고소한 사람들에 대하여 문의한 유명한 서신에 말하기를 "이 그리스도인들은 정한 날(주일) 밝기 전에 모여(그리스도)를 하나님으로 찬양한 후 서로 맹세를 했으니 이는 어떤 음모를 위함이 아니고 다만 도적, 절도, 음란 등을 끊고 신앙을 잃지 말고 진실을 배반치 말자는 것이라"고 했다. 이 서신은 사도(요한) 때의 기록이라고 한다.

이그나티우스(AD 107)는 "괴상한 교훈에 속지 말라. 새 소망에 이른 자는 안식일을 더 지키지 않고 주일을 지킨다"고 하였다.

순교자 유스티노(AD 150)는 말하기를 "일요일에 모든 도시의 사람들은 한곳에 모여서 사도들의 글을 읽으라. 이날이 주님께서 부탁하신 날이다"라고 하였다.

저스틴 말터(AD 160)는 말하기를 "기독인들은 유대인의 절기를 지키지 않고 또한 그들의 안식일을 지키지도 않으며 할례도 행하지 않았다. 그들은 도시나 농촌에 사는 자를 막론하고 모두 일요일로 명령한 날에 성경 봉독, 기도, 권면, 성찬을 위해 모이곤 했다. 그 집회는 일요일에 모였으니 그 이유는 이날이 하나님께서 어두움과 물질을 변케 하여 이 세상을 창조하신 첫째 날인 까닭이요 또한 우리 주님(예수)께서 이날에 부활하셨기 때문이다"라고 하였다.

이레네오(AD 155, 202)는 말하기를 "주님의 부활을 오직 주일날 축하하여라. 이날에만 유월절 떡을 떼어라"라고 하였다.

사도신도(2세기)에도 말하기를 "주일에 어김없이 모여서 하나님을 찬송하며 감사하여라"라고 하였다.

터툴리안(AD 200)은 말하기를 "주일에 어김없이 모여서 하나님을 찬송하며 감사하여라"라고 하였다.

클레멘트(AD 200)도 말하기를 "복음의 명령에 의하여 참 그리스도인은 주일이면 모든 악한 생각을 버리고 선을 소중히 여기며 또한 이날에 주의 부활을 존중시하면서 지킨다"고 하였다.

바나바 서신(2세기 초)에서 말하기를 "우리는 주님이 부활하신 날, 곧 제 8일을 기쁨으로 지키노라"(The Ante-Nicence Father; 제1권 p.147) 그 날에(예수)께서 사망에서 일어나셨다"고 하였다.

가이사랴의 유명한 감독 유세비우스(Eusebias)는 시편 92편의 주석 '안식일에 대한 시 혹은 노래' 라는 제목하에 말하기를 "말씀 곧 (그리스도)는 새 언약으로 말미암아 안식일의 절기를 아침빛으로 전환시켰고 또한 구원하는 주의 날이요 빛의 첫날이니 구주께서 사망을 이기시고 승리하신 날로 이날을 참 안식일의 징조로 우리에게 주셨다. 이 빛의 첫날이며 또한 참 태양인 이날에 우리는 6일간을 지난 후 모여 거룩하고 영적인 안식을 지킨다. 그로 말미암아 구속된 모든 나라들은 세계를 통해 이날에 모이며, 제사장들에게 안식일에 하라고 하신 명령을 영적 율법에 의해 행하는 것이다. 안식일에 의무적으로 할 모든 것을 우리가 주일로 옮겼으니 이는 주일이 더 적당하게 속하기 때문이다. 그 이유는 주일이 우월하고 제일 위에 속하며 유대인의 안식일보다 존중하기 때문이다. 이날에 우리가 반드시 모일 것을 우리에게 전달하셨고 또한 이 모든 것을 행할 증거에 대해 이 시편을 선언한다"고 하였다.

로마 황제인 콘스탄티누스 대제가 325년에 주일 지킬 것을 국법으로 제정했다.

이렇듯 주일성수는 성경적인 증거와 역사적인 확실한 증거를 가지고 있다.

"주일을 지키지 말고 안식일 곧 토요일을 지켜야 구원을 받을 수 있다. 일요일을 주일로 지키는 사람들은 짐승의 표를 가지 자들로서 멸망의 운명에 놓여 있는 자다. 주후 325년에 콘스탄티누스 대제가 일요일 지키는 법률을 제정할 때 하필이면 태양신을 섬기는 날로 정했는가? 이로 보아 일요일 곧 주일을 안식일로 지키는 자는 짐승의 표를 받은 자임이 분명하다"고 주장하는 무리들이 있다. 그들의 주장은 성경과 역사를 모르는 무지를 드러내는 억지 주장이다.

출애굽기 31장 16-17절에 "이와 같이 이스라엘 자손이 안식일을 지켜서 그것으로 대대로 영원한 언약을 삼을 것이니 이는 나와 이스라엘 자손 사이에 영원한 표징이며"라고 증거한다.

여기서 안식일을 지키는 것을 표징으로 삼겠다고 했는데 표징이란 무엇인가? 실체가 있을 것이라는 말이다. 그럼 안식일의 실체는 무엇으로 성취되었는가?

"인자는 안식일의 주인이니라"(마 12:8)고 선포하신 예수 그리스도로 말미암아 성취된 것이다(골 2:16-17). 안식일 제도는 계시의 성취와 함께 그리스도 예수를 중심으로 변동되었다. 구약의 할례 제도는 신약에 와서 그리스도 예수를 중심으로 한 세례(洗禮)로 바뀌었고, 유월절 행사는 성찬(聖餐)으로 바뀐 사실을 볼 수 있다. 이제 더 이상 안식일(표징)에 매여서 실체(예수 그리스도)의 중요성을 망각하고 살아감이 옳다고 고집하지 않기를 바란다.

이제 우리 주님 예수께서 다시 오실 때 주님과 같이 빛난 부활의 몸을 입고, 하나님의 장막에 함께하는 신천신지(新天新地)에서 영원한 안식에 참여하는 그날을 사모하며 기다리는 모든 성도들에게 주님이 주신 평안이 가득하길 바란다.

> "이것을 너희에게 이름은 너희로 내 안에서 평안을 누리게 하려 함이라 세상에서는 너희가 환난을 당하나 담대하라 내가 세상을 이기었노라 하시니라"(요 16:33).

일곱 교회의 사자

"네 본 것은 내 오른손에 일곱 별의 비밀과 일곱 금촛대라 일곱 별은 일곱 교회의 사자요 일곱 금촛대는 일곱 교회니라"(계 1:20).

예수님의 오른손에 붙잡힌 일곱 별에 대해 '일곱 교회의 사자'라고 계시해 주신 본문의 말씀에 대해 여러 가지 견해가 있다.

1. 유대 회당의 우두머리로 보는 견해

1) 주장 내용

유대교 회당에서 '회당의 천사'로 불린 직분들이 교회로 진입한 것으로 보는 견해인데, 라이트풋(Lightfoot), 존 알버트 벵겔(John Albert Bengel), 로버트 터크(Robert Tuck) 등이 지지하는 견해다.

터크는 "이 사자(혹은 천사)라는 명칭은 유대 회당의 우두머리에게 주어졌던 명칭으로 보인다. 항상 '회중의 주교'로 불렸던 이 유대 회당의 우두머리는 회중 전체를 위하여 하나님께 기도를 드리고(회중들은 그의 기도에 대하여 아멘으로 화답하였다) 그들에게 하나님의 말씀을 선포하는 임무를 지니고 있었다. 우리는 초기 기독교 문헌들에 교회의 주교들이나 목회자들이 종종 '사자들'(혹은 천사들)로 지칭되는 것을 찾아볼 수 있다"고 하였다.

2) 문제점

만약 예수님의 오른손에 붙잡힌 '일곱 교회의 사자'를 유대인 회당의 우두머리인 '회중의 주교'로 본다면 이는 요한계시록의 증거 내용과 조화되지 않는 오류가 발생한다. 요한계시록은 유대인의 회당에 보내진 편지가 아니라 아시아의 일곱 교회에 보내진 편지며, 요한계시록에서 그 당시에 초대 교회 성도들을 핍박하는 데 앞장섰던 유대인들에 대해 "자칭 유대인이라 하는 자들을……실상은 사단의 회(會)라"(계 2:10, 3:9) 지칭하고 있다. 그러므로 본문에 계시된 '일곱 교회의 사자'를 유대인 회당의 우두머리인 '회당의 주교'로 보는 견해는 받아들일 수 없는 주장이다.

2. 일곱 교회에서 보내온 사자로 보는 견해

1) 주장 내용

소아시아의 일곱 교회에서 요한에게 또는 요한이 일곱 교회로 본서를 가지고 보낸 사자로 보는 견해인데, 이들의 주장에 따르면, 일곱 교회에 보내는 편지마다 "……교회의 사자에게"로 묘사되고 있음을 볼 때 모든 교회의 사자들이 모여들어 사신(使信)을 받아 자기 교회에 돌아갔다고 생각할 수 있기 때문이라고 한다.

로버트 마운스(Robert H. Mounce)는 "만일 그들이 인간이라면(마 11:10과 기타의 구절들은 이것을 허용한다) 그들은 편지를 가지고 밧모 섬으로 파송된 지역교회들의 높은 지도자들이나 대표자들이다"라고 하였다.

필립 E. 휴스(Philip Edgcumbe Hughes)는 "이 사자들은 어떤 특별한 목적을 위해 보냄을 받은 고린도후서 8장 23절의 여러 교회의 사자 '사도'(헬라어 명사의 '사도'는 문자적으로 '보냄을 받음'이란 의미가 있다) 처럼 각각의 교회가 밧모 섬에 있는 사도 요한을 방문하도록 파송한 일곱 교회의 대표자들이었을 것이다. 이 각각의 사자 또는 사신들에게 요한은 각각의 교회들에게 보내는 편지를 주었을 것이다"라고 주장했다.

로버트슨(A. T. Robertson)은 "여기서 사자들이라 함은 일곱 교회로부터 밧모 섬으로 보내졌거나 요한이 밧모 섬에서 일곱 교회로 보낸 사람들을 말한다(이 두 가지를 모두 의미하는 것으로 볼 수도 있다)"라고 하였다.

2) 문제점

'일곱 교회의 사자'를 일곱 교회에서 사도 요한에게 보낸 사자나 사도 요한이 일곱 교회에 보낸 사자들로 볼 수 없는 이유는, 그 당시 밧모 섬이라는 유배지에 교회의 대표자들이 모이는 것이나 밧모 섬에서 각 교회에 사신을 보낸다는 것은 여건상 불가능했을 것으로 여겨지기 때문이다. 성경 어디에도 그런 의미를 찾을 만한 증거가 없는데 다만 추측만으로 주장하는 견해를 수용하기에는 어려움이 있다.

3. 교회의 의인화(擬人化)로 보는 견해

1) 주장 내용

'일곱 교회의 사자' 를 교회의 정신 내지는 천상적 개념을 좇아 교회에 영향력이 있는 영을 의인화하여 보는 견해다.

스웨트(Swete)는 "이 상징적인 책(요한계시록)에서 교회의 사자는 그 교회의 유력한 영으로 단순히 표현할 수 있다. 따라서 그 교회 자체와 동일시할 수 있다"라고 말했다.

로버트 마운스는 "그러나 가장 만족할 만한 해답은, 교회의 사자란 교회의 지배적인 정신을 의인화한 것이다"라고 하였으며, 에드로만은 "교회의 일반적인 정신(the prevaling spirit), 즉 교회의 특성과 기질과 행동의 의인화"라고 주장하였다.

2) 문제점

계시의 주관자이신 예수님이 일곱 별 곧 일곱 교회의 사자를 그분의 오른손에 붙잡고 일곱 교회 사이에 다니시는 모습을 보았다고 증거하고 있는 사도 요한의 계시의 증거 내용을 볼 때, 본문의 '일곱 교회의 사자' 를 교회의 의인화로 보는 견해는 수긍하기 어려운 주장이다. 예수님이 일곱 교회를 손에 붙잡고 일곱 교회 사이를 거니신다는 중복된 문맥은 오히려 계시의 의미를 더욱 난해하게 만드는 주장이라고 할 수 있다.

4. 교회의 수호천사로 보는 견해

1) 주장 내용

마태복음 18장 10절과 사도행전 12장 13-15절 말씀을 근거하여 각 교회의 수호천사로 보는 견해다.

> "삼가 이 소자 중에 하나도 업신여기지 말라 너희에게 말하노니 저희 천사들이 하늘에서 하늘에 계신 내 아버지의 얼굴을 항상 뵈옵느니라" (마 18:10).
>
> "베드로가 대문을 두드린대 로데라 하는 계집 아이가 영접하러 나왔다가 베드로의 음성인 줄 알고 기뻐하여 문을 미쳐 열지 못하고 달려 들어가 말하되 베드로가 대문 밖에 섰더라 하니 저희가 말하되 네가 미쳤다 하나 계집 아이는 힘써 말하되 참말이라 하니 저희가 말하되 그러면 그의 천사라 하더라"(행 12:13-15).

이 견해는 초대 교회 때부터 내려오는 가장 유력한 학설로 저스틴(Justin), 클레멘트(Clement of Alex), 오리겐(origen) 등 많은 학자들이 주장하는 견해다.

'사자' 에 해당하는 헬라어 '앙겔로이'(ἄγγελοι)는 요한계시록에만 약 70번 정도 나오는데, 개역성경에는 그 가운데 12회가 '천사' 로 번역되고 있다(계 1:20, 2:1, 8, 12, 3:1, 5, 7, 12, 9:11, 12:7, 9).

필립 E. 휴스는 "성경을 통하여 가장 자주 사용되는 것은, 사자(angel)라는 단어가 하나님의 사역자요 전달자(예컨대, 시 103:20 ; 히 1:14 이하)로서 하나님을 섬기는 인간이 아니고 영물인 천사를 언급하는 것인데, 본문과 일곱 편지(2, 3장)에 언급된 교회들의 사자(천사)는 차

치해 두고라도 요한계시록에 있는 70, 또는 그와 비슷하게 천사를 언급하는 것들은 이러한 영물들을 가리킨다"고 하였다.

윌리엄 바클레이(Willam Barclay)는 "히브리 사상에서는 모든 나라마다 그 수호의 천사가 있다고 생각하였다(단 10:13, 21). 예를 들면, 미가엘은 이스라엘을 지키는 천사였다(단 13:1). 또한 사람에게도 각기 수호(守護)하는 천사가 있었다. '로데' 라는 작은 아이가 베드로가 왔다고 전했을 때 사람들은 그녀의 말을 믿지 않고 그것은 '그의 천사' 라고 하였다(행 12:15). 예수님 자신도 어린이를 지키는 천사에 대해 말씀하셨다(마 18:10)"라고 말했다.

2) 문제점

이 견해를 따르면, 사도 요한이 계시받아 기록한 서신을 각 교회의 수호천사에게 보냈다는 결론에 이르게 되는데, 이는 요한계시록의 계시 전달을 증거하고 있는 본서의 증거 내용과 조화되지 못하는 문제점이 드러난다.

요한계시록 1장 1절 말씀은 "예수 그리스도의 계시라 이는 하나님이 그에게 주사 반드시 속히 될 일을 그 종들에게 보이시려고 그 천사를 그 종 요한에게 보내어 지시하신 것이라"고 증거하고 있다.

이 말씀은 계시 순서가 하나님→예수 그리스도→천사→요한→종들의 순서를 통해 교회 성도들에게 전달됨을 보여주고 있다. 그런데 만일 '일곱 교회의 사자' 를 '천사' 로 해석한다면 사도 요한이 천사에게 계시받을 내용들을 기록하여 다시 천사들에게 편지하는 것이 되어버리므로 계시 순서에 오류가 발생하게 된다. 또한 예수님께서 일곱 교회 사자를 오른손에 붙잡고 사용하신다고 계시하고 있는데, 신약에서 복음 전파의 수단으로 천사를 사용한 예가 없으며, 성경 어느 곳에서도 주님이 천사를 붙들어 주셨다는 기록이 없는 점으로 보아 이 견해가 본문의 의미를 제대로 파악하지 못하고 있다고 할 수 있다. 아시아의 일곱 교회에 보내는 편지마다 수신자가 '교회의 사자' 라고 호칭되고 있는데, 이 견해의 주장대로 한다면 각 교회의 죄 때문에 내려지는 경고와 책망의 대상이 천사라는 말이 되는 문제점을 드러내게 된다.

> "모든 천사들은 부리는 영으로서 구원 얻을 후사들을 위하여 섬기라고 보내심이 아니뇨" (히 1:14).
> "이는 실로 천사들을 붙들어 주려 하심이 아니요 오직 아브라함의 자손(子孫)을 붙들어 주려 하심이라" (히 2:16).
> "이 섬긴 바가 자기를 위한 것이 아니요 너희를 위한 것임이 계시로 알게 되었으니 이것은 하늘로부터 보내신 성령을 힘입어 복음을 전하는 자들로 이제 너희에게 고한 것이요 천사들도 살펴보기를 원하는 것이니라" (벧전 1:12).

5. 종말의 추수기(秋收記)에 복음을 전파할 종들로 보는 견해

1) 주장 내용

예수님이 오른손에 붙잡고 있는 '일곱 별 = 일곱 교회의 사자' 는 종말의 추수기에 사명을 감당할 주의 종들로 보는 견해다.

이광복 목사님은 '주의 오른손에 붙잡힌 일곱 별' 이라는 점을 들어볼 때, 소극적으로는 전 교회 시대의 종으로 들 수 있겠으나 넓은 의미로 볼 때 이 책의 성격에 맞는 인 맞은 자의 무리 144,000명이나 두 증인과 같이 다시 전할 영원한 복음을 전파할 추수기의 종들로 본다. 더구나 '주의 오른손에 붙잡힌 바 된 일곱 별'은 헬라어 문법에서 강조적 의미를 나타내는 관사를 지닌 현재분사로 표현되고 있어, 그 종들은 마지막 때의 사역을 감당할 추수의 일꾼들로 본다고 주장하고 있다.

2) 문제점

요한계시록의 일차적 수신자는 초대 교회인 아시아에 있는 일곱 교회다. 그러므로 편지의 수신자인 각 교회의 사자들은 에베소, 서머나, 버가모, 두아디라, 사데, 빌라델비아, 라오디게아 교회를 섬기고 있는 주의 종들임이 당연하다.

요한계시록의 특성상 '일곱'이라는 숫자가 완전을 나타내는 것으로 볼 때 예수님의 오른손에 붙잡힌 '일곱 별=일곱 교회의 사자'는 모든 시대 모든 교회의 종들을 상징한다고 볼 수 있다. 그런데 종말을 강조하려는 마음에서 '일곱 별=일곱 교회의 사자'를 하나님의 인 맞은 144,000의 종들이나 두 증인과 같은 종말의 추수기에 사역할 종들로 주장하는 것은 오히려 본문의 의도에서 벗어난 주장이 될 수 있다.

6. 일곱 교회의 감독으로 보는 견해

1) 주장 내용

'일곱 별은 일곱 교회의 사자'라는 설명에 따라 소아시아 일곱 교회의 지도자인 감독으로 보는 견해로 "대저 제사장의 입술은 지식을 지켜야 하겠고 사람들이 그 입에서 율법을 구하게 되어야 할 것이니 제사장은 만군의 여호와의 사자가 됨이어늘"(말 2:7)이라고 증거하는 말라기 선지자의 말을 인용하고 있다.

래드(G. E. Ladd)는 "이 사실을 두고 많은 주석가들은 사자가 교회의 감독을 뜻한다고 결론을 내린다. 이러한 견해는 신약의 용법과 전혀 맞지 않는다는 사실을 제외하면 좋은 문제 해결이 될 것이다"라고 하였다.

랄프 얼(Ralph Earle)은 "현재의 저자는 사자들이 교회의 지도자들(Pastors)이라는 일반적 견해를 포기하고 싶지 않은데 그들이 그리스도 자신의 손에 붙들려 있다는 엄청난 위로의 사상이다"며 일곱 교회의 사자를 교회의 감독자들로 주장하였다.

2) 문제점

요한계시록의 일차적 수신자가 소아시아의 일곱 교회 사자들이므로 소극적인 측면에서는 아시아의 일곱 교회를 섬기고 있는 감독자들로 볼 수 있다. 그러나 요한계시록의 특성상 '일곱' 이라는 숫자가 '완전' 을 상징하는 숫자이므로 모든 시대 모든 교회를 섬기는 종들로 보는 것이 타당하다.

요한계시록의 계시 주관자이신 예수님이 '알파와 오메가 되신 분' 으로 표현되고 있고, 계시를 받은 사도 요한이 '많은 백성과 나라와 방언과 임금에게 다시 예언해야 할' 것임을 증거 하는 말씀을 통해서도 예수님의 오른손에 붙잡힌 '일곱 교회의 사자' 를 초대 교회 일곱 교회 감독으로 한정지어 해석하는 것이 본문의 계시 의미를 충분히 수용한 해석이라고 하기 어렵다.

이상의 견해들을 살펴본 결과 예수님의 오른손에 붙잡힌 '일곱 별=일곱 교회의 사자' 는 알파와 오메가 되시는 예수 그리스도의 몸 된 교회를 섬기는 종(목회자)들로 보는 것이 가장 적합한 해석이라고 여겨진다.

이 견해는 윌리엄 헨드릭슨, 렌스키(R. C. H. Lenski), 캐논 모리스(Canon L. Morris), 랄프 얼, 모리야마 사도시, 박윤선, 박수암 등 많은 학자들이 지지하는 견해다.

윌리엄 헨드릭슨은 "요한이 본 인자의 오른손에 들고 있는 '일곱 별' 은 일곱 교회의 사자(使者)를 말한다. 사자란 목사나 교역자라는 뜻으로 이해해야 한다. 이들은 주님께서 오른손으로 붙드시고 전권을 행사하시는 주님의 대사요 사신이다. 주께서 이들을 돌보시기 때문에 주님께 순종하고 열매를 맺을 때에는 안전하다" 고 하였다.

박윤선 목사는 "그러므로 일곱 별을 오른손에 잡았다 함은 교회의 사역자들(20절)을 통하여 능력 있게 일하신다는 뜻이다" 라고 해석했다.

2장의 난해문제

문제 1 / 일곱 교회에 대한 해석

문제 2 / 하나님의 낙원에 있는 생명나무의 과실(계 2:7)

Question 문제 1

일곱 교회에 대한 해석

일곱 교회를 해석하는 방법에는 크게 세 가지 견해가 있다.

1. 에베소 교회부터 시작해서 라오디게아 교회까지, 일곱 교회는 교회의 역사 속에 나타난 일곱 시대를 예표한다고 해석하는 견해다.

이 해석 방법을 주장하는 사람들은 아시아의 일곱 교회의 지방에서 통용되던 화폐의 디자인이 일곱 교회의 시대별 상황을 드러내고 있다고 주장한다.

에베소 교회는 사도 시대(나무의 열매, 33~100년, To relex or let go, 긴장을 풀거나 될 대로 되라), 서머나 교회는 순교 시대(면류관, 100~312년, Crushed myrrh, 짓이겨놓은 방부제), 버가모 교회는 로마 국교 시대(사단의 위(뱀), 312~590년, Marriage, 탑과의 결혼), 두아디라 교회는 암흑 시대(주문(呪文), 590~1517년, Mass, 계속적인 제사), 사데 교회는 종교개혁 시대(열린 두루마리, 1517~1750년, Those escaping, 도망쳐 나온 사람들), 빌라델비아 교회는 선교시대(열린문, 1750~1905년, Brothely love, 형제의 사랑), 라오디게아 교회는 종말 시대(닫혀진 문짝, 1905~7년 대환난(휴거시까지), Right of laity, 민권 교회)를 각각 나타내고 있다고 해석한다.

2. 일곱 교회에 보내는 편지의 내용을 전 세계, 전 시대의 교회에게 주시는 말씀으로 보는 견해다.

초대 교회를 포함한 모든 세대의 교회나 신자가 각 교회를 통하여 자아(自我)의 현상을 발견하고, 주님의 말씀에 따라 잘못된 신앙을 회개하고, 교회를 개혁함으로 주님이 원하시는 건강한 신앙과 교회를 회복하도록 하시기 위해 주신 말씀이라고 보는 견해다.

이 견해가 국내외 복음주의적인 학자들에게 가장 보편적으로 받아들여지고 있는 해석 방법이다. 저 역시 이 견해를 지지한다. 그 이유는 각 교회에 보내는 서신의 마지막이 모두 "귀 있는 자는 성령이 교회들에게 하시는 말씀을 들을지어다"로 마치고 있기 때문이며, 요한계시록 마지막 장인 22장 16절에서도 "나 예수는 교회들을 위하여 내 사자들을 보내어 이것들을 너희에게 증거하게 하였노라"라고 계시하고 있기 때문이다.

3. 위의 두 해석을 종합적으로 받아들이는 해석 방법이다.

지역적인 측면에서는 이 편지를 받는 저자 당시의 교회들에게 주신 말씀이면서, 교훈적으로는 모든 시대의 교회들에게 시금석(試金

石)으로 주신 말씀이고, 개인적인 측면에서는 하나님을 듣고 믿음의 싸움에서 '이기는 자' 에게 약속으로 주신 말씀이며, 예언적인 측면에서는 이 책이 기록되던 때부터 종말(終末)의 때까지 교회의 영적인 일곱 가지 양상을 나타내는 말씀으로 보아야 한다는 주장이다. 주님은 초대 교회에 요한계시록을 주시면서 그 당시에 소아시아 지역에 분포되어 있던 교회들 중 일곱 교회를 선택하시고, 각 교회들을 진단하시며 칭찬과 책망과 권면과 언약을 주심으로 건강한 교회를 회복하는 처방전을 써 주셨다.

주님은 모든 시대 모든 교회가 건강한 교회가 되기를 바라신다. 왜냐하면 교회는 주님의 몸이요 지체들이기 때문이며, 주님의 몸 된 교회가 건강해야 하나님 말씀과 예수 그리스도의 복음 증거하는 일을 힘있게 성취해 갈 수 있기 때문이다. 세상 끝까지 복음을 증거하고 하나님 나라를 확장해 가기 위해 각 교회마다 하나님이 주신 은사가 일곱 교회에 내려진 진단과 처방을 통해 장점을 더욱 활용하고 단점을 보완해서 영적 싸움에서 승리하는 교회가 될 수 있기를 바라신다.

> "……그를 만물 위에 교회의 머리로 주셨느니라 교회는 그의 몸이니 만물 안에서 만물을 충만케 하시는 자의 충만이니라" (엡 1:22-23).

문제 2 Question

하나님의 낙원에 있는 생명나무의 과실

"귀 있는 자는 성령이 교회들에게 하시는 말씀을 들을지어다 이기는 그에게는 내가 하나님의 낙원에 있는 생명나무의 과실을 주어 먹게 하리라"(계 2:7).

에베소 교회의 이기는 자에게 약속된 하나님의 낙원에 있는 생명나무의 과실에 대한 해석에는 크게 세 가지 견해가 있다.

1. 천국과 이 세상의 중간지대로 보는 견해

1) 주장 내용

'낙원'(*παράδεισος*: 파라데이소스)은 죽은 의인들이 거처하는 곳으로 하나님 나라에 이르기 전에 머물면서 교훈받고 훈련받는 영혼의 교육장이라고 보는 견해다. 이는 천주교의 연옥설과 흡사한 주장이다.

오리겐(Origen)은 "나는 이렇게 생각한다. 이 세상을 이별하는 모든 성도들은 성서가 낙원이라고 부르는 어떤 지구상의 장소에 남아 있게 되는데 그곳은 하나의 교훈 장소로, 말하자면 교실이나 영혼의 학교라고 할 수 있는 곳이다. 만일 누구든지 그 마음이 참으로 깨끗하고 생각이 거룩하고 지각이 풍부하면 그는 빠른 진전을 보여 공중에 있는 한곳에 이르러 하나님의 나라에 이르게 되는데 이런 곳들도 즉 희랍인들은 공중(sphere)이라 하고 성서에서는 하늘(heaven)이라고 부른 곳을 통하여 이르는 것이다. 궁극적으로 그는 저 하늘나라로 들어가신 그분, 즉 하나님의 아들 예수의 뒤를 따르게 될 것이다"라고 하였다.

터툴리안(Tertulian)이나 필로(Philo) 같은 초대의 위대한 사상가들은 낙원과 천국을 구분하여, 낙원은 중간지대요 훈련장이며 종교적인 영혼들이 하나님의 성전에 들어가기에 알맞게 만들어지는 곳으로 인식하였다. 따라서 이곳에도 이와 같은 아름다운 실과를 인하여 기쁨을 누리며 하나님의 나라에 들어갈 필요를 절실히 느끼게 될 것이라고 한다.

2) 문제점

하나님의 낙원과 그곳에 있는 생명나무 과실에 대한 본문의 계시 내용을 중간지대로 해석하는 것은 본문의 의미를 제대로 파악하지 못한 견해일 뿐만 아니라 성경의 증거에도 맞지 않는 주장이다. 성경 66권 어디에도 죽은 성도들의 영혼이 지구와 하늘나라 중간지대에 들어가 교육받고 훈련받은 뒤 자격이 갖춰지면 하나님 나라에 들어간다고 계시하는 말씀이 없다.

독생자 예수 그리스도를 믿는 성도들은 하나님의 자녀가 되는 권세를 얻고 사후에 하나님 아버지가 계신 천국(낙원)에 들어가며, 믿지 않는 불신자의 영혼은 마귀와 그 사자들을 위해 예비된 유황불이 타고 있는 지옥에 들어간다는 것이 성경의 계시증거다.

> "영접하는 자 곧 그 이름을 믿는 자들에게는 하나님의 자녀가 되는 권세를 주셨으니"(요 1:12).
>
> "하나님이 세상을 이처럼 사랑하사 독생자를 주셨으니 이는 저를 믿는 자마다 멸망치 않고 영생을 얻게 하려 하심이니라"(요 3:16).
>
> "예수께서 가라사대 내가 곧 길이요 진리요 생명이니 나로 말미암지 않고는 아버지께로 올 자가 없느니라"(요 14:6).
>
> "한 부자가 있어 자색 옷과 고운 베옷을 입고 날마다 호화로이 연락하는데 나사로라 이름한 한 거지가 헌데를 앓으며 그 부자의 대문에 누워 부자의 상에서 떨어지는 것으로 배불리려 하매 심지어 개들이 와서 그 헌데를 핥더라 이에 그 거지가 죽어 천사들에게 받들려 아브라함의 품에 들어가고 부자도 죽어 장사되매 저가 음부에서 고통 중에 눈을 들어 멀리 아브라함과 그의 품에 있는 나사로를 보고 불러 가로되 아버지 아브라함이여 나를 긍휼히 여기사 나사로를 보내어 그 손가락 끝에 물을 찍어 내 혀를 서늘하게 하소서 내가 이 불꽃 가운데서 고민하나이다 아브라함이 가로되 얘 너는 살았을 때에 네 좋은 것을 받았고 나사로는 고난을 받았으니 이것을 기억하라 이제 저는 여기서 위로를 받고 너는 고민을 받느니라"(눅 16:19-25).

본문에 계시된 하나님의 낙원에 있는 생명나무의 과실을 약속받는 자는 믿음의 싸움에서 '이기는 자' 임을 간과해서는 안 된다. 믿음으로 모든 시험과 유혹을 뿌리치고 고난과 핍박을 견디고 승리한 성도에게 약속된 본문의 계시 내용을, 교육받고 훈련받는 중간지대로 해석하는 것은 본문을 제대로 파악하지 못한 주장이다.

2. 천년왕국 동안의 에덴 동산의 회복으로 보는 견해

1) 주장 내용

에베소 교회에게 주신 "이기는 그에게는 내가 하나님의 낙원에 있는 생명나무의 과실을 주어 먹게 하리라"(계 2:7)는 약속은 첫 사람 아담으로 말미암은 사망을 마지막 아담이신 예수 그리스도 안에서 영원한 생명으로 인도하시려는 하나님의 긍휼과 사랑이 담긴 의지의 표현으로, 새 창조가 이루어지는 새 하늘과 새 땅의 천년왕국에서는 생명나무도 '만국을 소성(蘇醒)시키기 위하여' (계 22:2) 다시 있게 될 것이라고 주장한다.

2) 문제점

이 견해는 이 땅에서 이루어질 천년왕국과 새 하늘과 새 땅에서 하나님과 더불어 영생복락을 누리게 될 천국을 구분하지 못함으로 본문에 계시된 말씀을 해석하는 데 혼돈을 가져다 준다. 천년왕국은 이 땅을 유혹하던 사단이 사로잡혀 천 년 동안 무저갱에 갇힘으로 이 땅 위에 에덴 동산과 유사한 천 년 동안의 지상낙원이 이루어지는 것을 계시하고 있는 요한계시록 20장 1-6절 말씀의 성취 사건을 말한다.

> "또 내가 보매 천사가 무저갱 열쇠와 큰 쇠사슬을 그 손에 가지고 하늘로서 내려와서 용을 잡으니 곧 옛 뱀이요 마귀요 사단이라 잡아 일천 년 동안 결박하여 무저갱에 던져 잠그고 그 위에 인봉하여 천 년이 차도록 다시는 만국(萬國)을 미혹하지 못하게 하였다가 그 후에는 반드시 잠깐 놓이리라 또 내가 보좌들을 보니 거기 앉은 자들이 있어 심판

하는 권세를 받았더라 또 내가 보니 예수의 증거와 하나님의 말씀을 인하여 목 베임을 받은 자의 영혼들과 또 짐승과 그의 우상에게 경배하지도 아니하고 이마와 손에 그의 표를 받지도 아니한 자들이 살아서 그리스도로 더불어 천 년 동안 왕 노릇 하니 (그 나머지 죽은 자들은 그 천 년이 차기까지 살지 못하더라) 이는 첫째 부활이라 이 첫째 부활에 참예하는 자들은 복이 있고 거룩하도다 둘째 사망이 그들을 다스리는 권세가 없고 도리어 그들이 하나님과 그리스도의 제사장이 되어 천 년 동안 그리스도로 더불어 왕 노릇 하리라" (계 20:1-6).

요한계시록 20장 1-6절 말씀에 계시하고 있는 천년왕국은 이 땅 위에 이루어질 사건으로 요한계시록 21장 이후에 계시되고 있는 영원한 천국을 나타내는 신천신지(新天新地)와는 완전히 다른 사건임을 나타낸다.

요한계시록 20장 1-6절 말씀에 계시된 천년왕국은 구약 이사야 65장에서 예언하고 있는 새 하늘과 새 땅의 성취사건이라 할 수 있다. 이사야 65장 17절 이하에 예언된 새 하늘과 새 땅과 요한계시록 21장 이후에 계시되고 있는 새 하늘과 새 땅은 그 내용이 전혀 다른 사건임을 분별할 수 있어야 한다.

이사야 65장 17절 이하에 예언된 새 하늘과 새 땅에서는 남녀가 가정을 이루어 번성하는 역사가 있고, 죽음이 있으며, 저주가 있음을 증거하고 있다. 하지만 요한계시록 21장 이후에 계시되고 있는 새 하늘과 새 땅에서는 사망이 없고 번성함도 없다. 이사야 65장의 예언과 요한계시록 21장이 계시하고 있는 '새 하늘과 새 땅' 에 대한 분별이 없으므로 천년왕국과 영원한 천국에서 이루어질 사건들을 구분하지 못하고 혼동을 일으키는 주장을 펼치게 되는 것이다.

"보라 내가 새 하늘과 새 땅을 창조하나니 이전 것은 기억되거나 마음에 생각나지 아니할 것이라 너희는 나의 창조하는 것을 인하여 영원히 기뻐하며 즐거워할지니라 보라 내가 예루살렘으로 즐거움을 창조하며 그 백성으로 기쁨을 삼고 내가 예루살렘을 즐거워하며 나의 백성을 기뻐하리니 우는 소리와 부르짖는 소리가 그 가운데서 다시는 들리지 아니할 것이며 거기는 날수가 많지 못하여 죽는 유아와 수한이 차지 못한 노인이 다시는 없을 것이라 곧 백 세에 죽는 자가 아이겠고 백 세 못 되어 죽는 자는 저주받은 것이리라 그들이 가옥을 건축하고 그것에 거하겠고 포도원을 재배하고 열매를 먹을 것이며 그들의 건축한 데 타인이 거하지 아니할 것이며 그들의 재배한 것을 타인이 먹지 아니하리니 이는 내 백성의 수한이 나무의 수한(壽限)과 같겠고 나의 택한 자가 그 손으로 일한 것을 길이 누릴 것임이며 그들의 수고가 헛되지 않겠고 그들의 생산한 것이 재난에 걸리지 아니하리니 그들은 여호와의 복된 자손이요 그 소생도 그들과 함께 될 것임이라 그들이 부르기 전에 내가 응답하겠고 그들이 말을 마치기 전에 내가 들을 것이며 이리와 어린 양이 함께 먹을 것이며 사자가 소처럼 짚을 먹을 것이며 뱀은 흙으로 식물을 삼을 것이니 나의 성산에서는 해함도 없겠고 상함도 없으리라 여호와의 말이니라"(사 65:17-25).

"또 내가 새 하늘과 새 땅을 보니 처음 하늘과 처음 땅이 없어졌고 바다도 다시 있지 않더라 또 내가 보매 거룩한 성 새 예루살렘이 하나님께로부터 하늘에서 내려오니 그 예비한 것이 신부가 남편을 위하여 단장(丹粧)한 것 같더라 내가 들으니 보좌에서 큰 음성이 나서 가로되 보라 하나님의 장막이 사람들과 함께 있으매 하나님이 저희와 함께 거하시리니 저희는 하나님의 백성이 되고 하나님은 친히 저희와 함께 계셔서 모든 눈물을 그 눈에서 씻기시매 다시 사망이 없고 애통하는 것이나 곡하는 것이나 아픈 것이 다시 있지 아니하리니 처음 것들이 다 지나갔음이러라 보좌에 앉으신 이가 가라사대 보라 내가 만물을 새롭게 하노라 하시고 또 가라사대 이 말은 신실하고 참되니 기록하라 하시고 또 내게 말씀하시되 이루었도다 나는 알파와 오메가요 처음과 나중이라 내가 생명수 샘물로 목마른 자에게 값없이 주리니 이기는 자는 이것들을 유업(遺業)으로 얻으리라 나는 저의 하나님이 되고 그는 내 아들이 되리라 그러나 두려워하는 자들과 믿지 아니하는 자들과 흉악한 자들과 살인자들과 행음하는 자들과 술객들과 우상숭배자들과 모든 거짓말 하는 자들은 불과 유황으로 타는 못에 참예하리니 이것이 둘째 사망이라"(계 21:1-8).

요한계시록 2-3장의 아시아의 일곱 교회에 보낸 편지에서 '이기는 자' 에게 약속된 상급은 모두 백보좌 심판 이후에 있을 영원한 천국인 새 하늘과 새 땅에서 받아 누리게 될 것을 나타낸다. 천국은 인간의 공로로 가는 곳이 아니라 하나님의 은혜로 부르심을 받아 믿음을 선물로 받은 사람이 가는 곳임에 틀림없다. 상급의 약속이 '이기는 자' 에게 주어진다는 조건이 붙어 있다고 해서 '새 하늘과 새 땅' 을 영원한 천국으로 볼 수 없다는 주장은 납득하기 어렵다. 믿음을 선물받은 성도라면 반드시 세상을 이기는 자가 될 것임을 성경이 증거하고 있기 때문이다.

"대저 하나님께로서 난 자마다 세상을 이기느니라 세상을 이긴 이김은 이것이니 우리의 믿음이니라 예수께서 하나님의 아들이심을 믿는 자가 아니면 세상을 이기는 자가 누구뇨"(요일 5:4-5).
"누가 우리를 그리스도의 사랑에서 끊으리요 환난이나 곤고나 핍박이나 기근이나 적신(赤身)이나 위험이나 칼이랴 기록된 바 우리가 종일 주를 위하여 죽임을 당케 되며 도살할 양같이 여김을 받았나이다 함과 같으니라 그러나 이 모든 일에 우리를 사랑하시는 이로 말미암아 우리가 넉넉히 이기느니라"(롬 8:35-37).

"저희가 어린 양으로 더불어 싸우려니와 어린 양은 만주의 주시요 만왕의 왕이시므로 저희를 이기실 터이요 또 그와 함께 있는 자들 곧 부르심을 입고 빼내심을 얻고 진실한 자들은 이기리로다"(계 17:14).

천년왕국은 요한계시록 20장 1-6절의 계시 내용의 성취 사건이다. 천년왕국에 들어가려 해도 믿음이 없이는 들어가지 못한다. 천년왕국 동안에 번성하게 될 백성들은 천 년 후에 잠시 놓이게 될 사단의 유혹을 받게 된다. 천년왕국은 아직 죄의 유혹이 미치게 될 미완의 에덴 동산이라고 할 수 있다.

본문에서 '이기는 자' 에게 주시겠다고 약속한 '낙원에 있는 생명나무의 과실' 을 천년왕국에서 부활한 성도들이 그리스도와 더불어 천 년 동안 왕노릇하는 첫째 부활의 축복으로 성취된다는 주장은 수용하기 어려운 문제점을 가지고 있다.

3. 천국에서 누리게 될 영원한 생명의 상징으로 보는 견해

에베소 교회의 사자에게 말한 하나님의 낙원은 하늘과 땅이 다 없어지고 나타날 신천신지(新天新地)의 낙원 곧 천국을 의미하는 것으로, 생명과는 그곳에서 그리스도로 말미암아 누리게 될 영원한 생명으로 보는 견해다.

윌리엄 헨드릭슨은 "이런 승리자에게는 우상 따위에게 바쳐진 제물, 선한 성도들을 음탕한 이방 신의 제사에 끌어들이려고 유혹하는 음식보다 훨씬 좋은 것이 약속되어 있다. 그 약속은 이기는 자에게는 생명나무의 열매를 먹도록 한 것(창 3:22; 계 22:2, 14)이니 이는 천국의 낙원에서 영생을 기업으로 받는 것이다"라고 하였다.

헨드릭슨의 주장이 에베소 교회의 사자에게 보낸 편지에서 "이기는 그에게는 내가 하나님의 낙원에 있는 생명나무의 과실을 주어 먹게 하리라"(계 2:7)는 말씀에 가장 적합한 견해로 받아들여진다.

3장의 난해문제

문제 1 / 열린 문(계 3:8)

문제 2 / 시험의 때를 면하게 하리니(계 3:10)

문제 3 / 하나님 성전의 기둥이 되게 하리니(계 3:12)

Question 문제 1

열린 문

"볼지어다 내가 네 앞에 열린 문을 두었으되 능히 닫을 사람이 없으리라 내가 네 행위를 아노니 네가 적은 능력을 가지고도 내 말을 지키며 내 이름을 배반치 아니하였도다"(계 3:8).

'열린 문'에 대한 해석에는 크게 세 가지 견해가 있다.

1. 선교의 문으로 보는 견해

빌라델비아 도시가 주후 1세기부터 그리스도의 복음을 전파하는 중대한 선교 사역을 담당한 지역인 것을 근거로 '열린 문'이란 교회적으로 복음이 전파되는 선교의 사역을 위한 좋은 기회를 상징하는 것으로 보는 견해다.

랄프 얼은 "그러나 현재 빌라델비아 교회는 예수 그리스도의 복음을 전파하는 더욱 중대한 선교 사역의 소명을 지녔다. 이 사명을 위해 빌라델비아 교회는 적합한 위치를 가졌다. 서머나의 찬란한 항구로 내닫는 도로가 빌라델비아를 가로질렀다. 더욱이 로마에서 멀리 떨어진 동부지방으로 향하는 제국의 우편도로(The Imperial Post Road)가 드로아와 버가모와 두아디라와 사데와 빌라델비아를 통과하였다. ……그러므로 빌라델비아 교회는 종교개혁 이후 기독교 역사의 차기 무대에서 대 세계 선교사업(the great world missionary enterprise)의 상징이 된다"고 하였다.

렌스키는 "주께서 그 교회의 선교 사역을 위한 문을 넓게 열어 주었다. ……사람들에게 복음을 전할 문이 열려진 것을 말한다. ……이와 같이 교회는 선교 사역의 말씀의 권능과 그 이름의 권능을 행사할 문이 열려 있다"고 하였다.

이광복 목사는 "빌라델비아 교회에게 주신 '내가 네 앞에 열린 문을 두었으되' 라는 말씀은, 문자적으로는 도시의 전형적인 위치가 사방으로 교류할 수 있는 센터가 되었듯이 예언적으로는 선교의 문이 활짝 열린 것을 예표하는 것으로 본다"고 하였다.

2. 천국 문으로 보는 견해

예수 그리스도께서 영원한 천국으로 들어가는 문(門)을 열어놓았으므로 닫을 이가 없는 것으로 보는 견해다.

래드(G. E. Ladd)는 "문맥적으로 볼 때 그리스도께서는 하나님 나라에 허락한 절대적인 권세를 가지신 분으로서, 이 사실은 유대인들과의 명백한 싸움에도 불구하고 교회는 종말론적인 하나님의 나라에 들어간다는 약속을 받았음을 뜻할 수 있다. ……이 구절의 문맥을 볼 때 이 견해가 더 옳은 것 같다. 빌라델비아에 있는 유대인들은 교회에 대해서 적극적으로 대적했으며 이스라엘 백성들인 자신들만이 하나님 나라의 문에 접근할 수 있다고 주장했다. 그리스도께서는 유대인들이 교회에 대한 하나님의 문을 닫으려고 하지만 그들의 이

러한 목적은 헛될 뿐이라고 빌라델비아 교회에게 확신시켜 주신다"고 하였다

로버트 H. 마운스는 "7절에서 그 출입을 절대적으로 그리스도가 통제하시는 메시아적 왕국에 대하여 언급하였다. 그분은 열쇠를 소유한 분으로서 마음대로 열고 닫으실 수 있다. 이제 8절에서 그는 그 지역 회당에서 출교를 당했을(9절) 빌라델비아의 그리스도인들에게, 그가 영원한 천국으로 들어가는 문을 열어놓았으므로 아무도 그것을 닫을 수 없다는 사실을 상기시킨다. 회당의 문이야 닫혔든 말든, 메시아의 왕국으로 들어가는 문은 열려 있다"고 주장했다.

저 역시 이 견해를 지지한다. 빌라델비아 교회에게 '열린 문'을 주신 것은 빌라델비아 교회가 적은 능력을 가지고도 주님의 말씀을 지키며 주님을 배반치 아니하였기 때문이라는 사실로 보아, 이는 빌라델비아 교회 성도들에게 '천국 문'을 열어 주심을 확신시켜 주는 말씀으로 봄이 타당하다.

3. 그리스도로 보는 견해

'열린 문'이라는 표현이 "나는 양의 문이라"(요 10:7, 9)는 주님의 말씀을 반영한 것이므로 이 문은 예수 그리스도 자신이라는 견해다.

렌스키는 "몇몇 학자들은 교회가 들어가서 구원을 얻을 문으로 그리스도와 관련시킨다. 요한복음 10장 7, 9절과 관련시킴으로 그 사실을 오해(誤解)한 것이니 주께서 여기 '내가 열린 문이다' 라고 말씀하시지 않으신다"며 이 견해의 오류를 지적하고 있다.

시험의 때를 면하게 하리니

"네가 나의 인내의 말씀을 지켰은즉 내가 또한 너를 지키어 시험의 때를 면하게 하리니 이는 장차 온 세상에 임하여 땅에 거하는 자들을 시험할 때라"(계 3:10).

적은 능력을 가지고도 예수님의 인내의 말씀을 지킨 빌라델비아 교회에게 '내가 너를 지키어 시험의 때를 면하게 하리라' 는 약속을 주신 본문의 계시 내용을 해석함에 있어서는 다음과 같다.

1. 역사적 사실로만 보는 견해

1) 주장 내용

'너를 지키어 시험의 때를 면하게 하리니' 라는 약속을 사도 요한 당시의 빌라델비아 교회의 충성스러운 인내에 대한 보상의 약속으로 이해하여 역사적 사실로만 보는 견해다. 이들의 주장에 의하면, 이 약속은 빌라델비아 교회 이상으로 확대될 수 없다는 주장을 펼치고 있다.

렌스키는 "천년왕국론자들은 이것을 큰 환난 후에 나타날 환희와 관련시킨다. 그러나 이 같은 사상은 빌라델비아 교회에 적용시키기 어려운 것이다. 이 약속은 주후 95년에 기록한 것이고, 주후 95년 이후 이 교회의 말씀을 신실히 지킬 자에 대한 것이다. 여기서 약속은 주후 95년에 이 교회 교인들에게 주신 것이었다. 이 백성들(빌라델비아 교인들)이 천년왕국을 보고 천년왕국의 환희를 맛보기 시작했다는 말인가?" 라고 반문하고 있다.

2) 문제점

본문의 계시 내용을 역사적으로 요한 당시 빌라델비아 교회의 환난받는 성도들에게 국한된 말씀으로만 보는 것은 요한계시록의 계시 의미를 충족시키지 못하는 주장이다. 본문의 내용이 빌라델비아 교회 사자에게 보낸 편지 내용임에는 분명하지만 이 말씀을 빌라델비아 교회에 국한된 말씀으로만 볼 수는 없다. 아시아의 일곱 교회에 보내는 모든 편지의 마침은 "귀 있는 자는 성령이 교회들에게 하시는 말씀을 들을지어다"(계 2:7, 11, 17, 29, 3:6, 13, 22)로 끝을 맺고 있음을 간과해서는 안 된다. 또 22장 16절에서도 "나 예수는 교회들을 위하여 내 사자를 보내어 이것들을 너희에게 증거하게 하였노라……" 라고 증거하고 있다.

본문의 내용은 비록 빌라델비아 교회에게 주어진 약속의 말씀이지만 예수 그리스도의 몸 된 모든 교회에 적용되는 말씀으로 보는 것이 요한계시록의 계시의미에 충실한 해석이 될 것이다. 또 10절에서 시험의 때가 "장차 온 세상에 임하여 땅에 거하는 자들을 시험할 때라" 고 밝혀주고 있으므로 본문의 의도에 충실하기 위해서 "시험의 때를 면하게 하리라"는 약속을 주후 95년경에 있었던 빌라델비아 교회에 국한시키는 역사적 사실로만 보는 해석은 수용하기 어려운 견해다.

2. 영적인 보호로 보는 견해

1) 주장 내용

요한복음 17장 15절에 약속된 예수님의 말씀을 근거로 환난 중에 보호받음은 육체적인 보호가 아니라 영적인 보호를 의미한다고 보는 견해다. 이 견해에 따르면, 본문의 약속은 상징적 의미를 지닌 것으로 이해하게 된다.

로버트 마운스는 "여기서 가르치는 것은 그들은 환난 중에도 보호된다는 것이다. 요한계시록 6장 9-11절의 순교자들에게 들린, 충만한 수가 죽임을 당할 때까지 신원의 때를 기다리라는 명령은, 그 문제가 육체적인 보호가 아님을 암시한다. ……시험의 때는 비기독교 세계 전체에 임할 것이나 신자는 그 시험에서 보호를 받을 터인데, 그리스도께서 그 이전에 나타나서 교회를 세상에서 데려감으로써가 아니라 그가 마귀의 세력에 대항할 수 있는 영적 보호(靈的 保護)를 제공함으로써이다"라고 말한다.

2) 문제점

이는 요한계시록이 장차 반드시 속히 될 일이지 상징적인 사건의 계시가 아님을 염두에 두지 않는 견해다.

'장차 온 세상에 임하여 땅에 거하는 자들을 시험할 때' 는 상징적인 사건이 아니라 장차 역사 속에 성취될 종말적 대환란의 시험의 때를 나타낸다. 그러므로 '시험의 때를 면하게 하리라'는 본문의 약속을 영적인 보호로만 보는 견해는 계시 의미에 충족되지 못하는 문제점을 드러낸다.

3. 환난 전 교회의 휴거로 보는 견해

1) 주장 내용

교회가 종말에 있을 대환란 전에 공중으로 휴거되어 보호를 받게 될 것으로 해석하는 견해로, 세대주의 학파들이 취하는 견해다. 이들은 본문을 환난 전 휴거설의 중요한 근거로 삼는다. 즉 세상에 임할 큰 환난 때에 교회는 휴거될 것이라는 견해다.

2) 문제점

빌라델비아 교회에게 '시험의 때를 면하게 하리라'고 약속하신 말씀은 장차 온 세상에 임하여 땅에 거하는 자들을 시험할 때에 반드시 성취될 것이다. 그렇다면 장차 온 세상에 임하여 땅에 거하는 자들을 시험할 때는 언제로 보아야 하는가?

환난 전 휴거를 주장하는 세대주의 학파들은 그 시점을 장차 종말에 있게 될 7년 대환란 이전이라고 주장한다. 그러나 이는 교회가 환난을 통과한다고 증거하는 성경의 증거들과 조화를 이루지 못하는 문제점이 있다.

> "이 일 후에 내가 보니 각 나라와 족속과 백성과 방언에서 아무라도 능

히 셀 수 없는 큰 무리가 흰 옷을 입고 손에 종려가지를 들고 보좌 앞과 어린 양 앞에 서서 큰 소리로 외쳐 가로되 구원하심이 보좌에 앉으신 우리 하나님과 어린 양에게 있도다 하니……장로 중에 하나가 응답하여 내게 이르되 흰옷 입은 자들이 누구며 또 어디서 왔느뇨 내가 가로되 내 주여 당신이 알리이다 하니 그가 나더러 이르되 이는 큰 환난에서 나오는 자들인데 어린 양의 피에 그 옷을 씻어 희게 하였느니라"(계 7:9-14).

"그때에 사람들이 너희를 환난에 넘겨주겠으며 너희를 죽이리니 너희가 내 이름을 위하여 모든 민족에게 미움을 받으리라 그때에 많은 사람이 시험에 빠져 서로 잡아 주고 서로 미워하겠으며 거짓 선지자가 많이 일어나 많은 사람을 미혹하게 하겠으며 불법이 성하므로 많은 사람의 사랑이 식어지리라 그러나 끝까지 견디는 자는 구원을 얻으리라"(마 24:9-13).

성경 어디에도 교회가 환난을 겪지 않고 7년 대환란 전에 휴거되어 보호받는다는 증거가 없으므로 7년 대환난 전 휴거설은 성경의 지지를 받지 못하는 견해다.

4. 선교 시대에 각종 환난으로부터 보호받을 것으로 보는 견해

1) 주장 내용

빌라델비아 교회는 선교 시대를 예표하므로 선교 시대에 있을 각종 환난으로부터 보호받을 것을 예표하는 것으로 보는 견해다.

이광복 목사는 "빌라델비아 교회에게 주신 '시험의 때를 면하게 하리니' 라는 약속은, 가까이는 요한 당시의 빌라델비아 교회에게 주시는 위로의 말씀이면서도 미래적으로는 빌라델비아 교회는 선교시대를 예표하므로, 선교 시대에 있을 각종 환난으로부터 보호받을 것을 예표하는 것으로 본다" 고 주장한다.

2) 문제점

일단 이 견해는 소아시아의 일곱 교회를 해석함에 있어 각 교회들이 시대적 특성을 지닌 예언적 의미를 지니고 있다는 전제를 갖고 있다.

빌라델비아 교회가 선교 시대를 예표하는 예언적 성격을 지닌 교회라 하더라도 본문에 빌라델비아 교회가 시험의 때를 면하게 되는 시기가 "장차 온 세상에 임하여 땅에 거하는 자들을 시험할 때라" 고 밝히 계시해 주고 있으므로, 선교 시대에 각종 환난으로부터 보호받을 것을 나타낸다고 해석하는 것은 무리가 따르는 주장임을 알 수 있다. 또 한 가지는 선교 시대에 선교의 열매를 풍성히 거두는 것은 환난으로부터 보호받아 환난을 면하게 됨으로 말미암는 것이 아니라 환난과 핍박을 받고 순교함으로 말미암는다는 영적 진리를 외면하는 문제가 있다.

> "성도들의 인내가 여기 있나니 저희는 하나님의 계명과 예수 믿음을 지키는 자라 또 내가 들으니 하늘에서 음성이 나서 가로되 기록하라 자금(自今) 이후로 주 안에서 죽은 자들이 복이 있도다 하시매 성령이 가라사대 그러하다 저희 수고를 그치고 쉬리니 이는 저희의 행한 일이 따름이라 하시더라"(계 14:12-13).
> "내가 진실로 진실로 너희에게 이르노니 한 알의 밀이 땅에 떨어져 죽지 아니하면 한 알 그대로 있고 죽으면 많은 열매를 맺느니라"(요

12:24).

5. 환난 중의 보호로 보는 견해

1) 주장 내용

환난 통과 후 휴거를 주장하는 학파의 견해로 그들은 환난을 받으나 그 안에서 보호를 받는다고 보는데, 구약에서 이스라엘 백성들이 애굽에서 열 가지의 재앙 속에 살고 있었지만 재앙에서 보호를 받았던 것처럼 종말의 성도들도 대환난 동안에 그 환난의 시험으로부터 지킴을 받을 것이라고 주장하는 견해다.

래드는 "비록 교회가 이 최후의 무서운 때에 지상에 있을 것이며 짐승에 의해 심한 박해와 순교를 당할지라도 교회는 이방 세계에 임할 시련의 때는 면할 것이다. 적그리스도의 왕국에 쏟아진 하나님의 진노는 하나님의 백성에게는 해를 끼치지 않을 것이다"라고 해석했다.

이광복 목사는 "빌라델비아 교회에게 주신 이 약속을 대환난 중반기에 하나님의 은혜로 말미암아 보호받게 될 것을 묘사하는 것으로 보는 이유는, 이 책의 내증으로부터 지지받고 있기 때문이다"라며 여러 가지 증거를 들어 이 견해의 타당성을 입증하고 있다.

저 역시 이 견해를 지지한다. 빌리델비아 교회에게 주신 본문의 약속을 7년 대환난의 전 3년 반이 끝나고 후 3년 반이 시작되는 시점에서 성취되는 사건으로 보는 것이 성경의 증거 말씀들과 조화를 이루는 가장 적합한 해석이다.

"그 여자가 광야로 도망하매 거기서 일천이백육십 일 동안 저를 양육하기 위하여 하나님의 예비하신 곳이 있더라"(계 12:6).

"그 여자가 큰 독수리의 두 날개를 받아 광야 자기 곳으로 날아가 거기서 그 뱀의 낯을 피하여 한 때와 두 때와 반 때를 양육받으매"(계 12:14).

"또 짐승이 큰 말과 참람된 말 하는 입을 받고 또 마흔두 달 일할 권세를 받으니라 짐승이 입을 벌려 하나님을 향하여 훼방하되 그의 이름과 그의 장막 곧 하늘에 거하는 자들을 훼방하더라"(계 13:5-6).

"내가 또 보고 들으니 공중에 날아가는 독수리가 큰 소리로 이르되 땅에 거하는 자들에게 화, 화, 화가 있으리로다 이외에도 세 천사의 불 나팔 소리를 인함이로다 하더라"(계 8:13).

"이는 그때에 큰 환난이 있겠음이라 창세로부터 지금까지 이런 환난이 없었고 후에도 없으리라 그날들을 감하지 아니할 것이면 모든 육체가 구원을 얻지 못할 것이나 그러나 택하신 자들을 위하여 그날들을 감하시리라"(마 24:21-22).

하나님 성전의 기둥이 되게 하리니

"이기는 자는 내 하나님 성전에 기둥이 되게 하리니 그가 결코 다시 나가지 아니하리라 내가 하나님의 이름과 하나님의 성 곧 하늘에서 내 하나님께로부터 내려오는 새 예루살렘의 이름과 나의 새 이름을 그이 위에 기록하리라"(계 3:12).

1. 이기는 자는 내 하나님 성전에 기둥이 되게 하리니 그가 결코 다시 나가지 아니하리라

새 하늘과 새 땅 새 예루살렘에는 해도 달도 필요없고 성전도 없다고 요한계시록은 증거한다. 21장 22-23절에 보면, "성안에 성전을 내가 보지 못하였으니 이는 주 하나님 곧 전능하신 이와 및 어린 양이 그 성전이심이라 그 성은 해나 달의 비췸이 쓸데없으니 이는 하나님의 영광이 비취고 어린 양이 그 등이 되심이라"라고 계시하고 있다.

새 하늘과 새 땅 새 예루살렘 성에 성전이 없는데 어떻게 '이기는 자는 내 하나님 성전의 기둥이 되게 하리라' 고 언약하고 있을까?

본문의 말씀은 이기는 자들을 영원히 변하지 않는 하나님 나라의 귀중한 권세자로, 중추적인 직분자로 삼겠다는 은유적인 표현이다.

이 땅의 왕들이 베푸는 직분은 그 왕이 죽거나 물러나면 그 왕에게 선택된 직분자도 그 자리를 내놓고 떠나야 하지만, 만왕의 왕이신 주님으로부터 하나님 나라에서 받는 직분은 영원히 요동치 않는 견고한 권세요, 변하지 않는 직분임을 나타낸다.

인내의 말씀을 굳게 붙잡고 복음 증거하는 일에 충성을 다하며 핍박과 환난을 이기고 승리하는 자들에게는, 만왕의 왕되신 주님이 영원히 다스리실 하늘나라에서 성전의 기둥처럼 중추적인 직분을 부여하시고 주님과 더불어 영원히 다스리는 권세를 가지고 살아가도록 하셨다는 언약의 말씀이다.

> "또 맏아들을 이끌어 세상에 다시 들어오게 하실 때에 하나님의 모든 천사가 저에게 경배할지어다 말씀하시며 또 천사들에 관하여는 그는 그의 천사들을 바람으로, 그의 사역자들을 불꽃으로 삼으시느니라 하셨으되 아들에 관하여는 하나님이여 주의 보좌가 영영하며 주의 나라의 홀(笏)은 공평한 홀이니이다……또 주여 태초에 주께서 땅의 기초를 두셨으며 오늘도 주의 손으로 지으신 바라 그것들은 멸망할 것이나 오직 주는 영존할 것이요 그것들은 다 옷과 같이 낡아지리니 의복처럼 갈아입을 것이요 그것들이 옷과 같이 변할 것이나 주는 여전하여 연대가 다함이 없으리라 하였으나 어느 때에 천사 중 누구에게 내가 네 원수로 네 발등상되게 하기까지 너는 내 우편에 앉았으라 하셨느뇨 모든 천사들은 부리는 영으로서 구원 얻을 후사들을 위하여 섬기라고 보내심이 아니뇨"(히 1:6-14).

2. 내가 하나님의 이름과

"하나님의 이름과 하나님의 성 곧 하늘에서 내 하나님으로부터 내려오는 새 예루살렘의 이름과 나의 새 이름을 그이 위에 기록하리라"는 말씀은 성부, 성자, 성령의 이름으로 세례를 받고 믿음의 싸움을 싸워 승리한 성도들에게 성부, 성자, 성령의 이름으로 인을 쳐서 그들의 다스리는 권세와 신분을 보장하겠다는 언약의 말씀이다. 이기는 자는 하나님 성전의 기둥을 삼고 하나님의 이름을 그 위에 기록하겠다는 것은, 곧 이기는 자는 하늘나라의 귀중한 직분을 주어 다스리는 권세를 주되 하나님의 이름으로 인을 쳐서 그 신분을 보장하겠다는 말씀이다.

고대로부터 사람들은 자기의 소유에 자기 이름을 쓰거나 인장을 찍었다. 특히 고대 신전들의 기둥에는 그것을 지은 왕들의 이름이나 바쳐진 대상의 이름을 새겼다. 느부갓네살 왕은 건축에 쓰이는 벽돌에 자기 이름을 찍었다고 한다. 지금도 붉은 벽돌을 보면 그 만든 회사의 이름이 찍혀 있다. 그 벽돌을 만든 회사가 벽돌마다 회사 이름을 찍었다는 것은 그 벽돌에 대해서는 그 회사 이름을 걸고 품질을 보장하겠다는 것을 인 친 것으로 볼 수 있다.

창세기 41장에 보면, 바로가 요셉을 애굽의 총리로 세우며 그의 인장 반지를 빼어 요셉의 손에 끼워 주는 장면이 증거되고 있다.

> "바로가 또 요셉에게 이르되 내가 너로 애굽 온 땅을 총리하게 하노라 하고 자기의 인장 반지를 빼어 요셉의 손에 끼우고 그에게 세마포 옷을 입히고 금사슬을 목에 걸고 자기에게 있는 버금 수레에 그를 태우매 무리가 그 앞에서 소리지르기를 엎드리라 하더라 바로가 그로 애굽 전국을 총리하게 하였더라"(창 41:41-43).

바로가 자신의 인장 반지를 요셉에게 끼워 준 것은 그의 총리 신분과 다스리는 권세를 보장하는 행동이다. 이와 같이 하나님께서도 이기는 자들에게는 하늘나라에서 다스리는 권세를 주되 하나님의 이름을 인 쳐서 보장하겠다는 언약의 말씀이다.

> "가로되 우리가 우리 하나님의 종들의 이마에 인치기까지 땅이나 바다나 나무나 해하지 말라 하더라"(계 7:3).

3. 하나님의 성 곧 하늘에서 내 하나님께로부터 내려오는 새 예루살렘의 이름과

새 예루살렘의 이름을 새긴다는 것은 성령으로 인 친다는 의미를 갖고 있는 말씀이다. 부활하신 예수님은 제자들에게 "예루살렘을 떠나지 말고 내게 들은 바 아버지의 약속하신 것을 기다리라 요한은 물로 세례를 베풀었으나 너희는 몇 날이 못 되어 성령으로 세례를 받으리라"(행 1:4-5)고 분부하셨다. 예수님의 말씀대로 오순절날 마가의 다락방에 모여 기도하던 제자들에게 성령이 임하였고, 제자들은 예수님의 말씀대로 성령의 권능을 받고 예루살렘과 온 유대와 사마리아와 땅 끝까지 이르러 하나님의 말씀과 예수 그리스도의 복음을 증거하는 증인의 사명을 감당하게 되었다(행 1:8; 2:1-4).

하늘에 있는 새 예루살렘 성은 성령으로 거듭나 새사람을 입은 거룩한 성도들의 모임이다. 하나님께로부터 내려오는 거룩한 성 새 예루살렘은 성령의 인도를 받아 크고 높은 산에 오른 자만이 보게 된다.

> "성령으로 나를 데리고 크고 높은 산으로 올라가 하나님께로부터 하늘

에서 내려오는 거룩한 성 예루살렘을 보이니"(계 21:10).

요한계시록 22장 17절 말씀은 성령과 새 예루살렘 성이 한 목소리를 발하고 있음을 증거하고 있다.

"성령과 신부가 말씀하시기를 오라 하시는도다 듣는 자도 오라 할 것이요……"(계 22:17).

성전 기둥에 새 예루살렘의 이름을 기록한다는 것은 곧 그 교회가 어린 양의 거룩한 신부 자격을 이루었다는 증거로, 이는 성령으로 인 침 받은 교회임을 상징한다. 성경은 여러 곳에서 예수 그리스도의 신부 된 교회마다 성령으로 인 침 받는 교회임을 증거하고 있다.

"우리를 너희와 함께 그리스도 안에서 견고케 하시고 우리에게 기름을 부으신 이는 하나님이시니 저가 또한 우리에게 인(印)치시고 보증으로 성령을 우리 마음에 주셨느니라"(고후 1:21-22).
"그 안에서 너희로 진리의 말씀 곧 너희의 구원의 복음을 듣고 그 안에서 또한 믿어 약속의 성령으로 인치심을 받았으니 이는 우리의 기업에 보증이 되사 그 얻으신 것을 구속하시고 그의 영광을 찬미하게 하려 하심이라"(엡 1:13-14).
"하나님의 성령을 근심하게 하지 말라 그 안에서 너희가 구속의 날까지 인치심을 받았느니라"(엡 4:30).

어린 양의 거룩한 신부가 된(계 21:2) 새 예루살렘 성의 이름을 하나님 성전의 기둥이 된 이긴 자들 위에 새긴다는 말씀을 성령으로 인치겠다는 의미로 해석할 때 성경의 전체적 흐름에서 조화를 이룬다.

"너희는 가서 모든 족속으로 제자를 삼아 아버지와 아들과 성령의 이름으로 세례를 주고"(마 28:19).

"주 예수 그리스도의 은혜와 하나님의 사랑과 성령의 교통(交通)하심이 너희 무리와 함께 있을지어다"(고후 13:13).

4. 나의 새 이름을 그이 위에 기록하리라

주님의 새 이름은 받은 자 외에는 알 수 없다(계 2:17). 요한계시록 19장 12절에서도 주님의 새 이름은 '자기 밖에 아는 자가 없다' 고 증거하고 있다.

주님밖에 알 수 없는 그분의 새 이름을 이기는 자들 위에 새겨 주겠다는 언약은 주님의 가장 깊은 속까지도 그들에게는 남김없이 보여주는 온전한 사랑과 신뢰 대상으로 삼겠다는 언약이다. 예수님을 따르는 모든 무리들이 모두 주님의 비밀을 아는 것은 아니다. 예수님이 이 땅에서 제자들을 선택하고 가르치실 때 70명의 제자가 따로 뽑히고, 12명의 제자가 선택되며, 그중에서도 베드로, 야고보, 요한 세 사람만이 특별히 주님과 동행하여 은밀한 비밀을 보도록 하시는 모습을 보여주고 있다.

"……천국의 비밀을 아는 것이 너희에게는 허락되었으나 저희에게는 아니되었나니……이 백성들의 마음이 완악하여져서 그 귀는 듣기에 둔하고 눈은 감았으니 이는 눈으로 보고 귀로 듣고 마음으로 깨달아 돌이켜 내게 고침을 받을까 두려워함이라 하였느니라 그러나 너희 눈은 봄으로, 너희 귀는 들음으로 복이 있도다 내가 진실로 너희에게 이르노니 많은 선지자와 의인이 너희 보는 것들을 보고자 하여도 보지 못하였고 너희 듣는 것들을 듣고자 하여도 듣지 못하였느니라"(마 13:11-17)

빌라델비아 교회는 적은 능력의 교회였지만, 인내의 말씀을 지키고 증거하는 일에 충성을 다한 순결한 그리스도의 신부 된 교회였다. 연약한 가운데서도 세상의 핍박에 굴하지 않고 정절을 지키며 그리스도의 거룩한 신부로 살아가는 성도들에게 주님은 당신의 가장 깊은 비밀까지도 이야기해 주는 사랑과 믿음을 베풀어 주실 것임을 보여주고 있다.

이기는 자를 하나님 성전의 기둥으로 삼고 그 위에 주님의 새 이름을 기록한다는 말씀은 주님의 이름으로 하늘나라와 온 만물을 다스리는 권세자로 세우시겠다는 상급 언약이다.

하나님이 이스라엘 백성을 출애굽시키기 위해 모세를 불러 사명을 맡기실 때 그에게 지팡이를 들려 주시고 하나님의 이름을 궁금해하는 모세에게 하나님의 이름을 계시해 주신 것처럼, 하나님 나라에서 다스리는 권세를 부여받을 이긴 자들에게는 예수님의 새 이름이 계시될 것이다. 이 말씀을 읽고 듣고 지키는 자마다 그 이름을 계시받는 주인공들이 되길 바란다. 그것이 본문을 계시하신 이유다.

> "이 예언의 말씀을 읽는 자와 듣는 자들과 그 가운데 기록한 것을 지키는 자들이 복이 있나니 때가 가까움이라"(계 1:3).

4장의 난해문제

문제 1 / 열린 문(계 4:1)

문제 2 / 이리로 올라오라(계 4:1)

문제 3 / 네 생물(계 4:6-9)

Question 문제 1

열린 문

"이 일 후에 내가 보니 하늘에 열린 문이 있는데 내가 들은 바 처음에 내게 말하던 나팔 소리 같은 그 음성이 가로되 이리로 올라오라 이후에 마땅히 될 일을 내가 네게 보이리라 하시더라"(계 4:1).

하나님의 뜻과 계획은 비밀스럽게 감추어져 있다. 하나님께서는 자신의 마음에 합한 사람을 찾으신 때 하늘 문을 여시고 그 뜻과 비밀을 계시해 주신다.

본문에 나와 있는 '열린 문'(*θύρα ἠνεῳγμένη*, 두라 에네오그메네)이란 하나님께서 비밀스럽게 감추어두셨던 당신의 뜻과 비밀을 인간에게 내비치시기 위해 열어놓으신 '계시의 문'을 의미한다. 창세기 28장 12절 이하에 보면 야곱에게 이 문이 열렸음을 증거하고 있다.

"꿈에 본즉 사닥다리가 땅 위에 섰는데 그 꼭대기가 하늘에 닿았고 또 본즉 하나님의 사자가 그 위에서 오르락내리락하고 또 본즉 여호와께서 그 위에 서서 가라사대 나는 여호와니 너의 조부 아브라함의 하나님이요 이삭의 하나님이라 너 누운 땅을 내가 너와 네 자손에게 주리니 네 자손이 땅의 티끌같이 되어서 동서남북에 편만할지며 땅의 모든 족속이 너와 네 자손을 인하여 복을 얻으리라 내가 너와 함께 있어 네가 어디로 가든지 너를 지키며 너를 이끌어 이 땅으로 돌아오게 할지라 내가 네게 허락한 것을 다 이루기까지 너를 떠나지 아니하리라 하신지라 야곱이 잠이 깨어 가로되 여호와께서 과연 여기 계시거늘 내가 알지 못하였도다 이에 두려워하여 가로되 두렵도다 이곳이여 다른 것이 아니라 이는 하나님의 전이요 이는 하늘의 문이로다 하고"(창 28:12-17).

야곱이 하늘의 계시의 문이 열리는 축복을 받게 된 이유가 있다. 야곱의 어떤 마음이 하나님께 합한 마음이었기에 하늘 문이 열리는 축복을 받게 되었을까?

야곱은 하나님의 축복인 장자의 축복권을 귀하게 여겼던 사람이다. 형 에서의 장자권을 얻기 위해 팥죽을 끓이고 떡을 굽는 수고를 마다하지 않았던 신앙의 사람이었다. 그는 하늘의 축복을 사모함으로 아버지 집의 모든 소유를 뒤로 하고 아비 이삭의 집을 떠나 외삼촌의 집이 있는 하란으로 가는 도중에 돌베개를 베고 고난의 잠을 자다가 하늘 문이 열리고 축복의 언약을 받는 은혜를 체험하게 된 것이다.

하늘의 장자권을 사모하는 사람은 이 땅의 것을 포기하고 주님의 십자가를 따라 고난의 순례 길을 떠나는 사람이다. 주님의 영광에 동참하기 위해 주님의 고난에 참여함을 기뻐하는 마음으로 믿음의 길을 달려가는 신앙의 경주자들이야말로 하나님의 마음에 합한 사람들이다.

야곱에게 열렸던 계시의 문은 이후 에스겔에게(겔 1:1), 예수님에게(마 3:16), 스데반에게(행 7:56), 베드로에게(행 10:11), 바울에게(고후 12:2), 요한에게(계 4:1) 열렸다. 하나님은 오늘도 그런 믿음의 성도를 찾고 계신다. 그리고 그 사람에게 하늘의 문을 여시고 그분의 뜻과 계획을 계시해 주신다.

> "이러므로 우리에게 구름같이 둘러싼 허다한 증인들이 있으니 모든 무거운 것과 얽매이기 쉬운 죄를 벗어버리고 인내로써 우리 앞에 당한 경주를 경주하며 믿음의 주요 또 온전케 하시는 이인 예수를 바라보자 저는 그 앞에 있는 즐거움을 위하여 십자가를 참으사 부끄러움을 개의치 아니하시더니 하나님 보좌 우편에 앉으셨느니라……모든 사람으로 더불어 화평함과 거룩함을 좇으라 이것이 없이는 아무도 주를 보지 못하리라……혹 한 그릇 식물을 위하여 장자의 명분을 판 에서와 같이 망령된 자가 있을까 두려워하라 너희의 아는 바와 같이 저가 그 후에 축복을 기업으로 받으려고 눈물을 흘리며 구하되 버린 바가 되어 회개할 기회를 얻지 못하였느니라……그러나 너희가 이른 곳은 시온산과 살아계신 하나님의 도성인 하늘의 예루살렘과 천만 천사와 하늘에 기록한 장자들의 총회와 교회와 만민의 심판자이신 하나님과 및 온전케 된 의인의 영들과 새 언약의 중보이신 예수와 및 아벨의 피보다 더 낫게 말하는 뿌린 피니라……그러므로 우리가 진동치 못할 나라를 받았은즉 은혜를 받자 이로 말미암아 경건함과 두려움으로 하나님을 기쁘시게 섬길찌니 우리 하나님은 소멸하는 불이심이니라"(히 12:1-29).

문제 2 Question

이리로 올라오라

"이 일 후에 내가 보니 하늘에 열린 문이 있는데 내가 들은 바 처음에 내게 말하던 나팔 소리 같은 그 음성이 가로되 이리로 올라오라 이후에 마땅히 될 일을 내가 네게 보이리라 하시더라"(계 4:1).

'이리로 올라오라' 는 말씀은 크게 두 가지 견해의 해석이 있다.

1. 사도 요한을 천상으로 초청하는 소리로 보는 견해

사도 요한이 "이리로 올라오라"는 음성을 들은 것은 '장차 될 일'의 원리를 계시받기 위함이라고 보는 견해다. 이는 대체적으로 개혁주의 신학을 취하는 학자들이 주장하는 견해다.

래드는 "요한은 이미 그에게 말했던 목소리(1:10), 곧 미래 사건들에 대한 더 큰 계시를 받을 수 있도록 이리로 올라오라는 목소리를 들었다. 그러자 즉시 그는 성령에 감동하였는데, 이는 그가 황홀경 상태에 들어갔음을 뜻한다. ……4장 1절에는 교회의 휴거에 관한 언급이 없다. 이 표현은 요한 혼자만 사용하며 요한은 이 요한계시록의 계시를 받을 때에만 언급하였다"고 말했다.

이상근 박사는 "요한은 단순히 그가 성령 안에 있었다고 말한다. 분명히 그것은 영적 황홀(恍惚) 상태요 몸은 땅 위에 있으면서 영감으로 하나님의 계시를 바라본 것이다"라고 해석하고 있다.

요한에게 "이리로 올라오라"고 초청하는 음성은 천사의 음성이 아니라 1장 10절에서 말씀하시는 예수 그리스도의 음성이다. 본문의 말씀은 예수께서 요한에게 장차 될 일을 계시해 주시기 위해 사랑하는 제자 요한을 부르고 계신 것이다.

예수께서 육신을 입고 이 땅 위에서 사역하실 때 제일 가까이하며 품에 안고 사랑했던 제자가 사도 요한이었다. 그 사랑에 보답하듯, 사도 요한은 오직 예수님 한 분만을 사랑하고 주(主)로 섬기며 복음을 증거하다가 밧모 섬에 유배된 죄인의 몸이 되었다. 예수님께서는 주일(主日) 날 사도 요한을 만나 주시고 그를 천상에 불러 올려 장차 될 일의 비밀을 계시해 주심으로 그것을 교회에 증거하는 사명을 주신다.

"이리로 올라오라"는 예수님의 음성을 들은 사도 요한은 곧 성령에 감동되어 그의 영혼이 천상으로 초대되어 올라가 천상의 비밀과 이 땅에서 성취될 장차 될 일들을 계시받게 된다.

사도 바울도 요한과 유사한 체험을 갖게 되었다고 증거하고 있다.

> "무익하나마 내가 부득불 자랑하노니 주의 환상과 계시를 말하리라 내가 그리스도 안에 있는 한 사람을 아노니 십사 년 전에 그가 셋째 하늘에 이끌려 간 자라 (그가 몸 안에 있었는지 몸 밖에 있었는지 나는 모르거니와 하나님은 아시느니라) 내가 이런 사람을 아노니 (그가 몸 안에 있었는지 몸 밖에 있었는지 나는 모르거니와 하나님은 아시느니라) 그가 낙원으로 이끌려 가서 말할 수 없는 말을 들었으니 사람이 가히

이르지 못할 말이로다"(고후 12:1-4).

2. 이 땅의 교회들이 휴거되는 사건으로 보는 견해

세대주의 전천년설을 주장하는 사람들이 취하는 견해로, 이 구절의 '이리로 올라오라' 는 말씀을 이 땅의 교회들이 휴거되는 사건으로 보는 견해다.

이 견해를 주장하는 사람들은 사도 요한을 교회의 대표로 보고 '이리로 올라오라' 는 말씀을 교회의 환난 전 휴거라고 주장한다. 이들에 따르면, 4장 이후의 사건은 교회와 관련이 없으며 공중에 휴거된 교회는 예수 그리스도와 함께 공중에서 7년 혼인잔치에 참여하고 그 7년 동안 이 땅에서는 유대인의 구원이 성취되고 지상에는 끔찍한 대환란이 일어나게 될 것이라고 주장한다.

스코필드(C. I. Scofield)는 "이 부르심은 분명히 데살로니가전서 4장 14-17절의 성취를 암시하는 것 같다. 그러나 '교회' 라는 말이 요한계시록에는 두 번 다시 나타나지 않고 있다"라고 주장하고 있다.

시스(J. A. Seiss)는 "우리는 요한계시록 4장 1-2절에서 교회가 휴거되는 모습을 대하게 된다. 그 후에 요한계시록에는 교회가 등장하지 않다가 그리스도의 영광스러운 재림을 묘사하기 직전의 이 구절에서 다시 등장하고 있다"고 주장하고 있다.

본문의 말씀을 환난 전 교회의 휴거로 보는 견해는 성경의 증거 말씀과 상충된다.

1) 4장에서 교회가 휴거되기 때문에 4장 이후에서는 '교회' 라는 말이 두 번 다시 나오지 않는다는 주장은 요한계시록의 내증(內證)과 상충되는 주장이다.

요한계시록 22장 16절에서는 "나 예수는 교회들을 위하여 내 사자를 보내어 이것들을 너희에게 증거하게 하였노라 나는 다윗의 뿌리요 자손이니 곧 광명한 새벽별이라 하시더라"라고 증거하고 있다. 이 말씀은 22장 이전의 모든 계시 내용들이 교회들과 직접적인 관계를 가지고 있는 말씀임을 강조하는 계시 말씀임을 알 수 있다.

2) 교회가 7년 대환란 전에 휴거되어 공중에서 7년 동안 예수님과 혼인잔치를 갖게 된다는 주장은 요한계시록의 내증과 상충되는 주장이다.

요한계시록 6장에 보면, 다섯째 인을 떼실 때에 순교자들이 대주재이신 하나님께 큰 소리로 자신들의 피를 신원해 주시기를 호소하고 있다. 이때 그들의 호소를 들으신 하나님께서 "각각 저희에게 흰 두루마기를 주시며 가라사대 아직 잠시 동안 쉬되 저희 동무 종들과 형제들도 자기처럼 죽임을 받아 그 수가 차기까지 하라 하시더라"(계 6:11)라고 응답하신다.

순교자들의 피를 신원해 주실 때는 곧 하나님께서 계획하신 순교자들의 수가 차는 때임을 밝혀 주고 있다. 그렇다면 순교자들의 수가 차는 때가 언제인가?

요한계시록은 7년 대환란의 후 3년 반, 다시 말하면 짐승(적그리스도)이 다스리는 권세를 받고 통치할 후 3년 반(42달) 동안에 수많은 하나님의 신실한 종들이 순교당하게 될 것임을 계시해 주고 있다.

"또 짐승이 큰 말과 참람된 말 하는 입을 받고 또 마흔두 달 일할 권세를 받으니라 짐승이 입을 벌려 하나님을 향하여 훼방하되 그의 이름과 그의 장막 곧 하늘에 거하는 자들을 훼방하더라 또 권세를 받아 성도들과 싸워 이기게 되고 각 족속과 백성과 방언과 나라를 다스리는 권세를 받으니 죽임을 당한 어린 양의 생명책에 창세 이후로 녹명(錄名)되지 못하고 이 땅에 사는 자들은 다 짐승에게 경배하리라 누구든지 귀가 있거든 들을지어다 사로잡는 자는 사로잡힐 것이요 칼로 죽이는 자는 자기도 마땅히 칼에 죽으리니 성도들의 인내와 믿음이 여기 있느니라" (계 13:5-10).

"저가 권세를 받아 그 짐승의 우상에게 생기를 주어 그 짐승의 우상으로 말하게 하고 또 짐승의 우상에게 경배하지 아니하는 자는 몇이든지 다 죽이게 하더라"(계 13:15).

사실 이 땅에서 순교자가 가장 많이 발생하는 시기가 7년 대환란의 후 3년 반 동안으로 볼 수 있을 것이다. "잠시 동안 쉬되 저희 동무 종들과 형제들도 자기처럼 죽임을 받아 그 수가 차기까지 하라"는 말씀은 곧 7년 대환란이 끝나기까지 참고 기다리라는 의미로 받아들일 수 있다.

순교자들의 피가 신원받는 것은 큰 음녀(17, 18장)인 큰 성 바벨론과 짐승(적그리스도)이 심판을 받음으로 성취될 것이다.

"하늘과 성도들과 사도들과 선지자들아 그를 인하여 즐거워하라 하나님이 너희를 신원하시는 심판을 그에게 하셨음이라 하더라……선지자들과 성도들과 및 땅 위에서 죽임을 당한 모든 자의 피가 이 성중에서 보였느니라 하더라"(계 18:20, 24).

"그의 심판은 참되고 의로운지라 음행으로 땅을 더럽게 한 큰 음녀를 심판하사 자기 종들의 피를 그의 손에서 갚으셨도다"(계 19:2).

이상의 말씀을 살펴볼 때 7년 대환란이 끝나기 전까지는 어린 양의 혼인잔치가 있을 수 없음이 확실하다. 하나님의 말씀과 예수 그리스도의 복음 증거를 위해 신앙의 정절을 지키며 죽기까지 충성한 거룩한 성도들을 제외시킨 어린 양의 혼인잔치가 있을 수 있겠는가? 그러므로 본문의 '이리로 올라오라' 는 말씀을 환난 전 교회의 휴거로 보고 공중에 휴거된 교회가 7년 동안 어린 양의 혼인잔치에 참예하게 될 것이라고 주장하는 세대주의 전천년설의 견해는 성경의 지지를 받지 못하는 견해다.

3) 환난 전 휴거설은 예수님의 가르침에 맞지 않는 주장이다.

종말장이라 칭해지는 마태복음 24장은 예수님이 제자들에게 직접 가르치신 말씀이다.

21절 이하의 말씀에 보면, "이는 그때에 큰 환난이 있겠음이라 창세로부터 지금까지 이런 환난이 없었고 후에도 없으리라 그날들을 감하지 아니할 것이면 모든 육체가 구원을 얻지 못할 것이나 그러나 택하신 자들을 위하여 그날들을 감하시리라"(마 24:21-22)고 증거하고 있다.

이 말씀은 역사의 종말에 있을 7년 대환란에 대해 예언하신 말씀임에 틀림없다. 예수님의 말씀에 구원받은 백성은 환난 전에 휴거되어 환난과 전혀 무관하다고 말씀하지 않으시고, '환난이 있겠으나 그날들을 감하여 주실 것' 임을 약속하고 계신다. 이 말씀은 요한계시록 12장에서 성취되는 사건이다. 요한계시록 12장의 사건은 하나님께서 7년 대환란의 전 3년 반이 지나고 후 3년 반이 시작되는 시점에서 구원받은 성도들(해 입은 여자)을 하나님이 예비하신 광야 예비처로 피신시켜 환난의 날들을 감해 주시는 사건이다.

"하늘에 큰 이적(異蹟)이 보이니 해를 입은 한 여자가 있는데 그 발 아래는 달이 있고 그 머리에는 열두 별의 면류관을 썼더라 이 여자가 아이를 배어 해산하게 되매 아파서 애써 부르짖더라 하늘에 또 다른 이적이 보이니 보라 한 큰 붉은 용이 있어 머리가 일곱이요 뿔이 열이라 그 여러 머리에 일곱 면류관이 있는데 그 꼬리가 하늘 별 삼분의 일을 끌어다가 땅에 던지더라 용이 해산하려는 여자 앞에서 그가 해산하면 그 아이를 삼키고자 하더니 여자가 아이를 낳으니 이는 장차 철장으로 만국을 다스릴 남자라 그 아이를 하나님 앞과 보좌 앞으로 올려가더라 그 여자가 광야로 도망하매 거기서 일천이백육십 일 동안 저를 양육하기 위하여 하나님의 예비하신 곳이 있더라"(계 12:1-6).
"용이 자기가 땅으로 내어 쫓긴 것을 보고 남자를 낳은 여자를 핍박하는지라 그 여자가 큰 독수리의 두 날개를 받아 광야 자기 곳으로 날아가 거기서 그 뱀의 낯을 피하여 한 때와 두 때와 반 때를 양육 받으매"(계 12:13-14).

성경은 교회가 환난 전에 휴거되는 것이 아니라 환난 가운데 있다가 하나님의 도우심으로 구원받게 될 것임을 증거하고 있다. 그러므로 이 구절의 말씀을 교회가 휴거되는 사건으로 해석하는 세대주의 전천년설의 견해가 수용할 수 없는 주장이다.

"이 일 후에 내가 보니 각 나라와 족속과 백성과 방언에서 아무라도 능히 셀 수 없는 큰 무리가 흰옷을 입고 손에 종려가지를 들고 보좌 앞과 어린 양 앞에 서서 큰 소리로 외쳐 가로되 구원하심이 보좌에 앉으신 우리 하나님과 어린 양에게 있도다 하니……장로 중에 하나가 응답하여 내게 이르되 이 흰옷 입은 자들이 누구며 또 어디서 왔느뇨 내가 가로되 내 주여 당신이 알리이다 하니 그가 나더러 이르되 이는 큰 환난에서 나오는 자들인데 어린 양의 피에 그 옷을 씻어 희게 하였느니라"
(계 7:9-14).

Question 문제 3

네 생물

"보좌 앞에 수정과 같은 유리바다가 있고 보좌 가운데와 보좌 주위에 네 생물이 있는데 앞뒤에 눈이 가득하더라 그 첫째 생물은 사자 같고 그 둘째 생물은 송아지 같고 그 셋째 생물은 얼굴이 사람 같고 그 넷째 생물은 날아가는 독수리 같은데 네 생물이 각각 여섯 날개가 있고 그 안과 주위에 눈이 가득하더라 그들이 밤낮 쉬지 않고 이르기를 거룩하다 거룩하다 거룩하다 주 하나님 곧 전능하신 이여 전에도 계셨고 이제도 계시고 장차 오실 자라 하고 그 생물들이 영광과 존귀와 감사를 보좌에 앉으사 세세토록 사시는 이에게 돌릴 때에"(계 4:6-9).

네 생물(生物)에 대한 다양한 주장이 있지만 대체적으로 다음과 같은 다섯 가지 견해가 주장된다.

1. 사복음서를 의미한다고 보는 견해

네 생물들이 취하고 있는 형태가 사(四)복음서를 상징한다는 이론은 초대 교회 이래로 계속되는 전통적 해석이다. 사람에 따라 그 순서가 다르기는 하지만 네 생물이 사복음서를 상징한다는 견해는 동일하다. 이 중에서 어거스틴의 견해가 가장 널리 인용되는 견해다.

윌리엄 바클레이는 "초대 교회가 네 생물에서 어떤 상징을 찾게 된 것은 요한계시록 이후 얼마 안 가서였다. 특히 그들은 생물들이 사복음서를 상징하는 것으로 생각하였고 네 생물 하나하나가 복음서 하나씩을 상징한다고 생각했다. 전체적으로 봐서 어거스틴의 해석 방법이 가장 보편적으로 받아들여졌다고 할 수 있다. 그의 설이 사실과 가장 잘 부합한다.

마태복음은 사자로 표시되었는데, 그 이유는 마태복음에서 예수는 모든 선지자들의 기대와 꿈이 실현된 바로 그 유대의 사자로 나타났기 때문이다.

누가복음은 사람으로 표현되었는데, 그것은 예수의 인간 생활의 사실적 기록의 가장 근사한 접근방법이기 때문이다.

마가복음은 소로 나타냈는데, 이는 예수를 남녀 인간의 고하를 막론하고 모든 사람을 위한 희생으로 가장 잘 표현했기 때문이다.

요한복음은 독수리로 표현되었는데, 새 중에 독수리가 가장 높이 날며 또 해를 직접 볼 수 있는 단 하나의 피조물이라고 일컬어졌다. 요한복음만이 복음서 중 가장 높은 지경의 사상에 이르기 때문에 독수리라 하였다"라고 하였다.

2. 이스라엘의 네 진영으로 보는 견해

이는 성막을 중심으로 동서남북 네 방향에 각각 진을 쳤던 이스라엘 민족의 진영으로 보는 견해다.

유대 전통에 따르면, 동방의 해 돋는 편에는 유다 진영의 기(旗)가 세워졌는데 그 기가 사자를 상징하는 기였고 유다, 잇사갈, 스불론 지파가 진을 쳤다.

남편에는 사람을 상징하는 르우벤 진영의 기(旗) 아래 르우벤, 시므온, 갓 지파가 그 군대대로 진쳤다.

서편에는 황소로 상징하는 에브라임 진영의 기(旗) 아래 에브라임, 므낫세, 베냐민 지파가 진쳤다.

북편에는 독수리를 상징하는 단 지파의 기(旗) 아래 단, 아셀, 납달리 지파가 그 군대대로 진을 쳤다고 전하고 있다.

스코트(Scott)는 "옛날 랍비들이 이스라엘 민족은 이와 똑같은 순서로 회막의 사면으로 기(旗)와 기호(旗號)를 쳤음을 지적하고 있다(민 2:22). 즉 사자인 유다족, 황소인 에브라임족, 인간인 르우벤족, 독수리인 단족 등을 나타내는 기(旗)를 사면에 친 바 있다"고 하였다.

3. 네 천사장 또는 천사들로 보는 견해

로버트 마운스는 "보좌를 베푼 방의 모든 환상에 대한 일관된 해석은 우리에게 그 네 생물을 높이 들려진 천사들-보좌의 측근 수호자들로서 하늘의 무리들로 하여금 하나님을 경배하고 찬양하게 하는 천사들로 이해하게 한다"고 하였다.

이광복 목사는 "네 생물이 하나님의 보좌 주위에서 특별한 사역을 맡은 천사를 의미하며, 그 생물의 네 가지 모습은 대환란기에 지상에서 네 생물의 특성을 지닌 주의 종들의 사역을 암시하는 것으로 본다"고 하였다.

4. 신정(神政) 통치의 네 가지 형식으로 보는 견해

랑게(J. P. Lange)는 "사자는 지구의 광야를 표현한다. 송아지는 문명된 지구의 부분을 말하고, 사람들의 얼굴은 성읍을 말하며, 날아가는 독수리는 공중의 하늘의 전 공간을 말한다"고 주장했다.

렌스키는 "랑게의 신정적(神政的) 통치의 4개 형식이란 주장이 매우 추상적이기는 하나 많은 해석 중에서 가장 유력한 해석의 하나다"라고 하였다.

5. 모든 피조물의 대표로 보는 견해

모리스는 "우리는 이 생물들이 가장 중요한 피조물로서 하나님의 보좌에 가까이하면서 심지어 전 피조물의 세계에 대하여 간섭한다고 조심스럽게 말할 수 있다"고 하였다.

위의 견해 가운데 마지막 다섯 번째 견해가 가장 성경적인 견해다.

네 생물은 구약의 이사야 6장과 에스겔 1장을 배경으로 한다. 이사야 6장에서는 '스랍'(Seraphim)으로, 에스겔 1장에서는 '그룹'(Cherubim)으로 불린다. 요한계시록에 등장하는 네 생물은 모든 피조물(하늘과 땅의 모든 피조물)의 대표다. 네 생물이 하나님의 보좌에 밀착되어 있다는 사실을 보아도 그 신분의 중요성과 권위성을 알 수 있다. 그들은 24장로보다 더 가까이에서 하나님의 보좌를 옹위하며 봉사하고 있다. 또한 이들은 솔선하여 하나님께 대한 찬송과 경배를 주도하고 있어 이들이 찬양을 시작할 때 24장로들과 천사들, 온 천하의 만물들이 이에 화답하는 것을 보게 된다.

네 생물이 구원받은 성도의 대표인 24장로들보다 더 가까이서 하나님을 섬기고 있는 것은 그들을 천사로 볼 수 없는 성경적 이유다. 성경은 구원받은 성도들이 하나님의 자녀의 권세를 갖고 왕과 제사장들이 되어 모든 만물을 다스리되 천사들까지도 다스리게 될 것임을 증거하고 있다.

> "책을 취하시매 네 생물과 이십사 장로들이 어린 양 앞에 엎드려 각각 거문고와 향이 가득한 금대접을 가졌으니 이 향은 성도의 기도들이라 새 노래를 노래하여 가로되 책을 가지시고 그 인봉을 떼기에 합당하시도다 일찍 죽임을 당하사 각 족속과 방언과 백성과 나라 가운데서 사람

들을 피로 사서 하나님께 드리시고 저희로 우리 하나님 앞에서 나라와 제사장을 삼으셨으니 저희가 땅에서 왕 노릇 하리로다 하더라"(계 5:8-10).

"우리가 천사를 판단할 것을 너희가 알지 못하느냐……"(고전 6:3).

"모든 천사들은 부리는 영으로서 구원 얻을 후사들을 위하여 섬기라고 보내심이 아니뇨"(히 1:14).

네 생물이 사방에 가득한 눈을 가졌다는 것은 그들이 완전한 통찰력과 지성(知性)으로 사물을 파악하고 지시하는 존재임을 보여준다.

성막을 중심에 두고 진을 친 이스라엘 열두 지파의 진이 네 생물을 상징하는 깃발 아래 진을 친 것은, 하나님 보좌 가까이에서 섬기는 네 생물이 하나님의 군대를 완전한 통찰력과 지성으로 파악하고 하나님의 뜻하신 방향으로 이끌어 갈 것에 대한 이 땅의 모형이라 생각할 수 있다.

네 생물은 하나님 보좌 가까이에서 하나님의 사역을 감당하는 모든 피조물의 대표들로, 예수 그리스도의 구원 사역을 보필하고 하나님의 백성들이 하나님께 찬양과 존귀와 영광을 돌리도록 이끄는 중요한 사역을 맡고 있음을 알 수 있다.

주께서 네 생물의 모습을 계시하시고 증거하도록 하신 이유가 무엇일까?

이사야나 에스겔 선지자에게 네 생물의 모습이 계시되었을 때 하나님의 택함을 입은 이스라엘의 시대 상황은 매우 어렵고 절망적이었다. 어둡고 절망적인 시대 상황에서 네 생물의 환상을 보여주심으로 그 환경 속에서 사자와 같은 용기와, 사람과 같은 동족애와 지혜로, 소와 같은 끈기와 충성으로, 독수리같이 높은 이상과 소망을 갖고 이겨내야 한다는 비전을 갖게 하셨다.

이것은 요한계시록을 읽는 교회와 성도들에게도 마찬가지로 적용될 수 있다. 주님은 사도 요한에게 네 생물의 모습을 계시하시고 기록하여 교회들에게 증거하도록 하심으로 성도들이 하나님의 말씀인 사복음서의 말씀을 믿고, 하늘의 상급을 바라보며, 용기를 갖고 힘써 복음을 증거하고, 신앙의 정절을 지키되 죽기까지 충성하며, 끝까지 참고 인내함으로 승리하기를 바라고 계신다.

5장의 난해문제

문제 1 / 일곱 인으로 봉한 책(계 5:1)

문제 2 / 땅에서 왕 노릇 하리로다(계 5:10)

Question 문제 1

일곱 인으로 봉한 책

"내가 보매 보좌에 앉으신 이의 오른손에 책이 있으니 안팎으로 썼고 일곱 인(印)으로 봉하였더라"(계 5:1).

보좌에 앉으신 성부 하나님의 오른손에 있는 '일곱 인으로 봉한 책' 이 무엇인가에 대한 다양한 견해가 주장되고 있다.

1. 토지 매매 증서로 보는 견해

'일곱 인으로 봉인된 책' 은 예레미야 선지자 시대에 있었던 토지 매매 증서의 보관에서 유래된 것으로서, 하나님의 아담에게 주신 이 땅의 소유권이 범죄함으로 사단에게 넘어간 것을 상징하는 것을 보는 견해다.

이 견해는 주장하는 배경은 예레미야 32장 9절 이하에 증거되고 있는 사건을 배경으로 하고 있다.

"내 숙부의 아들 하나멜의 아나돗에 있는 밭을 사는데 은 십칠 세겔을 달아 주되 증서를 써서 인봉하고 증인을 세우고 은을 저울에 달아 주고 법과 규례대로 인봉하고 인봉치 아니한 매매 증서를 내가 취하여 나의 숙부의 아들 하나멜과 매매 증서에 인친 증인의 앞과 시위대 뜰에 앉은 유다 모든 사람 앞에서 그 매매 증서를 마세야의 손자 네리야의 아들 바룩에게 부치며 그들의 앞에서 바룩에게 명하여 이르되 만군의 여호와 이스라엘의 하나님이 이같이 말씀하시기를 너는 이 증서 곧 인봉하고 인봉치 않은 매매 증서를 취하여 토기에 담아 많은 날 동안 보존케 하라 만군의 여호와 이스라엘의 하나님 내가 이같이 말하노라 사람이 이 땅에서 집과 밭과 포도원을 다시 사게 되리라 하셨다 하니라"(렘 32:9-15).

2. 일곱 인으로 봉한 로마법의 유언서에서 유래한 것으로 보는 견해

일곱 증인으로부터 일곱 개의 인으로 봉한 유서, 즉 각 인으로 봉한 사람마다 그 이름을 박았으며 그 봉인한 사람 외에는 아무도 인봉할 수 없었던 고대 로마시대에 통용되었던 법을 근거로, 일곱 인으로 봉한 책은 장차 하나님의 나라 상속에 관한 유서에 대한 상징으로 보는 견해다.

3. 하나님의 계시 완전성과 비밀성으로 보는 견해

'일곱 인으로 봉인된 책' 은 일곱이라는 완전수를 통하여 하나님 계시의 완전성과 그 비밀성을 암시하는 것으로 보는 견해다. 이들의 주장에 따르면, 일곱 인으로 봉한 책은 하나님만이 아셔야 할 철저한 비밀을 상징하는 것이라고 한다.

4. 장차 이 세상에 임할 심판을 묘사한 것으로 보는 견해

'일곱 인으로 봉한 책' 은 '애가(哀歌)와 애곡(哀哭)과 재앙(災殃)의 말이 기록' 된 에스겔 2장 10절의 예언을 배경으로 하여 장차 이 세상에 임할 심판을 기록한 것으로 보는 견해다. 이는 다니엘에 의하여 이 세상 종말에 이루어질 일들에 대한 예언이 "마지막 때까지 이 말을 간수(看守)하고 이 글을 봉함하라"(단 2:14)고 내려졌으나 이제 때가 찬 하나님의 경륜에 따라 "이 책의 말씀을 인봉하지 말라 때가 가까움이니라"(계 22:10)는 말씀처럼 개봉해야 할 것으로 본다. 그러므로 이들의 주장에 따르면, 일곱 인으로 봉인된 책의 내용은 요한계시록이 증거하고 있는 장차 될 일의 사건으로 본다.

5. 구약의 율법으로 보는 견해

'일곱 인으로 봉인된 책' 의 인봉을 떼시기에 합당한 자로서 '유대 지파의 사자 다윗의 뿌리 되신 예수 그리스도' (계 5:5)만이 그 인봉을 떼시기에 합당한 분이라는 말씀을 볼 때에 그 책의 내용은 곧 구약의 율법이 예수 그리스도로 완성되었음을 암시하는 것으로 보는 견해다. 그러므로 이 견해를 주장하는 사람들은 '일곱 인으로 봉인된 책' 을 구약성경의 율법을 상징하는 것으로 본다.

6. 신 · 구약 성경으로 보는 견해

'일곱 인으로 인봉된 책' 을 신 · 구약성경으로 보는 견해가 있는데, 이들은 킹 제임스 1611년 판에 보면 뒷표지 겉면에 일곱 개의 표시가 있으므로 그 책이 '일곱 인으로 봉인된 책' 이며, 신 · 구약 성경을 상징한다고 주장한다.

7. 예수 그리스도의 구속하심으로 보는 견해

'일곱 인으로 인봉된 책' 을 예수 그리스도의 구속하심으로 보는 견해가 있는데, 이들의 주장에 따르면, 예수 그리스도로 말미암아 성도들이 누리게 될 축복의 유산과 이 세상의 불신을 향한 심판의 예고가 이 책에서 밝히고 있는 재앙의 내용에 들어 있다는 것이다.

이상의 일곱 견해 가운데 네 번째 견해가 가장 적합한 주장이라고 여겨진다.

그 책이 성부 하나님의 오른손에 들려 있다는 것은 그 책의 내용을 계시하고 실행하실 주권자가 하나님이심을 보여준다. 천상천하에 그 어떤 피조물도 그 책의 인봉을 뗄 자격자가 없고, 오직 '유대 지파의 사자 다윗의 뿌리' 가 되신 어린 양 예수 그리스도 한 분만이 그 자격이 있음을 계시하고 있는 것은, 구원의 완성자가 오직 하나님의 어린 양 예수 그리스도 한 분뿐이심을 확실하게 보여주는 계시 내용이다.

장차 있을 종말의 때에 심판과 구원의 주로 오실 어린 양 예수 그리스도께서 하나님의 오른손에 있는 책을 취하시고 일곱 인봉을 떼심으로 역사의 종말에 일어날 하나님의 심판과 구원 계획이 인류 앞에 계시되고, 계시된 하나님의 말씀은 반드시 성취되어 실상으로 일어날 것이다. '일곱 인으로 봉인된 책' 은 곧 요한계시록에 계시되고 있는 '장차 될 일' 곧 역사의 종말에 있을 심판과 구원의 완성을 안팎으로 기록한 두루마리 책으로 보는 것이 적절하다.

"비와 눈이 하늘에서 내려서는 다시 그리로 가지 않고 토지를 적시어서 싹이 나게 하며 열매가 맺게 하여 파종하는 자에게 종자를 주며 먹는 자에게 양식을 줌과 같이 내 입에서 나가는 말도 헛되이 내게로 돌아오지 아니하고 나의 뜻을 이루며 나의 명하여 보낸 일에 형통하리라"(사 55:10-11).

"인자야 이스라엘 족속의 말이 그의 보는 묵시는 여러 날 후의 일이라 그가 먼 때에 대하여 예언하는도다 하나니 그러므로 너는 그들에게 이르기를 주 여호와의 말씀에 나의 말이 하나도 다시 더디지 않을지니 나의 한 말이 이루리라 나 주 여호와의 말이니라 하셨다 하라"(겔 12:27-28).

땅에서 왕 노릇 하리로다

"저희로 우리 하나님 앞에서 나라와 제사장으로 삼으셨으니 저희가 땅에서 왕 노릇 하리로다 하더라"(계 5:10).

'땅에서 왕 노릇 하리로다' 라는 말씀에서 '왕 노릇' 을 의미하는 '바실류오' (*βασιλεὶω*)의 시제 표현에 따라서 해석상의 많은 문제점을 일으키는 구절이다.

1. 성도들이 이 세상에서 왕과 제사장으로 살아가는 것을 의미한다고 보는 견해

이 견해를 주장하는 사람들은 '왕 노릇 하리로다' 라는 말씀을 능동태 현재 직설법으로 보고, 예수 그리스도의 구속으로 말미암아 주님의 몸 된 교회와 성도들을 왕(나라)으로, 제사장으로 이 세상에서 살게 하셨음을 의미하는 것으로 보는 견해다.

2. 성도들이 부활하여 천년왕국에서 왕 노릇할 것을 의미한다고 보는 견해

'왕 노릇 하리로다' 라는 말씀을 능동태 미래 직설법으로 보고, 성도들이 부활하여 천년왕국에서 하나님과 그리스도의 제사장이 되어 예수 그리스도와 더불어 천 년 동안 왕 노릇할 것으로 보는 견해다.

3. 순교자들이 첫째 부활에 참예하여 천년왕국에서 왕 노릇할 것으로 보는 견해

'왕 노릇 하리로다' 라는 말씀을 능동태 미래 직설법으로 보고, 이 땅에 이루어질 천년왕국에서 순교자들이 첫째 부활에 참예하여 하나님과 그리스도의 제사장이 되어 예수 그리스도와 더불어 천 년 동안 왕 노릇할 것으로 보는 견해다.

세 번째 견해가 요한계시록의 내증과 가장 조화를 이루는 주장으로 여겨진다.

"하나님 앞에서 나라와 제사장으로 삼으셨으니"라고 하신 말씀은 이미 성취된 과거형으로, 예수 그리스도의 대속의 은혜로 지금 우리 그리스도인들이 누리는 영적 축복을 의미한다. 하지만 "저희가 땅에서 왕 노릇 하리로다"라는 말씀은 앞으로 성취될 미래형의 예언으로 볼 수 있다.

이 말씀은 요한계시록 20장에서 순교자들이 첫째 부활에 참예하여 하나님과 그리스도의 제사장이 되어 천년왕국에서 예수 그리스도와 더불어 왕 노릇 하는 축복을 받게 될 것이라는 계시 예언을 통해 입증되고 있다.

> "또 내가 보좌들을 보니 거기 앉은 자들이 있어 심판하는 권세를 받았더라 또 내가 보니 예수의 증거와 하나님의 말씀을 인하여 목 베임을 받은 자의 영혼들과 또 짐승과 그의 우상에게 경배하지도 아니하고 이마와 손에 그의 표를 받지도 아니한 자들이 살아서 그리스도로 더불어 천 년 동안 왕 노릇 하니 (그 나머지 죽은 자들은 그 천 년이 차기까지 살지 못하더라) 이는 첫째 부활이라 이 첫째 부활에 참예하는 자들은 복이 있고 거룩하도다 둘째 사망이 그들을 다스리는 권세가 없고 도리어 그들이 하나님과 그리스도의 제사장이 되어 천 년 동안 그리스도로 더불어 왕 노릇 하리라"(계 20:4-6).

6장의 난해문제

문제 1 / 일곱 인, 일곱 나팔, 일곱 대접

문제 2 / 흰말 탄 자(계 6:1-2)

Question 문제 1

일곱 인, 일곱 나팔, 일곱 대접

요한계시록 해석에 있어서 일곱 인, 일곱 나팔, 일곱 대접 사건이 언제 일어나는 사건인지 그 시점을 제대로 파악하는 일은 대단히 중요하다. 요한계시록 해석의 어려움을 느끼는 요인 가운데 일곱 인, 일곱 나팔, 일곱 대접 사건의 연관성과 발생시점을 파악하는 일이 쉽지 않다는 것은 누구나가 인정하는 일임에 틀림없다. 어쩌면 지금까지도 요한계시록 해석에 일치를 이루지 못한 채 다양한 견해가 주장되고 있는 이유 또한 이 세 가지 사건의 발생 시점을 제대로 파악하지 못한 데 있다고 보아도 과언은 아닐 것이다.

오늘 우리가 일곱 인, 일곱 나팔, 일곱 대접 사건의 발생시점을 성경이 증거하는 말씀 안에서 정확히 파악할 수 있다면, 그동안 해석의 어려움을 느끼거나 난해문제로 여겼던 내용들이 막힘없이 풀리는 기쁨을 맛보게 될 것으로 확신한다.

첫째에서 넷째 인까지(계 6:1-8)는 네 말(흰말, 붉은 말, 검은 말, 청황색 말)에 대한 계시 내용으로 동일한 패턴(pattern)의 사건임을 알 수 있다. 첫째 인부터 넷째 인까지 이어지는 네 말의 계시 내용은 시간적으로 간격을 두고 일어나는 사건이라기보다는 동일한 기간 동안 네 가지 다른 상황의 사건들이 동시다발적(同時多發的)으로 발생하는 사건으로 볼 수 있다.

다섯째 인봉을 떼는 순간에 천상의 제단 아래 있는 순교자들이 자신들의 피를 신원해 줄 것을 호소하는 사건은 두 증인이 예언 사역을 마치고 순교하게 될 사건이 임박한 시점에 일어날 사건임을 알 수 있다. 왜냐하면 그들의 호소를 듣고 "아직 잠시 동안 쉬되 저희 동무 종들과 형제들도 자기처럼 죽임을 받아 그 수가 차기까지 하라"(계 6:11)는 말씀으로 미루어 짐작할 수 있기 때문이다.

순교자들의 동무 종들과 형제들이 이마와 손에 짐승의 표(666)를 받지 아니하고 짐승과 우상에게 경배하지도 아니하며 오직 하나님의 말씀과 예수 그리스도의 말씀을 증거하는 일을 감당하다 순교하게 될 사건은, 짐승의 통치 기간인 후 3년 반(마흔두 달)이 지난 후에 일어날 사건임이 분명하다(계 13:5-18, 14:4-5, 20:4-5). 첫째에서 여섯째 인까지의 사건은 예수 그리스도의 재림시점에 이루어질 사건임을 보여준다.

첫째에서 넷째 나팔까지(계 8:6-12)의 사건도 동일한 관점으로 해석할 수 있는데, 첫째 나팔부터 넷째 나팔까지는 자연의 삼분의 일이 피해를 입고 많은 사람들이 죽임을 당하는 사건으로, 시간적으로 간격을 두고 발생하는 사건이라기보다는 동일한 시기에 네 가지 사건의 상황이 벌어질 것이라 볼 수 있다.

첫째 나팔부터 넷째 나팔까지의 사건은 시간적으로 같은 시점에 발생하는 사건으로 볼 수 있는데, 이는 7년 대환란의 전 3년 반 동안에 일어날 사건으로 보는 것이 뒤에 따르는 사건들과 자연스럽게 조화를 이루는 해석임을 알 수 있다.

다섯째 나팔 사건인 황충 재앙(첫째 화) 사건이 발생하는 시점은 전 3년 반이 지나고 후 3년 반이 시작되는 시점임을 알 수 있다.

8장 6-12절까지 첫째 나팔 재앙부터 넷째 나팔 재앙까지를 계시한 뒤, 13절에서 나머지 세 나팔(다섯, 여섯, 일곱째 나팔) 사건에 대해서 특별히 '땅에 거하는 자들에게 임하는 세 가지 화' 임을 강조하여 계시하고 있음이 이를 증거하고 있다.

> "내가 또 보고 들으니 공중에 날아가는 독수리가 큰 소리로 이르되 땅에 거하는 자들에게 화, 화, 화가 있으리로다 이외에도 세 천사의 불 나팔 소리를 인함이로다 하더라"(계 8:13).

다섯째 나팔이 울려 퍼질 때 발생하는 황충 재앙부터 시작되는 세 가지 화는 성도들과는 무관하고 '땅에 거하는 자들'(불신자들) 위에 임하는 하나님의 진노의 화임을 강조하여 계시해 주고 있다.

다섯째 나팔이 울려 퍼지는 황충재앙 때 교회(해 입은 여자)는 이미 광야 예비처에 피신하여 하나님의 특별 보호와 양육을 받게 되고, 이 땅에는 순교하기까지 복음을 증거할 하나님의 인 맞은 종들(해 입은 여자가 낳은 아이: 계 12장)만 남아 있을 것이다.

> "이는 그때에 큰 환난이 있겠음이라 창세로부터 지금까지 이런 환난이 없었고 후에도 없으리라 그날들을 감하지 아니할 것이면 모든 육체가 구원을 얻지 못할 것이나 그러나 택하신 자들을 위하여 그날들을 위하여 그날들을 감하시리라"(마 24:21-22).
>
> "그때에 두 사람이 밭에 있으매 하나는 데려감을 당하고 하나는 버려

둠을 당할 것이요 두 여자가 매를 갈고 있으매 하나는 데려감을 당하고 하나는 버려둠을 당할 것이니라”(마 24:40-41).

“저희에게 이르시되 땅의 풀이나 푸른 것이나 각종 수목은 해하지 말고 오직 이마에 하나님의 인 맞지 아니한 사람들만 해하라 하시더라 그러나 그들을 죽이지는 못하게 하시고 다섯 달 동안 괴롭게만 하게 하시는데 그 괴롭게 함은 전갈이 사람을 쏠 때에 괴롭게 함과 같더라 그날에는 사람들이 죽기를 구하여도 얻지 못하고 죽고 싶으나 죽음이 저희를 피하리로다”(계 9:4-6).

“용이 자기가 땅으로 내어 쫓긴 것을 보고 남자를 낳은 여자를 핍박하는지라 그 여자가 큰 독수리의 두 날개를 받아 광야 자기 곳으로 날아가 거기서 그 뱀의 낯을 피하여 한 때와 두 때와 반 때를 양육받으매……용이 여자에게 분노하여 돌아가서 그 여자의 남은 자손 곧 하나님의 계명을 지키며 예수의 증거를 가진 자들로 더불어 싸우려고 바다 모래 위에 섰더라”(계 12:13-17).

출애굽 당시 애굽 땅에 열 가지 재앙이 내려질 때 피, 개구리, 이 재앙까지는 애굽인들과 이스라엘 백성들 사이에 구별이 없이 온 애굽 땅 전체에 내려졌지만, 네 번째 재앙인 파리 재앙부터는 애굽인들과 하나님의 백성인 이스라엘 백성 사이에 구별이 있었다.

“네가 만일 내 백성을 보내지 아니하면 내가 너와 네 신하와 네 백성과 네 집들에 파리 떼를 보내리니 애굽 사람의 집집에 파리 떼가 가득할 것이며 그들의 거하는 땅에도 그러하리라 그날에 내가 내 백성의 거하는 고센 땅을 구별하여 그곳에는 파리 떼가 없게 하리니 이로 말미암아 나는 세상 중의 여호와인 줄을 네가 알게 될 것이라 내가 내 백성과 네 백성 사이에 구별을 두리니 내일 이 표징이 있으리라 하셨다 하라 하시고 여호와께서 그와 같이 하시니 무수한 파리 떼가 바로의 궁에와 그 신하의 집에와 애굽 전국에 이르니 파리 떼로 인하여 땅이 해(害)를 받더라"(출 8:21-24).

이와 마찬가지로 마지막 종말 때 있을 7년 대환란 기간에도 전 3년 반에 있을 첫째에서 넷째 나팔 재앙까지인 자연재앙은 성도들과 이 땅에 거하는 자들, 즉 불신자들 사이에 구별됨이 없이 모두 환난을 겪게 된다. 그러나 하나님의 진노의 화로 계시되고 있는 다섯째 나팔 재앙부터는 하나님의 백성 된 성도들과 이 땅에 거하는 자들로 계시된 불신자들 사이에 뚜렷한 구별이 있음을 계시해 주고 있다.

전 3년 반의 환난 기간이 지나면 영적 이스라엘인 교회는 하나님이 예비하신 광야 예비처로 피신하여 하나님의 특별 보호와 양육을 받게 되고, 이 땅에 거하는 자들에게는 세 가지 화를 내리심으로 회개를 촉구하고 공의의 심판을 행하게 될 것임을 보여주고 있다.

다섯째 나팔 재앙인 황충 재앙 때 하나님의 인 맞지 않은 자들을 다섯 달 동안 괴롭게만 하고 죽이지는 못하게 하시는 것은 그들에게 회개를 촉구하는 수단으로 황충 재앙의 화를 사용하시는 것이다.

다니엘 12장 9-12절 말씀에 보면 두 증인의 사역 기간 또는 짐승의 통치 기간인 후 3년 반의 1,260일이 지난 뒤 1,290일에 이르게 되는 동안 많은 사람들이 깨달아 회개하는 역사가 일어날 것이며, 1,335일이 이르기까지 참고 인내하며 정결하고 희게 하는 거룩한 백성으로 남아 복 받을 자들이 많게 될 것임을 증거해 주고 있다.

"그가 가로되 다니엘아 갈지어다 대저 이 말은 마지막 때까지 간수하고 봉함할 것임이니라 많은 사람이 연단을 받아 스스로 정결케 하며 희게 할 것이나 악한 사람은 악을 행하리니 악한 자는 아무도 깨닫지 못하되 오직 지혜 있는 자는 깨달으리라 매일 드리는 제사를 폐하며 멸망케 할 미운 물건을 세울 때부터 일천이백구십 일을 지낼 것이요 기다려서 일천삼백삼십오 일까지 이르는 그 사람은 복이 있으리라"(단 12:9-12).

"또 내게 말하되 이 책의 예언의 말씀을 인봉하지 말라 때가 가까우니라 불의를 하는 자는 그대로 불의를 하고 더러운 자는 그대로 더럽고 의로운 자는 그대로 의를 행하고 거룩한 자는 그대로 거룩하게 하라 보라 내가 속히 오리니 내가 줄 상이 내게 있어 각 사람에게 그의 일한 대로 갚아 주리라 나는 알파와 오메가요 처음과 나중이요 시작과 끝이니라 그 두루마기를 빠는 자들은 복이 있으니 이는 저희가 생명나무에 나아가며 문들을 통하여 성에 들어갈 권세를 얻으려 함이로다"(계 22:10-14).

다섯째 나팔이 울려 퍼질 때 있을 황충 재앙을, 7년 대환란의 후 3년 반이 시작되는 시점에 있을 첫째 화의 사건으로 보는 데는 큰 이견(異見)이 없으나, 둘째 화인 여섯째 나팔과 셋째 화인 일곱째 나팔이 울려 퍼지는 시점이 언제인가라는 문제에 대해서는 다소간(多少間)의 차이가 있다.

지금까지 대부분의 학자들은 둘째 화인 여섯째 나팔 사건과 셋째 화인 일곱째 나팔 사건이 후 3년 반의 후반부에 집중되어 일어날 사건으로 해석하고 있다. 그러나 성경을 자세히 살펴보면 여섯째 나팔인 둘째 화(아마겟돈 전쟁 : 땅 위에 있는 사람의 삼분의 일이 죽음)의 사건은(계 9:13-21) 후 3년 반이 끝난 뒤에 일어날 사건이다. 이 사건은 예수 그리스도가 백마 타고 재림하는 시점(계 19:11-21)에 발생할 것이고, 마지막 일곱 번째 나팔인 셋째 화는 천년왕국 기간이 끝난 이후에 발생할 사건임을 알 수 있다.

여섯째 인, 여섯째 나팔, 여섯째 대접 재앙은 모두 같은 시점에 발생할 동일사건인 아마겟돈 전쟁을 계시하고 있는데, 이 세 가지 각기 다른 표현을 자세히 관찰해 보면 모두가 예수 그리스도께서 흰 말을 타시고 공의로 심판하며 싸우기 위해 재림하실 때 발생할 아마겟돈 전쟁을 나타내는 계시의 말씀임을 알 수 있다.

> "내가 보니 여섯째 인을 떼실 때에 큰 지진이 나며 해가 총담같이 검어지고 온 달이 피같이 되며 하늘의 별들이 무화과나무가 대풍에 흔들려 선 과실이 떨어지는 것같이 땅에 떨어지며 하늘은 종이 축이 말리는 것같이 떠나가고 각 산과 섬이 제자리에서 옮기우매 땅의 임금들과 왕족들과 장군들과 부자들과 강한 자들과 각 종과 자주자가 굴과 산 바위 틈에 숨어 산과 바위에게 이르되 우리 위에 떨어져 보좌에 앉으신 이의 낯에서와 어린 양의 진노에서 우리를 가리우라 그들의 진노의 큰 날이 이르렀으니 누가 능히 서리요 하더라"(계 6:12-17).
>
> "여섯째 천사가 나팔을 불매 내가 들으니 하나님 앞 금단 네 뿔에서 한 음성이 나서 나팔 가진 여섯째 천사에게 말하기를 큰 강 유브라데에 결박(結縛)한 네 천사를 놓아 주라 하매 네 천사가 놓였으니 그들은 그 년 월 일 시에 이르러 사람 삼분의 일을 죽이기로 예비한 자들이더라 마병대의 수는 이만만이니 내가 그들의 수를 들었노라 이같이 이상한 가운데 그 말들과 그 탄 자들을 보니 불빛과 자주빛과 유황빛 흉갑이 있고 또 말들의 머리는 사자 머리 같고 그 입에서는 불과 연기와 유황이 나오더라 이 세 재앙 곧 저희 입에서 나오는 불과 연기와 유황을 인하여 사람 삼분의 일이 죽임을 당하니라"(계 9:13-18).
>
> "또 여섯째가 그 대접을 큰 강 유브라데에 쏟으매 강물이 말라서 동방에서 오는 왕들의 길이 예비되더라 또 내가 보매 개구리 같은 세 더러운 영이 용의 입과 짐승의 입과 거짓 선지자의 입에서 나오니 저희는

귀신의 영이라 이적을 행하여 온 천하 임금들에게 가서 하나님 곧 전능하신 이의 큰 날에 전쟁을 위하여 그들을 모으더라 보라 내가 도적같이 오리니 누구든지 깨어 자기 옷을 지켜 벌거벗고 다니지 아니하며 자기의 부끄러움을 보이지 아니하는 자가 복이 있도다 세 영이 히브리 음으로 아마겟돈이라 하는 곳으로 왕들을 모으더라" (계 16:12-16).

"또 내가 하늘이 열린 것을 보니 보라 백마와 탄 자가 있으니 그 이름은 충신과 진실이라 그가 공의로 심판하며 싸우더라……또 그가 피 뿌린 옷을 입었는데 그 이름은 하나님의 말씀이라 칭하더라 하늘에 있는 군대들이 희고 깨끗한 세마포를 입고 백마를 타고 그를 따르더라 그의 입에서 이한 검이 나오니 그것으로 만국을 치겠고 친히 저희를 철장으로 다스리며 또 친히 하나님 곧 전능하신 이의 맹렬한 진노의 포도주 틀을 밟겠고 그 옷과 그 다리에 이름 쓴 것이 있으니 만왕의 왕이요 만주의 주라 하였더라……또 내가 보매 그 짐승과 땅의 임금들과 그 군대들이 모여 그 말 탄 자와 그의 군대로 더불어 전쟁을 일으키다가 짐승이 잡히고 그 앞에서 이적을 행하던 거짓 선지자도 함께 잡혔으니 이는 짐승의 표를 받고 그의 우상에게 경배하던 자들을 이적으로 미혹하던 자라 이 둘이 산 채로 유황 불못에 던지우고 그 나머지는 말 탄 자의 입으로 나오는 검에 죽으매 모든 새가 그 고기로 배불리우더라" (계 19:11-21).

이상의 모든 계시의 말씀들을 살펴볼 때 여섯째 나팔인 둘째 화의 사건은 후 3년 반이 끝나고 예수 그리스도의 재림 시에 일어나게 될 아마겟돈 전쟁을 예언해 주는 동일한 계시 내용임을 확인할 수 있다. 따라서 마지막 일곱 번째 나팔인 셋째 화의 사건은 예수 그리스도의 재림 사건 이후에 있을 사건이 될 수밖에 없고, 마지막 나팔인 일곱 번째 나팔이 울려 퍼질 때 일어나게 될 사건들의 계시 내용들을 살펴보면 마지막 '셋째 화' 는 천년왕국이 끝나고 발생하는 사건임을 확신할 수 있다.

천년왕국은 이사야 선지자가 예언한 이 땅에 성취될 새 하늘과 새 땅의 예언이 성취되는 사건으로 복락원(福樂園)의 기간이다. 이 기간 동안에는 육체를 입고 들어간 성도들의 번성이 있고, 사망과 저주도 존재한다.

천년왕국이 끝나고 사단이 잠시 놓여 곡과 마곡의 전쟁을 일으킬 것이며, 모든 사람들이 부활하거나 변화되어 백보좌 심판을 받고, 사망과 음부가 둘째 사망의 불못에 던져져 다시는 사망이 없는 신천신지가 이루어질 것이다. 그때가 예수 그리스도가 그의 나라를 하나님 아버지께 바치게 될 때며, 그때부터는 전능하신 하나님이 친히 성도들과 함께 계시며 영원토록 왕으로 통치하시는 영원한 천국이 성취될 것이다.

> "아담 안에서 모든 사람이 죽은 것같이 그리스도 안에서 모든 사람이 삶을 얻으리라 그러나 각각 자기 차례대로 되리니 먼저는 첫 열매인 그리스도요 다음에는 그리스도 강림하실 때에 그에게 붙은 자요 그 후에는 나중이니 저가 모든 정사와 모든 권세와 능력을 멸하시고 나라를 아버지 하나님께 바칠 때라 저가 모든 원수를 그 발 아래 둘 때까지 불가불 왕 노릇 하시리니 맨 나중에 멸망받을 원수는 사망이니라"(고전 15:22-26).
>
> "또 내가 크고 흰 보좌와 그 위에 앉으신 자를 보니 땅과 하늘이 그 앞에서 피하여 간 데 없더라 또 내가 보니 죽은 자들이 무론 대소하고 그 보좌 앞에 섰는데 책들이 펴 있고 또 다른 책이 펴졌으니 곧 생명책이라 죽은 자들이 자기 행위를 따라 책들에 기록된 대로 심판을 받으니 바다가 그 가운데서 죽은 자들을 내어 주매 각 사람이 자기의 행위대로

심판을 받고 사망과 음부도 불못에 던지우니 이것은 둘째 사망 곧 불못이라 누구든지 생명책에 기록되지 못한 자는 불못에 던지우더라"(계 20:11-15).

"또 내가 새 하늘과 새 땅을 보니 처음 하늘과 처음 땅이 없어졌고 바다도 다시 있지 않더라 또 내가 보매 거룩한 성 새 예루살렘이 하나님께로부터 하늘에서 내려오니 그 예비한 것이 신부가 남편을 위하여 단장한 것 같더라 내가 들으니 보좌에서 큰 음성이 나서 가로되 보라 하나님의 장막이 사람들과 함께 있으매 하나님이 저희와 함께 거하시리니 저희는 하나님의 백성이 되고 하나님은 친히 저희와 함께 계셔서 모든 눈물을 그 눈에서 씻기시매 다시 사망이 없고 애통하는 것이나 곡하는 것이나 아픈 것이 다시 있지 아니하리니 처음 것들이 다 지나갔음이러라"(계 21:1-4).

"일곱째 천사가 나팔을 불매 하늘에 큰 음성들이 나서 가로되 세상 나라가 우리 주와 그 그리스도의 나라가 되어 그가 세세토록 왕 노릇 하시리로다 하니 하나님 앞에 자기 보좌에 앉은 이십사 장로들이 엎드려 얼굴을 대고 하나님께 경배하여 가로되 감사하옵나니 옛적에도 계셨고 시방도 계신 주 하나님 곧 전능하신 이여 친히 큰 권능을 잡으시고 왕 노릇 하시도다 이방들이 분노하매 주의 진노가 임하여 죽은 자를 심판하시며 종 선지자들과 성도들과 또 무론 대소하고 주의 이름을 경외하는 자들에게 상 주시며 또 땅을 망하게 하는 자들을 멸망시키실 때로소이다 하더라"(계 11:15-18).

일곱째 천사가 나팔을 부는 셋째 화 사건을 계시하고 있는 위의 본문 말씀은 그 시기가 백보좌 심판이 행해지고 전능하신 하나님이 직접 통치하시는 영원한 하나님의 나라가 성취되는 시점임을 명시(明示)해 주고 있다. 이 사실에 대해 사도 바울은 부활장인 고린도전서 15장에서 확증을 더해 주고 있는데, 15장 50절 이하의 증거 말씀이 이 진리를 입증해 주는 말씀임을 알 수 있다.

> "형제들아 내가 이것을 말하노니 혈과 육은 하나님 나라를 유업으로 받을 수 없고 또한 썩은 것은 썩지 아니한 것을 유업으로 받지 못하느니라 보라 내가 너희에게 비밀을 말하노니 우리가 다 잠잘 것이 아니요 마지막 나팔에 순식간에 홀연히 다 변화하리니 나팔 소리가 나매 죽은 자들이 썩지 아니할 것으로 다시 살고 우리도 변화하리라 이 썩을 것이 불가불 썩지 아니할 것을 입겠고 이 죽을 것이 죽지 아니함을 입으리로다 이 썩을 것이 썩지 아니함을 입고 이 죽을 것이 죽지 아니함을 입을 때에는 사망이 이김의 삼킨 바 되리라고 기록된 말씀이 응하리라"(고전 15:50-54).

사도 바울은 마지막 일곱째 나팔이 불려질 때 영원한 하나님의 나라를 유업으로 받기 위하여 예수 믿는 모든 성도들이 부활하거나 변화되어 시·공간을 초월할 수 있는 영원한 생명의 몸을 입을 것이며, 사망이 이김의 삼킨 바 되리라고 증거하고 있다.

사망과 음부가 둘째 사망의 불못에 던져지는 시기는 천년왕국이 끝나고 곡과 마곡의 전쟁이 있고 백보좌 심판이 시행되는 시점임이 명백하다.

흰말 탄 자

"내가 보매 어린 양이 일곱 인(印) 중에 하나를 떼시는 그때에 내가 들으니 네 생물 중에 하나가 우뢰 소리같이 말하되 오라 하기로 내가 이에 보니 흰말이 있는데 그 탄 자가 활을 가졌고 면류관을 받고 나가서 이기고 또 이기려고 하더라"(계 6:1-2).

1. 내가 보매 어린 양이 일곱 인 중에 하나를 떼시는 그때에

4-5장에서는 하나님과 어린 양 예수께 찬양과 존귀와 영광을 올려 드리는 천상의 모습이 계시되었다. 5장은 책을 취하시고 인을 떼시기에 합당하신 어린 양 예수께 천지만물이 찬양하고 네 생물이 '아멘' 으로 화답하며 24장로들이 엎드려 경배함으로 끝을 맺고 있다. 그리고 곧바로 6장에서 일곱 인을 떼시는 어린 양의 사역이 뒤따르고 있다. 어린 양 예수께서 책의 인을 떼는 사역을 펼치실 때마다 이 땅에서 펼쳐질 사건이 계시된다.

본문은 일곱 인 중에서 첫 번째 인을 떼시는 사역이다. 이 세상 역사의 주관자는 예수님이시다. 그분이 일곱 인 중에서 첫 번째 인을 떼고 계신다.

첫째 인부터 넷째 인까지는 하나의 사건 단위인 것을 볼 수 있다. 첫째 인부터 넷째 인을 떼는 동안 네 생물이 차례로 네 말과 그 탄 자들에 대해 계시해 주고 있다. 다섯째 인이 떼어질 때 순교자들의 영혼이 제단 아래서 자신들의 피를 신원해 줄 것을 간구하고 있고, 주님은 잠깐만 더 쉬고 기다리라고 응답하신다. 이는 이제 후 3년 반 동안 하나님의 인 맞은 주의 종들이 예언 사역을 마치고 순교하는 사건이 뒤따르게 될 것을 시사(示唆)하는 말씀이다. 그리고 여섯째 인을 떼실 때에는 우주적 변동과 붕괴가 일어난다.

첫째 인부터 여섯째 인이 떼어짐으로 계시되는 내용은 마지막 한 이레인 7년 대환란이 마친 후에 나타나는 사건들로 보아야 한다.

2. 내가 들으니 네 생물 중에 하나가 우레 소리같이 말하되 오라 하기로

'오라'는 명령을 받고 있는 대상이 누구인가에 대해 사도 요한, 예수 그리스도, 말 탄 자라고 주장하는 견해들이 주장되고 있다.

이 세 견해 중에 요한으로 보는 견해가 가장 타당한 해석으로 보인다. 왜냐하면 1-2절 말씀의 전체 문맥을 살펴볼 때 요한으로 보는 것이 가장 조화를 이루기 때문이다.

6장 1-2절 말씀을 보면, "내가 보니……그때에 내가 들으니……내가 이에 보니"라는 말씀으로 사도 요한의 행동이 이어지고 있다. 사도 요한이 어린 양이 일곱 인 중에 하나를 떼시는 광경을 보고 있을 때였다. 그때 사도 요한에게 네 생물 중의 하나가 "와서 보라"고 명령하는 우뢰 같은 소리가 들렸다. 이에 사도 요한이 그 말에 순종하여 바라보니 말 탄 자의 환상이 계시되고 있는 것이다.

우리말 개역성경에는 '오라'는 명령만 기록되어 있지만, 표준 원문에는 '와서 보라'(*Ερχου καί βλέπε*, 에르쿠 카이 브레페)로 되어 있다.

킹 제임스 번역에서는 'come and see' 로 번역되어 있다.

*Ερχου*는 '오다' 를 뜻하는 *ἔρχουαι*의 2인칭 단수 현재 명령법이며, *βλέπώ*는 '보다' 를 뜻하는 *βλέπε*의 2인칭 단수 현재 능동태 명령법이다.

예수 그리스도는 계시를 보여주는 주체자인 동시에 인을 떼시는 주권자이시기 때문에 '와서 보라' 는 명령을 받는 대상이 될 수 없다. 그리고 말 탄 자는 네 생물이 요한에게 보여주는 계시의 대상이기 때문에 '와서 보라' 는 말과 조화를 이루지 못한다. 그러므로 네 생물 중 하나가 '와서 보라' 고 명령하는 대상이 사도 요한으로 해석함이 본문 말씀의 전체적 흐름에 가장 조화되는 해석으로 여겨진다.

3. 내가 이에 보니 흰말이 있는데 그 탄 자가 활을 가졌고 면류관을 받고 나가서 이기고 또 이기려고 하더라

첫째 인을 떼실 때에 등장한 '흰말을 탄 자' 가 누구인가?

면류관을 받고 나가서 이기고 또 이기려고 등장한 흰말 탄 자의 해석은 요한계시록 난해문제 중에 하나다. 그래서 첫째 인을 떼실 때에 등장한 흰말을 탄 자에 대한 다양한 견해가 주장되고 있다. 본문 한 절의 해석이 그 이후에 계시 해석의 방향에 큰 영향을 미치기 때문에 본문에 대한 성경적 고찰은 심도(深到)있게 다룰 필요가 있다. 많은 견해 중에서 많은 사람들이 동감하고 있는 네 가지 견해만 살펴보자.

1) 그리스도 복음의 운동으로 보는 견해

(1) 주장 내용

주후 1세기 로마 정부로부터 핍박받던 복음이 로마의 국교로 공인되기까지 로마 세계 전역에 효율적이고도 승리적인 복음의 전파가 이루어진 것을, 흰말 탄 자가 이기고 이기려 하는 상징의 표현들로 묘사했다고 해석하는 견해다.

(2) 문제점

흰말 탄 자는 이미 싸움에서 승리하여 면류관을 받아 쓴 상태이기 때문에, 이제 막 싸움을 시작하고 있는 그리스도의 복음운동이라고 해석하기에는 타당성이 떨어지고, 또 흰말 탄 자가 가진 활은 적를 향해 쏘는 심판의 도구라고 볼 수 있고, 그리스도의 복음은 하나님의 은혜로 말미암아 구원받을 백성들에게 증거될 말씀이므로, 흰말 탄 자를 그리스도의 복음운동으로 보는 것은 수용하기 어려운 견해다.

2) 종말의 대환란 때 하나님의 인 맞은 두 증인으로 보는 견해

(1) 주장 내용

흰말을 탄 자가 종말의 7년 대환란 때 하나님의 인을 맞고 복음을 외치는 두 증인이라고 해석하는 견해다.

(2) 문제점

'흰말 탄 자'에 사용된 '카데메노스'(καθήμενος)는 복수가 아니라 단수다. 그러나 11장에 계시되고 있는 '두 증인들'은 '마르투신'(μάρτυσίν)으로 복수임을 볼 수 있다. 이는 흰말 탄 자를 두 증인들로 해석할 수 없는 결정적 이유가 된다. 또 본문에 계시된 '흰말 탄 자'는 이미 싸움에서 승리한 장수로 면류관을 받아 쓴 모습이다. 이미 승리하여 면류관을 받아 쓴 자를 장차 종말의 때에 하나님의 인을 맞고 복음을 외치게 될 '두 증인들'로 해석하는 것은 무리가 따르는 해석이다.

3) 적그리스도라고 해석하는 견해

(1) 주장 내용

'흰말 탄 자'의 정체를 마지막 대환란의 시작과 함께 등장할 적그리스도로 보는데, 그 이유는 본문의 여러 내증과 공관복음서에 나타난 주님의 말씀, 바울 서신에 나타난 말씀으로부터 지지받는다고 주장한다.

앨런 존슨(Alan F. Johnson)은 다음과 같은 이유로 흰말 탄 자가 적그리스도라고 주장한다.

① 이어지는 말(馬)들로부터 입증되기 때문이다.

일곱 인을 떼실 때에 나타나는 네 말들의 상태를 보면 붉은 말, 검은 말, 청황색 말 등은 심판의 도구를 나타내므로 '흰말 탄 자'의 정체도 적그리스도 및 그의 세력과 동일시되어야 한다는 것이다. 왜냐하면 세상 죄를 지고 가는 하나님의 어린 양으로 오신 예수 그리스도의 등장은 이와 같은 전쟁, 기근, 살인 등의 처참함을 몰고 오지 않을 것이기 때문이다.

② 요한계시록 19장 11절의 백마(白馬) 탄 자와 비교할 때 입증되기 때문이다.

요한계시록 19장 11-17절에 나타나는 '백마 탄 자' 와 6장 2절의 '흰말 탄 자' 를 비교할 때에 동일한 인물이 아니라 19장의 말 탄 자가 영광 중에 강림하시는 그리스도라면, 본문은 교회와 성도들을 미혹할 적그리스도임을 알 수가 있다. 즉 19장에 나오는 '백마 탄 자' 의 '충신(忠信)과 진실' 그리고 '그가 공의로 심판하며 싸우더라' 는 호칭은 6장 2절에 나오는 충성되지 못하고 진실하지 못한 자, 즉 그 불의한 정복을 위해 싸움을 하는 말 탄 자와 대조가 된다. 그러므로 6장 2절의 흰말 탄 자는 적그리스도다.

③ 출현의 장면으로부터 입증되기 때문이다.

'흰말 탄 자' 가 출현할 때에 어린 양 되신 예수 그리스도는 인(印)을 떼고 있으므로 그를 말 탄 자 중의 한 사람으로 볼 수가 없다. 그러므로 '흰 말 탄 자' 는 예수 그리스도라기보다는 적그리스도로 보는 것이 적합하다.

④ 출현의 과정으로부터 입증되기 때문이다.

'흰말 탄 자' 의 출현 과정을 보면 "네 생물 중 하나가 우레 소리같이 말하되 오라"(6:1)는 명령에 의해서 출현하고 있다. 따라서 천사가 그리스도나 그의 종들을 불러낸다는 것은 합당치 못하므로 본문의 흰말 탄 자는 적그리스도다.

⑤ 예수님의 가르침으로부터 지지받기 때문이다.

예수님이 감람 산에서 제자들에게 마지막 때의 상황을 말씀하실 때 '거짓 그리스도들과 거짓 선지자들'(마 24:24)이 일어난다는 사건과 본문의 사건이 병행되고 있으므로 '흰말 탄 자'의 정체는 적그리스도라고 본다고 하였다.

이광복 목사는 흰말 탄 자의 정체를 마지막 대환란기에 평화의 사도로 가장(假裝)하여 교회를 미혹할 적그리스도로 주장하는 이유를 다음과 같이 들고 있다.

① 이름으로 구별된다.

이름은 신분을 밝혀 주는 이정표인데, 본문의 '흰말 탄 자'는 이름이 없어 정체불명이지만, 요한계시록 19장 11절에 나오는 '백마 탄 자'는 '충신과 진실'이라는 이름을 지니고 있으므로, 본문에 언급된 '흰말 탄 자'의 정체는 그리스도를 가장한 적그리스도임이 분명하다.

② 눈으로 구별된다.

우리 주님은 "눈은 몸의 등불이니"(마 6:22)라고 가르치셨는데, 본문의 '흰말 탄 자'가 그리스도라면 왜 눈에 대한 표현이 없는가? 동일한 논리로 볼 때 영광의 주로 강림하시는 19장 11절에서는 '불꽃 같은 눈'을 가지신 분으로 묘사하고 있어 공생애 기간 중 주님이 가르치신 내용과 부합된다. '불꽃 같은 눈'은 죄를 감찰하시는 하나님의 능력(단 10:6)이기에 본문의 '흰말 탄 자'는 우리 주님을 모방한 적그리스도로 볼 수밖에 없다.

③ 면류관으로 구별된다.

6장 2절의 '흰말 탄 자'는 '면류관을 받고 나가서'(단수-스테파노스:στέφανος)라는 표현처럼 겨우 하나의 면류관을 받아가지고 나가므로 사단의 사주(계 13:2)를 받은 적그리스도로서 승리의 그리스도를 표방하는 것(고후 11:13-15)이지만, 19장 12절의 '백마 탄 자'는 '그 머리에 많은 면류관'(디아데마:διάδημα)을 쓰고 있으므로 영광 중에 강림하실 만주의 주요, 만왕의 왕이신 우리 주님의 모습이다.

④ 복장으로 구별된다.

19장 13절의 '백마 탄 자'는 원수를 심판하고 정복한 승리하신 그리스도로 피에 젖은 옷을 입었지만, 6장 2절의 '흰말 탄 자'는 옷이 없으므로 하나님의 택한 자를 해치지 못하는 적그리스도의 한계성을 잘 증명해 주고 있다(계 17:14).

⑤ 승리의 방법으로 구별된다.

본문의 '흰말 탄 자'가 '이기고 이기려 하더라'는 것은 19장 16절에서 이미 승리하신 우리 주님의 영화로운 모습과 구별되고 있다. 그러므로 '이기고 이기려' 하는 '흰말 탄 자'는 바로 사단의 유혹을 받아 하나님의 교회와 성도들을 유혹할 적그리스도다. 이와 같은 사실은 원어에서도 증명이 되는데, '이기고'(니카오:νικάω)라는 단어는 능동태 현재분사로서 성도를 지배할 수 있는 짐승의 한계를 묘사하고, '이기려'(니케세:νικήσῃ)는 단어는 제1부정과거 능동태로서 적그리스도가 하나님까지 이기려는 교만의 극치를 암시하고 있다. 이는 다니엘 7장 25절 말씀처럼 하나님을 대적하며 성도들을 괴롭히는 적그리스도와 부합되는 표현이다. 아울러 '이기고 이기려 하더라'는 말씀은 '이미 이기신 예수 그리스도'에 대한 묘사로 보기보다는 할 수만 있으면 택한 자들도 미혹시키려는 적그리스도의 끊임없는 미혹(마 24:24)과 더 어울리는 표현이다.

⑥ 따르는 무리로 구별된다.

본문의 '흰말 탄 자' 의 출현에는 따르는 무리가 없으나 19장의 '백마 탄 자' 의 출현에는 "하늘에 있는 군대들이 희고 깨끗한 세마포를 입고 백마를 타고 따르고 있더라"(계 19:14)는 표현은 동일한 인물이 아님을 묘사하고 있다.

⑦ 무기로 구별된다.

성경은, 활(弓)은 악한 자의 무기(시 7:12; 렘 49:35)로, 살 없는 활(弓)은 속이는 것(호 7:16)으로 가르치고 있다. 왕(王)으로 재림하시는 주님의 무기는 좌우에 날선 검(劍, 계1:16, 2:16, 19:15; 히 4:12)으로 분명하게 명시된 것과 비교할 때에, 화살 없는 활을 들고서 등장하는 '흰말 탄 자' 는 전능하신 왕으로 강림하시는 그리스도를 모방하는 적그리스도로 보인다. 더구나 시편 기자가 전통에 화살이 가득한 것을 축복(시 127:4-5)이라고 하는 것을 볼 때 '흰말 탄 자' 는 적그리스도임이 분명하다.

⑧ 요한계시록 6장 1절과 비교할 때에 적그리스도다.

'어린 양' 되신 예수 그리스도는 심판의 주로서 일곱 인을 떼고 계시고, '네 생물' (피조물로서 수종드는 자)은 우레와 같은 소리로 '오라' 고 명령하니 그 명령에 맞추어 '흰말 탄 자' 가 등장하고 있다.

피조물의 명령에 따라 나오는 '흰말 탄 자' 가 조물주이신 예수 그리스도가 될 수 있는가?

⑨ 요한계시록 6장 8절과 비교할 때 적그리스도다.

"내가 보매 청황색 말이 나오는데 그 탄 자의 이름은 사망이니 음부가 그 뒤를 따르더라 저희가 땅 사분의 일의 권세를 얻어 검과 흉년과 사망과 땅의 짐승으로써 죽이더라"(계 6:8).

6장 8절의 후반부는 앞에서 언급된 네 말의 특징을 역순으로 언급하고 있는데, 이것을 역순으로 비교해 볼 때 '흰말 탄 자 = 짐승(적그리스도)' 이라는 등식이 성립된다. 이와 같은 사실은 전쟁을 상징하는 '붉은말' 이 등장하면 전쟁의 열매로 '기근' 이 발생하고, 그 기근의 결과는 극심한 사망이 있을 것임을 나타내고 있다. 따라서 이와 같은 참상은 '짐승' 으로 인함인데, 8절의 마지막을 장식하는 '짐승 = 흰말 탄 자' 라는 사실을 입증하고 있다.

⑩ 마태복음의 증거로 볼 때 적그리스도다.

주님은 감람산에서 말세 지말에 이루어질 상황을 말씀하셨는데 그 내용을 사도 요한이 본 상황과 비교할 때에 '흰말 탄 자' 의 정체는 적그리스도임이 분명하다고 본다. 왜냐하면 주님은 대환란기가 시작되는 그 특징으로 사람의 미혹을 조심하라고 권고하시면서 많은 사람들이 그리스도를 가장하고 나타날 것(마 24:4-5)이라고 하셨기 때문이다.

이로 보아 사도 요한이 본 '흰말 탄 자' 의 정체는 복음운동의 승리나 그리스도라기보다는 그리스도를 모방한 적그리스도임이 분명하다고 주장하고 있다(이광복,《계시록 난해 해설》).

⑵ 문제점

이 견해를 주장하고 있는 내용을 살펴보면, '흰말 탄 자' 가 어린 양 예수 그리스도가 아니라 적그리스도임을 입증하기 위해 성경을 한쪽 방향에서만 바라보는 문제점이 엿보인다. '흰말 탄 자' 를 적그리스도로 해석하는 견해에 대한 몇 가지 이견(異見)을 제시하면 다음과 같다.

① 이어지는 말(馬)들과의 연계 문제

첫 번째 인을 떼실 때에 계시된 '흰말 탄 자' 가 적그리스도라는 견해를 가진 사람들은 6장 8절 말씀에 계시된 청황색 말의 네 가지 도구(검, 흉년, 사망, 짐승)와 첫째, 둘째, 셋째, 넷째 인을 떼실 때에 각각 계시된 말들(흰말, 붉은 말, 검은 말, 청황색 말)을 짝짓기하는 방법으로 자신들의 견해가 옳다고 주장한다.

그 견해에 따르면, 검(劍)은 전쟁을 상징하므로 붉은 말과 짝이 되고, 흉년은 기근이므로 검은 말과 짝이 되고, 청황색 말은 사망과 짝이 되고, 자연스럽게 흰말은 짐승과 짝을 이루기 때문에 '흰말 탄 자' 는 적그리스도로 해석함이 옳다고 주장한다. 그러나 인을 차례로 뗄 때마다 나타난 말들과 넷째 인을 떼실 때 나타난 청황색 말 탄 자의 네 가지 도구를 짝지어 해석하는 것은 이 장의 전체적 문맥과 조화를 이루지 못하고 성경의 증거와도 맞지 않는 해석이다.

넷째 인의 재앙 도구인 "검과 흉년과 사망과 땅의 짐승으로써 죽이더라"에 사용된 '짐승' 의 원어는 *'θηρίων'* (데리온)으로 *'θηρίον'* (데리온)의 소유격 복수로 '짐승들' 을 의미한다.

영어 단어에서도 'Beasts' 로 나와 있다. 이는 사자, 곰 등과 같은 '들짐승들' 이 재앙의 도구로 사용됨을 나타낸다. 그러므로 짐승이 적그리스도를 의미한다는 주장은 본문에 맞지 않는 해석이다.

각 인이 떼어질 때 나타나는 흰말, 붉은 말, 검은 말, 청황색 말은 각각이 다른 계시를 보여주는 구별된 사건임을 간과해서는 안 된다.

넷째 인을 떼실 때에 등장한 청황색 말 탄 자가 사용하는 '검과 흉년과 사망과 짐승'의 네 가지 도구는 구약성경에도 자주 사용된 표현으로, 개별적으로 사용되지 않고 집단적으로 묶여진 도구임을 알 수 있다.

> "너희가 나를 거스려 내게 청종치 않을진대 내가 너희 죄대로 너희에게 칠 배나 더 재앙을 내릴 것이라 내가 들짐승을 너희 중에 보내리니 그것들이 너희 자녀를 움키고 너희 육축을 멸하며 너희 수효를 감소케 할지라 너희 도로가 황폐하리라 이런 일을 당하여도 너희가 내게로 돌아오지 아니하고 나를 대항할진대 나 곧 나도 너희에게 대항하여 너희 죄를 인하여 너희를 칠 배나 더 칠지라 내가 칼을 너희에게로 가져다가 너희의 배약한 원수를 갚을 것이며 너희가 성읍에 모일지라도 너희 중에 염병을 보내고 너희를 대적의 손에 붙일 것이며 내가 너희 의뢰하는 양식을 끊을 때에 열 여인이 한 화덕에서 너희 떡을 구워 저울에 달아 주리니 너희가 먹어도 배부르지 아니하리라"(레 26:21-26).
>
> "그들이 금식할지라도 내가 그 부르짖음을 듣지 아니하겠고 번제와 소제를 드릴지라도 내가 그것을 받지 아니할 뿐 아니라 칼과 기근과 염병으로 그들을 멸하리라"(렘 14:12).
>
> "여호와께서 또 말씀하시되 그 후에 내가 유다 왕 시드기야와 그 신하들과 백성과 및 이 성읍에서 염병과 칼과 기근에서 남은 자를 바벨론 왕 느부갓네살의 손과 그 대적의 손과 그 생명을 찾는 자들의 손에 붙이리니 그가 칼날로 그들을 치되 아끼지 아니하며 긍휼히 여기지 아니하며 불쌍히 여기지 아니하리라 하셨느니라"(렘 21:7).

"내가 기근과 악한 짐승을 너희에게 보내어 외롭게 하고 너희 가운데 온역과 살육으로 행하게 하고 또 칼이 너희에게 임하게 하리라 나 여호와의 말이니라"(겔 5:17).

"주 여호와께서 가라사대 내가 나의 네 가지 중한 벌 곧 칼과 기근과 사나운 짐승과 온역을 예루살렘에 함께 내려 사람과 짐승을 그 중에서 끊으리니 그 해가 더욱 심하지 않겠느냐"(겔 14:21).

사도 요한에게 계시된 요한계시록의 사건들은 대부분 구약의 예언서들을 배경으로 계시되었거나 직접 인용하여 기록하고 있다. 요한계시록의 일차적 수신자는 초대 교회 성도들이다. 초대 교회 성도들은 하나님의 말씀과 예수 그리스도의 복음을 믿고 증거하는 일 때문에 가난과 기근을 겪어야 했고, 전쟁의 무고한 희생자가 되기도 했으며, 염병에 시달리고 짐승의 우리에 던져지기도 하는 고난과 환난을 당하고 있었다. 초대 교회 성도들이 살아가는 1세기는 그야말로 죽음과 음부의 권세가 기승을 부리는 시대였다. 초대 교회 성도들이 본문의 내용을 읽고 들었을 때 그 말씀이 무엇을 의미하는지 어렵지 않게 깨달을 수 있었음을 짐작할 수 있다.

첫째 인봉부터 넷째 인봉까지는 한 묶음으로 묶여 있는 사건임을 알 수 있다. 각 인봉을 떼실 때마다 하나님 가장 가까이에서 보좌하고 있는 네 생물이 각각 그 계시에 동참하고 있음이 이를 입증한다.

첫째 인봉이 떼어질 때부터 넷째 인봉이 떼어지는 사건은 시간적 간격을 두고 일어날 사건이 아니라 복음의 전파에 따라 뒤따르게 될 결과적 순서를 보여주고 있다.

동서남북 사방 모든 민족에게 복음이 증거될 것이고, 복음이 증거되는 곳마다 예수의 이름으로 승리하는 역사가 일어나 교회가 세워지고, 교회들 위에는 세상이 가져다주는 환난과 핍박이 뒤따르고,

가난과 궁핍을 겪게 되며, 기근과 질병과 전쟁과 짐승의 해를 당하는 고난이 이어지게 될 것임을 시사해 준다. 이런 재난의 사건들이 왜 하나님을 보좌하는 네 생물을 통해 계시될까?

이 모든 재난이 주님의 몸 된 교회와 성도들에게 특별한 의미를 가져다주기 때문이다. 하나님께서는 이런 재난의 바람들을 통해 쭉정이와 알곡을 가르시고, 주님의 신부된 교회를 성결하게 단장시키시는 것이다.

> "또 이르시되 민족이 민족을, 나라가 나라를 대적하여 일어나겠고 처처에 큰 지진과 기근과 온역이 있겠고 또 무서운 일과 하늘로서 큰 징조들이 있으리라 이 모든 일 전에 내 이름을 인하여 너희에게 손을 대어 핍박하며 회당과 옥에 넘겨주며 임금들과 관장들 앞에 끌어가려니와 이 일이 도리어 너희에게 증거가 되리라……심지어 부모와 형제와 친척과 벗이 너희를 넘겨주어 너희 중에 몇을 죽이게 하겠고 또 너희가 내 이름을 인하여 모든 사람에게 미움을 받을 것이나 너희 머리털 하나도 상치 아니하리라 너희의 인내로 너희 영혼을 얻으리라"(눅 21:10-19).
>
> "또 내가 보매 거룩한 성 새 예루살렘이 하나님께로부터 하늘에서 내려오니 그 예비한 것이 신부가 남편을 위하여 단장(丹粧)한 것 같더라"(계 21:2).

넷째 인봉을 떼심으로 계시되는 청황색 말 탄 자가 사용하는 '검'(롬파이아 : *ῥομφαία*)과 둘째 인을 떼실 때 계시된 붉은 말 탄 자가 받아 든 큰 '칼'(마카이라 : *μάχαιρα*)은 전혀 다른 데 사용되는 칼이다. 붉은 말 탄 자가 받아 든 '큰 칼'은 희생제물을 잡을 때 사용하는 칼을 의미하고, 청황색 말 탄 자가 사용하는 '검'은 전쟁할 때 사용하는 칼을 나타내는 단어다. 청황색 말 탄 자가 사용하는 '검' 은 예수 그리스도께서 그 대적들과 싸우실 때 사용하는 '검' 과 동일한 검(劍)이다.

> "내가 네게 속히 임하여 내 입의 검(ῥομφαίᾳ)으로 그들과 싸우리라" (계 2:16).
> "그 나머지는 말 탄 자의 입에서 나오는 검(ῥομφαίᾳ)에 죽으매 모든 새가 그 고기로 배불리우더라"(계 19:21).

예수님께서는 오해(誤解)를 방지하기 위해 두 인봉 사건을 의미가 전혀 다른 헬라어 단어를 통해 계시하심으로 두 사건이 뚜렷한 구별을 가지고 있음을 계시해 주신다.

청황색 말 탄 자의 계시 때 사용된 '죽이더라' (to kill)의 단어와 붉은 말 탄 자의 계시 때 사용되고 있는 '죽이더라' (to slaughter)는 단어도 의미가 다른 단어여서 이 두 사건이 동일한 사건이 아님을 구분하고 있다. 그러므로 각 인봉을 떼실 때에 계시되고 있는 말들과 6장 8절에 계시되고 있는 말씀을 연계해서 짜맞춤으로 '흰 말 탄 자' 를 적그리스도라고 해석하는 견해는 성경의 지지를 받지 못하는 오해(誤解)임이 분명하다.

"세상 죄를 지고 가는 하나님의 어린 양으로 오신 예수 그리스도의 등장은 이와 같은 전쟁, 기근, 살인 등의 처참함을 몰고 오지 않을 것이기 때문이다" 라고 주장하는 앨런 존슨(Alan F. Johnson)의 견해는 요한계시록의 증거와 상반된 자의적(自意的) 주장이다.

요한계시록은 예수님이 다시 오실 때 '심판의 주' 로 오시기 때문에 이 땅에 두렵고 떨리는 긍휼 없는 심판이 가해질 것이므로 처참하기 그지없는 재앙들을 몰고 올 것임을 예언하고 있다.

요한계시록에 계시되고 있는 일곱 나팔 재앙과 일곱 대접 재앙은 모두 하나님이 계획하고 계신 종말 프로그램으로 예수 그리스도의 재림 때 성취될, 하나님의 긍휼 없는 심판을 예언하고 있다.

> "그날 환난 후에 즉시 해가 어두워지며 달이 빛을 내지 아니하며 별들이 하늘에서 떨어지며 하늘의 권능들이 흔들리리라 그때에 인자의 징조가 하늘에서 보이겠고 그때에 땅의 모든 족속들이 통곡하며 그들이 인자가 구름을 타고 능력과 큰 영광으로 오는 것을 보리라"(마 24:29-30).
> "내가 보니 여섯째 인을 떼실 때에 큰 지진이 나며 해가 총담같이 검어지고 온 달이 피같이 되며 하늘의 별들이 무화과나무가 대풍에 흔들려 선과일이 떨어지는 것같이 땅에 떨어지며 하늘은 종이 축이 말리는 것같이 떠나가고 각 산과 섬이 제자리에서 옮기우매 땅의 임금들과 왕족들과 장군들과 부자들과 강한 자들과 각 종과 자주자(自主者)가 굴과 산 바위 틈에 숨어 산과 바위에게 이르되 우리 위에 떨어져 보좌에 앉으신 이의 낯에서와 어린 양의 진노에서 우리를 가리우라 그들의 진노의 큰 날이 이르렀으니 누가 능히 서리요 하더라"(계 6:12-17).
> "볼지어다 구름을 타고 오시리라 각인의 눈이 그를 보겠고 그를 찌른 자들도 볼 터이요 땅에 있는 모든 족속이 그를 인하여 애곡하리니 그러하리라 아멘"(계 1:7).

② 요한계시록 19장 11절의 백마(白馬) 탄 자와의 비교 문제

앨런 존슨과 이광복 목사는 '흰말 탄 자'의 정체가 마지막 대환란기에 평화의 사도로 가장하여 교회를 미혹할 적그리스도라고 주장하면서 요한계시록 19장에 등장하는 '백마 탄 자'와 비교하여 그 이유를 설명하고 있다.

첫째, '백마 탄 자' 에게 있는 것이 '흰말 탄 자' 에게는 없기 때문이다.

19장 11절에 계시되고 있는 '백마 탄 자' 에게는 '충실과 진실' 이라는 이름이 있는데 본문에 등장하는 '흰말 탄 자' 는 이름이 없다. 19장 11절에 계시되고 있는 '백마 탄 자' 의 모습은 '불꽃 같은 눈' 을 가졌는데, 본문에 등장하는 '흰말 탄 자' 는 눈에 대한 표현이 없다. 19장 11절에 계시되고 있는 '백마 탄 자' (예수 그리스도)는 '피에 젖은 옷' 을 입었지만, 본문에 등장하는 '흰말 탄 자' 는 옷이 없다. 19장 11절에 계시되고 있는 '백마 탄 자' 는 따르는 무리가 있는데, 본문에 등장하는 '흰말 탄 자' 는 따르는 무리들이 없다.

이상의 이유들을 들면서 '흰말 탄 자' 가 예수 그리스도를 가장한 적그리스도임이 분명하다고 주장한다.

19장 11절에 계시된 예수 그리스도의 계시 내용과 본문에 계시된 내용이 다르기 때문에 본문에 계시되고 있는 '흰말 탄 자' 가 적그리스도라고 주장하는 논리는 수용하기 어려운 억지 주장이다. 그런 논리를 수용한다면 성경에 계시되고 있는 예수 그리스도로 인정되고 있는 계시의 말씀들이 요한계시록 19장에 계시되고 있는 예수님의 모습과 다르기 때문에 예수 그리스도로 해석함을 인정할 수 없다는 주장이 될 수 있다.

예를 들어, 요한계시록 14장 14-16절 말씀에 계시되고 있는 내용을 살펴보자.

> "또 내가 보니 흰 구름이 있고 구름 위에 사람의 아들과 같은 이가 앉았는데 그 머리에는 금 면류관이 있고 그 손에는 이한 낫을 가졌더라 또 다른 천사가 성전으로부터 나와 구름 위에 앉은 이를 향하여 큰 음성으로 외쳐 가로되 네 낫을 휘둘러 거두라 거둘 때가 이르러 땅에 곡

식이 다 익었음이로다 하니 구름 위에 앉으신 이가 낫을 땅에 휘두르매 곡식이 거두어지니라”(계 14:14-16).

이 말씀에 계시되고 있는 ‘추수자’가 예수 그리스도를 나타낸다고 해석하는 데는 이견(異見)이 없을 것이다. ‘흰 구름 위에 앉아 머리에 금 면류관을 쓰고 손에 이한 낫을 들고 있는 사람의 아들 같은 이’의 그 어떤 모습도 19장 11절 이하에 계시된 예수님의 재림 모습과 동일한 모습이 아니다. 이름도 없고, 불꽃 같은 눈도 없고, 피 뿌린 옷도 입지 않았고, 따르는 무리들도 없다. 그렇다고 예수 그리스도가 아니라고 주장하는가?

사선에 따라 그 계시 모습이 다른 것을 감안하지 않고, 오직 19장 11절 이하의 말씀과 비교해서 계시된 모습이 다르기 때문에 예수 그리스도가 아니라 예수 그리스도를 가장한 적그리스도라고 주장하는 논리는 타당하지 않다.

둘째, 면류관의 차이점 때문이다.

본문에 계시된 ‘흰말 탄 자’가 적그리스도라고 주장하는 사람들이 내세우는 이유 중에 하나가 ‘면류관’의 차이점이다.

6장 2절의 ‘흰말 탄 자’는 ‘면류관을 받고 나가서’(단수-스테파노스: *στέφανος*)라는 표현처럼 겨우 면류관 하나를 받아가지고 나감으로 사단의 사주(계 13:2)를 받은 적그리스도로서 승리의 그리스도를 표방하는 것(고후 11:13-15)이지만, 19장 12절의 ‘백마 탄 자’는 ‘그 머리에 많은 면류관’(디아데마: *διαδημα*)을 쓰고 있으므로 강림하실 만주의 주요 만왕의 왕이신 우리 주님의 모습이라고 주장하는 것은 요한계시록의 내증에 부합(符合)하지 않는 주장이다.

요한계시록에 계시되고 있는 ‘면류관을 받고 나가서’의 원어적 의미와 사용 구절들을 살펴보면, 본문에 계시된 '흰말 탄 자'의 면류관이 적그리스도를 나타내는 이유가 되기보다는 오히려 예수 그리스도로 보는 것이 타당함을 증거해 주는 계시 단어임을 알 수 있다.

면류관을 '받고'의 헬라어 ἐδόθη(에도데)는 '주다'의 뜻을 지닌 δίδωμι(디도미)의 부정 과거 수동태로, 이미 승리하고 개선한 용사에게 하나님께서 주심으로 받아 쓴 면류관을 나타낸다. 이미 승리하고 개선하여 하나님께 승리의 면류관을 받아쓰기에 합당한 대상이 누구인가? 오직 예수 한 분뿐이심을 부인할 사람이 있겠는가?

요한계시록에 사용되고 있는 면류관이라는 원어는 '스테파노스'(στέφανος, crown)와 '디아데마타'(διαδήματα, diadem)라는 두 단어다. 이 단어들이 사용된 구절을 살펴보면 다음과 같다.

- 스테파노스-계 2:10, 3:11, 4:4, 10, 6:2, 9:7, 12:1, 14:14
- 디아데마타-계 12:3, 13:1, 19:12

본문에 사용된 단어는 승리의 면류관인 '스테파논'(στέφανον)이다. 위에서 살펴본 바와 같이 왕관을 의미하는 '디아데마타'는 요한계시록에 세 번 등장하는데, 19장 2절 말씀만이 예수 그리스도께 사용되고 있고, 두 번(계 12:3, 13:1)은 오히려 적그리스도가 쓴 면류관에 사용되고 있다.

요한계시록 14장 14절 말씀에 보면 예수 그리스도가 그 머리에 '금 면류관'(στέφανον)을 쓰고 있다고 계시해 주고 있다. 그러므로 본문에 계시되고 있는 '면류관'의 원어적 의미와 사용 구절을 살펴보더라도 면류관(crown)을 받아 쓰고 이기고 또 이기려고 나아가는 본문의 '흰말 탄 자'는 승리의 주(主)가 되시는 예수 그리스도를 나타낸다고 해석하는 것이 타당하다.

"또 내가 보니 흰 구름이 있고 구름 위에 사람의 아들과 같은 이가 앉았는데 그 머리에는 금 면류관이 있고 그 손에는 이 한 낫을 가졌더라" (계 14:14).

셋째, 승리의 방법으로 구별되기 때문이다.

'흰말 탄 자' 가 '이기고 이기려 하더라' 는 것은 19장 16절에서 이미 승리하신 우리 주님의 영화로운 모습과 구별된다. 그러므로 '이기고 이기려' 하는 '흰말 탄 자' 는 바로 사단의 유혹을 받아 하나님의 교회와 성도들을 유혹할 적그리스도다. "이기고 이기려 하더라" 는 말씀은 '이미 이기신 예수 그리스도' 에 대한 묘사라기보다는 할 수만 있으면 택한 자들도 미혹시키려는 적그리스도의 끊임없는 미혹(마 24:24)과 더 어울리는 표현이라고 주장하는 것은 성경의 지지를 얻기 어려운 억지 주장이다.

예수님은 이미 승리하셨는데(요 16:33; 계 5:5), 본문의 '흰말 탄 자' 는 나가서 '이기고 이기려고' 하고 있기 때문에 예수 그리스도에 대한 묘사라고 할 수 없고, 성도들을 이기고 하나님까지 이기려고 하는 적그리스도를 나타낸다는 주장은 성경의 증거를 충족시키지 못하는 오해(誤解)다.

요한계시록 자체의 증거를 살펴보아도 이미 이기신 예수 그리스도의 모습이 계시되고 있을 뿐 아니라 장차 악한 마귀의 세력과 싸워 승리하시기 위해 출정하시는 예수 그리스도의 모습을 계시해 주고 있다.

"이것을 너희에게 이름은 너희로 내 안에서 평안을 누리게 하려 함이라 세상에서는 너희가 환난을 당하나 담대하라 내가 세상을 이기었노라" (요 16:33).

"장로 중에 하나가 내게 말하되 울지 말라 유대 지파의 사자 다윗의 뿌리가 이기었으니 이 책과 그 일곱 인을 떼시리라 하더라"(계 5:5).

이상의 두 구절은 이미 승리하신 예수 그리스도를 증거하는 말씀이다. 그렇다고 예수 그리스도의 영적 싸움이 끝났는가? 성경은 예수님이 이미 승리하셨기 때문에 앞으로 다시는 싸움에 출정하지 않는다고 증거하는가?

아니다! 성경은 예수 그리스도께서 이미 승리하시고 승리의 면류관(스테파노스)을 받아 쓰셨지만, 아직도 영적 싸움을 싸워 승리하실 것임을 증거하고 있다.

요한계시록 17장 14절에서는 "저희가 어린 양으로 더불어 싸우려니와 어린 양은 만주의 주시요 만왕의 왕이시므로 저희를 이기실 터이요 또 그와 함께 있는 자들 곧 부르심을 입고 빼내심을 얻고 진실한 자들은 이기리로다"라고 계시해 주고 있다.

'이기실 터이요'에 해당하는 헬라어 '니케시이'(*νικήσει*: shall overcome)는 3인칭 단수 미래 직설법으로 장차 이기실 미래의 승리를 확증하는 말씀이다.

호크마 주석은 이 부분에 대해 이렇게 주석을 달아놓고 있다. "'이기고'에 해당하는 헬라어 '니콘'(*νικῶν*)은 '니카오'(*νικάω* : 정복하다)의 현재 능동태 분사로 심판의 현재성을 시사한다. 또한 '이기려고'의 헬라어 '카이 히나 니케세'(*καὶ ἵνα νικήσῃ*)는 목적을 나타내는 부정 과거 능동태 가정문으로 궁극적인 승리를 시사한다."

이미 이기고 승리하심으로 승리의 면류관(스테파노스)를 받아 쓰신 분, 지금도 살아 계셔서 승리의 주가 되시는 분, 장차 악의 세력과 싸워 사단의 세력을 멸하시고 궁극적 승리를 거두실 심판과 구원의 주(主)가 누구신가?

성경은 예수 그리스도께서 이미 이기셨고, 또 지금도 이김을 주시며, 장차 악한 마귀 사단의 세력과 싸워 그들을 멸하시고 궁극적 승리를 거두시기 위해 재림하실 것임을 계시해 주고 있다.

만주의 주시요 만왕의 왕이신 예수 그리스도께서 사단과의 영적 싸움에서 이미(already) 이기고 승리하셨지만, 아직(yet) 싸움이 끝나지 않았기 때문에 장차 하나님의 공의와 승리를 상징하는 흰말을 타고, 면류관을 받아 쓰고, 이기고 또 이기려고 출정(出征)하실 것이다. 그러므로 면류관을 받아 쓰고 '이기고 이기려고 나가는 흰말 탄 자'는 예수 그리스도로 해석하는 것이 성경의 증거말씀들과 조화를 이루는 해석이라고 할 것이다.

넷째, 무기로 구별되기 때문이다.

적그리스도로 해석하는 견해는 "성경은, 활(弓)은 악한 자의 무기(시 7:12; 렘 49:35)로, 살 없는 활(弓)은 속이는 것(호 7:16)으로 가르치고 있다. 왕(王)으로 재림하시는 주님의 무기는 좌우에 날선 검(劍, 계 1:16, 2:16, 19:15; 히 4:12)으로서 분명하게 명시된 것과 비교할 때에 화살 없는 활을 들고서 등장하는 '흰말 탄 자'는 전능하신 왕으로 강림하시는 그리스도를 모방하는 적그리스도로 보인다"고 주장한다.

먼저 "성경은, 활(弓)은 악한 자의 무기(시 7:12; 렘 49:35)로, 살 없는 활(弓)은 속이는 것(호 7:16)으로 가르치고 있다"는 주장은 성경의 증거를 왜곡시키는 주장이 될 수 있다.

성경의 증거 말씀들을 볼 때 활(弓)이 악한 자의 무기로 증거될 때도 있지만, 선하고 의로운 자의 무기로 등장하는 경우도 많다. 의로운 자의 무기로 등장하는 구절들을 보면 요셉의 활(창 49:24), 요나단의 활(삼하 1:22), 다윗의 활(삼하 22:35; 시 18:34), 욥의 활(욥29:20), 여호와의 활(시 7:12; 합 3:9) 등 여러 곳에서 활이 의로운 자의 무기로 증거되고 있다. 특히 시편 7편 12절 말씀과 하박국 3장 9절 말씀은 활이 주 여호와 하나님이 사용하시는 심판의 무기임을 증거하고 있고, 시편 45편 5절 말씀은 "왕의 살이 날카로워 왕의 원수의 염통을 뚫으니 만민이 왕의 앞에 엎드러지는도다"라고 노래하고 있어 활이 심판의 주로 임하시는 예수 그리스도의 심판의 무기로 사용될 것임을 예언하고 있다. 그러므로 본문에 계시된 '흰말 탄 자'가 "활을 가졌고……이기고 또 이기려고 하더라"는 말씀은 시편 45편 말씀의 성취를 나타낸다고 해석하는 것이 타당하다.

'흰말 탄 자'의 '활'이 악인의 무기라고 주장하는 것은 성경의 증거와 맞지 않는 비성경적 주장이다. 또 호세아 7장 16절 말씀에 대한 인용 또한 본문의 의도를 벗어난 자의적(自意的) 해석을 취하고 있어 올바른 성경 해석에서 빗나가는 오류를 보이고 있다.

호세아 7장 16절 말씀은 "저희가 돌아오나 높으신 자에게로 돌아오지 아니하니 속이는 활과 같으며……"라고 증거하고 있다. 여기서 '속이는 활'은 문자적으로 표적에서 빗나간 화살을 말하며, 의미상으로는 하나님께로 향하지 아니하고 배도한 이스라엘을 가리킨다.

시편 78편 57절에 보면 "저희 열조같이 배반하고 궤사를 행하여 속이는 활같이 빗가서"라고 증거하고 있다.

이 두 구절에서 '속이는 활'은 '화살 없는 활'을 의미하는 것이 아니라 표적에서 빗나간 화살같이 하나님의 뜻에서 빗나간 이스라엘 백성을 비유하고 있음을 알 수 있다. 그러므로 '살 없는 활(弓)은 속이는 것'(호 7:16)을 나타낸다는 주장은 성경의 증거를 왜곡시키는 비성경적 주장이라고 할 수 있다.

본문에 계시된 '흰말 탄 자'가 '활'을 가지고 등장하므로 전능하신 왕으로 강림하시는 그리스도라 할 수 없고 그리스도를 모방하는 적그리스도라고 주장하는 견해는 성경의 지지를 받지 못하는 자의적(自意的) 주장이므로 수용할 수 없는 견해임을 분명히 한다.

앨런 존슨은 "19장에 나오는 백마 탄 자의 '충신(忠信)과 진실' 그리고 '그가 공의로 심판하며 싸우더라' 는 호칭은 6장 2절에 나오는 충성되지 못하고 진실하지 못한 자, 즉 그 불의한 정복을 위해 싸움을 하는 말 탄 자와 대조가 된다. 그러므로 6장 2절의 흰말 탄 자는 적그리스도다" 라고 주장한다.

앨런 존슨은 6장 2절에 계시된 '흰말 탄 자' 에 대한 본문에 마치 '충성되지 못하고 진실하지 못한 자, 즉 불의한 정복을 위해 싸움을 하는 자' 라는 내용이 계시되고 있는 것처럼 주장하고 있다.

이는 성경을 왜곡되게 해석하여 잘못 판단하게 만드는 주장이다. 자신의 주장이 성경적인 것처럼 보이기 위해 성경에 없는 말을 가감하여 주장하는 것은 하나님이 기뻐하시지 않는 행위다.

6장 2절에 계시되고 있는 '흰말 탄 자' 에 대한 내용 어디에도 '충성되지 못하고 진실하지 못한 자, 즉 불의한 정복을 위해 싸움을 하는 자' 라는 내용은 찾아볼 수 없다.

> "내가 이 책의 예언의 말씀을 듣는 각인에게 증거하노니 만일 누구든지 이것들 외에 더하면 하나님이 이 책에 기록된 재앙들을 그에게 더하신 터이요 만일 누구든지 이 책의 예언의 말씀에서 제하여 버리면 하나님이 이 책에 기록된 생명나무와 및 거룩한 성에 참예함을 제하여 버리시리라" (계 22:18-19).

③ 출현 장면과 과정의 적합성 문제

6장 2절에 계시되고 있는 '흰말 탄 자' 가 등장하는 출현 장면과 과정을 살펴볼 때 예수 그리스도가 될 수 없기 때문에 적그리스도로 보아야 한다고 주장한다.

첫째, 출현 장면이 예수 그리스도가 아님을 입증한다.

앨런 존슨은 "'흰말 탄 자'가 출현할 때 어린 양 되신 예수 그리스도는 인(印)을 떼고 계시므로 그를 말 탄 자 중의 한 사람이라고 볼 수 없다. 따라서 '흰말 탄 자'는 예수 그리스도가 될 수 없고 적그리스도로 보는 것이 적합하다"고 주장한다.

존슨의 주장대로 생각하면 예수님이 인(印)을 떼심으로 적그리스도가 출현하게 된다고 보는 것이 오히려 맞지 않는다. 예수님이 인을 떼고 계시는데 네 생물의 명령에 따라 적그리스도가 나올 수 있는가?

존슨의 주장은 요한계시록의 계시 특성을 이해하지 못한 데서 오는 오해(誤解)임을 알 수 있다. 예수님이 일곱 인으로 봉해진 하나님의 오른손에 있는 책을 취하여 인을 떼시고 사도 요한에게 그 책에 기록된 내용을 계시해 주시는 때는 사도 요한이 예수님의 초청을 받고 천상에 올라간 시점이다. 그리고 인을 떼심으로 계시되고 있는 내용들은 종말의 때에 성취될 '장차 될 일'이다. 어린 양 예수께서 첫째 인봉을 떼심으로 계시되는 '흰말 탄 자'의 계시 내용은, 장차 종말의 때에 승리의 주가 되어 면류관을 받아 쓴 예수님 자신이 활을 가지고 악한 자를 물리치고 최후 승리를 거두기 위해 출정(出征)할 것임을 보여주고 있는 것이므로 이상할 것이 전혀 없는 자연스런 해석이다.

> "볼지어다 구름을 타고 오시리라 각인의 눈이 그를 보겠고 그를 찌른 자들도 볼 터이요 땅에 있는 모든 족속이 그를 인하여 애곡하리니 그러하리라 아멘"(계 1:7).

둘째, 출현 과정이 예수 그리스도가 아님을 입증한다.

존슨은 "'흰말 탄 자' 의 출현 과정을 보면 '네 생물 중 하나가 우레 소리같이 말하되 오라' (6:1)는 명령에 의해서 출현하고 있다. 따라서 천사가 그리스도나 그의 종들을 불러낸다는 것은 합당치 못하므로 본문의 흰말 탄 자는 적그리스도다"라고 주장한다.

존슨의 주장은 네 생물에게 '오라' 는 명령을 받고 있는 대상이 누구인지 제대로 파악하지 못한 데서 발생하고 있는 오해(誤解)이다.

6장 1-2절 말씀을 살펴볼 때 네 생물에게 '오라' 는 명령을 받고 있는 대상은 말 탄 자가 아니라 사도 요한으로 보는 것이 타당하다. 우리말 개역성경에는 '오라' 는 명령만 기록되어 있지만, 헬라어 표준원문에는 '와서 보라' (*Ερχου καὶ βλέπε*: 에르쿠 카이 브레페)로 되어 있다. 킹 제임스 번역에도 'come and see' (와서 보라)로 번역되어 있다. *῎Ερχου*는 '오다' 를 뜻하는 *ἔρχουμαι*의 2인칭 현재 능동태 명령법이며, *βλέπε*는 '보다' 를 뜻하는 *βλέπώ*의 2인칭 단수 현재 능동태 명령법이다.

예수 그리스도는 계시를 보여주는 주체자인 동시에 인을 떼시는 주권자이기 때문에 '와서 보라' 는 명령을 받는 대상이 될 수 없다. 그리고 말을 탄 자는 네 생물이 요한에게 보여주는 계시의 대상이기 때문에 '와서 보라' 는 말과 조화를 이루지 못한다. 그러므로 네 생물 중 하나가 '와서 보라' 고 명령하는 대상이 예수 그리스도도 아니고 말 탄 자도 아닌 사도 요한으로 해석하는 것이 전체적 문맥에 가장 적합한 해석임을 알 수 있다.

6장 1-2절에 보면, "내가 보니……그때에 내가 들으니……내가 이에 보니"라는 말씀으로 사도 요한의 행동이 이어지고 있다. 예수님이 인봉을 떼실 때에 네 생물 중 하나가 사도 요한에게 우레 같은 소리로 '와서 보라' 는 명령을 내렸고, 이에 사도 요한이 그 말에 순종하여 가서 바라보니 말 탄 자의 환상이 계시되고 있는 것이다.

흰말 탄 자가 적그리스도라면 그가 네 생물의 명령에 순종하는 자세를 취하겠는가?

네 생물의 명령을 받고 있는 대상이 계시를 받고 있는 사도 요한이므로 '흰말 탄 자'의 출현 과정이 적그리스도임을 입증한다는 오해(誤解)는 수용할 수 없는 견해다.

4) 예수 그리스도로 보는 견해

(1) 사용된 용어들이 예수 그리스도로 해석해야 조화를 이루기 때문이다.

① "……흰말이 있는데 그 탄 자가……"

첫째 인을 떼실 때에 등장하는 말은 흰말이다. 요한계시록에서 흰색은 항상 거룩하고 성스러운 것을 나타낸다. 특별히 기억해야 할 것은, 요한계시록 자체가 천상의 색상을 흰색으로 표현하고 있고 언제나 예수 그리스도와 관계하고 있다는 사실이다.

영광 중에 계신 그리스도의 머리와 털의 희기가 흰 양털 같고 눈 같더라(계 1:14)고 표현한다. 이기는 자들에게는 흰 돌을 주실 것이라(계 2:17)고 약속하신다. 신실한 주의 백성들은 흰옷을 입고 주와 함께 다니게 하시겠다고(계 3:4) 말씀하신다. 벌거벗은 수치를 가리기 위해 흰옷을 사서 입으라(계 3:18)고 권면하신다. 하나님의 보좌 둘레에는 24장로들이 흰옷을 입고 머리에 금 면류관을 쓰고 앉아 있다(계 4:4). 우리 피를 신원해 달라고 간구하는 순교자들에게 흰 두루마기를 주시며(계 6:11), 순교자의 수가 차기까지 잠시 동안 쉬고 있으라고 말씀하신다. 큰 환난에서 나온 셀 수 없는 큰 무리들이 흰옷을 입고 하나님과 어린 양을 찬양하고 있다(계 7:9-14). 주님이 금 면류관을 머리에 쓰고 손에 낫을 들고 흰 구름 위에 앉아 추수할 준비를 하고 계신다(계 14:14). 주님이 백마를 타고 공의로 심판하여 싸울 때 하늘에 있는 군대가 희고 깨끗한 세마포를 입고 백마를 타고 그를 따르고 있다(계 19:11-14). 주님이 크고 흰 보좌 위에 심판의 주로 앉아 계신다(계 20:11).

요한계시록 가운데 흰색이 다른 의미로 사용된 곳은 하나도 없다. 언제나 예수 그리스도와 연관되어 거룩하고 성결한 의미로 사용되고 있다. 그러므로 이 장에서 흰말 탄 자는 의심할 여지없이 거룩하시고 엄위하신 예수 그리스도를 계시하고 있다고 해석하는 것이 요한계시록 전체의 구절들과 조화를 이루는 해석이다.

첫 번째 흰말 탄 자를 적그리스도로 해석하는 것이 옳다고 주장하는 사람들은, 흰색이 성결의 색이요 그리스도의 속성에 부합되는 색상이지만 사단이 광명의 천사로도 가장하기 때문에(고후 11:14) 사단에게도 적용될 수 있다고 반론을 제기한다. 그러나 요한계시록 자체가 흰색의 용어를 모두 그리스도와 그에 속한 무리들에게 적용하고 있는데, 본문에서만 유일하게 적그리스도에게 적용하고 있다는 주장은 받아들이기 힘들다.

네 말 탄 자들이 네 생물의 계시에 따라 하나님의 심판을 이행하는 순종의 사역자들임을 생각해야 한다. 흰말 탄자를 적그리스도로 해석해야 한다고 주장하는 사람들은 대부분 뒤따라오는 두 번째, 세 번째, 네 번째 말들로 인한 재앙이 적그리스도의 행위이기 때문에 첫 번째 흰말 탄 자도 적그리스도로 보아야 한다고 주장한다. 그러나 두 번째, 세 번째, 네 번째 말 탄 자들을 진리와 공의로 심판하여 싸우시는(시 45:4) 주와 함께한 하나님의 사역자들로 보면, 첫 번째 흰말 탄 자가 공의로 심판하여 싸우실 그리스도로 해석하는 것이 자연스러운 해석이라고 하겠다.

본문을 자세히 살펴보면 둘째, 셋째, 넷째 말은 하나님께로부터 권세를 허락받아 사역하며 순종의 일꾼으로 증거되고 있음을 보여준다. 그들의 행위가 적그리스도의 일꾼들이라면 네 생물의 부름에 순종하고 또 하나님께 권세를 받은 한계 내에서 순종하는 행동을 보이겠는가?

② "……면류관을 받고 나가서……"

흰말 탄 자는 이미 누군가로부터 면류관을 받아 썼다. 앞에서 살펴보았듯이 면류관을 '받고'의 헬라어 원어 *ἐδόθη*(에도데)는 '주다'의 뜻을 지닌 *δίδωμι*(디도미)의 부정 과거 수동태로 이미 승리하고 개선한 용사에게 하나님께서 주심으로 받아 쓴 면류관임을 의미한다. 천상에서 하나님께 승리의 면류관을 받아 쓸 대상이 누구이겠는가? 십자가에서 죽으시고 사흘 만에 부활하신 승리의 주님만이 승리의 면류관을 받아 쓰시기에 합당하신 분임을 의심할 사람은 아무도 없을 것이다.

'흰말 탄 자'를 예수 그리스도로 해석하기를 거부하는 사람들은 '면류관'의 원어적인 용어를 볼 때에 본문에서 흰말 탄 자가 받은 면류관이 왕관(王冠)을 의미하는 디아데마(*διαδημα*)가 아니라 승리의 면류관인 스테파노스(*στέφανος*)로, 만왕의 왕이요 만주의 주로 임하신 예수 그리스도께 어울리지 않기 때문에 흰말 탄 자를 예수 그리스도로 해석할 수 없다고 주장한다.

흰말 탄 자가 받은 면류관의 원어가 승리자에게 주는 면류관인 '스테파노스'이기 때문에 만왕의 왕이요 만주의 주가 되신 초림 예수에게 어울리지 않는다고 주장하거나 역(逆)으로 다른 대상에게 적용하는 사람들은 두 단어가 사용된 이 책의 본문들을 상세히 고찰해 보지 않은 사람들이다. 요한계시록에서 면류관을 의미하는 두 단어가 사용된 것을 살펴보면 다음과 같다.

- '스테파노스' (στέφανος, crown)- 계 2:10, 3:11, 4:4,10, 6:2, 9:7, 12:1, 14:14.
- '디아데마타' (διαδήματα, diadem) : 계 12:3, 13:1, 19:12.

요한계시록 자체에서 승리의 면류관인 스테파노스(στέφανος)를 어린 양 예수에게 적용하고 있는 구절이 있는데 바로 14장 14절 말씀이다.

> "또 내가 보니 흰 구름이 있고 구름 위에 사람의 아들과 같은 이가 앉았는데 그 머리에는 금 면류관이 있고 그 손에는 이 한 낫을 가졌더라" (계 14:14).

위의 14장 14절 말씀이 예수 그리스도에 관한 계시의 말씀인 것에는 이견(異見)이 없다. 이 구절의 말씀에서 예수 그리스도가 머리에 쓰신 '금 면류관' 은 그 원어적 단어가 이 절과 같은 승리의 면류관인 '스테파논' (στέφανον)이다. 오히려 왕관을 의미하는 '디아데마타' (διαδήματα)는 요한계시록에 세 번 등장하는데, 19장 2절 말씀을 제외한 두 번(계 12:3; 13:1)이 적그리스도가 쓴 면류관에 사용되고 있다.

그러므로 요한계시록이 사용하고 있는 '면류관' 의 원어적 의미를 살펴보더라도 면류관(crown)을 받아 쓰고 이기고 또 이기려고 나아가는 이 구절의 '흰말 탄 자' 는 승리의 주(主)가 되시는 '예수 그리스도' 로 해석함이 타당하다.

③ "……이기고 또 이기려고 하더라"

첫째 인을 떼실 때에 나타난 '흰말 탄 자' 를 적그리스도로 해석하기를 주장하는 분들은 " ……이기고 또 이기려고 하더라" 는 본문의 말씀이 이미 승리하신 예수 그리스도에게는 적합지 않고 오히려 하나님을 대항하여 이기려고 하는 적그리스도에게 적합하다고 주장한다.

예수님은 이미 승리하셨는데(요 16:33; 계 5:5), 또 이기려고 나아가는 것은 예수 그리스도에게 조화되지 않는다는 주장은 성경적으로 전혀 받아들일 수 없는 견해다. 왜냐하면 요한계시록 자체의 구조를 살펴볼 때, 이미 이기신 주님이 계시될 뿐만 아니라 장차 악한 마귀의 세력과 싸워 승리하실 주님의 모습으로 계시되고 있기 때문이다.

> "이것을 너희에게 이름은 너희로 내 안에서 평안을 누리게 하려 함이라 세상에서는 너희가 환난을 당하나 담대하라 내가 세상을 이기었노라" (요 16:33).
>
> "장로 중에 하나가 내게 말하되 울지 말라 유대 지파의 사자 다윗의 뿌리가 이기었으니 이 책과 그 일곱 인을 떼시리라 하더라" (계 5:5).

이상의 두 말씀은 예수 그리스도의 이미 얻은 승리를 증거하고 있는 말씀임에 틀림없다.

그렇다면 요한계시록 5장 5절에서 예수 그리스도의 영적 싸움과 심판과 구원 사역이 끝이 났는가? 아니다. 예수 그리스도의 영적 싸움은 요한계시록 20장에 가서야 끝난다. 이미 승리하시고 승리의 면류관(스테파노스)를 받아 쓰셨지만, 아직도 싸워야 할 영적 싸움이 남아 있다. 그렇기 때문에 흰말을 탄 예수 그리스도가 이미 이겼지만 또 이기려고 나아가고 있는 것이다. '과거에 이기셨다' 는 것 때문에

'이기려고 나아가는' 모습이 예수 그리스도의 모습이 아니라는 주장은 성경의 지지를 얻지 못한다.

요한계시록 17장 14절에서는 "저희가 어린 양으로 더불어 싸우려니와 어린 양은 만주의 주시요 만왕의 왕이시므로 저희를 이기실 터이요 또 그와 함께 있는 자들 곧 부르심을 입고 빼내심을 얻고 진실한 자들은 이기리로다"라고 증거하고 있다.

'이기실 터이요' 에 해당하는 헬라어 '니케세이' (*νικήσει*, shall overcome, KJV)는 3인칭 단수 미래 직설법으로 장차 이기실 미래의 승리를 확증하는 말씀이다.

호크마 주석은 이 부분에 대해 이렇게 주석을 달아놓고 있다. " '이기고' 에 해당하는 헬라어 '니콘' (*νικῶν*)은 '니카오' (*νικάω*:정복하다)의 현재 능동태 분사로 심판의 현재성을 시사한다. 또한 '이기려고' 의 헬라어 '카이 히나 니케세' (*καὶ ἵνα νικήσῃ*)는 목적을 나타내는 부정 과거 능동태 가정문으로 궁극적인 승리를 시사한다."

이미 이기고 승리하심으로 승리의 면류관(스테파노스)를 받아 쓰신 분, 지금도 살아 계셔서 승리의 주가 되시는 분, 장차 악의 세력과 싸워 멸하시고 궁극적으로 승리하시사 심판과 구원을 완성하실 분은 누구신가?

오직 예수! 그분 한 분만이 이미 승리하신 분이시고, 지금도 살아 계셔서 교회로 승리하게 하시는 승리의 주가 되시며, 장차 악의 세력을 멸하시고 구원을 완성시키실 궁극적인 승리자가 되신다. 그러므로 면류관을 받아 쓰고 이기고 또 이기려고 나아가는 흰말 탄 자는 예수 그리스도이심을 의심할 여지가 없다.

죄가 없으신 의로우신 예수님이 사단과의 영적 싸움에서 이미(already) 이기고 승리하셨지만, 아직(yet) 싸움이 끝나지 않았기 때문에 하나님의 공의를 상징하는 흰말을 타고, 면류관을 받아 쓰고, 이기고 또 이기려고 출정(出征)하고 있는 것이다.

> "또 내가 하늘이 열린 것을 보니 보라 백마와 탄 자가 있으니 그 이름은 충신과 진실이라 그가 공의로 심판하며 싸우더라 그 눈이 불꽃 같고 그 머리에 많은 면류관이 있고 또 이름 쓴 것이 하나가 있으니 자기밖에 아는 자가 없고 또 그가 피 뿌린 옷을 입었는데 그 이름은 하나님의 말씀이라 칭하더라 하늘에 있는 군대들이 희고 깨끗한 세마포를 입고 백마를 타고 그를 따르더라 그의 입에서 이한 검이 나오니 그것으로 만국을 치겠고 친히 저희를 철장으로 다스리며 또 친히 하나님 곧 전능하신 이의 맹렬한 진노의 포도주 틀을 밟겠고 그 옷과 그 다리에 이름 쓴 것이 있으니 만왕의 왕이요 만주의 주라 하였더라"(계 19:11-16).

초대 교회 성도들이 이 계시의 말씀을 전해 듣고 얼마나 큰 위로를 받고 용기를 얻었겠는가? 주께서 사도 요한을 천상에 끌어올려 환상을 계시하시고 기록하여 증거하게 하신 이유와 목적이 바로 여기에 있다.

로마의 황제 숭배와 유대인들의 핍박 등으로 용기를 상실한 채 침체에 빠져 있는 초대 교회에게 이미 승리하신 당신이 면류관을 받아 쓴 것과, 지금도 살아서 교회를 위해 싸우시는 승리의 주가 되신 것과, 장차 악의 세력을 멸하시고 궁극적인 승리자로 구원을 완성시키실 것을 계시해 주고 계신 것이다.

(2) 요한계시록의 주제와 조화를 이루는 해석이기 때문이다.

요한계시록의 주제는 '어린 양 예수 그리스도와 교회의 승리' 이다. 요한계시록은 처음부터 계속해서 어린 양 예수 그리스도와 그의 몸 된 교회의 승리에 대해 계시하고 있는 책이다. (계 1:3 이하, 2:26-27, 3:21, 5:5, 6:16, 11:15, 12:11, 14:1 이하, 17:14, 19:11 참조)

'흰말 탄 자' 를 그리스도로 해석하는 대표적인 신학자 중 한 사람인 윌리엄 헨드릭슨 목사는 '흰말 탄 승리자' 가 그리스도가 되심은 '이기고 이기려 하더라' 는 표현이 요한계시록의 주제인 '그리스도와 교회의 승리' 라는 요한계시록의 목적 및 특징과 잘 조화를 이루기 때문이라고 설명하고 있다.

이 견해에 동조하지 않고, 반대 입장을 주장하는 사람들은 '흰말 탄 자' 뒤에 따르는 둘째, 셋째, 넷째 말을 탄 자들을 통해 처참한 재난만이 계속되는 것을 볼 때에 첫째 말인 '흰말 탄 자' 를 그리스도로 해석할 수 없고, 오히려 적그리스도로 해석하는 것이 적합하다는 견해를 주장하고 있다. 그러나 둘째, 셋째, 넷째 말을 탄 자들의 활동이 적극적인 면에서 성도들을 성결케 하고, 교회의 승리를 드러내며, 복음이 확장되는 계기를 제공하고 있다고 바라볼 때, 그 오해는 쉽게 풀릴 것으로 본다.

둘째, 셋째, 넷째 인을 떼실 때 나타나는 붉은 말, 검은 말, 청황색 말을 탄 자들을 하나님의 일꾼 된 사역자들로 보는 것이 타당한 이유는, 그들이 하나님 보좌 가까이에서 섬기고 있는 네 생물의 명령에 따라 활동하는 것과 그들이 자의로 행하지 않고 부여받은 사명을 감당하되 허락받은 권세의 한계 내에서 순종하는 것을 볼 때, 그들이 사단의 명령에 따라 활동하는 적그리스도의 무리들이라고 보기보다는 하나님의 말씀을 받들어 사역을 감당하는 일꾼들로 해석함이 적절하기 때문이다.

흰말 탄 승리의 주를 이어 둘째 말인 붉은 말 탄 자가 뒤따르는 것은, 예수 그리스도의 복음이 증거되어 승리하는 장소마다 핍박의 검이 뒤따르게 될 것을 의미한다. 둘째 말에 이어 셋째 말인 검은 말을 탄 자가 뒤따르는 것은, 복음을 믿고 증거하는 교회와 성도들에게 핍박으로 말미암은 가난과 궁핍이 찾아올 것을 상징하는 계시다. 그리고 마지막으로 청황색 말을 탄 자가 뒤따르는 것은, 성도들이 때로는 전쟁의 무고한 희생물이 되기도 하고 때로는 기근의 희생이 되기도 하며 때로는 염병과 짐승의 희생이 되기도 하는 죽음의 환경과 처지 속에 놓이게 될 것을 나타내는 계시의 말씀이다.

둘째, 셋째, 넷째 말을 탄 자들에게 부여된 사명과 권세는 결코 교회로 패배케 하고 성도들에게 해를 끼치는 재난의 도구가 아니라 오히려 교회가 성결되고, 성도들이 승리자의 반열에 서게 되며, 하나님 나라와 복음의 확장을 위하여 이기고 이기려고 나아가는 그리스도의 사역을 확증하는 도구로 사용되고 있는 것임을 알 수 있다.

> "이 모든 일 전에 내 이름을 인하여 너희에게 손을 대어 핍박하며 회당과 옥에 넘겨주며 임금들과 관장들 앞에 끌어 가려니와 이 일이 도리어 너희에게 증거가 되리라"(눅 21:12-13).

둘째, 셋째, 넷째 말을 탄 자들을 통하여 주님의 몸 된 교회는 환난과 핍박을 당하고, 가난과 궁핍을 겪고, 전쟁과 기근과 염병과 짐승의 해를 당하는 환경에 처할 것이지만, 이것은 결코 교회가 패배하지 않고 궁극적으로 승리하게 될 것을 드러내기 위한 사역으로 보아야 요한계시록의 주제와 조화되는 해석이 될 것이다.

초대 교회로부터 지금에 이르기까지 주님은 당신의 몸 된 교회를 그렇게 성별하셨고, 복음을 확장해 오셨으며, 승리에 승리를 거두셨다.

주님은 7배나 더한 풀무불에 던져진 다니엘의 세 친구와 더불어 고난의 풀무불 속에 함께 계셨으며, 그들의 머리카락 하나라도 상치 않도록 보호해 주셨다. 그들이 신앙의 정절을 지킴으로 닥쳐온 고난의 풀무불은 그들에게 패배를 가져다주는 재난이 아니라 오히려 주님이 살아 계시고 전능자가 되시는 하나님이심을 드러내고 증거하는 도구가 되었다.

우리가 요한계시록을 읽을 때 염두에 두어야 할 것은 요한계시록이 우리에게 맨 처음 주어진 책이 아니라는 사실이다. 우리를 위해서 주어진 책이지만 우리에게 처음 주어진 책은 아니다. 요한계시록을 보다 올바르게 해석하기 위해서는, 하나님께서 초대 교회 성도들에게 먼저 말씀하셨고, 그들에게 교훈하신 계시의 말씀이 오고 오는 모든 주님의 몸 된 교회와 하나님의 백성들에게 동일한 교훈과 감동을 전해 주고 있다는 점을 기억해야 한다.

요한계시록은 일차적으로 예수 그리스도의 복음을 믿고 증거하며 신앙의 정절을 지키는 일 때문에 환난과 핍박을 받고, 가난과 궁핍을 겪으며, 날마다 죽음을 각오하며 살아가고 있는 초대 교회 성도들에게 보낸 편지다.

주님은 둘째, 셋째, 넷째 말 탄 자들에게 주어진 사명과 권세 아래 놓여 있는 교회 가운데 거하시며, 그들을 돌보시되 머리카락 하나라도 상하지 않게 보호하심으로 승리케 하시리라는 계시의 말씀을 증거하게 하심으로 성도들을 위로하고 용기를 심어 주고 계신 것이다.

> "또 너희가 내 이름을 인하여 모든 사람에게 미움을 받을 것이나 너희 머리털 하나도 상치 아니하리라"(눅 21:17-18).

사도 바울은 디모데후서 3장 12절에서 "무릇 그리스도 예수 안에서 경건하게 살고자 하는 자는 핍박을 받으리라"고 증거하고 있다.

성경은 예수 그리스도의 복음을 믿고 신앙의 정절을 지키며 경건하게 살고자 하는 성도들에게는 반드시 환난과 핍박이 뒤따르게 된다는 사실을 증거하고 있다. 요한계시록의 말씀은 환난과 핍박이 있을 때 좌절하거나 절망하지 말고 우리와 함께하시는 승리의 주님을 바라보며 참고 인내함으로 승리하도록 이끌어 주는 계시의 말씀이다.

요한계시록의 1차 수신자인 초대 교회 성도들이 복음을 위해 죽기까지 충성하며 끝까지 참고 인내함으로 승리하기를 바라시는 주님의 음성이 6장의 계시를 통해 들려지고 있다.

이것은 초대 교회 성도들에게 국한되는 말씀이 아니라 오고 오는 모든 세대의 교회들에게 들려지는 말씀이다. 그러므로 성도들은 어떤 처지와 형편 속에서도 승리의 주가 되시는 예수 그리스도를 바라보며 감사 찬양과 경배를 올려 드리는 신실하고 정결한 예수 그리스도의 신부로 살아가야 할 것이다.

> "누가 능히 하나님의 택하신 자들을 송사하리요 의롭다 하신 이는 하나님이시니 누가 정죄하리요 죽으실 뿐 아니라 다시 살아나신 이는 그리스도 예수시니 그는 하나님 우편에 계신 자요 우리를 위하여 간구하시는 자시니라 누가 우리를 그리스도의 사랑에서 끊으리요 환난이나 곤고나 핍박이나 기근이나 적신(赤身)이나 위험이나 칼이랴 기록된 바 우리가 종일 주를 위하여 죽임을 당케 되며 도살(屠殺)할 양같이 여김을 받았나이다 함과 같으니라 그러나 이 모든 일에 우리를 사랑하시는 이로 말미암아 우리가 넉넉히 이기느니라 내가 확신하노니 사망이나 생명이나 천사들이나 권세자들이나 현재 일이나 장래 일이나 능력이나 높음이나 깊음이나 다른 아무 피조물이라도 우리를 우리 주 그리스도 예수 안에 있는 하나님의 사랑에서 끊을 수 없으리라"(롬 8:33-39).

요한계시록의 주제는 이 사실을 입증하고 있다. 모든 환난과 핍박과 기근과 칼 가운데서도 우리를 사랑하시는 어린 양 예수 그리스도를 통하여 넉넉히 이김을 주시는 것을 입증하기 위해서 요한계시록 말씀을 기록하여 증거하게 하신 것이다. 그러므로 흰말을 타고 이기고 이기려 하려고 나아가시는 승리의 주가 되시는 어린 양 예수 그리스도를 바라보며 끝까지 참고 인내함으로 승리할 수 있기를 바란다.

> "이러므로 우리에게 구름같이 둘러싼 허다한 증인들이 있으니 모든 무거운 것과 얽매이기 쉬운 죄를 벗어버리고 인내로써 우리 앞에 당한 경주를 경주하며 믿음의 주요 온전케 하시는 이인 예수를 바라보자 저는 그 앞에 있는 즐거움을 위하여 십자가를 참으사 부끄러움을 개의치 아니 하시더니 하나님 보좌 우편에 앉으셨느니라"(히 12:1-2).

(3) 구약성경의 예언과 조화를 이루기 때문이다.

요한계시록 해석은 이 책 자체에만 국한될 것이 아니라 전 성경을 배경으로 해석되어야 한다. 요한계시록은 구약성경을 많이 인용하고 있다.

구약의 유사 표현 약 348회 중 95회는 반복적으로 사용되었고, 약 250회는 정확한 유사 표현을 사용하고 있다. 특히 구약의 선지자들이 예언한 글들을 배경 삼거나 직접 인용하고 있다. 이 장의 계시도 구약성경을 배경으로 하고 있고, 구약성경의 표현들을 인용하고 있음을 볼 수 있다.

① 스가랴서와의 조화

이 장에 나오는 '말 탄 자들' 에 대한 계시는 구약성경 스가랴서를 배경으로 하고 있다.

말 탄 자들에 대한 환상이 스가랴 1장 8절과 6장 1-8절에 기록되어 있다. 요한 사도에게 계시되고 있는 네 말 탄 자의 계시 내용은 스가랴 선지자에게 보여주신 환상을 배경으로 하고 있다. 그러므로 이 장의 말 탄 자에 대한 해석은 구약성경인 스가랴서의 환상으로 풀이하는 것이 성경을 성경으로 풀이하는 가장 이상적인 해석 방법일 것이다.

스가랴의 환상 중에 나오는 첫 번째 홍마를 탄 사람은(슥 1:8) 여호와의 사자(슥 1:11)로, 구약에 나타난 제2위 하나님이신 성자의 현현으로 해석하는 것이 보편적인 견해다. 구약성경에서는 종종 여호와의 사자가 여호와 자신과 동일시되어 나타난다(창 16:11, 13, 18:1, 2, 13, 17, 22:11, 12; 출 3:2; 수 5:13; 삿 2:1-5, 6:11, 12; 겔 43:6, 7).

그러므로 스가랴서를 배경으로 하고 있는 요한계시록 6장 2절 이하에 나오는 네 말 중 첫 번째 등장하는 흰말 탄 자를 그리스도로 해석하는 것이 구약성경의 예언과 조화를 이루는 해석이 될 것이다.

구약의 성구들을 볼 때 요한계시록에 나오는 둘째, 셋째, 그리고 넷째 말을 탄 자들이 첫째 말을 탄 자의 수종자, 즉 그의 백성을 강하게 하고 또한 청결케 하기 위한 그리스도의 사역자로 보는 것이 타당하다. 만일 첫 번째 흰말 탄 자를 적그리스도로 보고, 둘째, 셋째, 넷째 말을 탄 자들을 적그리스도의 추종세력들로 본다면 구약의 예언과 조화를 이루지 못할 뿐 아니라 그들이 네 생물의 명령에 따라 하나님의 심판을 성취하는 순종의 도구로 사용될 수 있는가 하는 의문에 빠지게 될 것이다. 네 생물이 계시하는 말과 그 탄 자들이 하나님의 뜻을 시행하는 순종의 파송자들임을 생각할 때, 흰말 탄 자를 그리스도로 해석하는 것이 스가랴서의 예언과 조화를 이루는 해석이다.

② 시편 45편과의 조화

이 구절에 나와 있는 '흰말 탄 자가 활을 가졌고 면류관을 받고 나가서 이기고 또 이기려고 하더라' 는 모습은 또한 시편 45편 예언과 조화를 이루고 있다.

시편 45편 3-5절에서는 예언하기를 "능한 자여 칼을 허리에 차고 왕의 영화와 위엄을 입으소서 왕은 진리와 온유와 공의를 위하여 위엄있게 타고 승전하소서 왕의 오른손이 왕에게 두려운 일을 가르치리이다 왕의 살이 날카로워 왕의 원수의 염통을 뚫으니 만민이 왕의 앞에 엎드러지는도다" 라고 노래하고 있다.

'능한 자여 칼을 허리에 차고 왕의 영화와 위엄을 입으소서' 라는 말씀은 말씀의 검을 차고, 면류관을 받아 쓰고, 싸움에 임하시는 예수 그리스도의 모습을 노래하고 있다.

'왕은 진리와 온유와 공의를 위하여 위엄있게 타고 승전하소서' 라는 말씀은 구원과 심판을 위해 싸우시되, 흰말을 타고 이기고 또 이기려고 하시는 승리자 예수 그리스도의 모습과 조화를 이루는 예언의 말씀이다. 예수님이 타신 흰말은 '진리와 공의' 를 상징하고 있음을 보여준다.

'왕의 오른손이 왕에게 두려운 일을 가르치리이다' 라는 말씀은 예수 그리스도의 오른손에 이 세상 심판의 권세가 들려 있음을 시사하는 말씀이다.

'왕의 살이 날카로워 왕의 원수의 염통을 뚫으니 만민이 왕의 앞에 엎드러지는도다" 라는 말씀은 "활을 가졌고…이기고 또 이기려고 하더라' 라는 예수 그리스도의 모습을 예언하고 있는 말씀이다. 그러므로 흰말 탄 자는 예수 그리스도로 해석하는 것이 시편 45편 말씀과 조화를 이루는 해석이다.

"또 내가 하늘이 열린 것을 보니 보라 백마와 탄 자가 있으니 그 이름은 충신(忠信)과 진실이라 그가 공의로 심판하며 싸우더라……또 그가 피 뿌린 옷을 입었는데 그 이름은 하나님의 말씀이라 칭하더라 하늘에 있는 군대들이 희고 깨끗한 세마포를 입고 백마를 타고 그를 따르더라"(계 19:11-14).

윌리엄 헨드릭슨도 '왕은 진리와 온유와 공의를 위하여 위엄있게 타고 승전하소서' 라는 시편 45편 3-5절의 내용과의 유사점(칼과 승리)이 흰말 탄 자를 예수 그리스도로 해석하는 데 강한 뒷받침을 하고 있다고 주장하고 있다.

이 견해와 뜻을 같이하지 않는 사람들은 이 견해에 동조하지 못하는 이유에 대해서, 시편 45편 3-5절의 내용은 그 대상이 원수를 향한 것이지만 본문의 '흰말 탄 자' 의 대상은 세상이기 때문에 두 구절의 문맥이 조화를 이루지 못한다고 주장한다.

헨드릭슨의 견해를 따르면, '원수(시 45:3-5)=세상(계 6:2)' 이라는 등식이 성립되기 때문에 두 내용이 조화를 이루지 못한다고 주장하고 있다. 그러나 성경의 전체적 사상에 비추어볼 때 오히려 '원수(시 45:3-5) = 세상(계 6:2)' 이라는 등식이 성경적 해석임을 알 수 있다.

왜냐하면 성경은 여러 곳에서 세상을 예수 그리스도와 원수 되는 대상으로 표현하고 있기 때문이다.

"이것을 너희에게 이름은 너희로 내 안에서 평안을 누리게 하려 함이라 세상에서는 너희가 환난을 당하나 담대하라 내가 세상을 이기었노라 하시니라"(요 16:33).

"세상이 너희를 미워하면 너희보다 먼저 나를 미워한 줄을 알라 너희가 세상에 속하였으면 세상이 자기의 것을 사랑할 터이나 너희는 세상에 속한 자가 아니요 도리어 세상에서 나의 택함을 입은 자인고로 세상이 너희를 미워하느니라" (요 15:18-19)

"대저 하나님께로서 난 자마다 세상을 이기느니라 세상을 이긴 이김은 이것이니 우리의 믿음이니라 예수께서 하나님의 아들이심을 믿는 자가 아니면 세상을 이기는 자가 누구뇨" (요일 5:4, 5).

"또 아는 것은 우리는 하나님께 속하였고 온 세상은 악한 자 안에 처한 것이며" (요일 5:19).

"간음하는 여자들이여 세상과 벗된 것이 하나님의 원수임을 알지 못하느뇨 그런즉 누구든지 세상과 벗이 되고자 하는 자는 스스로 하나님과 원수되게 하는 것이니라" (약 4:4).

이상의 성경 구절을 보더라도 세상은 예수 그리스도의 원수와 동일시되고 있음을 알 수 있다. 그러므로 시편 45편의 노래가 예수 그리스도의 모습을 예언하고 있고, 요한계시록 6장의 흰말 탄 자와 짝이 되는 말씀으로 해석하는 것이 오히려 성경의 증거와 조화를 이루는 해석임을 알 수 있다.

7장의 난해문제

문제 1 / 해 돋는 곳(계 7:2)

문제 2 / 하나님의 인 맞은 십사만사천의 하나님의 종들(계 7:3-4)

문제 3 / 아무나 능히 셀 수 없는 흰옷 입은 큰 무리(계 7:9-10)

Question 문제 1

해 돋는 곳

"또 보매 다른 천사가 살아 계신 하나님의 인을 가지고 해 돋는 데로부터 올라와 서 땅과 바다를 해롭게 할 권세를 얻은 네 천사를 향하여 큰 소리로 외쳐"(계 7:2).

천사가 살아 계신 하나님의 인을 가지고 해 돋는 데로부터 올라오는 것을 계시한 본문의 내용 중에서 '해 돋는 곳'에 대한 다양한 견해들이 있다.

'해 돋는 곳'을 잘못 이해하여 그 말씀이 지정학적으로 어떤 특정 장소나 국가로 보는 견해가 생기고, 그로 인해 자기중심적 해석으로 말미암아 교회와 성도들을 미혹시키는 비성경적 교리들이 나오고, 이단 사설이 발생하기도 한다. '해 돋는 곳'에 대한 성경적 가르침을 살펴보면 다음과 같다.

1. 하나님과 만날 수 있는 복의 장소

창조사에 나타난 의도를 보면, 동편은 창조주 하나님과 만날 수 있는 복의 장소로서의 상징성을 지니고 있다.

창세기 2장 8절에 보면 "여호와 하나님이 동방의 에덴에 동산을 창설하시고 그 지으신 사람을 거기 두시고"라는 말씀이 증거되고 있다. 첫 창조에 있어서 동쪽은 창조주 하나님의 사람과 복을 느낄 수 있는 방향을 나타낸다. '해 돋는 데로부터' 라는 표현은 방향적으로 동쪽을 의미하는데 동쪽은 자연적으로 태양이 떠올라 지구촌 곳곳에 생명의 빛을 비춰주는 방향이다. 이는 복음적으로 의의 태양이신 예수 그리스도의 복음이 온 세상에 전파되어 어두웠던 세상에 생명의 빛이 비춤으로 모든 생물이 새롭게 되는 구속의 역사가 펼쳐질 것을 상징하는 표현이다.

2. 예수 그리스도가 탄생할 유다 지파의 진이 있고, 지성소를 향한 문이 있는 방향

출애굽한 이스라엘 백성에게 계시되었던 성막의 구조를 통해 보면, 동쪽은 예수 그리스도가 탄생하실 유다 지파가 진을 친 장소였고, 하나님께서 임재하시는 지성소를 향해 갈 수 있는 유일한 문이 있는 방향이다.

죄인 된 이스라엘 백성이 죄를 회개하고 사함받기 위해서는 동쪽 문을 통해 하나님이 임재하시는 지성소가 있는 서쪽을 향해 걸어 나와야만 했다. 이는 복음적으로 구원의 문이 되신 예수 그리스도를 통해서만 하나님을 만날 수 있고, 의의 태양이신 예수 그리스도의 보혈을 통해서만 하나님을 향해 나아가 의롭다 칭함 받을 수 있다는 복음의 메시지를 뚜렷하게 보여준다.

"내가 문이니 누구든지 나로 말미암아 들어가면 구원을 얻고 또는 들어가며 나오며 꼴을 얻으리라"(요 10:9).

"예수께서 가라사대 내가 곧 길이요 진리요 생명이니 나로 말미암지 않고는 아버지께로 올 자가 없느니라"(요 14:6).

3. 하나님의 영광이 이르는 방향

에스겔 선지자가 본 이상을 통해서도 동편은 하나님의 영광이 이르는 방향을 나타내고 있다.

에스겔 43장에 보면, "그 후에 그가 나를 데리고 문에 이르니 곧 동향한 문이라 이스라엘 하나님의 영광(榮光)이 동편(東便)에서부터 오는데 하나님의 음성이 많은 물소리 같고 땅은 그 영광으로 인하여 빛나니 그 모양이 내가 본 이상 곧 전에 성읍을 멸하러 올 때에 보던 이상 같고 그발 하숫가에서 보던 이상과도 같기로 내가 곧 얼굴을 땅에 대고 엎드렸더니 여호와의 영광이 동문으로 말미암아 전(殿)으로 들어가고 성신이 나를 들어 데리고 안 뜰에 들어가시기로 내가 보니 여호와의 영광이 전에 가득하더라"(겔 43:1-5)라고 증거하고 있다. 이는 동편이 복음적으로 의의 태양이신 예수 그리스도의 복음의 빛이 비취는 방향임을 보여주는 말씀이다.

마태복음 2장 1절 이하의 말씀은 "헤롯 왕 때에 예수께서 유대 베들레헴에서 나시매 동방으로부터 박사들이 예루살렘에 이르러 말하되 유대인의 왕으로 나신 이가 어디 계시뇨 우리가 동방에서 그의 별을 보고 그에게 경배하러 왔노라 하니 헤롯 왕과 온 예루살렘이 듣고 소동한지라"라고 증거하고 있다. 예수 그리스도 초림 때에 하늘의 별을 보고 예수님께 경배하기 위해 찾아온 박사들은 '동방'에서부터 찾아왔다. '동방'과 '해 돋는 데'는 복음의 소식이 전해지는 출발지를 나타내는 같은 방향이다.

살아 계신 하나님의 인을 가진 천사가 해 돋는 데로부터 올라와서 하나님의 종들에게 인치는 역사는 의의 태양이신 예수 그리스도의 복음을 믿고 증거하는 성도들을 온전히 구별하심으로 지키시고 보호하실 것을 상징하고 있다.

살아 계신 하나님의 인을 가지고 해 돋는 데로부터 올라와서 하나님의 종들의 이마에 인을 치는 계시의 말씀은 일차적 수신자인 초대 교회 성도들에게 큰 위로와 용기를 주었을 것이다. 그리고 그 말씀은 오늘도 주님의 복음을 믿고 증거하며 살아가는 모든 교회 성도들과 하나님의 종들에게 동일한 은혜의 말씀이 된다.

Question 문제 2

하나님의 인 맞은 십사만사천의 하나님의 종들

"가로되 우리가 우리 하나님의 종들의 이마에 인치기까지 땅이나 바다나 나무나 해하지 말라 하더라 내가 인 맞은 자의 수를 들으니 이스라엘 자손의 각 지파 중에서 인 맞은 자들이 십사만사천이니"(계 7:3-4).

본문에 계시된 '하나님의 인 맞은 십사만사천은 누구로 보아야 하는가?'라는 문제를 놓고 다양한 견해와 주장들이 있다.

요한계시록의 해석이 어렵고 난해한 이유 중 가장 큰 이유는 상징과 비유로 엮어져 있기 때문일 것이다. 이 장에서도 '하나님의 인 맞은 십사만사천' 이 누구인가? '아무도 셀 수 없는 흰옷 입은 큰 무리들' 을 어떻게 해석할 것인가? 하는 문제가 난제(難題)로 여겨진다. 먼저 하나님의 인 맞은 십사만사천의 종들에 대한 대표적인 견해들을 살펴보면서 보다 성경적인 해석이 정립될 수 있기를 바란다.

1. 구원받은 구약 교회 모든 성도들로 보는 견해

1) 주장 내용

이 견해를 주장하는 사람들은 하나님의 인 맞은 십사만사천의 종들은 문자 그대로 육적 이스라엘 열두 지파 사람들로 구원받은 구약 교회 모든 성도들의 총수를 나타내는 상징적 숫자라고 해석한다.

2) 문제점

이 해석법은 다음과 같은 문제점을 가지고 있다.

(1) 사도 요한에게 계시된 4장 이후의 사건들은 '이후에 마땅히 될 일'이지 구약의 사건이 아니기 때문에 하나님의 인 맞은 십사만사천의 종들은 '구원받은 구약 교회 성도들 의 총수의 상징'으로 볼 수 없다.

> "이 일 후에 내가 보니 하늘에 열린 문이 있는데 내가 들은 바 처음에 내게 말하던 나팔 소리 같은 그 음성이 가로되 이리로 올라오라 이후에 마땅히 될 일을 내가 네게 보이리라 하시더라"(계 4:1).

(2) 천사가 하나님의 인을 가지고 종들의 이마에 인치는 사건은 역사의 종말에 몰아닥칠 전쟁의 바람이 불기 직전의 시기에 발생할 사건이다. 그러므로 하나님의 인침 받는 십사만사천의 하나님의 종들을 구약 교회 성도들로 보는 것은 본문의 계시 내용과 거리가 먼 비성경적 해석이다.

> "이 일 후에 내가 네 천사가 땅 네 모퉁이에 선 것을 보니 땅의 사방의 바람을 붙잡아 바람으로 하여금 땅에나 바다에나 각종 나무에 불지 못하게 하더라 또 보매 다른 천사가 살아계신 하나님의 인을 가지고 해 돋는 데로부터 올라와서 땅과 바다를 해롭게 할 권세를 얻은 네 천사를 향하여 큰 소리로 외쳐 가로되 우리가 우리 하나님의 종들의 이마에 인

치기까지 땅이나 바다나 나무나 해하지 말라 하더라"(계 7:1-3).

(3) 하나님의 인 맞은 십사만사천의 종들은 이스라엘 각 지파(12지파)에서 각각 일만이천 명씩 선택된 특별한 종들이기 때문에 구약 성도인 육적 이스라엘의 구원받은 총수를 상징한다는 해석은 본문의 계시 의도에서 벗어난 비성경적 해석이다.

"내가 인 맞은 자의 수를 들으니 이스라엘 자손의 각 지파 중에서 인 맞은 자들이 십사만 사천이니 유다 지파 중에 인 맞은 자가 일만이천이요 르우벤 지파 중에 일만이천이요 갓 지파 중에 일만이천이요 아셀 지파 중에 일만이천이요 납달리 지파 중에 일만이천이요 므낫세 지파 중에 일만이천이요 시므온 지파 중에 일만이천이요 레위 지파 중에 일만이천이요 잇사갈 지파 중에 일만이천이요 스불론 지파 중에 일만이천이요 요셉 지파 중에 일만이천이요 베냐민 지파 중에 인 맞은 자가 일만이천이라"(계 7:4-8).

본문은 하나님의 인 맞은 십사만사천 명의 종들이 이스라엘 12지파에서 각 지파마다 일만이천 명씩 뽑힌 자들임을 보여주고 있다. 그러므로 십사만사천의 종들을 구약 성도인 이스라엘의 구원받은 총수로 볼 수 없다.

(4) 이 책 9장은 다섯째 나팔 재앙인 황충 재앙(첫째 화) 사건 때 하나님의 인 맞은 종들이 이 땅에 함께 있을 것임을 계시해 주고 있다.

"다섯째 천사가 나팔을 부니 내가 보니……황충이 연기 가운데로부터 땅 위에 나오매 저희가 땅에 있는 전갈의 권세와 같은 권세를 받았더라 저희에게 이르시되 땅의 풀이나 푸른 것이나 각종 수목은 해하지 말고 오직 이마에 하나님의 인 맞지 아니한 사람들만 해라라 하시더라" (계 9:1-4).

다섯째 나팔 재앙은 첫째 화의 사건으로 7년 대환란 동안에 벌어질 황충 재앙 사건이다. 그러므로 하나님의 인 맞은 십사만사천의 종들을 구약 성도인 이스라엘의 구원받은 총수로 해석하는 것은 이 책의 계시내용과 상충되는 비성경적 주장이다.

2. 종말에 구원받게 될 육적 이스라엘 열두 지파 사람들로 보는 견해

1) 주장 내용

미래주의 해석법을 취하는 사람들 특히 세대주의 전천년설에서 주장하는 이론이다. 이들은 인 맞은 십사만사천의 종들은 교회가 휴거된 후 7년대환난의 전 3년 반 동안 택함을 받을 문자적 이스라엘 열 두 지파의 후손이라는 해석법을 취한다.

2) 문제점

(1) 신약의 범위에서 더 이상 존재하지 않는 종족의 구분을 야기(惹起)시켜 다른 성경의 가르침과 배치(背馳)되는 문제점을 드러낸다.

요한계시록 7장에 계시되고 있는 이스라엘의 12지파는 구약성경에 증거되고 있는 이스라엘 12지파와 그 구성이 다르다.

창세기 29-30장에 증거되고 있는 야곱(이스라엘)의 열두 아들의 차서(次序)는 르우벤, 시므온, 레위, 유다, 단, 납달리, 갓, 아셀, 잇사갈, 스불론, 요셉, 베냐민 순이다. 여호수아 13장 이하에 보면 가나안 땅에 들어가 기업을 분배받은 이스라엘 12지파는 르우벤, 갓, 므낫세, 유다, 에브라임, 베냐민, 시므온, 스불론, 잇사갈, 아셀, 납달리, 단 지파다.

요한계시록 7장인 본문에 계시되고 있는 하나님의 인침을 받은 하나님의 종들이 속하게 된 이스라엘 12지파는 유다, 르우벤, 갓, 아셀, 납달리, 므낫세, 시므온, 레위, 잇사갈, 스불론, 요셉, 베냐민 지파다.

7장에 계시된 이스라엘 12지파 내용은 유다 지파가 르우벤 지파보다 앞서 있고, 단 지파가 빠지고 므낫세 지파가 들어 있다. 이는 본문의 계시가 구약의 육적 이스라엘 서열을 따르는 것이 아니라 영적 의미가 주어진 계시 내용임을 보여준다.

신약성경은 구약적 이스라엘 민족인 육적 유대인들 중심의 이스라엘 12지파 개념이 무너지고, 영적 유대인인 그리스도인들이 참 이스라엘임을 강조해서 증거 해주고 있다.

“요한이 많은 바리새인과 사두개인이 세례 베푸는 데 오는 것을 보고 이르되 독사의 자식들아 누가 너희를 가르쳐 임박한 진노를 피하라 하더냐 그러므로 회개에 합당한 열매를 맺고 속으로 아브라함이 우리 조상이라고 생각지 말라 내가 너희에게 이르노니 하나님이 능히 이 돌들로도 아브라함의 자손이 되게 하시리라”(마 3:7-9)고 외치는 세례 요한의 외침에서부터 이 진리는 선포된다.

아브라함을 믿는 자들의 조상으로 세우신 것이 성경이 증거하는 말씀이라면, 그의 자손으로 세워진 12지파도 믿음의 자손을 지칭하는 것으로 보는 것이 타당하다. 신약 성경은 이 진리에 대해 여러 곳에 증거하고 있다.

“대저 표면적 유대인이 유대인이 아니요 표면적 육신의 할례가 할례가 아니라 오직 이면적 유대인이 유대인이며 할례는 마음에 할지니 신령에 있고 의문에 있지 아니한 것이라 그 칭찬이 사람에게서가 아니요 다만 하나님에게서니라”(롬 2:28-29).

“만일 율법에 속한 자들이 후사이면 믿음은 헛것이 되고 약속은 폐하여졌느니라 율법은 진노를 이루게 하나니 율법이 없는 곳에는 범함도 없느니라 그러므로 후사가 되는 이것이 은혜에 속하기 위하여 믿음으로 되나니 이는 그 약속을 그 모든 후손에게 굳게 하려 하심이라 율법에 속한 자에게 뿐 아니라 아브라함의 믿음에 속한 자에게도니 아브라함은 하나님 앞에서 우리 모든 사람의 조상이라 기록된 바 내가 너를 많은 민족의 조상으로 세웠다 하심과 같으니……”(롬 4:14-16).

“곧 육신의 자녀가 하나님의 자녀가 아니라 오직 약속의 자녀가 씨로 여기심을 받느니라”(롬 9:8).

“너희가 다 믿음으로 말미암아 그리스도 예수 안에서 하나님의 아들이 되었으니 누구든지 그리스도와 합하여 세례를 받은 자는 그리스도로 옷 입었느니라 너희는 유대인이나 헬라인이나 종이나 자유자나 남자나 여자 없이 다 그리스도 예수 안에서 하나이니라 너희가 그리스도께 속한 자면 곧 아브라함의 자손이요 약속대로 유업을 이을 자니라”(갈 3:26-29).

“할례나 무할례가 아무것도 아니로되 오직 새로 지으심을 받은 자뿐이니라 무릇 이 규례를 행하는 자에게와 하나님의 이스라엘에게 평강과 긍휼이 있을지어다”(갈 6:15-16).

“개들을 삼가고 행악하는 자들을 삼가고 손 할례당을 삼가라 하나님의 성령으로 봉사하며 그리스도 예수로 자랑하고 육체를 신뢰하지 아니하는 우리가 곧 할례당이라”(빌 3:2-3).

“너희는 나의 모든 시험 중에 항상 나와 함께한 자들인즉 내 아버지께서 나라를 내게 맡기신 것같이 나도 너희에게 맡겨 너희로 내 나라에 있어 내 상에서 먹고 마시며 또는 보좌에 앉아 이스라엘 열두 지파를 다스리게 하려 하노라"(눅 22:28-30).

예수님이 성만찬 자리에서 교훈하신 누가복음 22장 28절 이하의 말씀에 증거된 이스라엘 12지파는 하나님의 교회에 속한 모든 그리스도인들을 의미하는 말씀임에 틀림없다.

우리가 육적 이스라엘 12지파에 대해 간과(看過)해서는 안 될 한 가지 사실은 현재 유대인들에게 '지파 개념'이 전혀 없다는 것이다. 이스라엘 열두 지파 가운데 열 지파는 이미 앗수르의 침략과 이방 땅으로의 분산으로 인하여 지파 개념이 모호해졌고, 나머지 두 지파 역시 주후 70년 로마의 디도 장군에게 정복되어 유대인들은 전 세계에 흩어짐으로 그 의미가 퇴색되었다. 2천여 년 동안 각 대륙에 흩어져 사는 동안 유대인들에게 폐하여진 것 두 가지가 있다. 한 가지는 짐승을 희생시켜 피의 제사를 드리는 제사제도이고, 또 한 가지는 이스라엘 12지파의 혈통관계다.

지금 이스라엘은 법적으로 부계(父系) 혈통이 아니라 모계(母系) 혈통이다. 아버지가 어떤 혈통의 족속이든 무관하고 그 대신 어머니가 유대인이면 유대인이 된다. 유대인의 순결한 혈통을 이어받은 유대인 남자라 할지라도 이방 여자와 결혼하여 자녀를 낳으면 그 자녀는 유대인이 될 수 없다. 이와 같은 모계 혈통은 전체 유대인을 '혼혈아'로 만들었으며 혈통적으로 그들의 조상을 찾아올라 갈 수 없는 자리에 이르게 되었다. 이런 현실 속에서 육적 이스라엘 백성들이 과연 12지파의 구별을 갖고 자기에게 속한 지파를 찾을 수 있을 것인가 하는 의문을 간과해서는 안 된다.

그러므로 본문에 계시되고 있는 이스라엘 12지파가 혈통적 의미를 갖는 유대인들에 한정된 계시라고 해석하는 것은 본문의 계시 의도를 제대로 파악하지 못한 비성경적 해석이다.

(2) 십사만사천을 육적 이스라엘의 구속받을 여자적 숫자로 보면 이 책의 앞뒤 계시 내용과 조화를 이루지 못한다.

이 책 5장 9-10절에 보면 "새 노래를 노래하여 가로되 책을 가지시고 그 인봉을 떼기에 합당하시도다 일찍 죽임을 당하사 각 족속과 방언과 백성과 나라 가운데서 사람들을 피로 사서 하나님께 드리시고 저희로 우리 하나님 앞에서 나라와 제사장으로 삼으셨으니 저희가 땅에서 왕 노릇 하리로다"라고 증거하고 있다.

14장 3절에서는 "저희가 보좌와 네 생물과 장로들 앞에서 새 노래를 부르니 땅에서 구속함을 얻은 십사만사천 인밖에는 능히 이 노래를 배울 자가 없더라"고 계시해 주고 있다. 여기에 계시된 '땅에서' 라는 말씀은 우리가 살고 있는 지구촌의 온 땅을 나타내는 말씀이다.

계시록 말씀들은 모두 온 땅의 모든 백성들 중에서 구속함을 받은 영적 이스라엘 된 교회와 성도들에 관한 이야기다. 그러므로 십사만사천명을 문자적으로 해석해서 육적 이스라엘 12지파에서 구원받을 문자적 십사만사천 명이라는 견해는 본서 자체의 계시 말씀들과 상충되는 비성경적 해석이다.

(3) 본문의 계시 목적에 부합(符合)되지 않는 해석이다.

요한계시록의 일차적 수신자는 아시아에 있는 일곱 교회다. 주님께서는 이 말씀을 받고 있는 초대 교회 성도들을 위로하고 믿음의 용기를 회복시키고자 하는 일차적 목적을 가지고 사도 요한에게 계시된 내용을 아시아에 있는 일곱 교회에 편지하도록 하셨다.

초대 교회 당시 성도들을 가장 핍박했던 무리는 로마 사람들과 육적 유대인들이었다. 그런데 초대 교회를 핍박하는 데 앞장서고 있는 유대인들의 혈통적 후손들만이 하나님의 인으로 인침을 받은 종들이 된다고 받아들인다면, 초대 교회 성도들에게 위로와 용기를 주기보다 오히려 시험이 되는 말씀이 될 것이다.

본서에서 예수님은 육적 유대인들에 대해 매우 강한 어조로 육적 이스라엘과 영적 이스라엘(교회) 사이의 뚜렷한 구별을 보여주고 있다.

> "내가 네 환난과 궁핍을 아노니 실상은 네가 부요한 자니라 자칭 유대인이라 하는 자들의 훼방도 아노니 실상은 유대인이 아니요 사단의 회라"(계 2:9).
> "보라 사단의 회 곧 자칭 유대인이라 하나 그렇지 않고 거짓말하는 자들 중에서 몇을 네게 주어 저희로 와서 네 발 앞에 절하게 하고 내가 너를 사랑하는 줄을 알게 하리라"(계 3:9).

이 장의 계시 말씀을 전해들은 초대 교회 성도들은 큰 위로를 받고 힘과 용기를 얻었을 것이 분명하다. 왜냐하면 어린 양 예수 그리스도와 함께 시온 산에 서 있는 자신들의 모습을 그려볼 수 있었기 때문이다.

7장의 계시의 말씀은 초대 교회와 종말의 교회에 이르기까지 모든 교회와 성도들에게 위로와 능력이 되는 말씀임에 틀림없다. 주님께서 이 장을 계시하신 목적이 거기에 있었음을 의심할 필요가 있겠는가? 그러므로 이 장에 계시된 십사만사천의 하나님이 인 맞은 종들을 육적 이스라엘 백성으로 해석하는 것은 계시 목적에 부합되지 않은 비성경적 주장이다.

⑷ 본문 자체의 계시 말씀에 충실하지 못한 해석이다.

본문 자체에서 하나님의 인으로 인침을 받은 대상을 정확하게 밝히고 있다. 3절 말씀에 보면, "가로되 우리가 우리 하나님의 종들의 이마에 인치기까지 땅이나 바다나 나무나 해하지 말라 하더라"라고 계시하고 있다. 믿지 않는 자들에게 인치는 것이 아니고, 유대인들의 이마에 인치는 것도 아니고, 모든 그리스도인들의 이마에 인치는 것도 아니다. '하나님의 종들의 이마에' 인을 친다고 그 대상을 뚜렷하게 지칭하고 있다.

하나님의 종들은 누구를 가리키는가? 하나님의 복음을 증거하기 위해 하나님께서 기름 부어 세우신 특별한 사역자들을 지칭하는 말씀이다. 그 하나님의 종들이 사역하는 장소는 어디인가? 인류가 살고 있는 온 땅이다. 하나님의 인을 가지고 올라온 천사가 땅의 사방의 바람을 붙잡아 바람으로 하여금 땅에나 바다에나 각종 나무에 불지 못하게 하는 네 천사에게 '우리가 우리 하나님의 종들의 이마에 인치기까지 땅이나 바다나 나무나 해하지 마라' 고 외치고 있다. 그러므로 하나님의 인침을 받을 종들은 육적 이스라엘 12지파라는 한정된 대상이 아니라 온 세상 가운데서 복음을 증거할 하나님의 종들로 보아야 타당하다.

"새 노래를 노래하여 가로되 책을 가지시고 그 인봉을 떼기에 합당하시도다 일찍 죽임을 당하사 각 족속과 방언과 백성과 나라 가운데서 사람들을 피로 사서 하나님께 드리시고 저희로 우리 하나님 앞에서 나라와 제사장으로 삼으셨으니 저희가 땅에서 왕 노릇 하리로다 하더라"
(계 5:9-10).

3. 유대인과 이방인들로 이루어진 영적 이스라엘인 완성(完成)된 신 · 구약 교회로 보는 견해다.

1) 주장 내용

윌리엄 헨드릭슨은 "고로 요한계시록 7장의 인치심을 받은 무리는 구약과 신약 시대를 걸친 전체 지상의 모든 교회를 상징함이 분명하다. 부분적인 교회를 발하는 것이 아니라 세상과 싸우는 전체 교회를 의미한다는 것을 강조하기 위하여 이 숫자 144는 1,000으로 곱하여졌다. 일천은 10×10×10으로 완전한 입방체이며 이는 완전한 세제곱을 말한다. 문자 그대로 이스라엘의 열두 지파에서 나온 144,000은 영적 이스라엘, 즉 지상의 하나님의 교회를 상징한다"고 주석하고 있다.

2) 문제점

(1) 십사만사천의 인 맞은 자들을 구약과 신약의 구원받은 모든 성도들을 상징한다고 해석하는 사람들의 견해에 따르면, 십사만사천의 무리가 뒤에 이어지는 흰옷 입은 무리들과 동일한 영적 이스라엘을 상징하는 무리라는 것이다.

이 견해는 흰옷을 입고 손에 종려나무 가지를 들고 서 있는 무리들이 '큰 환난에서 나오는 자들'(계 7:14)임을 증거하고 있는 7장의 계시 말씀과 조화를 이루지 못한다.

하나님의 인 맞은 십사만사천의 종들이나 큰 환난에서 나오는 흰옷 입은 큰 무리는 모두 장차 종말에 임할 마지막 한 이레 동안의 환난 기간을 통과한 자들이다. 그러므로 십사만사천이나 흰옷 입은 큰 무리의 성도들은 신구약 교회의 전체 교회를 상징한다고 해석하는 것은 7장 자체의 문맥들과 맞지 않는 비성경적 해석이다.

(2) 십사만사천은 '이스라엘 열두 지파 중에서' 각각 일만이천 명씩 뽑은 자들로 구성된 숫자임을 잊어서는 안 된다.

이스라엘 열두 지파가 육적 이스라엘을 의미하는 것이 아니라 영적 이스라엘, 곧 하나님께 선택받은 모든 백성을 상징하고 있다는 사실은 앞에서 살펴보았다.

이스라엘 12지파가 하나님이 선택한 모든 백성을 상징하고 있기 때문에 하나님의 인을 맞은 십사만사천의 종들이 신구약 전체의 완성된 교회 성도 모두를 지칭하는 상징적 숫자를 나타낸다는 주장은 본문 말씀에 충실하지 못한 비성경적 주장임을 알 수 있다. 왜냐하면 십사만사천은 '각 지파 중에서' 각각 일만이천 명씩 뽑은 자들이기 때문이다. 그러므로 십사만사천을 지상에 있는 신구약 모든 교회의 구원받은 무리들 전체를 나타낸다는 해석은 본문 자체의 말씀에서 거부되는 해석이다.

이 견해는 십사만사천을 12(구약 12지파)×12(신약 12사도)×1000(만수)=144,000으로, 구원받은 신구약 교회 모든 성도들을 나타내는 상징적 숫자라고 해석한다. 그러나 그렇게 자의적(自意的)으로 상징적 해석을 하는 것은 본문의 계시를 무시한 비성경적 주장이다. 본문은 십사만사천의 하나님의 인 맞은 종들이 12(이스라엘 12지파)×

12,000(각 지파에서 인 맞은 자의 수)로 이루어졌음을 명백하게 계시해 주고 있기 때문이다.

(3) 십사만사천은 '처음 익은 열매'로 하나님께 드려지는 자들이다.

요한계시록 14장 4-5절에 보면, "이 사람들은 여자로 더불어 더럽히지 아니하고 정절이 있는 자라 어린 양이 어디로 인도하든지 따라가는 자며 사람 가운데서 구속을 받아 처음 익은 열매로 하나님과 어린 양에게 속한 자들이니 그 입에는 거짓말이 없고 흠(欠)이 없는 자들이더라"라고 증거하고 있다.

십사만사천이 '처음 익은 열매'로 드려졌다는 것은 다음에 거두어들일 열매가 있다는 것을 시사(視事)하는 말씀이다. 다시 말해, 하나님의 인 맞은 십사만사천은 후 3년 반 동안 예언 사역을 감당하다 순교할 하나님의 종들을 지칭하며, 이들은 첫째 부활에 참예하여 천년왕국에서 주님과 함께 왕 노릇 하는 축복을 받게 될 사람들이다. 그러므로 십사만 사천의 인 맞은 종들을 신구약 전체의 구원받은 총수로 해석하는 것은 타당하지 않다.

> "또 내가 보좌들을 보니 거기 앉은 자들이 있어 심판하는 권세를 받았더라 또 내가 보니 예수의 증거와 하나님의 말씀을 인하여 목 베임을 받은 자의 영혼들과 또 짐승과 그의 우상에게 경배하지도 아니하고 이마와 손에 그의 표를 받지도 아니한 자들이 살아서 그리스도로 더불어 천 년 동안 왕 노릇 하니 (그 나머지 죽은 자들은 그 천 년이 차기까지 살지 못하더라) 이는 첫째 부활이라"(계 20:4-5).
>
> "아담 안에서 모든 사람이 죽은 것같이 그리스도 안에서 모든 사람이 삶을 얻으리라 그러나 각각 자기 차례대로 되리니 먼저는 첫 열매인 그

리스도요 다음에는 그리스도 강림(降臨)하실 때에 그에게 붙은 자요 그 후에는 나중이니 저가 모든 정사와 모든 권세와 능력을 멸하시고 나라를 아버지 하나님께 바칠 때라 저가 모든 원수를 그 발 아래 둘 때까지 불가불 왕 노릇 하시리니 맨 나중에 멸망받을 원수는 사망이니라" (고전 15:22-26).

4. 기록 당대의 교회에 닥칠 환난으로부터 보호받을 무리로 보는 견해

1) 주장 내용

하나님의 인 맞은 십사만사천 명의 종이란 요한 당대에 곧 닥칠 대환란으로부터 인침을 받아 생존할 자들을 지칭하는 것으로 보는 견해로 윌리엄 바클레이가 주장하는 이론이다.

2) 문제점

(1) 본문 내용을 요한 당대의 독자들에게만 적용되는 말씀으로 본다면 당대의 독자들에게는 위로가 되겠지만 그 이후에 계속되는 교회에게는 위로와 용기를 심어 주는 말씀의 능력을 제한하는 해석이 된다.

본문 말씀은 당대의 독자들뿐만 아니라 금세기를 살아가는 교회와 성도들에게도 동일한 생명의 양식이 되는 말씀이며, 또한 장차 임할 대환란의 순간에도 생명의 양식으로 위로와 용기를 더해 줄 살아 있는 말씀으로 주어졌음을 믿어야 할 것이다.

(2) 본문에 나온 십사만사천 명은 온 땅에 임할 7년 대환란을 통과한 무

리들이다.

요한 당대에 닥칠 대환란으로부터 인침을 받아 생존한 자들을 지칭한다면 요한 당대에 7년 대환란이 임하고 주님의 구원과 심판이 한 당대에 끝을 맞이해야 했을 것이다. 그러나 주님의 복음이 땅 끝까지 증거되고 이방인의 충만한 수가 차기까지는 종말의 때가 오지 않을 것임을 성경이 계시하고 있음을 간과(看過)해서는 안 된다. 그러므로 십사만사천의 하나님 인 맞은 종들을 요한 당대의 교회로 국한시켜 해석하는 방법은 성경의 지지를 받지 못한다.

> "이 천국 복음이 모든 민족에게 증거되기 위하여 온 세상에 전파되리니 그제야 끝이 오리라"(마 24:14).
> "형제들아 너희가 스스로 지혜 있다 함을 면키 위하여 이 비밀을 너희가 모르기를 내가 원치 아니하노니 이 비밀은 이방인의 충만한 수가 들어오기까지 이스라엘의 더러는 완악하게 된 것이라"(롬 11:25).

5. 7년 대환란 때 추수할 사명을 감당할 두 증인과 같은 주의 종들로 보는 견해

이 견해는 하나님의 인 맞은 십사만사천의 종들이 대환란기에 두 증인(계 11:3)과 같이 다시 오실 예수님에 대한 소망을 불러일으키는 사역을 감당할 종들로 본다. 마지막 추수를 감당할 하나님의 인 맞은 십사만사천 명의 무리나 두 증인의 사역 기간은 7년 대환란 시기다.

11장 말씀은 두 증인의 부활 승천의 사건 때, 하나님의 말씀과 예수 그리스도의 말씀을 믿지 않던 자들이 회개하고 하늘의 하나님을 두려워하고 하나님께 영광을 돌리는 모습을 계시하고 있다. 두 증인이 생명을 걸고 하나님 말씀과 예수 그리스도의 복음을 증거하고 예언하는 복음의 농사를 짓는 결과 마지막 추수를 거두게 된다.

> "저희 그 증거를 마칠 때에 무저갱으로부터 올라오는 짐승이 저희로 더불어 전쟁을 일으켜 저희를 이기고 저희를 죽일 터인즉……삼 일 반 후에 하나님께로부터 생기가 저희 속에 들어가매 저희가 발로 일어서니 구경하는 자들이 크게 두려워하더라 하늘로부터 큰 음성이 있어 이리로 올라오라 함을 저희가 듣고 구름을 타고 하늘로 올라가니 저희 원수들도 구경하더라 그 시에 큰 지진이 나서 성 십분의 일이 무너지고 지진에 죽은 사람이 칠천이라 그 남은 자들이 두려워하여 영광을 하늘의 하나님께 돌리더라"(계 11:7-13).

이 견해는 하나님의 인 맞은 십사만사천 명의 종들을 마지막 대환란 때에 순교하도록 인침 받은 하나님의 종들로 보는 견해다.

이상의 다섯 가지 견해 중에서 요한계시록 자체가 증거하는 앞뒤 문맥과 가장 조화를 이루는 해석으로 받아들일 수 있는 것은 다섯 번째 견해다.

짐승이 다스리는 후 3년 반 동안 하나님의 인침을 받은 십사만사천 명의 순교자들 외에 다른 모든 성도들(해 입은 여자)은 하나님이 예비하신 광야 예비처에 피신하여 하나님의 지키심과 보호하심을 받으며 양육을 받게 된다. 짐승은 광야로 피신한 해 입은 여자를 포기하고 여자의 남은 자손인 두 증인들인 십사만사천의 하나님의 인 맞은 자들과 싸우게 된다.

"용이 여자에게 분노하여 돌아가서 그 여자의 남은 자손 곧 하나님의 계명을 지키며 예수의 증거를 가진 자들로 더불어 싸우려고 바다 모래 위에 섰더라"(계 12:17).

요한계시록 14장에서는 하나님의 인 맞은 종들인 십사만사천 명을 '처음 익은 열매'라고 칭하고 있다.

"또 내가 보니 보라 어린 양이 시온 산에 섰고 그와 함께 십사만사천이 섰는데 그 이마에 어린 양의 이름과 그 아버지의 이름을 쓴 것이 있도다……이 사람들은 여자로 더불어 더럽히지 아니하고 정절이 있는 자라 어린 양이 어디로 인도하든지 따라가는 자며 사람 가운데서 구속을 받아 처음 익은 열매로 하나님과 어린 양에 속한 자들이니 그 입에 거짓말이 없고 흠(欠)이 없는 자들이더라"(계 14:1-5).

'처음 익은 열매'를 요한계시록 20장에서는 '첫째 부활에 참예한 자들'이라고 표현하고 있다. '처음 익은 열매'와 '첫째 부활에 참예한 자들'은 같은 의미의 다른 표현임을 알 수 있다. 요한계시록 20장 4-6절에서는 증거하기를 "또 내가 보좌들을 보니 거기 앉은 자들이 있어 심판하는 권세를 받았더라 또 내가 보니 예수의 증거와 하나님의 말씀을 인하여 목 베임을 받은 자의 영혼들과 또 짐승과 그의 우상에게 경배하지도 아니하고 이마와 손에 그의 표를 받지도 아니한 자들이 살아서 그리스도로 더불어 천 년 동안 왕 노릇 하니(그 나머지 죽은 자들은 그 천 년이 차기까지 살지 못하더라) 이는 첫째 부활이라 이 첫째 부활에 참예하는 자들은 복이 있고 거룩하도다 둘째 사망이 그들을 다스리는 권세가 없고 도리어 그들이 하나님과 그리스도의 제사장이 되어 천 년 동안 그리스도로 더불어 왕 노릇 하리라"고 계시해 주고 있다.

첫째 부활에 참예하는 자들의 구성이 어떻게 이루어져 있는가? 6장에서 하나님께 자신들의 피를 신원해 주실 것을 호소했던 순교자들의 영혼과 대환란 때 짐승의 표를 받지 아니하고 짐승과 그 우상에게 경배하지도 않고 신앙의 정절을 지키다가 죽임을 당한 순교자들로 이루어져 있다. 죽음으로 신앙의 정절을 지킨 순교자들은 그 신앙을 검증받은 성도들이며, 그들은 첫째 부활에 참예하여 처음 익은 열매로 하나님과 어린 양에게 속하여 천년왕국 동안 왕 같은 제사장으로 살아가게 될 영광을 허락해 주신다.

주께서 본문을 통해 주시는 은혜는 무엇인가? 하나님께서 인쳐 주시는 자들은 어떤 환난과 핍박 속에서도 하나님의 지키심과 보호하심을 받아 신앙의 정절을 지키며 거룩한 믿음을 가지고 승리의 삶을 살아갈 수 있다는 것이다. 그러므로 성도들은 종말의 때에 하나님의 인 맞기를 사모해야 하며, 하나님의 말씀과 예수 그리스도의 복음 증거의 사명을 감당하다 순교하는 것이 복임을 믿고 죽도록 충성하는 종들이 되어야 한다.

> "……맡은 자들에게 구할 것은 충성(忠誠)이니라"(고전 4:2).
> "……네가 죽도록 충성하라 그리하면 내가 생명의 면류관을 네게 주리라"(계 2:10).
> "우리 중에 누구든지 자기를 위하여 사는 자가 없고 자기를 위하여 죽는 자도 없도다 우리가 살아도 주를 위하여 살고 죽어도 주를 위하여 죽나니 그러므로 사나 죽으나 우리가 주의 것이로다"(롬 14:7-8).
> "형제들아 내가 그리스도 예수 우리 주 안에서 가진 바 너희에게 대한 나의 자랑을 두고 단언하노니 나는 날마다 죽노라"(고전 15:31).

Question 문제 3

아무나 능히 셀 수 없는 흰옷 입은 큰 무리

"이 일 후에 내가 보니 각 나라와 족속과 백성과 방언에서 아무라도 능히 셀 수 없는 큰 무리가 흰옷을 입고 손에 종려가지를 들고 보좌 앞과 어린 양 앞에 서서 큰 소리로 외쳐 가로되 구원하심이 보좌에 앉으신 우리 하나님과 어린 양에게 있도다 하니"(계 7:9-10).

본문에 계시되고 있는 '아무나 능히 셀 수 없는 흰옷 입은 큰 무리'에 대해서 몇 가지 견해가 주장되고 있다.

1. 환난 전 휴거 후에 이 땅의 신자로 보는 견해

1) 주장 내용

십사만사천의 하나님의 인 맞은 종들은 교회의 환난 전 휴거 직후의 유대 그리스도인들이며, 큰 무리들은 천년왕국의 보좌 앞에 있는 이 땅의 이방 그리스도인들이거나 혹은 미래주의자들이 믿고 있듯이 영광 중에 있는 이방 그리스도인들로 보는 견해다.

2) 문제점

(1) 십사만사천의 하나님의 인 맞은 종들이 유대 그리스도인이라는 주장은 앞에서 살펴 본 것처럼 성경적 견해가 될 수 없으므로 수용할 수 없는 견해다.

(2) 예수 그리스도 안에서 하나 된 교회(영적 이스라엘)를 유대인과 이방인으로 구분하여 흰옷 입은 큰 무리가 '이방 그리스도인들' 이라 보는 것 또한 신약적 개념에 맞지 않고 이 책의 내증과도 조화되지 못하는 문제점을 드러내는 주장이다.

> "대저 표면적 유대인이 유대인이 아니요 표면적 육신의 할례가 할례가 아니라 오직 이면적 유대인이 유대인이며 할례는 마음에 할지니 신령에 있고 의문에 있지 아니한 것이라 그 칭찬이 사람에게서가 아니요 다만 하나님에게서니라"(롬 2:28-29).
>
> "너희가 다 믿음으로 말미암아 그리스도 예수 안에서 하나님의 아들이 되었으니 누구든지 그리스도와 합하여 세례를 받은 자는 그리스도로 옷 입었느니라 너희는 유대인이나 헬라인이나 종이나 자유자나 남자나 여자 없이 다 그리스도 예수 안에서 하나이니라 너희가 그리스도께 속한 자면 곧 아브라함의 자손이요 약속대로 유업을 이을 자니라"(갈 3:26-29).
>
> "너희는 나의 모든 시험 중에 항상 나와 함께한 자들인즉 내 아버지께서 나라를 내게 맡기신 것같이 나도 너희에게 맡겨 너희로 내 나라에 있어 내 상에서 먹고 마시며 또는 보좌에 앉아 이스라엘 열두 지파를 다스리게 하려 하노라"(눅 22:28-30).
>
> "보라 네 환난과 궁핍을 아노니 실상은 네가 부요한 자니라 자칭 유대

인이라 하는 자들의 훼방도 아노니 실상은 유대인이 아니요 사단의 회라"(계 2:9).

"보라 사단의 회 곧 자칭 유대인이라 하나 그렇지 않고 거짓말하는 자들 중에서 몇을 네게 주어 저희로 와서 네 발 앞에 절하게 하고 내가 너를 사랑하는 줄을 알게 하리라"(계 3:9).

2. 십사만사천과 동일한 무리로 보는 견해

1) 주장 내용

십시만사친 명은 유대 그리스도인들이며 큰 무리늘은 유대와 이방 그리스도인들이다. 따라서 십사만사천 명은 큰 무리들 가운데 포함되는 것으로 보는 견해다. 즉 십사만사천이나 흰옷 입은 큰 무리는 동일하게 구원받은 전(全) 성도를 지칭하는 것으로 보는 견해다.

앨런 존슨은 "우리는 요한이 1-8절에서는 어떤 무리로 전혀 보지 못했으며 다만 인 맞은 자들의 수를 들은 말이지만, 9-17절에서는 그가 실제로 무리를 보고 또한 그가 보고 들은 것을 기술하고 있음을 유의하여야 한다. 이렇게 보면 두 무리의 통일성을 주장할 수 있으며, 9-17절은 십사만사천을 해석하기 위한 열쇠로 이해할 수 있다"고 주장한다.

모리스는 "요한이 무리의 범 세계성을 나타내기 위해 중복적인 표현을 사용한 것이다. 이 표현은 십사만사천이 육적인 의미가 아니라 영적인 의미라는 것을 더욱 확정해 주었다. 왜냐하면 이것이 육적인 의미로 사용되었다면 본문의 큰 무리는 각 나라가 아니라 이방나라만의 백성이라고 기록되어야 하기 때문이다"라고 말한다(이광복, 계시록 난해 해설).

2) 문제점

(1) 본문에서 십사만사천은 셀 수 있는 숫자임을 계시하고, 흰옷 입은 큰 무리는 아무도 능히 셀 수 없는 무리임을 강조하여 계시하고 있는데도 불구하고, 두 무리를 동일한 무리라고 해석하는 것은 본문의 의도를 벗어나는 문제점을 드러내고 있다.

(2) 십사만사천은 이스라엘 각 지파에서 일만이천 명씩 뽑아 하나님의 인으로 인침 받은 종들로 특별히 구별된 무리이기 때문에, 이스라엘 전체의 무리와 동일한 무리라고 주장하는 것은 전체적 계시 문맥에 전혀 조화되지 못하는 문제점이 드러난다.

(3) 본문의 '흰옷 입은 무리'는 구약이나 주님으로부터 예언되었던 전무후무(前無後無)한 대환란을 통과한 자들이다. 이는 사도 요한이 주님으로부터 감람산 강화에서도 들은 바의 말씀을 상고하게 해주는 구절이기도 하다(마 24:3; 막 13:3). 그러므로 십사만사천을 인치는 사건이 환난의 시작과 아울러 일어나는 것이라면, 흰옷 입은 무리는 큰 환난을 통과한 자들이기에 동일한 부류의 무리가 아님을 입증하고 있다.

3. 천년왕국에 입성할 변화체 성도로 보는 견해

1) 주장 내용

이광복 목사는 "흰옷 입은 무리는 그 복장의 상징적 의미가 성경의 완성을 의미하는 바, 이것은 주님의 재림(환난 통과 후)으로 변화된 성도들이 천년왕국에서 그리스도와 함께 왕 같은 제사장이 되어 천년 동안 왕 노릇 하기 위한 자세로 보여진다. 즉 초림의 주님이 예루살렘에 나귀를 타고 입성하실 때(마 21:1-10) 종려가지를 손에 들고 백성들이 주님을 영접하며 함께 들어갔듯이, 재림 때에도 손에 종려가지를 들고서 주님을 찬양할 것을 보여 주는 장면이라고 생각된다. '아무라도 능히 셀 수 없는 큰 무리'를 천년왕국에 입성할 변화체의 성도로 보는 이유는 '흰옷을 입고'와 '어린 양 앞에 서서'라는 동사의 의미에서 입증되기 때문이다. '입고'라는 헬라어 페리베블레메누스(περιβεβλημένους)는 '입다'(to put on)를 의미하는 페리발로(περιβάλλω)의 완료 수동 분사로, 이들이 입고 있는 옷은 이 세상의 그 누구도 벗길 수 없는 완벽한 승리의 복장을 묘사하기 때문이다. 그러므로 이들이 입은 옷은 예수 그리스도의 공로로 말미암아 구원함을 입은 성도들이 주님의 재림으로 부활(휴거)한 상태임을 암시하고 있다. 그리고 '서서'라는 헤스토테스(ἑστῶτες)는 '서다'(to stand)를 의미하는 히스테미(ἵστημι)의 현재 완료 분사로 하나님의 긍휼하신 사랑과 그 은혜에 대한 감사를 드릴 준비가 완료된 상태를 암시하고 있다. 그러므로 흰옷 입은 무리는 변화체의 몸을 입은 천년왕국에 입성할 성도들로 본다"고 하였다(이광복, 계시록 난해 해설).

2) 문제점

(1) '흰옷 입은 큰 무리'를 천년왕국에 들어가 번성하게 될 구원의 백성으로 보는 것은 동의한다. 하지만 그들이 예수 그리스도의 재림 때 부활의 몸을 입었거나 변화체 성도라고 보는 견해에는 동의할 수 없다. 부활체나 변화체는 생육하고 번성하지 않는 영생체(永生體)이기 때문이다.

"부활 때에는 장가도 아니 가고 시집도 아니 가고 하늘에 있는 천사들 과 같으니라"(마 22:30).

(2) 예수 그리스도의 재림 때 부활하는 첫째 부활에 참예하는 사람들이 모든 성도들이라는 견해는 성경적 견해라고 볼 수 없다. 그러므로 흰옷 입은 큰 무리가 예수 그리스도의 재림 때 부활하거나 변화된 성도들이라는 견해는 성경적 지지를 받지 못한다. 다음에 다루겠지만 성경은 첫째 부활에 참예하는 사람들이 순교자들임을 분명하게 증거해 주고 있다.

"또 내가 보좌들을 보니 거기 앉은 자들이 있어 심판하는 권세를 받았더라 또 내가 보니 예수의 증거와 하나님의 말씀을 인하여 목 베임을 받은 자의 영혼들과 또 짐승과 그의 우상에게 경배하지도 아니하고 이마와 손에 그의 표를 받지도 아니한 자들이 살아서 그리스도로 더불어 천 년 동안 왕 노릇 하니(그 나머지 죽은 자들은 그 천 년이 차기까지 살지 못하더라) 이는 첫째 부활이라 이 첫째 부활에 참예하는 자는 복이 있고 거룩하도다 둘째 사망이 그들을 다스리는 권세가 없고 도리어 그들이 하나님과 그리스도의 제사장이 되어 천 년 동안 그리스도로 더불어 왕 노릇 하리라"(계 20:4-6).

부활장이라 불리는 고린도전서 15장 20절 이하의 증거를 보면, 예수 그리스도 안에서 삶을 얻게 될 부활이 각각 자기 차례대로 될 것임을 증거해 주고 있다.

"그러나 이제 그리스도께서 죽은 자 가운데서 다시 살아 잠자는 자들의 첫 열매가 되셨도다 사망이 사람으로 말미암았으니 죽은 자의 부활도 사람으로 말마암는도다 아담 안에서 모든 사람이 삶을 얻으리라 그러나 각각 자기 차례대로 되리니 먼저는 첫 열매인 그리스도요 다음에 는 그리스도 강림하실 때에 그에게 붙은 자요 그 후에는 나중이니 저가 모든 정사와 모든 권세와 능력을 멸하시고 나라를 하나님 아버지께 바칠 때라 저가 모든 원수를 그 발 아래 둘 때까지 불가불 왕노릇 하시리니 맨 나중에 멸망받을 원수는 사망이니라"(고전 15:20-26).

위 말씀에서 예수 그리스도 강림하실 때 부활할 성도들이란 요한계시록 20장에 계시되고 있는 첫째 부활에 참예하는 순교자들을 나타내고, 그 후에 즉 천년왕국에 끝나고 사망이 불못에 던져지고 백보좌 심판 때 부활하게 될 사람들은 요한계시록 20장에 계시되고 있는 '그 나머지 죽은 자들' 가운데 첫째 부활에 참예하지 않은 성도들을 나타내고 있다.

"일곱째 천사가 나팔을 불매 하늘에 큰 음성들이 나서 가로되 세상 나라가 우리 주와 그 그리스도의 나라가 되어 그가 세세토록 왕 노릇 하시리로다 하니 하나님 앞에 자기 보좌에 앉은 이십사 장로들이 엎드려 얼굴을 대고 하나님께 경배하여 가로되 감사하옵나니 옛적에도 계셨고 시방도 계신 주 하나님 곧 전능하신 이여 친히 큰 권능을 잡으시고 왕 노릇 하시도다 이방들이 분노하매 주의 진노가 임하여 죽은 자를 심판하시며 종 선지자들과 성도들과 또 무론대소하고 주의 이름을 경외하는 자들에게 상 주시며 또 땅을 망하게 하는 자들을 멸망시키실 때로소이다 하더라"(계 11:15-18).

"또 내가 크고 흰 보좌와 그 위에 앉으신 자를 보니 땅과 하늘이 그 앞에서 피하여 간 데 없더라 또 내가 보니 죽은 자들이 무론 대소하고 그 보좌 앞에 섰는데 책들이 펴 있고 또 다른 책이 펴졌으니 곧 생명책이라 죽은 자들이 자기 행위에 따라 책들에 기록된 대로 심판을 받으니 바다가 그 가운데서 죽은 자들을 내어주고 또 사망과 음부도 그 가운데서 죽은 자들을 내어주매 각 사람이 자기 행위대로 심판을 받고 사망과 음부도 불못에 던지우니 이것은 둘째 사망 곧 불못이나 누구든지 생명책에 기록되지 못한 자는 불못에 던지우더라"(계 20:11-15).

4. 예비처 성도로 보는 견해

'흰 옷 입은 큰 무리'를 7년 대환란의 전 3년 반 동안의 환난기간을 통과한 후 짐승(적그리스도)이 통치하는 후 3년 반(일천이백육십 일, 마흔두 달, 한 때 두 때 반 때) 동안 큰 독수리의 두 날개를 받아 광야 예비처에 피신하여 하나님의 특별 양육을 받다가 천년왕국에 들어가 번성의 축복을 누리게 될 예비처 성도들로 본다.

1) '흰옷 입은 큰 무리'는 큰 환난에서 나오는 자들이라고 계시해 주고 있음이 이를 입증해 준다.

"……이는 큰 환난에서 나오는 자들인데 어린 양의 피에 그 옷을 씻어 희게 하였느니라"(계 7:14).

광야 예비처 성도들은 전 3년 반의 환난을 통과한 큰 무리들이다. 전 3년 반의 환난 가운데서 십사만사천의 하나님의 인 맞은 종들(두 증인)을 배출한 '해 입은 여자'(교회)는 후 3년 반이 시작되기 직전에 하나님이 예비하신 광야 예비처에 피신하여 특별 양육을 받다가, 예수 그리스도의 재림 때에 천년왕국에 들어가 번성하는 축복을 누리게 될 것이다.

"여자가 아들을 낳으니 이는 장차 철장으로 만국을 다스릴 남자라 그 아이를 하나님 앞과 그 보좌 앞으로 올려가더라 그 여자가 광야로 도망하매 거기서 일천이백육십 일 동안 저를 양육하기 위하여 하나님의 예비하신 곳이 있더라"(계 12:5-6).

"용이 자기가 땅으로 내어 쫓긴 것을 보고 남자를 낳은 여자를 핍박하는지라 그 여자가 큰 독수리의 두 날개를 받아 광야 자기 곳으로 날아가 거기서 그 뱀의 낯을 피하여 한 때와 두 때와 반 때를 양육받으매 여자의 뒤에서 뱀이 그 입으로 물을 강같이 토하여 여자를 물에 떠내려가게 하려 하되 땅이 여자를 도와 그 입을 벌려 용의 입에서 토한 강물을 삼키니 용이 여자에게 분노하여 돌아가서 그 여자의 남은 자손 곧 하나님의 계명을 지키며 예수의 증거를 가진 자들로 더불어 싸우려고 바다 모래 위에 섰더라"(계 12:13-17).

2) '흰옷 입은 큰 무리' 위에 하나님이 장막을 쳐 주심이 이를 입증해 준다.

"그러므로 그들이 하나님의 보좌 앞에 있고 또 그의 성전에서 밤낮 하나님을 섬기매 보좌에 앉으신 이가 그들 위에 장막(帳幕)을 치시리니"(계 7:15).

'흰옷 입은 큰 무리' 들은 시 · 공간을 초월할 수 있는 부활체나 변화체를 입은 것이 아니라 건강한 몸으로 회복된 '회복체'(回復體)를 지니고 예비처에서 양육받다가 천년왕국에 들어가 생육하고 번성하는 축복을 누리게 될 것이다.

하나님께서 '흰옷 입은 무리' 위에 장막을 쳐 주실 것임을 언약하고 계신 것은, 그들을 지켜 보호하시고 양육하실 것을 계시하는 말씀이 광야 예비처 성도들임을 입증해 주는 요한계시록의 내증(內證)

이 요한계시록 13장 6절 말씀이다.

"짐승이 입을 벌려 하나님을 향하여 훼방하되 그의 이름과 그의 장막 곧 하늘에 거하는 자들을 훼방하더라"(계 13:6).
"그때에 소경의 눈이 밝을 것이며 귀머거리의 귀가 열릴 것이며 그때에 저는 자는 사슴같이 뛸 것이며 벙어리의 혀는 노래하리니 이는 광야에서 물이 솟겠고 사막에서 시내가 흐를 것임이라"(사 35:5-6).

8장의 난해문제

문제 1 / 첫째 나팔 재앙(계 8:7)

문제 2 / 둘째 나팔 재앙(계 8:8-9)

문제 3 / 셋째 나팔 재앙(계 8:10-11)

문제 4 / 넷째 나팔 재앙(계 8:12)

문제 5 / 공중에 날아가는 독수리(계 8:13)

Question 문제 1

첫째 나팔 재앙

"첫째 천사가 나팔을 부니 피 섞인 우박과 불이 나서 땅에 쏟아지매 땅의 삼분의 일이 타서 사위고 수목의 삼분의 일도 타서 사위고 각종 푸른 풀도 타서 사위더라"(계 8:7).

요한계시록의 계시 자체가 상징적이고 비유적인 방법을 취하고 있어서 그 의미를 깨닫기 쉽지 않은 책이라는 사실을 공감할 것이다. 그런데 요한계시록의 계시 내용을 지나치게 상징적으로 해석함으로 그 의미를 더욱 난해하게 만드는 경우가 많다. 일곱 나팔재앙에 대한 계시 내용을 해석할 때도 지나치게 상징적인 해석을 취하지 말고 문자적으로 받아들이는 것이 본문에 충실한 해석이 될 것이다.

1. 상징적으로 해석하는 견해

1) 주장 내용

본문의 계시 말씀 중에 '피 섞인 우박=갑작스런 죽음의 큰 재앙,

불=환난, 땅=육적 세상, 수목=육적 권세자들, 각종 푸른 풀=믿음 없는 성도들'을 상징한다고 해석한다.

2) 문제점

(1) 언어적 계시 의미와 조화를 이루지 못하는 문제점이 드러난다.

지나치게 상징적으로 해석하여 문자로 계시되고 있는 말씀의 언어적 의미를 상실케 만들어 요한계시록 전체 해석에 혼동을 가져다준다. 많은 이단들이 이 같은 상징적 해석 방법을 이용하여 요한계시록을 자기들 교리에 맞춰 자의적(自意的)으로 해석함으로 영계를 혼동시키고 교회를 어지럽히고 있다.

본문에 계시된 피 섞인 우박이라는 헬라어 단어 '칼라자'(χάλαζα)는 '내리다', '떨어지다'의 뜻을 지닌 동사 '칼라오'(χαλάω)에서 파생된 명사로 자연물을 타격하는 얼음 덩어리를 지칭한다. 이 단어는 구약성경에서 하늘로부터 내리는 직접적인 재앙을 나타내기 위해 자주 등장한다(출 9:23; 사 28:2, 17, 30:30; 욥 28:22, 23; 단 12:1; 시 18:13). 또 '타서 사위고'로 번역된 '카테카에'(κατεκάη)는 본래 '모조리 태워버리다'의 뜻을 지닌 '카타카이오'(κατακαίω)의 결과적 부정 과거형으로 피 섞인 우박과 불이 땅에 쏟아졌을 때 그 결과 삼분의 일이 불살라진 것을 잘 드러낸다.

이상의 언어적 계시 내용을 통해 볼 때 첫째 나팔 재앙은 땅 삼분의 일이 불에 타 사위는 자연재앙으로 해석하는 것이 자연스럽다. 첫째 나팔재앙을 육적 세상의 권세자들과 믿음 없는 성도들에게 임할 환난이나 큰 재앙으로 해석하는 상징적 해석은 본문의 언어적 계시 전달을 제대로 반영하지 못하는 문제점을 드러낸다.

(2) 같은 계시 내용을 상반되게 적용시켜 이중적 해석을 함으로 혼란을 가져다준다.

본문에 계시된 첫째 나팔 재앙 가운데 있는 땅의 수목들은 육적 권세자들이고, 각종 푸른 풀은 믿음 없는 성도들을 상징한다고 해석하고 있다. 그런데 9장 4절 말씀에 계시되고 있는 황충 재앙 가운데 있는 각종 수목은 주의 종 혹은 교회의 일꾼들이고, 땅의 풀이나 푸른 것은 진리로 무장한 성도를 상징한다고 해석하고 있다. 동일한 계시내용에 대해 전혀 반대되는 상징적 해석을 하여 해석의 통일성이 결여(缺如)됨으로 해석에 있어 혼란을 불러일으킨다.

(3) 8장의 내증(內證)과 조화를 이루지 못한다.

이 장의 전체적 문맥을 보면 첫째 나팔 재앙부터 넷째 나팔 재앙까지는 이 땅의 자연에 내리는 재앙들로 성도들이나 믿음이 없는 육적 사람들이나 구별하지 않고 모두 겪게 되는 재앙들이고, 다섯째부터 일곱째까지의 나팔 재앙은 땅에 거하는 자들 즉 육신에 속한 불신자들 위에 내려지는 하나님의 진노의 화(禍) 재앙임을 시사해 주고 있다.

> "내가 또 보고 들으니 공중에 날아가는 독수리가 큰 소리로 이르되 땅에 거하는 자들에게 화, 화, 화가 있으리로다 이 외에도 세 천사의 불 나팔소리를 인함이로다 하더라"(계 8:13).

8장의 전체적 계시 문맥을 통해 볼 때 첫째 나팔 재앙이 육적 세상의 권세자들과 믿음 없는 성도들에게만 내려진다고 보는 견해는 수용하기 어려운 해석이다.

2. 문자적으로 해석하는 견해

첫째 나팔 재앙의 대상은 땅이다. 땅의 삼분의 일이 망가지고, 수목의 삼분의 일이 불에 타 없어진다. 본문의 계시 내용을 상징으로 해석하기보다는 문자 그대로 이 땅에 임하는 자연재난으로 보는 것이 좋다. 진노의 수단은 하늘에서 피 섞인 우박과 불이 쏟아지는 것이다. 하늘에서 불이 쏟아지고 우박이 재앙의 수단으로 사용되는 사건이 요한계시록에 처음 등장하는 것은 아니다. 창세기 19장에서 소돔과 고모라 성이 멸망당할 때 하늘에서 유황불을 쏟아 부으셨다.

> "여호와께서 하늘 곧 여호와에게로서 유황과 불을 비같이 소돔과 고모라에 내리사 그 성들과 온 들과 성에 거하는 모든 백성과 땅에 난 것을 다 엎어 멸하셨더라"(창 19:24-25).

출애굽기 9장에서 애굽에 내리는 일곱 번째 재앙은 이 구절의 재앙과 거의 흡사하다.

> "모세가 하늘을 향하여 지팡이를 들매 여호와께서 뇌성과 우박을 보내시고 불을 내려 땅에 달리게 하시니라 여호와께서 우박을 애굽 땅에 내리시매 우박의 내림과 불덩이가 우박에 섞여 내림이 심히 맹렬하니 애굽 전국에 그 개국 이래로 그 같은 것이 없던 것이라"(출 9:23-24).

에스겔 선지자는 에스겔 38장 22-23절에서 "내가 또 온역과 피로 그를 국문하며 쏟아지는 폭우와 큰 우박덩이와 불과 유황으로 그와 그 모든 떼와 그 함께한 많은 백성에게 비를 내리듯 하리라 이와 같이 내가 여러 나라의 눈에 내 준대함과 내 거룩함을 나타내어 나를 알게 하리니 그들이 나를 여호와인 줄 알리라"(겔 38:22-23)고 예언하고 있다.

요엘 선지자는 "내가 이적을 하늘과 땅에 베풀리니 곧 피와 불과 연기 기둥이라 여호와의 크고 두려운 날이 이르기 전에 해가 어두워지고 달이 핏빛같이 변하려니와 누구든지 여호와의 이름을 부르는 자는 구원을 얻으리니 이는 나 여호와의 말대로 시온 산과 예루살렘에서 피할 자가 있을 것임이요 남은 자 중에 나 여호와의 부름을 받을 자가 있을 것임이니라"(욜 2:30-32)라고 예언하고 있다.

사도 요한은 이상과 같은 구약적 배경을 가지고 첫 번째 나팔 재앙을 기록하고 있다. 그러므로 이 계시의 내용은 상징적인 면으로 해석하기보다는 문자적으로 받아들이는 실제적 자연재앙으로 보는 것이 성경적이다.

첫째 나팔 재앙이 땅에 임하는 것은 인간의 첫째 삶의 터전이 땅이기 때문이다. 하나님께서는 인간이 의지하고 살아가는 땅에 재앙을 내림으로 그들의 삶의 기초가 흔들리게 하시고 그들로 하여금 하나님을 향해 돌이키도록 역사하시는 것이다. 인생이 삶의 기초를 둘 곳은 이 땅이 아니라 땅을 창조하신 하나님의 말씀에 있음을 교훈하시려는 재앙이 첫째 나팔 재앙이다. 사람이 발을 딛고 살고 있는 땅은 영원히 변치 않는 것이 아니다. 사실 우리가 살고 있는 땅은 액체 상태의 마그마 위에 떠 있는 유동적 형태를 취하고 있다. 언제 어느 때나 대변동이 일어날 수 있다. 처처에 지진이 발생하는 것을 경험하면서도 이를 깨닫지 못하는 어리석은 인생들에게 주어지는 마지막 경고의 나팔이 첫째 나팔 재앙이다.

"땅을 물 위에 펴신 이에게 감사하라 그 인자하심이 영원함이로다"(시 136:6).

사람은 발로 땅을 밟고 살아가지만, 머리는 하늘을 향하여 들고 살아가도록 창조되었다. 사람이 하나님의 창조섭리와 목적을 망각한 채 위엣 것을 찾지 않고 오직 땅엣 것만을 바라보며, 땅의 소산만을 욕심내고, 땅의 부(富)만을 의지하고 자랑하며 살아갈 때, 하나님은 이 땅을 더 이상 존재시킬 이유가 없어진다. 이 땅에 햇빛과 비를 주시사 자연의 산림을 무성히 자라게 하시며 밭의 곡식들이 풍성하게 열매 맺는 윤택한 땅으로 가꾸실 아무런 의미를 찾지 못하시는 것이다.

사도 바울은 골로새 교회 성도들에게 "그러므로 너희가 그리스도와 함께 다시 살리심을 받았으면 위엣 것을 찾으라 거기는 그리스도께서 하나님 우편에 앉아 계시느니라 위엣 것을 생각하고 땅엣 것을 생각지 말라 이는 너희가 죽었고 너희 생명이 그리스도와 함께 하나님 안에 감취었음이니라 우리 생명이신 그리스도께서 나타나실 그 때에 너희도 그와 함께 영광 중에 나타나리라"(골 3:1-4)고 증거하고 있다.

일곱 나팔 재앙의 계시를 받았던 초대 교회 성도들은 어떻게 이해하고 받아들였을까 하는 궁금증이 들기도 한다.

장로교회의 창시자라고 말하는 칼빈이 모든 성경을 주석했지만 요한계시록을 주석하지 않은 것은 그 시대 상황으로는 요한계시록의 단어들이 너무도 난해하고 이해하기 힘들었기 때문이었을 것이다. 그런데 요즈음 우리가 살고 있는 이 시대는 종말적 현상이 우후죽순처럼 드러나는 시대다. 그러므로 요한계시록의 내용을 능히 이해할 수 있는 시대이기에 조금만 깊이 묵상하면 그 의미를 어렵지 않게 이해할 수 있다.

하나님을 망각한 인간의 문명은 그 교만과 욕심으로 말미암아 그 삶의 터전인 땅을 황폐화시키고 있다. 오존층이 파괴되어 하늘이 구멍 뚫렸다. 이로 말미암아 태양빛을 두려워해야 하는 위기를 자초하였다. 지구의 허파 역할을 감당했던 밀림지역의 수목들이 벌목과 산성비로 인해 훼손되어 급속히 줄어들고, 농토의 사막화가 급속도로 진행되어 가고 있다. 인류는 점차 자연의 보호로부터 멀어져 가고 있다. 인간의 욕심이 자연이 가진 자연치유 능력을 파괴한 결과가 자연재앙으로 되돌아오고 있다. 우리는 우리가 발을 딛고 살고 있는 이 땅의 사건들을 우연으로 보아 넘겨서는 안 된다. 이 땅에 불고 있는 기상 이변과 땅의 지진들과 산림의 파괴와 농지의 사막화 등의 여러 가지 다발적 재난을 우연으로 취급하고 쉽게 지나쳐버려서는 안 된다. 오늘날 우리가 살고 있는 이 땅에 불어 닥치고 있는 생태학적 재난들은 하나님을 떠난 인간의 욕심의 산물이지 우연이 아님을 인정해야 한다. 오늘날 거의 모든 날 듣게 되는 자연재해의 소식들은 오늘 이 땅에 살고 있는 교만하고 악한 인생들에게 들려지는 하나님의 심판의 경고임을 깨닫는 지혜가 있어야 한다. 이 땅에 벌어지고 있는 전 세계적 재난들을 대할 때마다 성경의 예언에 귀를 기울여야 한다. 하나님이 주시는 경고의 나팔 소리로 들어야 할 것이다.

땅의 기초를 세우신 이(히 1:10), 땅의 주권자가 되시는 분(마 28:18)을 부인하고, 땅을 붙잡아 평안케 하시는 하나님의 돌보심을 망각하고 살아가는 인생들, 식물을 자라게 하시고 곡식을 열매 맺게 하사 식량을 공급해 주시는 하나님의 은혜를 감사치 않는 인생들을 위해 하나님은 더 이상 땅을 돌보실 가치를 느끼지 못하신다. 하나님은 교만한 인생들이 살아가는 터전인 이 땅 위에 삼분의 일이 재앙을 받는 첫째 나팔 재앙을 땅에 쏟아 부으실 것임을 본문은 계시하고 있다.

> “하나님의 진노가 불의로 진리를 막는 사람들의 모든 경건치 않음과 불의에 대하여 하늘로 좇아 나타나나니 이는 하나님을 알 만한 것이 저희 속에 보임이라 하나님께서 이를 저희에게 보이셨느니라 창세로부터 그의 보이지 아니하는 것들 곧 그의 영원하신 능력과 신성이 그 만드신 만물에 분명히 보여 알게 되나니 그러므로 저희가 핑계치 못할지니라 하나님을 알되 하나님으로 영화롭게도 아니하며 감사치도 아니하고 오히려 그 생각이 허망하여지며 미련한 마음이 어두워졌나니 스스로 지혜 있다 하나 우준하게 되어 썩어지지 아니하는 하나님의 영광을 썩어질 사람과 금수와 버러지 형상의 우상으로 바꾸었느니라…… 이는 저희가 하나님의 진리를 거짓 것으로 바꾸어 피조물을 조물주보다 더 경배하고 섬김이라 주는 곧 영원히 찬송할 이시로다 아멘”(롬 1:18-25).

하나님을 찬양하고 섬기도록 창조한 인간이 창조주 하나님을 배척할 때 인간을 돕고 생명을 유지할 수 있도록 창조된 자연 또한 인간을 배척하게 되는 것이다. 첫 창조에 속한 것들은 영원할 것이 없다. 첫 창조에 속한 이 땅은 하나님의 구원 사역이 끝나면 불에 녹도록 계획되어 있다. 온 우주만물은 하나님 구원 사역의 도구일 뿐이다. 창조주 하나님이 당신의 뜻과 목적을 모두 이루실 때, 그것들은 존재 의미를 상실하게 된다.

지금도 온 우주가 정상적으로 운행되고 이 땅이 요동치 않고 존재하는 것은 아직 하나님의 구원 사역이 완성되지 않았기 때문일 뿐이다. 그러나 그때와 시기가 가까워지고 있다. 우리가 살고 있는 이 시대는 마지막 때를 향해 빠르게 운행되고 있다. 이스라엘이 독립되었고, 복음이 땅 끝까지 증거되고 있으며, 인간의 교통수단이 발달하여 빨라지고, 인간의 지식정보가 빠르게 전달되며, 과학문명이 급속도로 진행되고 있는 것은 성경에 예언된 대로 인류의 역사가 종말을 향해 빠르게 진행되는 육적 현상임을 깨달아야 할 것이다. 하나님의 주권에 도전하며 이 땅에 쌓아 올리고 있는 인간의 과학과 물질문명의 바벨 탑은 하루아침에 무너져내릴 것이다. 인간들이 믿고 의지하고 탐했던 이 땅은 불에 사위게 될 것이다. 그것이 하나님의 계획이며 성경이 증거하고 있는 하나님의 뜻이기 때문이다.

> "이는 하늘이 옛적부터 있는 것과 땅이 물에서 나와 물로 성립한 것도 하나님의 말씀으로 된 것을 저희가 부러 잊으려 함이로다 이로 말미암아 그때 세상은 물의 넘침으로 멸망하였으되 이제 하늘과 땅은 그 동일한 말씀으로 불사르기 위하여 간수하신 바 되어 경건치 아니한 사람들의 심판과 멸망의 날까지 보존하여 두신 것이니라"(벧후 3:5-7).

둘째 나팔 재앙

"둘째 천사가 나팔을 부니 불붙는 큰 산과 같은 것이 바다에 던지우매 바다의 삼분의 일이 피가 되고 바다 가운데 생명 가진 피조물들의 삼분의 일이 죽고 배들의 삼분의 일이 깨어지더라"(계 8:8-9).

1. 상징적으로 해석하는 견해

1) 주장 내용

본문의 계시 말씀 중에 '불붙는 큰 산과 같은 것=적그리스도의 세력, 바다=이 세상 열국, 바다 가운데 생명 가진 피조물들의 삼분의 일이 죽음=세상 성도들의 영이 죽음, 배들의 삼분의 일이 깨어짐=교회들의 무너짐' 을 나타낸다고 해석한다.

2) 문제점

(1) 성경의 증거 말씀과 상충(相衝)되는 주장이다.

본문에는 불붙는 큰 산과 같은 것이 바다에 '던지우매' 라고 계시하고 있다. 하지만 성경은 적그리스도가 바다에 던져지는 것이 아니라 바다에서 '나온다' 고 증거한다.

"큰 짐승 넷이 바다에서 나왔는데 그 모양이 각각 다르니"(단 7:2-3).
"내가 보니 바다에서 한 짐승이 나오는데 뿔이 열이요 머리가 일곱이라 그 뿔에는 열 면류관이 있고 그 머리들에는 참람된 이름들이 있더라"(계 13:1).

바다에 던져지는 것과 바다에서 나오는 것은 완전히 상반(相反)된 모습이므로 본문에 계시되고 있는 '불붙는 큰 산과 같은 것' 을 적그리스도의 세력으로 해석하는 것은 성경적 견해라고 할 수 없다.

(2) 본문의 앞뒤 문맥에 맞지 않는 주장이다.

불붙는 큰 산과 같은 것이 적그리스도의 세력이고 바다가 이 세상 열국이라면 서로 같은 세력들임을 나타낸다. 그렇다면 적그리스도가 이 세상 열국에 등장함으로 이 세상 열국의 삼분의 일이 피가 될 이유가 무엇인가?

바다의 삼분의 일이 피가 된다는 것을 바다 가운데 생명 가진 피조물들의 삼분의 일이 죽는다는 말이다. 그런데 바다의 삼분의 일이 피로 변하여 그 가운데 살던 피조물들이 죽는다는 말씀을 세상 가운데 있는 성도들의 영이 죽은 것이라고 주장하고 있어, 앞뒤 문맥이 맞지 않는 무리한 해석를 주장하고 있다.

(3) 요한계시록 자체의 유사 계시 내용을 상반(相反)된 이중적 의미로 해석하여 혼란을 가져다준다.

둘째 나팔 재앙인 본문의 계시와 16장 3절에 계시되고 있는 둘째 대접 재앙은 모두 바다에 내려지는 재앙으로 그 내용이 유사하다. 그런데 본문에 계시되고 있는 '바다의 삼분의 일이 피가 되고 바다 가운데 생명 가진 피조물들의 삼분의 일이 죽게 된다' 는 말씀은 '세상 성도들의 영의 죽음' 이라고 해석하고, 16장 3절 말씀의 둘째 대접재앙 때 "바다가 곧 죽은 자의 피같이 되니 바다 가운데 모든 생물이 죽더라" 라는 말씀은 '이 세상 모든 인류에게 내려지는 죽음의 심판 재앙' 이라고 해석하고 있다. 그러므로 상징적 해석을 취하는 견해는 동일 계시를 상반된 대상에게 이중적으로 적용시킴으로 해석에 혼란을 일으킨다. 그런 주장대로라면 구원의 반석이신 예수 그리스도 위에 세워진 주님의 몸 된 교회가 이 세상 열국에 떠다니고 있다는 의미가 되고, 하나님의 피 값으로 사신 바 되어 하나님의 백성이 된 성도들이 이 세상 열국에 속한 백성으로 살아가다가 멸망할 것이라는 의미가 된다. 이는 바른 성경적 견해라고 할 수 없다.

2. 문자적으로 해석하는 견해

두 번째 나팔 재앙의 대상은 바다다. 땅에 쏟아진 첫 번째 나팔 재앙이 있은 뒤 두 번째 나팔 재앙이 바다에 내려진다. 바다는 인간의 두 번째 삶의 터전이다. 바다에서 나는 많은 양의 어패류(魚貝類)와 바다 식물 등은 인간에게 없어서는 안 되는 양식들이다. 또 인간이 숨 쉴 때 필요한 산소의 70퍼센트는 바다에서 생성(生成)된다. 나팔 재앙은 하나님을 떠난 인간의 교만과 악에 대한 심판의 경고임을 다시 한 번 강조한다.

> "……바다의 고기도 없어지리라"(호 4:3).
> "내가 사람과 짐승을 진멸하고 공중의 새와 바다의 고기와 거치게 하는 것과 악인들을 아울러 진멸할 것이라……"(습 1:3).

둘째 나팔 재앙이 바다에 내려지는데 바다의 삼분의 일에 재앙의 영역이 미치고 있다. 하나님을 배척하고 하나님 말씀을 거부한 채 욕심에 사로잡혀 대량생산 대량소비가 미덕이라고 외치는 듣기 좋은 경제논리의 속임수에 귀를 기울이고 욕심으로 가득한 마음으로 살아온 19세기 이후의 사람들은, 겨우 2세기 동안에 땅만 오염시키고 황폐화시킨 것이 아니라 바다까지 오염시키고 병들게 하고 말았다. 공장 폐수와 생활하수의 대량 유입으로 바다는 자연 치유 능력을 상실해 가고 있다. 하나님을 떠난 인간의 욕심과 교만의 문명은 결국 파멸을 향해 달려가는 것이며, 스스로 생명의 땅과 바다를 파괴하고 멸망을 자초하는 행위임을 깨달아야 할 것이다.

하나님께서는 인간들을 향해 자연의 기상 이변과 재난을 통해 경고를 계속하고 계신다. 스스로의 노력으로 자연을 지키고 보호하는 노력도 중요하지만, 무엇보다도 하나님을 배척하고 욕심과 교만으로 악하고 황폐해진 인생들이 하나님의 말씀에 귀를 기울이고 오염된 양심을 청결케 하고 바르게 회복하는 회개운동이 일어나야 한다. 성경은 악이 자연을 파괴한다고 가르치고 있다. 즉 환경 파괴는 인간 심령의 죄악으로부터 빚어지고 있으며, 그에 따른 재앙이 임할 것에 대해 이사야 선지자는 다음과 같이 증거하고 있다.

> "여호와께서 땅을 공허하게 하시며 황무하게 하시며 뒤집어 엎으시고

그 거민을 흩으시리니……땅이 온전히 공허하게 되고 온전히 황무하게 되리라 여호와께서 이 말씀을 하셨느니라 땅이 슬퍼하고 쇠잔하며 세계가 쇠약하고 쇠잔하며 세상 백성 중에 높은 자가 쇠약하며 땅이 또한 그 거민 아래서 더럽게 되었으니 이는 그들이 율법을 범하며 율례를 어기며 영원한 언약을 파하였음이라 그러므로 저주가 땅을 삼켰고 그 중에 거하는 자들이 정죄함을 당하였고 땅의 거민이 불타서 남은 자가 적으며……세계 민족 중에 이러한 일이 있으리니 곧 감람나무를 흔듬 같고 포도를 거둔 후에 그 남은 것을 주움 같을 것이니라"(사 24:1-13).

인간이 하나님께 대한 불순종과 욕심과 교만으로 가득한 죄악된 심령이 환경을 파괴하고 자연을 훼손하는 주범임을 예언하는 말씀이다.

하와가 하나님의 말씀을 경외하지 않은 채, 사단의 음성을 듣고 보기에 좋고 먹음직한 선악과를 따먹고 죄악에 빠진 것처럼, 인류는 선지자를 통해 경고하신 하나님의 말씀을 귀담아 듣지 않고, 인간의 욕심을 충족시켜 줄 대량생산 대량소비라는 욕심으로 가득한 인간적 경제논리에 귀를 기울인 채 스스로 파멸의 길을 걸어왔다.

하나님과 인간 관계의 언약이 파괴되면, 인간과 인간 관계의 신뢰가 깨어지고, 인간과 환경과의 상생관계가 파멸의 길로 치닫는 결과를 낳는 것이다. 이 모든 것은 인간의 욕심과 교만이 자초(自招)한 것이다. 그러므로 파괴된 자연의 회복은 죄악된 인생들이 교만과 욕심을 버리고 하나님의 말씀에 귀를 기울이는 거듭난 삶을 살아갈 때, 즉 죄를 회개하고 예수 그리스도를 구주로 영접하여 하나님의 자녀된 권세를 회복할 때만 가능한 일임을 알 수 있다.

"피조물의 고대하는 바는 하나님의 아들들의 나타나는 것이니 피조물이 허무한 데 굴복하는 것은 자기 뜻이 아니요 오직 굴복케 하시는 이로 말미암음이라 그 바라는 것은 피조물도 썩어짐의 종노릇한 데서 해방되어 하나님의 자녀들의 영광의 자유에 이르는 것이니라 피조물이 다 이제까지 함께 탄식하며 함께 고통하는 것을 우리가 아나니"(롬 8:19-22).

현대문명의 주에너지는 석유다. 검은 황금이라고 불리는 석유를 불태워 기계가 돌아가고 제품이 생산된다. 자동차, 선박, 비행기 등의 운송수단도 대부분 석유를 에너지원으로 활용하고 있다. 그런데 현대문명의 주에너지인 석유가 환경오염의 주범이 되고 있다. 바다가 온통 기름으로 뒤덮여 조류와 어패류 등 바다생물들이 몰살하는 사건이 빈번히 일어나고 있다.

1983년과 1989년에는 유조선 카스틸로 호와 엑슨발테스 호가 좌초, 침몰하면서 엄청난 원유를 바다에 쏟아 부었다. 1979년에는 멕시코 만의 유전이 폭발하여 580만 배럴의 원유가 바다에 유출되었고, 1983년에는 이란의 나우르즈 유전 폭발로 440만 배럴의 원유가 바다로 흘러들었다. 그런가 하면 1991년 1월 17일 이라크의 사담 후세인은 다국적군의 공격이 시작되자 쿠웨이트 유전에서 흘러나오는 원유를 매일 20만 배럴 이상 바다에 방류하여 걸프 해상에 유출된 800만 배럴의 원유 때문에 136킬로미터의 기름띠가 생기게 했다 이로 인해 바다의 거북이, 돌고래, 바다표범, 갈매기 등 수많은 바다생물들이 몰사했다. 전문가들은 이 걸프 해안의 오염을 회복하려면 30년 이상이 걸릴 것이라고 진단했다.

이 시대에 살고 있는 우리는 이 구절에서 계시하고 있는 재앙이, 인간이 만든 물질문명과 전쟁무기들에 의해 벌어질 재앙들임을 어렵지 않게 이해할 수 있다. 우리는 걸프전 때 유도탄이라든지 미사일 같은 것이 배들에 떨어져 배가 불타고 바다가 화염에 싸이는 광경을 보았다.

이 구절에서는 바다에 떠다니는 배의 삼분의 일이 깨어지는 사건이 계시되고 있다. 바다에 떠다니는 배가 얼마나 많이 만들어졌는지 모른다. 어선, 상선, 여객선, 군함, 잠수함까지 모두 합치면 바다에는 엄청난 배가 떠 있다. 그중 삼분의 일이 깨진다면 바다가 얼마나 큰 피해를 입을지 상상이 된다. 이 시대에 나타나 보인 현대전의 모습은 둘째 나팔이 불어질 때 내려질 재앙의 서곡(序曲)임에 틀림없다.

Question 문제 3

셋째 나팔 재앙

"셋째 천사가 나팔을 부니 횃불같이 타는 큰 별이 하늘에서 떨어져 강들의 삼분의 일과 여러 물샘에 떨어지니 이 별 이름은 쑥이라 물들의 삼분의 일이 쑥이 되매 그 물들이 쓰게 됨을 인하여 많은 사람이 죽더라"(계 8:10-11).

1. 상징적으로 해석하는 견해

1) 주장 내용

이 재앙은 일차적으로는 자연계에 내려지는 재앙으로 문명의 산물인 각종 폭탄으로 인간의 젖줄인 물이 오염되어 많은 사람이 죽게 되는 재앙으로 보고, 이차적으로는 영적인 의미로 유명한 교역자의 배도로 인하여 그가 전하는 비진리의 영향을 받아 땅에 소망을 두는 자들의 영이 죽음을 당하게 될 것을 예표하는 것으로 본다며 양면성을 주장하고 있다.

셋째 나팔 재앙의 계시 내용은 '횃불같이 타는 큰 별이 하늘에서 떨어짐=크고 유명한 종의 타락, 강들의 삼분의 일과 여러 물샘에 떨어짐=교회 강단에 떨어져 말씀을 타락시킴, 이 별 이름이 쑥임=비진리, 그 물들이 쓰게 됨을 인하여 많은 사람이 죽음=비진리로 많은 영들이 죽음' 을 상징한다고 주장한다.

2) 문제점

(1) 지나친 상징적 해석으로 본문에 충실하지 못하고 있다.

요한계시록의 계시에 흐르는 중심사상은, 교회의 주인이 되시는 예수님이 교회 가운데 운행하시고 주님의 종들을 오른손에 붙잡고 사용하심으로 어떤 고난과 환난 속에서도 반드시 승리하게 될 것임을 보여주는 데 있다. 그런데 상징적 해석을 취하는 견해는 교회가 배도하여 멸망을 당하고 주의 종이 타락하여 영혼을 죽이게 된다고 주장한다. 이는 요한계시록의 중심사상과 상반된 주장이며, 요한계시록의 계시 의도에서 벗어난 해석이다.

상징적 해석은 지나치게 자의적이고 본문에 충실하지 못한 견해이기에 선호할 만한 방법이 아니다. 많은 이단들이 상징적 해석을 활용하여 정통교회가 배도하고 주의 종들이 타락했다고 소리를 높이며, 주님의 몸 된 교회를 훼방하고 성도들을 미혹하고 있다.

(2) 셋째 대접 재앙(계 16:4-7)에 대한 해석과 조화를 이루지 못한다.

셋째 나팔 재앙과 셋째 대접 재앙은 재앙의 범위와 강도의 차이점이 있을 뿐이고 동일한 재앙 내용임을 알 수 있다. 그런데 셋째 나팔 재앙은 영적으로 크고 유명한 종이 타락하여 그가 전하는 비진리로 말미암아 많은 교회의 강단의 말씀에서 비진리를 선포함으로 많은 성도들이 영들이 죽게 된다고 해석하는 반면에, 셋째 대접 재앙에 대해서는 많은 사람들의 생명의 젖줄인 물이 피로 변하여 성도(선지자)들을 괴롭히고 핍박한 이 세상 사람들이 죽임을 당하는 하나님의 심판 재앙이라고 해석하고 있어 해석의 혼동을 초래하고 있다.

성경 해석에는 앞뒤 사건에 대한 일관된 견해와 통일된 적용이 필요하다. 특히 요한계시록은 앞뒤 문맥과 전체적 계시 흐름에 조화를 이루지 못하면 난해한 해석이 되기 쉽고 혼동을 가져다주기 쉽다.

2. 문자적으로 해석하는 견해

셋째 나팔 재앙은 강의 삼분의 일뿐만 아니라 물샘에까지 재앙이 미침으로 많은 사람들이 죽음에 이르는 재앙이다. 쑥이라는 이름을 가진 큰 별이 떨어지는 바람에 강이나 물샘의 근원까지 오염되어 많은 사람이 죽음에 이르는 재앙임을 계시해 주고 있다.

쑥이라는 이름의 큰 별은 무엇을 상징하는 말일까? 김성일 장로님의 저서 《비느하스여, 일어나라》의 글 중에 이런 내용이 있다.

"물의 오염은 이미 강대국들의 핵실험으로 전 세계에서 진행되고 있었다……더욱 무서운 사건은 1986년 4월 26일에 일어났다. 소련 우크라이나 공화국의 체르노빌에서 일어난 원자로 폭발사고가 그것이다. 체르노빌은 바로 소련과 유럽 사이에 위치하고 있어서 유럽에 있는 대부분의 강들이 오염되었을 것으로 추정되고 있다. 당시 소련 정부는 이 사건의 피해를 숨기려고 32명이 사망하였다고 발표하였다. 그러나 체르노빌 주위에서는 계속해서 기형의 송아지가 태어나고 식물들이 이상 발육을 했다. 우크라이나의 핵물리학자 블라디미르 체르노센코는 이 사고로 7천 명 내지 1만 명이 목숨을 잃었다고 주장했다. 미국의 한 방사능 연구소가 앞으로 소련 및 유럽에서 수십만의 암환자가 발생할 것이라고 예측했는데도 유럽의 모든 나라들은 일제히 입을 다물고 있다. 이 무서운 사실을 발표하기가 두려웠던 것이다. 체르노빌은 본래 러시아어로 '쑥' 이라는 뜻을 가지고 있었다."(《비느하스여, 일어나라》153-154쪽)

일본인 우노마삼(宇野正美)이 쓴 책 《유대인을 알면 세계를 알 수 있다》에서도 비슷한 이야기를 한다. 이 책의 내용처럼 원자력 사고가 있었던 러시아의 체르노빌이 '향쑥' 이라는 의미를 가지고 있다면 이는 셋째 나팔 재앙의 도구가 인간이 석유의 대체 에너지로 선택한 핵에 의한 재앙이 될 것임을 예측할 수 있다.

2011년 3월 11일에 일어난 일본 대지진으로 인한 후쿠시마 원전(原電) 폭발은 우리에게 셋째 나팔재앙의 징조를 보여주기에 충분하다.

2011년 1월의 통계에 따르면, 지구촌에 가동되고 있는 원자로는 미국 104기, 프랑스 58기, 일본 55기, 러시아 32기, 한국 21기, 영국 19기, 캐나다 18기, 독일 17기, 우크라이나 15기, 중국 13기 등 총 437기며 55기가 추가로 건설 중에 있다고 한다.

지금까지 사람들이 발전시켜 온 현대문명의 주 에너지원이었던 석유는 그 매장량이 한정되어 있다. 약 20~30년 사용할 양밖에는 없다. 그래서 사람들은 대체 에너지인 핵연료를 개발해서 사용하기 시작했다. 우라늄 1g은 석유 9드럼의 연소와 맞먹는 에너지를 공급해 준다.

많은 나라에서 핵연료를 사용하기 위해 원자로를 세워가고 있다. 경제논리에 눈이 멀고 귀가 닫혀버린 현대인들이 성경에 눈을 돌리고 하나님 말씀에 귀를 기울이지 않은 채 종말에 임할 재앙의 도구들을 스스로 만들어가고 있다.

그동안에도 강대국들이 핵폐기물을 바다에 몰래 버림으로 바다를 죽음으로 몰아가고 있었다. 지하에서 자행해 온 핵실험은 샘의 근원인 지하수를 방사능 물질로 오염시켜 인간의 생명을 위협하고 있다.

미 국방정보센터인 CDI의 자료에 의한 세계 주요국가의 핵탄두 보유 현황을 보면, 미국 1만 5,000여 기, 러시아 등 옛 소련 1만 3000~2만여 기, 프랑스 480여 기, 중국 430여 기, 영국 200여 기, 이스라엘 200여 기(비공식), 인도 60여 기(비공식), 파키스탄 15~25기(비공식), 북한, 남아공(보유 추정) 등으로 이 핵무기의 양은 지구 다섯 개를 정도 파괴할 수 있는 파괴력을 가지고 있다고 한다.

출애굽 당시 애굽에 내려진 열 가지 재앙 중에서 피 재앙과 비슷한 재앙이 셋째 나팔 재앙이다. 애굽에 내려진 피 재앙 때 나일 강과 모든 하수들과 운하들과 호수가 모두 피로 변했다. 그러나 샘 근원인 지하수에는 재앙이 내리지 않았다. 출애굽기 7장 14절 이하에 보면 애굽인들은 하숫가를 두루 파서 마실 물을 구할 수 있었다고 증거하고 있다. 그런데 세 번째 나팔 재앙은 강들뿐만 아니라 물샘까지도 재앙의 대상에 포함되고 있고, 그로 인해 많은 사람이 죽음에 이르는 재앙임을 볼 수 있다.

창세기 1장 20절에서 하나님께서는 "물들은 생물로 번성케 하라"고 명령하셨다. 물은 인간을 비롯한 모든 생물의 태반이자 문명의 원동력이다. 인간을 비롯한 모든 생명의 태반이자 문명의 원동력인 물, 지천으로 널려 있는 것 같지만 인간이 안전하게 마시고 이용할 수 있는 물은 그리 많지 않다. 지구에 존재하는 98퍼센트의 물은 바닷물이다. 나머지 2퍼센트는 대부분 극지방의 빙하로 얼어붙어 있거나 땅속을 흐르고 있다. 담수 가운데 사람이 이용할 수 있는 양은 0.3퍼센트에 불과하다. 얼마 되지 않는 물마저 도시화 · 산업화 등으로 점점 오염되고 지하수마저 핵 방사능에 오염되어 인간의 생명수는 그 기능을 잃었을 뿐만 아니라 식수마저도 고갈되어 가고 있다.

이 때문에 지구상에는 물 부족과 수질오염 등으로 고통을 겪는 사람들이 얼마나 많은지 모른다. 오염된 물로 인해 전 세계에서 매년 200만 명 이상이 질병으로 사망한다. 장티푸스 환자도 해마다 1,700만 명씩 발생한다. 아르헨티나, 칠레, 방글라데시, 중국 등지의 일부 주민들은 유독물질인 비소로 오염된 지하수를 마신 탓에 피부색이 검게 변하고 심장병, 암에 걸리고 있다. 아프리카, 중동 국가와 중국, 인도, 스리랑카 등지에서는 불소가 지나치게 많이 들어 있는 물을 마시는 바람에 치아 에나멜 층에 구멍이 뚫리는 불소증에 시달리기도 한다.

유엔은 1992년부터 매년 3월 22일을 '세계 물의 날' 로 선포하고 물 부족 사태에 대비하며 물의 소중함을 일깨워 왔지만, 이미 전 세계 곳곳에서 극심한 물 부족 사태와 물을 둘러싼 분쟁과 전쟁이 시작된 지 오래되었다.

유엔이 '세계 물의 날' 을 제정한 지 10년 만에 2003년을 '세계 물의 해' 로 정한 것도 물 위기의 심각성을 다시 한 번 알리고 국가마다 대책을 세우도록 하기 위한 것이었다.

2002년 유엔이 발표한 물 부족 보고서에 따르면, 현재 세계인구 60억 명 중 5분의 1인 12억 명이 먹는 물 부족 현상을 겪고 있으며, 지금과 같은 물 부족 현상이 계속된다면 2025년까지 세계인구의 3분의 2가 심각한 물 부족을 겪게 될 전망이라고 밝히고 있다. 이 보고서는 또 매년 5,000여 명의 어린이들이 물이 없어 목숨을 잃고 있으며, 30억 명이 아무런 위생 설비 없이 물을 마시기 때문에 온갖 질병에 시달린다고 지적했다.

미국 CIA도 2000년 12월 발표한 '세계의 미래 모습에 대한 보고

서' 에서 2015년이 되면 세계인구의 절반이 넘는 30억 이상이 하루에 기본적으로 필요한 1인당 물 50리터조차 공급받지 못할 것이라고 경고한 바 있다. 또 '세계 물의 날' 행사를 주관하고 있는 유네스코(UNESCO)는 2000년 현재 세계적으로 물 부족 사태를 겪고 있는 나라는 25개국이며, 2025년에는 34개국에 이를 것으로 전망했다.

유엔 국제인구행동연구소의 발표에 따르면, 물 기근 국가군에는 지부티, 쿠웨이트, 몰타, 카타르, 바레인, 싱가포르, 사우디아라비아, 아랍에미리트 연방, 요르단, 예멘, 이스라엘, 튀니지, 케냐, 부룬디, 알제리, 르완다, 오만, 남아프리카, 한국, 폴란드, 벨기에, 아이티 등이 속하며, 물 풍요 국가군에는 미국, 영국, 일본 등 119개국이 속한다고 발표하고 있다.

유엔의 '21세기 세계 물 위원회' 는 2000년 발표한 보고서에서 세계 주요 강 500개 중 절반 이상이 심하게 오염됐거나 말라가고 있다고 경고했다. 세계 4대 문명의 발생지였던 황허 강, 유프라테스 · 티그리스 강, 인더스 강, 나일 강 등 4대 강 유역에서조차 물 부족 현상이 심각해 중국 산둥 성에선 황허 물이 끊기는 단류 현상이 빈번히 일어나고, 인도의 갠지스 강이 말라가고 있으며, 시리아의 수도 다마스쿠스에서는 지하수마저 고갈 위기라고 발표하고 있다.

세계은행은 20세기 국가 간 분쟁의 불씨가 석유였다면 21세기는 물 분쟁의 시대가 될 것이라고 1990년대 초에 이미 경고했는데, 최근 강을 함께 쓰고 있는 다국적 강이 흐르는 지역의 국가들 간에는 물 사용과 오염문제로 분쟁이 끊이지 않고 있다. 가장 심각한 지역은 요르단 강과 나일 강이 흐르는 중동지역이다. '생명수' 인 요르단 강을 차지하기 위한 국가 간 다툼이 3차 중동전쟁을 촉발하기도 했다. 1967년 시리아가 요르단 강 상류에 댐을 건설하려 하자 물 부족을 우려한 이스라엘이 전쟁을 일으켰다.

1970년대 초반부터 시작된 이집트, 수단 등 아프리카 8개국 간의 '나일 강 차지하기' 분쟁은 지금도 계속되고 있다. 또 터키와 시리아, 이라크도 유프라테스 강을 둘러싸고 첨예하게 대립하고 있다. 터키가 최근 초대형 댐 건설을 추진하면서 '아랍 국가들이 석유를 무기화할 경우 시리아로 흘러 들어가는 물을 차단하겠다' 고 선언했다.

메콩 강의 경우 중국, 태국, 베트남, 캄보디아, 미얀마, 라오스 등 6개국이 이해관계가 얽혀 있다. 이 강의 상류에 중국이 샤오완 댐을 건설함에 따라 방류량 조절에 따른 피해를 우려한 나머지 5개국이 반발하고 있다.

1999년에는 러시아와 에스토니아가 양국 사이에 흐르는 나르바 강 물 사용 문제를 놓고 '물전쟁' 을 벌였다. 이반고로드 시가 150만 달러 상당의 수도료와 하수처리료를 지불하지 않았다는 이유로 에스토니아가 러시아의 이반고로드 시에 대한 수돗물 공급과 하수처리를 중단했다. 그러자 러시아의 이반고로드 시는 다른 방법이 없다며 분뇨 등 처리 안 된 폐수를 하루 8,000㎥씩 그대로 나르바 강으로 방류하는 것으로 맞섰다. 싸움은 일단 에스토니아가 러시아에 물 공급을 재개하는 것으로 끝났다.

최근 헝가리와 유고 연방은 인접 루마니아에 거액의 손해배상을 청구했다. 루마니아 금광에서 수천 톤의 중금속이 유출돼 젖줄인 다뉴브 강을 오염시켰기 때문이라는 것이다. 이처럼 두 나라 이상의 영토를 흐르는 다국적 강은 세계에서 214개에 달한다. 그만큼 많은 국가가 물 분쟁의 불씨를 안고 있는 셈이다.

구소련의 고르바초프 전 대통령은 2000년 헤이그에서 열린 세계 수자원 포럼에서 "중동 국가들이 수자원 배분에 실패할 경우 10~15년 내에 물 전쟁이 일어날 것"이라고 경고했다.

세계수자원위원회는 2000년 말 네덜란드 헤이그에서 열린 '21세기를 위한 수자원 포럼 및 각료회의' 에 제출한 유엔 보고서에서 "지구촌 인구의 절반이 물 부족으로 고통받고 있으며, 25년 내에 식수난으로 상상조차 할 수 없는 재앙을 겪을 것" 이라고 예고했다.

2008년 7월 미국 워싱턴에서 열린 세계미래회의와 밀레니엄 프로젝트는 물 부족 현상이 심화되고 있어 10년 안에 제3차 세계대전이 일어날 수 있다고 경고했다. 향후 10년 안에 물값은 원유가격 만큼 오르고 전 세계 3분의 2가 물 부족 현상을 겪을 것으로 예측하면서, 공상과학 소설에 등장할 만한 소재로 치부했던 물 전쟁이 실제적인 위협으로 다가오고 있다고 말했다. 특히 요단 강(이스라엘, 요르단), 나일강(이집트, 수단, 우간다, 에디오피아), 티그리스, 유프라테스 강(터키, 이라크, 시리아), 인더스 강(파키스탄, 인도) 등에서 전쟁 발발 우려가 크다고 예측했다.

이즈마엘 세라젤딘 전 세계수자원위원회 회장은 1995년 수자원 총회에서 "21세기 전쟁은 물 때문에 일어난다" 고 말했고, 전 유엔 사무총장 부트로스 갈리와 고(故) 후세인 요르단 국왕 등 세계 지도자들도 물 전쟁을 수 차례 경고했다(2008년 8월 18일, 국민일보).

〈이스라엘 투데이〉(*Israel Today*)라는 월간지의 2008년 11호에 보면 "갈릴리 호수의 수위가 적정량 이하인 13ft(4m)까지 내려갔으며, 올 연말까지 심각한 상태인 '검은선' 까지 이를 수 있는 위험에 직면해 있다. 이스라엘의 또다른 두 곳의 주요 저수지인 산악과 해안 대수층의 수위 또한 위험할 정도로 낮다. 해안 대수층은 이미 검은선 아래로 떨어져 있으며, 회복이 불가능할 수도 있는 위험 상태다" 라고 이스라엘의 물 부족 위기를 전하고 있다.

하나님께서 생명과 번성의 축복을 선언해 주신 '물' 이 인간의 욕심으로 말미암아 죽어가고 있다. 우리가 어릴 때만 해도 마을 시냇

가에는 맑은 물이 흘렀다. 친구들끼리 어울려 물놀이하고 고기 잡으며 놀았던 그 시절이 그리 오래된 세월이 아니다. 겨우 30년 한 세대 전의 이야기다. 그러나 오늘날 대부분의 하천들은 모두 오수와 폐수가 흐르는 냄새나는 하천으로 변해 버렸다. 생명이 넘치던 시냇물이 더 이상 생명이 살 수 없는 물, 즉 사수(死水)가 되어버린 것이다.

21세기에 들어와 모든 인류에게 생존권의 위협이 닥쳐오고 있다는 것을 지식인들은 직감하고 있다. 인간의 욕심과 이기심이 자연을 파괴하고 오염시킴으로 말미암아 스스로의 생명에 위험을 초래하고 있음을 인정하기 시작했고 그 결과로 자연의 재앙들이 몰아닥치고 있음을 자각하고 있다.

그중에 하나로 물의 오염과 식수의 부족으로 인한 재앙이 닥치고 있는 것이다. 이제 모든 세계 지도자들은 물 자원 확보와 관리에 깊은 관심과 노력을 기울이기 시작했다. 석유 자원의 부족보다 더 심각한 물 자원의 부족은 21세기를 살고 있는 우리에게 닥쳐온 큰 재앙의 요인이다.

인구 증가로 인한 물 부족이 그 이유 중 하나이기도 하겠지만, 그보다는 인류의 물질문명과 과학문명이 하나님 주신 생명수를 죽음의 물로 오염시킨 결과다.

석유 에너지의 대체 에너지로 '불멸의 에너지' 라 일컫는 핵에너지를 개발해 생활에 이용하기 시작한 인류는 그 대가로 핵 방사능에 오염된 물을 마셔야 하는 위험에 노출되어 있다. 인류의 문명은 생명수를 사수(死水)로 만들어 스스로의 생명을 죽음으로 몰아가는 어리석은 길을 걸어가고 있음을 깨달아야 한다. 하나님께서는 인류에게 자연을 복으로 주셨다.

"하나님이 가라사대 물들은 생물로 번성케 하라"(창 1:20).

> "하나님이 그들에게 복을 주시며 그들에게 이르시되 생육하고 번성하여 땅에 충만하라, 땅을 정복하라, 바다의 고기와 공중의 새와 땅에 움직이는 모든 생물을 다스리라 하시니라"(창 1:28).

인류가 생육하고 번성하는 것은 하나님의 축복이다. 하나님의 축복이 저주의 요인이 될 수 없다. 인류의 증가로 인한 물 부족은 성경적 재앙이 아니다. 인류가 번성하여 그 수가 증가해도 자연은 충분히 필요한 생수를 공급할 수 있도록 설계되었음을 의심치 않는다.

문제는 이 자연을 잘 다스리며 지키도록 하신 하나님의 명령을 경히 여긴 인간의 불순종에 있다.

> "여호와 하나님이 그 사람을 이끌어 에덴 동산에 두사 그것을 다스리며 지키게 하시고"(창 2:15).

여기서 '다스리라' 는 것은 섬기라는 뜻이며, '지키라' 는 것은 주의 깊게 돌보라는 뜻이다. 따라서 기독정신은 지구를 위시한 환경을 주의깊게 돌보는 창조질서 보전에 있음을 알 수 있다. 그런데 욕심이 가득한 인류는 자연을 이용만 했지, 주의깊게 돌보거나 다스리지 않았다. 하나님의 말씀에 귀를 기울이지 않고, 죄악된 인생의 욕심대로 자연을 대해 왔기에 자연이 병들어 죽어가고 있는 것이다.

자연이 병들고 죽어가는 것은 곧 인생이 병들고 죽어가는 길임을 모른 채 살아왔던 인류의 어리석음을 하나님의 말씀인 성경은 이미 경고하고 있다.

인류가 하나님 말씀에 귀를 기울이지 않고 욕망에 따라 살아갈 때 인류는 멸망의 길을 걷게 된다는 사실을 성경은 경고하고 있다. 그러므로 인류가 생명을 회복하기 위해서는 하나님께 돌이켜 하나님 말씀에 귀를 기울이고 순종해야 할 것이다. '늦었다고 생각할 때가 가장 빠른 때다' 는 말이 있다. 이제라도 회개하고 하나님께 돌이켜 말씀에 귀를 기울이고 순종할 때만이 회복이 가능할 것이다. 하나님과의 관계가 회복되면 자연과의 관계도 회복될 것이다.

나팔 재앙은 인류의 죄악된 심령을 깨닫고 회개하기를 바라시는 하나님의 마지막 경고의 음성임을 알 수 있다. 그 심판의 도구는 인간이 만든 과학과 물질문명의 산물(產物)들이 될 것이고, 그 대상은 자연이 될 것임을 계시해 주고 있다.

셋째 나팔 재앙은 인류가 마셔야만 살 수 있는 '물' 에 대한 재앙이다. 그 재앙의 경고가 오늘 우리가 살고 있는 이 시대에 이미 피부로 느껴지고 있다. 이 시대는 자연을 통해 나타날 나팔 재앙의 전조가 모두 현실 속에 드러나고 있는 마지막 시대임을 많은 사람들이 이구동성으로 고백하고 있다.

육적 기갈은 영적 기갈의 그림자임을 깨달아야 한다. 영혼이 실체고 육체는 현상인 것이다. 육적인 생명수가 죄악된 인간의 욕심과 교만의 문명으로 말미암아 오염되고 죽음의 물로 변하고 있는 것은, 영적 생명수인 진리의 말씀이 죄악된 악령들의 활동으로 오염되고 영혼을 죽이는 비진리로 변하고 있다는 사실을 반영하고 있는 것이다. 깨어 있어 시대를 분별하는 교회가 되어야 한다.

예수님은 "……너희가 천기는 분별할 줄 알면서 시대의 표적은 분별할 수 없느냐"(마 16:3)라고 악하고 음란한 세대를 책망하신다. 하나님의 말씀과 주 예수 그리스도의 복음에 깊이 뿌리 내린 교회가 되어야 한다. 하나님 말씀과 예수 그리스도의 복음에 깊이 뿌리내린 믿음의 나무가 되어 기갈을 견디며 우뚝 선 성도가 되어야 한다. 하나님 말씀을 듣고 순종하여 행함으로 말미암아 어떤 재난에도 든든히 서있는 튼튼한 믿음의 집을 짓는 지혜로운 건축자들이 되자.

> "너희는 나를 불러 주여 주여 하면서도 어찌하여 나의 말하는 것을 행치 아니하느냐 내게 나아와 내 말을 듣고 행하는 자마다 누구와 같은 것을 너희에게 보이리라 집을 짓되 깊이 파고 주초(柱礎)를 반석 위에 놓은 사람과 같으니 큰 물이 나서 탁류(濁流)가 그 집에 부딪히되 잘 지은 연고로 능히 요동케 못하였거니와 듣고 행치 아니하는 자는 주초 없이 흙 위에 집 지은 사람과 같으니 탁류가 부딪히매 집이 곧 무너져 파괴됨이 심하니라 하시니라" (눅 6:46-49).
>
> "주 여호와께서 가라사대 보라 날이 이를지라 내가 기근을 땅에 보내리니 양식이 없어 주림이 아니며 물이 없어 갈함이 아니요 여호와의 말씀을 듣지 못한 기갈이라"(암 8:11).

넷째 나팔 재앙

"넷째 천사가 나팔을 부니 해 삼분의 일과 달 삼분의 일과 별들의 삼분의 일이 침을 받아 그 삼분의 일이 어두워지니 낮 삼분의 일을 비췸이 없고 밤도 그러하더라"(계 8:12).

1. 상징적으로 해석하는 견해

1) 주장 내용

본문의 계시 말씀 중에 '해=진리, 달=교회, 별=주의 종, 낮과 밤이 어두워짐=타락의 결과 진리가 사라짐' 을 상징한다고 해석하고 있다.

2) 문제점

본문의 계시 내용을 위와 같이 상징적으로 해석하는 것은 요한계시록의 내증(內證)과 조화를 이루지 못하는 문제점이 드러난다. 요한계시록 12장 1절에 보면 해를 입은 여자의 모습이 계시되고 있다.

"하늘에 큰 이적이 보이니 해를 입은 한 여자가 있는데 그 발 아래는 달이 있고 그 머리에는 열두 별의 면류관을 썼더라"(계 12:1).

12장 1절의 계시 내용에서 해는 예수 그리스도의 복음을 상징하고, 해를 입은 한 여자는 예수 그리스도의 복음으로 무장한 교회를 상징하며, 달은 이 세상을 그리고 열두 별은 열두 사도의 신앙을 상징한다고 해석하는 것이 일반적인 견해다.

본문에 계시된 넷째 나팔 재앙과 요한계시록 12장 1절의 계시 내용에 대한 해석이 맞지 않는 문제점을 드러낸다. 또 넷째 나팔 재앙과 병행(竝行)구조를 이루고 있는 넷째 대접 재앙(계16:8-9) 해석과도 조화를 이루지 못한다.

본문의 계시 내용은 상징적으로 해석하여 '해=진리' 라고 해석하고, 넷째 대접 재앙 '해' 재앙은 자연적 재앙으로 해석하여 해석의 통일성이 없는 문제점을 가진다.

2. 문자적으로 해석하는 견해

우리가 살고 있는 이 시대는 성경의 마지막 책인 요한계시록의 내용들이 현실 속에 나타나고 그 상징들이 쉽게 풀어지는 마지막 시대다. 자연계의 재난들과 현대전(現代戰)의 무기들과 인류의 과학과 물질문명은 이제 성경의 마지막 책인 요한계시록의 증거 내용들을 거의 모두 성취해 보여주고 있다.

첫째에서 넷째 나팔 재앙까지는 자연재앙을 통한 경고의 심판 재앙이다. 욕심과 교만으로 가득한 인류가 이룩한 과학과 물질문명은 자연의 생태계를 파괴하는 결과를 초래했고, 그 결과로 재앙을 불러오는 현실을 경험하고 있다. 이 모든 자연재앙들은 요한계시록에 계시되고 있는 재앙들의 서곡(序曲)임을 깨달아야 할 것이다.

문제 5 Question

공중에 날아가는 독수리

"내가 또 보고 들으니 공중에 날아가는 독수리가 큰 소리로 이르되 땅에 거하는 자들에게 화, 화, 화가 있으리로다 이외에도 세 천사의 불 나팔 소리를 인함이로다 하더라"(계 8:13).

1. 조류(鳥類)인 독수리로 보는 견해

우리가 사용하고 있는 개역성경에는 본문에 계시되고 있는 세 가지 화(禍)에 대한 계시 전달자가 '독수리' 로 해석되어 있다.

이는 개역성경이 이 단어를 '아에투' (ἀετοῦ)라는 단어로 표기하고 있는 시내 사본(S), 알렉산드리아 사본(A), 바티칸 사본(B) 등의 번역본을 취하고 있기 때문이다. 이 견해는 요한계시록 전체의 계시 흐름에 조화를 이루는 견해라고 볼 수 없다. 지금까지의 재앙들이나 계시들은 모두 천사가 계시하고 있는데, 갑자기 조류인 '독수리' 가 앞으로 있을 세 천사의 나팔 재앙의 화(禍)를 계시한다는 것이 어색함을 가져다준다.

"예수 그리스도의 계시라 이는 하나님이 그에게 주사 반드시 속히 될 일을 그 종들에게 보이시려고 그 천사를 그 종 요한에게 보내어 지시하신 것이라"(계 1:1).

2. 천사로 해석하는 견해

몇몇 사본과 표준 원문(Textus Receptus) 등에는 이 단어를 '천사'(angel)를 뜻하는 '앙겔로스'(ἄγγελος)로 필사하고 있다. 킹 제임스 번역본도 'angel'(천사)로 필사하고 있다.

3. 독수리 같은 천사로 해석하는 견해

위의 두 견해를 종합하여 해석하는 견해다.

42사본에는 '독수리 같은 천사'(ἀγγέλου ὡς ἀετοῦ) : 앙겔루 호스 아에투)로 필사하고 있다.

독수리를 문자적으로 해석하기보다는 상징적으로 해석하는 것이 성경 전체의 증거와 조화를 이루는 해석이라 생각한다.

에스겔 48장 40절에 보면 모압에 임할 화(禍)를 증거하면서 "그가 독수리같이 날아와서 모압 위에 그 날개를 펴리라"고 증거하고 있다. 호세아 8장 1절에서도 하나님을 떠난 에브라임에게 임할 화(禍)를 "나팔을 네 입에 댈지어다 대적이 독수리처럼 여호와의 집에 덮치리니 이는 무리가 내 언약을 어기며 내 율법을 범함이로다"라고 선포하고 있다.

요한계시록 4장 7절에도 하나님 보좌 가까이에서 섬기는 네 생물 중에 네 번째 생물은 "날아가는 독수리 같다"고 계시하고 있다.

요한계시록 12장 14절에 계시되고 있는 해 입은 여자가 광야 예비처로 피신하기 위해 받아 날아간 '큰 독수리의 두 날개'는 '하나님의 구원의 큰 능력'을 상징하는 것으로 해석하는 것이 보편적이다. 그러므로 이 구절에 계시된 세 가지 화(禍)가 독수리처럼 강하고 신속하게 임할 것임을 천사가 계시해 주고 있다고 해석하는 것이 요한계시록 전체의 계시 구조와 가장 조화되는 해석이라고 생각한다.

9장의 난해문제

문제 1 / 하늘에서 땅에 떨어진 별(계 9:1)

문제 2 / 다섯째 나팔 재앙(황충 재앙, 첫째 화, 계 9:2-5)

문제 3 / 여섯째 나팔 재앙
(유브라데 전쟁, 둘째 화, 계 9:12-16)

Question 문제 1

하늘에서 땅에 떨어진 별

"다섯째 천사가 나팔을 불매 내가 보니 하늘에서 땅에 떨어진 별 하나가 있는데 저가 무저갱(無底坑)의 열쇠를 받았더라"(계 9:1).

하늘에서 땅에 떨어진 '별 하나'에 대한 해석에는 크게 두 견해가 있다.

1. 하나님의 사역을 맡은 거룩한 천사로 보는 견해

1) 주장 내용

'하늘에서 땅에 떨어진 별 하나'를 하나님의 목적을 위하여 사명을 맡은 거룩한 천사로 보아야 하는 이유는 "저가 무저갱의 열쇠를 받았더라"라고 증거하고 있기 때문이다. 무저갱에 갇혀 있어야 할 사단이 무저갱의 열쇠를 받았다고 볼 수 없으므로 사단이라 볼 수 없고 무저갱을 관리할 하나님의 거룩한 사역을 맡은 천사로 보아야 한다고 주장한다.

'하늘에서 땅에 떨어진 별 하나'는 "천사가 무저갱 열쇠와 큰 쇠사슬을 그 손에 가지고 하늘로서 내려와서"(계 20:1)라는 말씀과 같은 맥락으로 이해되어야 할 것을 주장한다.

2) 문제점

'하늘에서 땅에 떨어진 별 하나'에서 '떨어진'이라는 헬라어 '페프토코타'(πεπτωκότα)가 '떨어지다'라는 '피프토'(πίπτω)의 완료 능동태 분사로 '이미 떨어진'을 뜻하고 있다. 이는 선한 천사가 하늘에서 내려온 모습과는 전혀 다른 문구와 단어임을 보여준다.

선한 천사가 "하늘로서 내려와서"(계 20:1)에 사용하고 있는 '내려오다'의 헬라어 단어 '카타바이논타'(καταβαίνοντα)는 '카타바이노'(καταβαίνω)의 현재 능동태 분사다.

요한계시록에 천사가 하늘로서 내려오는 장면은 세 번(계 10:1; 18:1; 20:1) 계시되는데, 그 어느 곳도 '땅에 떨어진 별'과 관계가 없음을 보여준다.

하늘에서 땅에 떨어졌다는 것은 하늘에서 쫓겨나 땅으로 추방당했다는 의미를 나타낸다. 하늘로서 내려오는 선한 천사들과는 전혀 다른 의미의 문구와 단어를 사용하고 있는 본문의 계시는 선한 천사가 아니라 하늘에서 땅으로 쫓겨난 존재를 나타낸다고 보는 것이 타당하다.

2. 하늘에서 땅으로 쫓겨난 사단으로 보는 견해

'하늘에서 땅에 떨어진 별 하나'의 정체를 사단으로 보는 이유는,

'떨어진' 이라는 헬라어 '페프토코타' (πεπτωκότα)가 완료 능동태 분사로 다섯째 나팔을 불기 전에 '이미 떨어진' 상태를 나타내고 있기 때문이다. '하늘에서 떨어졌다' 는 말은 하늘에서 쫓겨나 땅으로 추방당했음을 의미한다. 하늘에서 추방되어 땅으로 쫓겨나 악한 일을 주도하는 자가 누구인가? 악한 마귀 · 사단이다. 그러므로 본문에 계시되고 있는 '하늘에서 땅에 떨어진 별 하나' 는 사단을 상징하는 것으로 보는 것이 타당하다.

> "너 아침의 아들 계명성이여 어찌 그리 하늘에서 떨어졌으며 너 열국을 엎은 자여 어찌 그리 땅에 찍혔는고"(사 14:12).
> "예수께서 이르시되 사단이 하늘로서 번개같이 떨어지는 것을 내가 보았노라"(눅 10:18).
> "하늘에 또 다른 이적이 보이니 보라 한 큰 붉은 용이 있어……그 꼬리가 하늘 별 삼분의 일을 끌어다가 땅에 던지더라"(계 12:3-4).
> "하늘에 전쟁이 있으니 미가엘과 그의 사자들이 용으로 더불어 싸울새 용과 그의 사자들도 싸우나 이기지 못하여 다시 하늘에서 저희의 있을 곳을 얻지 못한지라 큰 용이 내어 쫓기니 옛뱀 곧 마귀라고도 하고 사단이라고도 하는 온 천하를 꾀는 자라 땅으로 내어 쫓기니 그의 사자들도 저와 함께 내어 쫓기니라"(계 12:7-9).
> "용이 자기가 땅으로 내어 쫓긴 것을 보고 남자를 낳은 여자를 핍박하는지라"(계 12:13).

하늘에서 떨어진 사단이 '무저갱의 열쇠를 받았더라' 라는 말씀은, 사단의 사역 활동까지도 하나님의 뜻을 이루는 도구로 사용된다는 사실을 보여주는 말씀이다. 성경은, 하나님께서는 타락한 천사들의 악한 행위까지도 하나님의 뜻과 사역을 성취하는 데 도구로 전용

(轉用)하시는 주권자이심을 증거해 주고 있다.

욥에게 슬픔과 고통과 역경을 가져다준 사단의 참소와 사역 활동은 하나님의 허락하에서 이루어진 것이었다. 그러나 사단의 악한 행위는 오히려 욥에게 하나님을 더욱 깊이 알게 했고, 갑절의 축복을 받는 계기를 가져다주었다.

> "여호와께서 온갖 것을 그 쓰임에 적당하게 지으셨나니 악인도 악한 날에 적당하게 하셨느니라" (잠 16:4).

사단이 받은 '무저갱의 열쇠' 를 '지옥으로 데려갈 열쇠' 로 해석하는 것은 타당하지 않다.

사단이 받은 무저갱의 열쇠는 무저갱으로부터 황충이 나오게 하는 데 사용하는 열쇠이지 무저갱으로 끌고 가는 데 사용하는 열쇠가 아니기 때문이다.

사단이 받은 '무저갱의 열쇠' 는 '지옥으로 데려갈 열쇠' 라기보다는 이 세상에 파괴와 고통을 가져다주는 전쟁이 일어나도록 온 천하 임금들의 배후에서 역사하는 능력을 상징한다고 보는 것이 요한계시록 전체 문맥에 조화를 이루는 해석이다.

다섯째 나팔 재앙부터 일곱째 나팔 재앙까지의 세 가지 화(禍)는 모두 이 땅 위에서 펼쳐질 전쟁으로 인한 재앙으로 볼 수 있다.

> "황충들의 모양은 전쟁을 위하여 예비된 말들 같고……또 철흉갑 같은 흉갑이 있고 그 날개들의 소리는 병거와 많은 말들이 전장으로 달려 들어가는 소리 같으며" (계 9:7-9).
>
> "또 여섯째가 그 대접을 큰 강 유브라데에 쏟으매 강물이 말라서 동방에서 오는 왕들의 길이 예비되더라 또 내가 보매 개구리 같은 세 더러

운 영이 용의 입과 짐승의 입과 거짓 선지자의 입에서 나오니 저희는 귀신의 영이라 이적을 행하여 온 천하 임금들에게 가서 하나님 곧 전능하신 이의 큰 날에 전쟁을 위하여 그들을 모으더라……세 영이 히브리 음으로 아마겟돈이라 하는 곳으로 왕들을 모으더라"(계 16:12-16).
"천 년이 차매 사단이 그 옥에서 놓여 나와서 땅의 사방 백성 곧 곡과 마곡을 미혹하고 모아 싸움을 붙이리니 그 수가 바다 모래 같으리라"(계 20:7-8).

다섯째 나팔 재앙(황충 재앙, 첫째 화)

"저가 무저갱을 여니 그 구멍에서 큰 풀무의 연기 같은 연기가 올라오매 해와 공기가 그 구멍의 연기로 인하여 어두워지며 또 황충이 연기 가운데로부터 땅 위에 나오매 저희가 땅에 있는 전갈의 권세와 같은 권세를 받았더라 저희에게 이르시되 땅의 풀이나 푸른 것이나 각종 수목은 해하지 말고 오직 이마에 하나님의 인 맞지 아니한 사람들만 해하라 하시더라 그러나 그들을 죽이지는 못하게 하시고 다섯 달 동안 괴롭게만 하게 하시는데 그 괴롭게 함은 전갈이 사람을 쏠 때에 괴롭게 함과 같더라 그날에는 사람들이 죽기를 구하여도 얻지 못하고 죽고 싶으나 죽음이 저희를 피하리로다"(계 9:2-6).

'황충 재앙'에 대한 해석에는 다음과 같은 몇 가지 견해가 주장되고 있다.

1. 로마 전쟁으로 보는 견해

황충 재앙을 유대에서 발생한 로마전쟁이라고 생각하고 "떨어진 별"은 악마와 같은 네로 황제로 보는 견해다.

2. 다른 종교로 보는 견해

황충 재앙을 마호멧교, 즉 아라비아에서 나온 사라센 족인 아랍 족속의 파괴를 언급한 것으로 보는 견해다.

3. 악마들의 군세로 보는 견해

황충 재앙을 종말에 일어날 악령들, 곧 악마들의 침략할 군세(軍勢)를 상징하는 것으로 보는 견해다.

4. 거짓 선지자들의 미혹으로 보는 견해

황충 재앙을 대환란기의 후반부에 나타날 적그리스도의 조종을 받는 거짓 선지자들이 비진리로 땅에 소망을 두는 자들을 미혹시키며 적그리스도를 경배하게 할 것을 상징하는 것으로 보는 견해다.

5. 대환란 중 후 3년 반 시기에 일어날 재앙으로 보는 견해

황충 재앙을 7년 대환란의 후 3년 반의 시작되는 시기에 발생할 전쟁으로 인한 재앙을 계시하는 것으로 보는 견해다.

이상의 견해 가운데 다섯째 견해가 가장 타당한 해석이라고 할 수 있다. 황충 재앙을 전쟁으로 인한 재앙으로 보는 이유는 다음과 같다.

1) 황충 재앙이 일어나는 시기로부터 지지받기 때문이다.

요한계시록은 황충 재앙이 종말에 있을 '일곱 나팔 재앙' 중에서 다섯 번째 나팔 재앙임을 계시해 주고 있다. 첫째 나팔부터 넷째 나팔 재앙까지는 자연에 내려지는 재앙으로 7년 대환란의 전 3년 반 동안에 성취되는 재앙이다. 이때까지는 하나님의 백성 된 성도들과 주님의 몸 된 교회도 이 땅에서 환난을 같이 통과하게 된다. 그러나 다섯째 나팔 재앙인 황충 재앙부터는 '땅에 거하는 자들' 위에 쏟아지는 하나님의 진노의 화(禍)이므로 교회와 성도들은 재앙에서 면제되고 보호된다. 그러므로 다섯째 나팔 재앙인 첫 번째 화인 황충 재앙이 일어나는 시기는 7년 대환란의 후 3년 반이 시작되는 시점임을 알 수 있다.

> "내가 또 보고 들으니 공중에 날아가는 독수리가 큰 소리로 이르되 땅에 거하는 자들에게 화, 화, 화가 있으리로다 이외에도 세 천사의 불 나팔 소리를 인함이로다 하더라"(계 8:13).
> "저희에게 이르시되 땅의 풀이나 푸른 것이나 각종 수목은 해하지 말고 오직 이마에 하나님의 인 맞지 아니한 사람들만 해하라 하시더라"(계 9:4).
> "네가 나의 인내의 말씀을 지켰은즉 내가 또한 너를 지키어 시험의 때를 면하게 하리니 이는 장차 온 세상에 임하여 땅에 거하는 자들을 시험할 때라"(계 3:10).
> "이는 그때에 큰 환난(患難)이 있겠음이라 창세로부터 지금까지 이런 환난이 없었고 후에도 없으리라 그날들을 감하지 아니할 것이면 모든 육체가 구원을 얻지 못할 것이나 그러나 택하신 자들을 위하여 그날들을 감하시리라"(마 24:21-22).
> "그 여자가 광야로 도망하매 거기서 일천이백육십 일 동안 저를 양육하기 위하여 하나님의 예비하신 곳이 있더라"(계 12:6).
> "용이 자기가 땅으로 내어 쫓긴 것을 보고 남자를 낳은 여자를 핍박하는지라 그 여자가 큰 독수리의 두 날개를 받아 광야 자기 곳으로 날아가 거기서 그 뱀의 낯을 피하여 한 때와 두 때와 반 때를 양육 받으매"(계 12:13-14).

2) 황충들의 모습으로부터 지지받기 때문이다.

본문에 계시된 황충의 모양은 "전쟁을 위하여 예비된 말들 같고……그 날개들의 소리는 병거와 많은 말들이 전장으로 달려 들어가는 소리 같다"(계 9:7-9)고 묘사하고 있다.

본문에서 특별한 것은 "땅의 풀이나 푸른 것이나 각종 수목은 해하지 말라"는 말씀과 "오직 이마에 하나님의 인 맞지 아니한 사람들만 해하라"는 말씀이다. 이 말씀을 볼 때 황충이 전갈의 권세와 같은 권세를 받아, 해할 대상은 하나님의 택하심을 받은 성도들이 아니라 이 땅의 것들에 소망을 두고 살아가는 자들임을 분명히 밝혀 주고 있다. 천국에 소망을 두지 않고 썩어질 육신의 것 즉 이 땅에 속한 세상 것들만 사랑하고 소망 삼고 살아가는 자들에게만 황충 재앙이 임하게 될 것이다.

만약 황충이 '하늘에서 떨어진 별'인 사단의 조종을 받는 '거짓 선지자들'이라면 그들이 공격하여 해할 대상이 누구라고 생각되는가?

그들이 만일 사단의 조종을 받는 거짓 선지자들이라면 그들의 공격 대상은 '오직 이마에 하나님의 인 맞지 아니한 사람들'이 아니라 '오직 이마에 하나님의 인 맞은 사람들'만 골라서 공격할 것임은 의심할 여지가 없다. 그러므로 본문에 계시된 황충 재앙을 '거짓 선지자들이 비진리로 믿지 않는 사람들의 영혼을 미혹시켜 적그리스도에게 경배하게 할 것을 상징한다'고 해석하는 견해는 수용할 수 없다. 또한 황충의 먹이가 되는 '땅의 풀이나 푸른 것이나 각종 수목은 해하지 말라'는 말씀은 황충 재앙이 자연을 해하지 않고 '오직 이마에 하나님의 인 맞지 아니한 사람들'을 대상으로 해롭게 할 것임을 계시하고 있어, 후 3년 반이 시작되는 시점에서 사단의 역사로 말미암은 전쟁이 발생하여 광야 예비처에 피신하지 못하고 이 땅에 남아 있는 자들이 하나님의 진노의 화(禍) 가운데서 고통을 당하게 될 것을 상징함을 지지해 준다.

현대전에 사용되고 있는 전쟁무기 중에 본문의 내용을 충족시킬 황충과 같은 역할을 하는 무기를 들자면 무엇인가? 자연을 훼손하지 않고 적진을 향해 날아가서 사람들에게만 고통을 주고 괴롭게 하는 무기! 우리는 어렵지 않게 그 무기가 '화학무기' 임을 간파할 수 있다. 황충이 무저갱에서 연기 가운데 날아오르는 모습이나 전장을 향해 날아가는 소리 등 본문에 계시되고 있는 황충 재앙의 내용은 지하에서 발사되어 적진을 향해 날아가는 화학탄의 모습을 연상케 하기에 충분하다.

〈이스라엘 투데이〉(*Israel today*)라는 월간지 2009년 2월호 3페이지에 보면 다음과 같은 내용의 글이 있다.

"구석진 텔아비브 거리에서 이스라엘 가수 아리엘 질버가 친구들과 함께 '깨어 있으라! 깨어 있으라! 메시아가 오신다!' 라고 목소리를 높였다. 몇 년 전 정통 유대교로 전환한 질버는 '이스라엘이 깨어서 메시아를 간구하기를 원합니다' 라고 말했다.

'우리는 메시아를 고대하고 있습니다. 그분 없이는 아무것도 이룰 수 없습니다.' ……질버 곁에서 있던 베티 쉬퍼는 사람들에게 회개를 권고하는 것이 자신의 임무라며 '우리는 메시아가 마침내 임재하시기를 기도합니다' 라고 말했다. 또 어떤 이들은 종말의 도래를 경고했다. '이스라엘은 위험에 빠져 있습니다. 끔찍한 전쟁이 이 땅에 고통을 가져올 것입니다' 라고 확성기를 들고 외쳤다.

이스라엘은 곧 시리아, 이란, 레바논으로부터 화학무기 공격을 받게 될 것이다. 메시아를 찾는 사람들이 급증하고 있으며, 메시아에 대한 희망은 이스라엘의 일상생활이 되었다."

요한계시록에 묘사되고 있는 재앙의 화(禍)들은 인류가 만든 전쟁 무기들로 인해 발생하는 재앙의 모습을 보여주고 있다. 사도 요한 당시에는 상상할 수도 없었던 무기들이 2천 년이 지난 지금 우리가 살고 있는 이 시대에는 존재한다는 사실이 우리를 각성시키기에 충분하리라 믿는다.

3) 황충에게 허락된 권세로부터 지지받기 때문이다.

하늘에서 떨어진 별 즉 사단이 무저갱의 열쇠를 열어 황충이 연기 가운데서 올라와 전갈의 권세 같은 권세를 받았음에도 불구하고 '그들을 죽이지는 못하게 하고 다섯 달 동안 괴롭게만 하게 하시는' 제한적인 권세를 부여받고 있다.

만일 황충이 거짓 선지자를 상징한다면 그들이 비진리로 땅에 소망을 두고 살아가는 자들을 미혹시켜 적그리스도에게 경배하게 만드는 기간이 7년 대환란의 후 3년 반이 시작되는 시점으로부터 '다섯 달 동안'으로 한정되겠는가?

요한계시록은 거짓 선지자의 활동이 여섯째 나팔재앙 때에도 계속 이어지고, 예수님이 재림하여 그들을 사로잡아 산 채로 유황 불못에 던질 때까지 계속될 것임을 증거하고 있다.

> "또 여섯째가 그 대접을 큰 강 유브라데에 쏟으매 강물이 말라서 동방에서 오는 왕들의 길이 예비되더라 또 내가 보매 개구리 같은 세 더러운 영이 용의 입과 짐승의 입과 거짓 선지자의 입에서 나오니 저희는 귀신의 영이라 이적을 행하여 온 천하 임금들에게 가서 하나님 곧 전능하신 이의 큰 날에 전쟁을 위하여 그들을 모으더라"(계 16:12-14).
>
> "또 내가 하늘이 열린 것을 보니 보라 백마와 탄 자가 있으니 그 이름

은 충신과 진실이라 그가 공의로 심판하며 싸우더라……또 내가 보매 그 짐승과 땅의 임금들과 그 군대들이 모여 그 말 탄 자와 그의 군대로 더불어 전쟁을 일으키다가 짐승이 잡히고 그 앞에서 이적을 행하던 거짓 선지자도 함께 잡혔으니 이는 짐승의 표를 받고 그의 우상에게 경배하던 자들을 이적으로 미혹하던 자라 이 둘이 산 채로 유황 불붙는 못에 던지우고"(계 19:11-20).

황충 재앙은 다섯째 나팔 재앙이자 7년 대환란의 후반기인 후 3년 반이 시작되면서 땅에 거하는 자들 위에 내려지는 하나님의 첫 번째 진노의 화(禍)로, 교회와 성도들에게는 화(禍)가 미치지 않는 재앙임을 계시해 주고 있다.

"저희에게 이르시되 땅의 풀이나 푸른 것이나 각종 수목은 해하지 말고 오직 이마에 하나님의 인 맞지 아니한 사람들만 해하라 하시더라"(계 8:4).

적그리스도가 통치하는 후 3년 반 동안 이 땅에 남아 있어 환난을 통과하는 무리들, 곧 광야 예비처로 피신하지 못하고 이 땅에 남은 자들은 세 부류로 나눌 수 있다.

하나님의 인 맞은 십사만사천 명의 하나님의 종들(후 3년 반 동안 복음을 증거하다 순교할 종들로 여자가 낳은 남자아이이며, 두 증인들임), 생명책에 그 이름이 기록되지 못한 자들, 두 증인의 증거를 듣고 회개하여 구원받을 사람들이다.

"용이 자기가 땅으로 내어 쫓긴 것을 보고 남자를 낳은 여자를 핍박하는지라 그 여자가 큰 독수리의 두 날개를 받아 광야 자기 곳으로 날아가 거기서 그 뱀의 낯을 피하여 한 때와 두 때와 반 때를 양육 받으매……용이 여자에게 분노하여 돌아가서 그 여자의 남은 자손 곧 하나님의 계명을 지키며 예수의 증거를 가진 자들로 더불어 싸우려고 바다 모래 위에 섰더라"(계 12:13-17).

"또 짐승이 큰 말과 참람된 말 하는 입을 받고 또 마흔두 달 일할 권세를 받으니라 짐승이 입을 벌려 하나님을 향하여 훼방하되 그의 이름과 그의 장막 곧 하늘에 거하는 자들을 훼방하더라 또 권세를 받아 성도들과 싸워 이기게 되고 각 족속과 백성과 방언과 나라를 다스리는 권세를 받으니 죽임을 당한 어린 양의 생명책에 창세 이후로 녹명(錄名)되지 못하고 이 땅에 사는 자들은 다 짐승에게 경배하니라"(계 13:5-8).

"저가 권세를 받아 그 짐승의 우상에게 생기를 주어 그 짐승의 우상으로 말하게 하고 또 짐승의 우상에게 경배하지 아니하는 자는 몇이든지 다 죽이게 하더라"(계 13:15).

"내가 나의 두 증인에게 권세를 주리니 저희가 굵은 베옷을 입고 일천 이백육십 일을 예언하리라"(계 11:3).

"그 시에 큰 지진이 나서 성 십분의 일이 무너지고 지진에 죽은 사람이 칠천이라 그 남은 자들이 두려워하여 영광을 하늘의 하나님께 돌리더라 둘째 화는 지나갔으나 보라 셋째 화가 속히 이르는도다"(계 11:13-14).

하나님께서 황충들에게 다섯 달 동안 괴롭히기만 하고 죽이지는 못하도록 황충들의 권세를 한정시킨 이유는 땅에 거하는 자들 중에 두 증인의 증거를 듣고 회개할 사람들에게 기회를 주시기 위함이다. 그러므로 황충 재앙을 '거짓 선지자들이 비진리로 믿지 않는 사람들의 영혼을 미혹시켜 적그리스도에게 경배하게 할 것을 상징한다'는 견해는 이 책의 내증으로 거부되는 주장이며, 7년 대환란의 후 3

년 반이 시작되는 시점에 하늘 전쟁에서 미가엘에게 패배하여 땅으로 쫓겨난 사단의 역사로 말미암아 이 땅에서 발생하게 될 전쟁으로 인한 '다섯 달 동안'의 재앙을 상징한다고 보는 것이 이 책의 전체적 문맥과 조화되는 해석임을 알 수 있다.

4) 황충 재앙을 받는 사람들의 반응으로부터 지지받기 때문이다.

본문은 황충 재앙을 받는 사람들의 반응에 대해 "그날에는 사람들이 죽기를 구하여도 얻지 못하고 죽고 싶으나 죽음이 저희를 피하리로다"라고 계시해 준다.

이는 육체적 고통이 너무 심하여 차라리 죽기를 구하는 모습을 말한다. 황충 재앙으로 인하여 육체적 고통이 혹심하여 차라리 죽기를 구하지만 죽음이 저희를 피하여 죽고 싶어도 죽지 못할 것임을 계시하는 말씀은, 황충 재앙이 '거짓 선지자들이 비진리로 믿지 않는 사람들의 영혼을 미혹시켜 적그리스도에게 경배하게 할 것을 상징한다'는 주장을 거부한다.

황충의 공격을 받음으로 육체적 고통을 당하는 모습을 계시하고 있는 본문 말씀은 사단이 무저갱의 열쇠를 받아 열어 황충이 올라오게 함으로 발생하는 하나님의 첫 번째 진노의 화(禍) 재앙이다. 첫 번째 화 재앙은 사단이 세상 사람들을 미혹하여 전쟁을 일으키게 함으로 인간이 만든 무기 중 화학무기를 사용하게 하여 인류에게 고통을 겪게 하는 재앙으로 보는 견해를 지지해 주는 말씀이다.

> "이는 그때에 큰 환난이 있겠음이라 창세로부터 지금까지 이런 환난이 없었고 후에도 없으리라"(마 24:21).
>
> "이 악한 족속이 남아 있는 자, 무릇 내게 쫓겨나서 각 처에 남아 있는

자가 사는 것보다 죽는 것을 원(願)하리라……”(렘 8:3).

5) 황충들의 임금의 이름으로부터 지지받기 때문이다.

11절 말씀은 “저희에게 임금이 있으니 무저갱의 사자라 히브리 음으로 이름은 아바돈이요 헬라 음으로 이름은 아볼루온이더라”라고 계시해 주고 있다.

잠언 30장 27절에서는 ‘임금이 없으되 다 떼를 지어 나아가는 메뚜기’라고 밝히고 있다. 황충에게 임금이 없다고 말씀하고 있다. 이는 자연에 서식하는 곤충을 두고 언급한 것이다. 그러나 본문에 계시된 황충은 자연에 서식하는 곤충이 아니라 사단이 사용하는 파괴하는 힘을 상징한다. 황충의 임금은 곧 사단을 지칭하는 것이고, 사단의 이름인 아바돈 또는 아볼루온은 ‘멸망자, 파괴자’란 뜻이다.

사단은 인간의 마음밭에 자기의 힘으로 평화를 지킬 수 있다는 교만의 씨를 뿌렸다. 사단이 뿌린 교만의 씨앗이 싹터 인간이 자기 자신을 스스로 지킨다는 이념을 갖고 무기를 만들었다. 인간이 만든 무기는 갈수록 발달하였고 현대전에 사용되는 무기들은 놀라운 수준에 이르렀다.

사람들은 인간을 멸망으로 이끌고 파괴와 파멸로 이끄는 사단의 이름이 아바돈이며 아볼루온이라는 성경의 계시를 무시하고 망각한 채, 자신들을 재앙으로 몰고 갈 살상무기들을 자신들의 피와 땀으로 만드는 어리석음을 자행해 왔다. 그 모든 배후에 멸망자요 파괴자인 사단이 역사하고 있음을 계시해 주고 있다.

요한계시록에서 증거되는 대환란의 모습은, 황충들의 임금인 아바돈 또는 아볼루온인 사단의 속임수에 넘어간 어리석은 인간들이 만든 무기들을 사용한 전쟁의 참상을 보여주고 있다.

> "큰 용이 내어 쫓기니 옛 뱀 곧 마귀라고도 하고 사단이라고도 하는 온 천하를 꾀는 자라 땅으로 내어 쫓기니 그의 사자들도 저와 함께 내어 쫓기니라……그러므로 하늘과 그 가운데 있는 자들은 즐거워하라 그러나 땅과 바다는 화(禍) 있을진저 이는 마귀가 자기의 때가 얼마 못된 줄을 알므로 크게 분내어 너희에게 내려갔음이라 하더라(계 12:9-12).

6) 둘째 화(여섯째 나팔 재앙), 셋째 화(일곱째 나팔 재앙) 사건으로부터 지지받기 때문이다.

이 땅에 거하는 자들에게 임하는 하나님의 세 가지 진노의 화(禍) 재앙은 다섯째, 여섯째, 일곱째 나팔 재앙으로, 이는 동일 형태의 재앙임을 짐작케 한다.

요한계시록의 내증을 보면 여섯째 나팔 재앙은 유브라데 강을 중심으로 펼쳐지는 '아마겟돈 전쟁' 으로 제3차 세계대전임을 증거해 주고 있고, 일곱째 나팔 재앙은 '곡과 마곡 전쟁' 임을 증거해 주고 있다.

이광복 목사는 요한계시록에 나타난 세 가지 전쟁을 소개하면서 "첫째, 마병대 전쟁이다. 이는 첫째 화(계 9:1-11)인 다섯째 나팔재앙으로 거짓 선지자가 주동하여 중동에서 벌이는 전쟁이다. 둘째, 아마겟돈 전쟁이다. 이는 여섯째 대접재앙(계 16:1-16)으로 적그리스도의 연합군이 어린 양의 군대와 벌이는 최후의 전쟁이다. 셋째, 곡과 마곡의 전쟁인데, 이는 사단이 그의 무리들과 연합하여 천년왕국 후(계 20:7-8)에 온 땅을 미혹하여 벌이는 전쟁"이라며, 땅 위에서 벌어질 것임을 밝히고 있다(이광복, 계시록 난해 해설).

둘째 화(여섯째 나팔 재앙), 셋째 화(일곱째 나팔 재앙)가 모두 이 땅에서 치르는 전쟁으로 말미암은 재앙임을 증거해 주고 있으므로, 첫째 화인 다섯째 나팔 재앙도 전쟁으로 인한 재앙으로 해석하는 것이 요한계시록 전체의 증거 흐름에 조화되는 견해임이 분명하다.

> "첫째 화는 지나갔으나 보라 아직도 이 후에 화(禍) 둘이 이르리로다 여섯째 천사가 나팔을 불매 내가 들으니 하나님 앞 금단 네 뿔에서 한 음성이 나서 나팔 가진 여섯째 천사에게 말하기를 큰 강 유브라데에 결박한 네 천사를 놓아주라 하매 네 천사가 놓였으니 그들은 그 년 월 일 시에 이르러 사람 삼분의 일을 죽이기로 예비한 자들이더라 마병대의 수는 이만 만이니 내가 그들의 수를 들었노라"(계 9:12-16).
>
> "또 여섯째가 그 대접을 큰 강 유브라데에 쏟으매 강물이 말라서 동방에서 오는 왕들의 길이 예비되더라 또 내가 보매 개구리 같은 세 더러운 영이 용의 입과 짐승의 입과 거짓 선지자의 입에서 나오니 저희는 귀신의 영이라 이적을 행하여 온 천하 임금들에게 가서 하나님 곧 전능하신 이의 큰 날에 전쟁을 위하여 그들을 모으더라……세 영이 히브리 음으로 아마겟돈이라 하는 곳으로 왕들을 모으더라"(계 16:12-16).
>
> "천 년이 차매 사단이 옥에서 놓여 나와서 땅의 사방 백성 곧 곡과 마곡을 미혹하고 모아 싸움을 붙이리니 그 수가 바다 모래 같으리라 저희가 지면(地面)에 널리 퍼져 성도들의 진과 사랑하시는 성(城)을 두르매 하늘에서 불이 내려와 저희를 소멸하고"(계 20:7-9).

여섯째 나팔 재앙
(유브라데 전쟁, 둘째 화)

"첫째 화는 지나갔으나 보라 아직도 이후에 화 둘이 이르리로다 여섯째 천사가 나팔을 불매 내가 들으니 하나님 앞 금단 네 뿔에서 한 음성이 나서 나팔 가진 여섯째 천사에게 말하기를 큰 강 유브라데에 결박한 네 천사를 놓아주라 하매 네 천사가 놓였으니 그들은 그 년 월 일 시에 이르러 사람 삼분의 일을 죽이기로 예비한 자들이더라 마병대의 수는 이만 만이니 내가 그들의 수를 들었노라"(계 9:12-16).

둘째 화(禍)인 여섯째 나팔 재앙에 대한 본문의 계시 내용은 예정된 때가 되어 반드시 일어날 전쟁에 대한 것이다.

본문을 해석하는 몇 가지 견해가 주장되고 있다.

1. 로마 장군 디도(Titus)의 침공으로 보는 견해

'유브라데에 결박한 네 천사들' 이 예루살렘에 쳐들어왔던 로마의 디도(Titus) 장군과 그 거대한 군대(이만 만)로 보는 견해다.

2. 유브라데 너머의 투르크만 족의 침입으로 보는 견해

'유브라데' 를 문자적으로 해석하여 '여섯째 나팔' 의 유브라데 너머에 거주하던 투르크만(Turkman)족에 의한 역사적 침입을 가리키는 것으로, 또 사람 '삼분의 일'은 그 당시(주후 1055년경) 로마제국의 삼분의 일을 차지한 그리스 제국을 가리킨다고 보는 견해다.

3. 대환란 때에 하나님을 대적하는 악의 무리로 보는 견해

'군대'를 인간들로 보지 않고 대환란의 기간 동안 이 세상을 심판하러 오시는 하나님의 무서운 특성과 그에 대항하는 지옥의 무리들을 가리킨다고 보는 견해다.

4. 대환란기 후반부에 있을 제3차 세계대전으로 보는 견해

'여섯째 나팔'의 재앙으로 발생할 둘째 화 사건인 '유브라데 전쟁'은 대환란기 후반부에 하나님을 대적하는 '악의 무리'로 상징되는 중동의 아랍 국가들이 이스라엘을 향하여 일으키는 제3차 세계대전으로 보는 견해다.

이상의 견해 중 마지막 네 번째 견해가 이 책의 계시 흐름에 가장 조화되는 해석이다.

1) 여섯째 나팔 재앙이 일어나는 시기로부터 지지받기 때문이다.

'일곱 나팔' 재앙은 종말의 시점에 일곱 천사가 나팔을 불면서 일어나는 큰 환난이다. 이 중 '여섯째 나팔 재앙'은 첫째 나팔부터 넷째 나팔이 울려 퍼짐으로 발생한 자연재앙이 지난 후(7년 대환란의 전 3년 반 기간 동안)에 후 3년 반부터 시작되는 세 가지 화(禍) 재앙인 다섯째 나팔, 여섯째 나팔, 일곱째 나팔 재앙 가운데 둘째 화(禍)에 해당하는 재앙이다. 그러므로 여섯째 나팔 재앙인 '유브라데 전쟁'은 7년 대환란의 끝나는 시점에서 발생하는 제3차 세계대전을 상징하는 계시예언임을 알 수 있다.

> "또 여섯째가 그 대접을 큰 강 유브라데에 쏟으매 강물이 말라서 동방에서 오는 왕들의 길이 예비되더라 또 내가 보매 개구리 같은 세 더러운 영이 용의 입과 짐승의 입과 거짓 선지자의 입에서 나오니 저희는 귀신의 영이라 이적을 행하여 온 천하 임금들에게 가서 하나님 곧 전능하신 이의 큰 날에 전쟁을 위하여 그들을 모으더라……세 영이 히브리 음으로 아마겟돈이라 하는 곳으로 왕들을 모으더라"(계 16:12-16).
>
> "또 내가 하늘이 열린 것을 보니 보라 백마와 탄 자가 있으니 그 이름은 충신과 진실이라 그가 공의로 심판하며 싸우더라……하늘에 있는 군대들이 희고 깨끗한 세마포를 입고 백마를 타고 그를 따르더라……또 내가 보매 그 짐승과 땅의 임금들과 그 군대들이 모여 그 말 탄 자와 그의 군대로 더불어 전쟁을 일으키다가 짐승이 잡히고 그 앞에서 이적을 행하던 거짓 선지자도 함께 잡혔으니 이는 짐승의 표를 받고 그의 우상에게 경배하던 자들을 이적으로 미혹하던 자라 이 둘이 산 채로 유황 불붙는 못에 던지우고 그 나머지는 말 탄 자의 입으로 나오는 검에 죽으매 모든 새가 그 고기로 배불리우더라"(계 19:11-21).
>
> "저희가 어린 양으로 더불어 싸우려니와 어린 양은 만주의 주시요 만왕의 왕이시므로 저희를 이기실 터이요 또 그와 함께 있는 자들 곧 부르심을 입고 빼내심을 얻고 진실한 자들은 이기리로다"(계 17:14).

2) 사람을 죽게 하는 병기로부터 지지받기 때문이다.

여섯째 나팔 재앙인 유브라데 전쟁에 나타난 병기들은 칼과 창으로 싸우던 시절의 병기들과는 차원이 다른 무기들임을 묘사하고 있다. 사도 요한 당시로서는 상상할 수 없는 병기들이 사용되는 미래의 전쟁임을 증거하는 계시 예언임을 보여준다. 본문은 유브라데 전쟁에 쓰이는 무기를 이렇게 묘사하고 있다.

> "……불빛과 자주빛과 유황빛 흉갑이 있고 또 말들의 머리는 사자 머리 같고 그 입에서는 불과 연기와 유황이 나오더라 이 세 재앙 곧 저희 입에서 나오는 불과 연기와 유황을 인하여 사람 삼분의 일이 죽임을 당하니라 이 말들의 힘은 그 입과 그 꼬리에 있으니 그 꼬리는 뱀 같고 또 꼬리에 머리가 있어 이것으로 해하더라"(계 9:17-19).

엄청난 화력을 지닌 최신식 현대 무기들이 발사되는 장면들을 연상시키기에 충분한 계시 예언임을 알 수 있다. 그러므로 여섯째 나팔 재앙인 유브라데 전쟁(둘째 화)은 종말에 있을 제3차 세계대전을 상징한다고 해석하는 것이 타당하다.

3) 전쟁에 동원된 병력과 사망자의 수로부터 지지받기 때문이다.

여섯째 나팔 재앙인 유브라데 전쟁은 이 땅에 거하는 자들 즉 하나님이 예비하신 광야 예비처에 피신하지 못하고 이 땅에 남아 있는 자들 가운데 임하게 될 '둘째 화(禍)'로 그 전쟁에 동원될 마병대의 수가 이만 만(2억)이 되는 제3차 세계대전을 상징하는 계시 예언이다. 이는 유브라데 전쟁이 엄청난 화력(火力)으로 파괴와 살상 능력을 갖춘 최신식 현대무기들이 동원되는 비극적인 전쟁이 될 것임을 묘사하는 계시 예언으로, 유브라데 전쟁이 장차 역사의 종말에 벌어질 제3차 세계대전을 보여주는 계시 예언임을 지지해 주고 있다.

4) 다른 성경의 증거로부터 지지받기 때문이다.

이스라엘과 중동지역에 위치한 유브라데 강 유역에서 전쟁을 치르게 될 여섯째 나팔 재앙인 하나님의 두 번째 진노의 화(禍)는 7년 대환란 끝에 벌이는 제3차 세계대전이 될 것임을 성경의 여러 증거 말씀들이 뒷받침해 주고 있다.

(1) 요한계시록의 내증(內證)

요한계시록 16장에 계시되고 있는 여섯째 대접 재앙에 대한 계시 내용도 유브라데 강 유역의 '아마겟돈' 에서 온 천하 임금들이 참전하는 세계대전이 벌어질 것임을 증거하고 있다.

> "또 여섯째가 그 대접을 큰 강 유브라데에 쏟으매 강물이 말라서 동방에서 오는 왕들의 길이 예비되더라 또 내가 보매 개구리 같은 세 더러운 영이 용의 입과 짐승의 입과 거짓 선지자의 입에서 나오니 저희는 귀신의 영이라 이적을 행하여 온 천하의 임금들에게 가서 하나님 곧 전능하신 이의 큰 날에 전쟁을 위하여 그들을 모으더라……세 영이 히브리 음으로 아마겟돈이라 하는 곳으로 왕들을 모으더라"(계 16:12-16).

(2) 구약 예언서의 증거

① 북방 왕

제3차 세계대전에 참가하게 될 북방 왕에 대해 예언하고 있는 성경의 증거 말씀은 다니엘 11장 40-41절 말씀과 에스겔 38장 2-4절 말씀으로 구 소련 연맹을 의미한다. 오늘날에는 러시아와 그 영향력 아래 놓인 나라들이다.

> "마지막 때에……북방 왕이 병거와 마병과 많은 배로 회리바람처럼 그에게로 마주 와서 그 여러 나라에 들어가며 물이 넘침같이 지나갈 것이요 그가 또 영화로운 땅에 들어갈 것이요 많은 나라를 패망케 할 것이나 오직 에돔과 모압과 암몬 자손의 존귀한 자들은 그 손에서 벗어나리라"(단 11:40-41).
>
> "인자야 너는 마곡 땅에 있는 곡 곧 로스와 메섹과 두발 왕에게로 얼굴을 향하고 그를 쳐서 예언하여 이르기를 주 여호와의 말씀에 로스와 메섹과 두발 왕 곡아 내가 너를 대적하여 너를 돌이켜 갈고리로 네 아가리를 꿰고 너와 말과 기병 곧 네 온 군대를 끌어내되 완전한 갑옷을 입고 큰 방패와 작은 방패를 가지며 칼을 잡은 큰 무리와"(겔 38:2-4).

에스겔의 예언에 등장하는 로스=러시아, 메섹=모스크바, 두발=두볼스크의 옛 이름이고 마곡은 거주지를 나타내고 있어 북방 왕인 러시아의 참전을 증거하고 있다.

② 북방 왕의 동맹군

에스겔 38장 5-6절 말씀은 북방 왕과 함께할 동맹군도 함께 참전하게 될 것임을 예언한다.

"그들과 함께한 바 방패와 투구를 갖춘 바사와 구스와 붓과 고멜과 그 모든 떼와 극한 북방의 도갈마 족속과 그 모든 떼 곧 많은 백성의 무리를 너와 함께 끌어내리라"(겔 38:5-6).

• 바사 = 이란(1935년 이란으로 국가명 변경, 1979년 팔레비 왕조의 붕괴로 친미 국가에서 친소 국가로 변함)

• 구스 = 이디오피아(6 · 25 동란 때에는 연합군으로 참전한 반공국가였으나 1977년 5월 셀라시 황제의 축출로 구소련 영향권에 들어감)

• 붓 = 리비아(이드리스 왕권이 통치하는 동안에는 친미 국가였으나 1969년 반이스라엘 운동가인 카다피의 등장으로 반미 국가로 변함)

• 고멜과 그 집단 = 동유럽의 친소 국가들

• 도갈마와 그 집단 = 남부 러시아와 터키

• 그 외 많은 백성 = 이스라엘의 적대국으로서 이슬람 문화권에 있는 사람들

10장의 난해문제

문제 1 / 힘센 다른 천사(계 10:1-2)

문제 2 / 일곱 우레(계 10:3-4)

문제 3 / 작은 책(계 10:8-11)

Question 문제 1

힘센 다른 천사

"내가 또 보니 힘센 다른 천사가 구름을 입고 하늘에서 내려오는데 그 머리 위에 무지개가 있고 그 얼굴은 해 같고 그 발은 불기둥 같으며 그 손에 펴 놓인 작은 책을 들고 그 오른발은 바다를 밟고 왼발은 땅을 밟고"(계 10:1-2).

본문에 계시된 '힘센 다른 천사'에 대한 해석에는 두 가지 주장이 있다.

1. 예수 그리스도라는 견해

'힘센 다른 천사'의 모습이 예수 그리스도와 일치하므로 힘센 다른 천사는 예수 그리스도를 상징한다고 주장하는 견해다.

2. 천사라는 견해

'힘센 다른 천사'는 사도 요한에게 계시를 전달하는 천사 중에 하나라고 주장하는 견해다.

이 중에서 두 번째 견해가 성경적 주장이라고 할 수 있다.

1) 요한계시록 전체 문맥에 조화되기 때문이다.

요한계시록 전체에서 예수 그리스도를 천사로 계시한 내용이 한 곳도 없다. 피조물의 경배의 대상인 창조주 하나님과 어린 양 예수 그리스도와 피조물인 천사를 뚜렷하게 구별하여 계시하고 있는 요한계시록 증거 내용들은 초대 교회 속에 퍼져 있는 천사 숭배 사상을 배격하려는 의도를 보여주고 있다.

> "천사가 내게 말하기를 기록하라 어린 양의 혼인잔치에 청함을 입은 자들이 복이 있도다 하고 또 내게 말하되 이것은 하나님의 참되신 말씀이라 하기로 내가 그 발 앞에 엎드려 경배하려 하니 그가 나더러 말하기를 나는 너와 및 예수의 증거를 받은 네 형제들과 같이 된 종이니 삼가 그리하지 말고 오직 하나님께 경배하라 예수의 증거는 대언의 영이라 하더라"(계 19:9-10).
>
> "이것들을 보고 들은 자는 요한이니 내가 듣고 볼 때에 이 일을 내게 보이던 천사의 발 앞에 경배하려고 엎드렸더니 저가 내게 말하기를 나는 너와 네 형제 선지자들과 또 이 책의 말을 지키는 자들과 함께 된 종이니 그리하지 말고 오직 하나님께 경배하라 하더라"(계 22:8-9).

10장에서만 다섯 번(1절, 5절, 8절, 9절, 10절)이나 천사라는 단어를 반복하여 계시하고 있는 것은 '힘센 다른 천사'를 예수 그리스도와 혼동하지 않도록 하려는 계시 의도를 보여주고 있다. 그러므로 본문에 계시되고 있는 '힘센 다른 천사'를 예수 그리스도라 해석하는 주장은 요한계시록 전체 문맥과 계시 의도에 맞지 않는 오해(誤解)이며,

사도 요한에게 예수 그리스도의 계시 내용을 전달하는 천사로 해석하는 것이 요한계시록 전체의 계시의도와 문맥에 조화되는 견해다.

2) 요한계시록의 계시 전달 체계로부터 입증되기 때문이다.

요한계시록 1장 1절 말씀은 요한계시록의 계시 전달 체계를 보여주고 있다.

> "예수 그리스도의 계시라 이는 하나님이 그에게 주사 반드시 속히 될 일을 그 종들에게 보이시려고 그 천사를 그 종 요한에게 보내어 지시하신 것이라"(계 1:1).

모든 계시는 성부 하나님으로부터 시작된다. 요한계시록 1장 1절 말씀이 증거하고 있는 계시 전달 체계는 성부 하나님→성자 예수 그리스도→ 천사→ 사도 요한→ 하나님의 종들→ 교회 성도들로 이어진다.

요한계시록의 첫 절에 계시 전달 체계를 확실히 밝히며 시작하는 것은 초대 교회 당시 계시 전달 체계가 확실치 않은 묵시록들이 많이 등장했기 때문이기도 하고, 또한 요한계시록 해석의 오해(誤解)를 미리 방지해 주시려는 의도를 내포하고 있다.

요한계시록 첫 절에 확고한 계시 전달 체계를 선포해 주고 있으므로 이 체계를 벗어난 주장은 성경의 지지를 받지 못하는 견해임을 뚜렷하게 말해 주고 있다.

요한계시록의 계시 전달 체계에 대입해 볼 때 '힘센 다른 천사'는 예수 그리스도가 아니라 예수 그리스도의 계시를 예수님께 받아서 사도 요한에게 전해 주는 천사로 해석하는 것이 성경적 해석이다.

3) 이 장의 내증(內證)으로부터 지지받기 때문이다.

(1) 천사의 소리와 예수님의 음성이 구별되어 있음이 이를 입증한다.

손에 펼쳐진 작은 책을 들고 있는 천사가 큰 소리로 외칠 때에 일곱 우레 소리가 발하는 것을 사도 요한이 기록하려 하자 우레 소리가 발한 것을 인봉(印封)하고 기록하지 말라는 예수 그리스도의 음성이 하늘로부터 들렸음을 계시해 주고 있다.

천사의 소리와 하늘에서 들리는 음성 곧 예수 그리스도의 음성이 구별됨을 계시하고 있는 10장의 내증은 '힘센 다른 천사' 가 예수 그리스도가 아님을 입증해 준다.

> "내가 또 보니 힘센 다른 천사가……사자의 부르짖는 것같이 큰 소리로 외치니 외칠 때에 일곱 우레가 그 소리를 발하더라 일곱 우레가 발할 때에 내가 기록하려고 하다가 곧 들으니 하늘에서 소리 나서 말하기를 일곱 우레가 발한 것을 인봉(印封)하고 기록하지 말라 하더라"(계 10:1-4).
> "내가 본 바 바다와 땅을 밟고 섰는 천사가 하늘을 향하여 오른손을 들고……맹세하여 가로되 지체하지 아니하리니 일곱째 천사가 소리 내는 날 그 나팔을 불게 될 때에 하나님의 비밀이 그 종 선지자들에게 전하신 복음과 같이 이루리라 하늘에서 나서 내게 들리던 음성이 또 내게 말하여 가로되 네가 가서 바다와 땅을 밟고 섰는 천사의 손에 펴 놓인 책을 가지라 하기로 내가 천사에게 나아가 작은 책을 달라 한즉……"(계 10:5-9).

위의 계시 말씀 중에 '하늘에서 들리는 음성' 은 곧 예수 그리스도의 음성임을 알 수 있다. 사도 요한에게 계시 내용을 기록하라, 기록하지 말라고 명령하시는 분은 곧 예수님이시다.

> "주의 날에 내가 성령에 감동하여 내 뒤에서 나는 나팔 소리 같은 큰 음성을 들으니 가로되 너 보는 것을 책에 써서……일곱 교회에 보내라 하시기로 몸을 돌이켜 나더러 말한 음성(音聲)을 알아보려고 하여 돌이킬 때에……인자 같은 이가 발에 끌리는 옷을 입고 가슴에 금띠를 띠고 그 머리와 털의 희기가 흰 양털 같고 눈 같으며 그의 눈은 불꽃 같고 그 발은 풀무에 단련한 빛난 주석 같고 그 음성은 많은 물소리와 같으며 그 오른손에 일곱 별이 있고 그 입에서 좌우에 날 선 검이 나오고 그 얼굴은 해가 힘있게 비취는 것 같더라 내가 볼 때에 그 발 앞에 엎드러져 죽은 자같이 되매 그가 오른손을 내게 얹고 가라사대 두려워 말라 나는 처음이요 나중이니 곧 산 자라 내가 전에 죽었었노라 볼지어다 이제 세세토록 살아 있어 사망과 음부(陰府)의 열쇠를 가졌노니 그러므로 네 본 것과 이제 있는 일과 장차 될 일을 기록하라"(계 1:10-19).

(2) 천사가 하늘을 향하여 맹세하는 내용이 이를 입증한다.

천사가 세세토록 살아 계신 창조주 하나님께 오른손을 들고 맹세하는 자세는 창조주 예수 그리스도가 성부 하나님께 맹세하는 것으로 보기 어렵다. 하나님께서 맹세하는 모습을 증거하는 말씀들을 보면 하나님 자신이 자신을 두고 맹세하는 형태를 취하고 있다.

> "하나님이 아브라함에게 약속하실 때에 가리켜 맹세할 자가 자기보다 더 큰 이가 없으므로 자기를 가리켜 맹세하여 가라사대 내가 반드시 너를 복 주고 복 주며 너를 번성케 하고 번성케 하리라 하셨더니"(히

6:13-14).

"내가 하늘을 향하여 내 손을 들고 말하노라 나의 영원한 삶을 두고 맹세하노니 나의 번쩍이는 칼을 갈며 내 손에 심판을 잡고 나의 대적에게 보수하며 나를 미워하는 자에게 보응할 것이라"(신 32:40-41).

그러나 본문의 계시 내용은 '힘센 다른 천사'가 하늘에 계신 창조주 하나님께 오른손을 들고 맹세하는 형태를 취하고 있어 힘센 다른 천사가 창조주 예수님이 아님을 입증한다.

"내가 본 바 바다와 땅을 밟고 섰는 천사가 하늘을 향하여 오른손을 들고 세세토록 살아 계신 자 곧 하늘과 그 가운데 있는 물건이며 땅과 그 가운데 있는 물건이며 바다와 그 가운데 있는 물건을 창조하신 이를 가리켜 맹세하여 가로되 지체하지 아니하리니 일곱째 천사가 소리 내는 날 그 나팔을 불게 될 때에 하나님의 비밀이 그 종 선지자들에게 전하신 복음과 같이 이루리라"(계 10:5-7).

특히 7절 말씀에서 일곱째 천사가 나팔을 불 때에 '하나님의 비밀'이 그 종 선지자들에게 전하신 복음과 같이 이루리라는 말씀은 힘센 다른 천사가 성자 예수 그리스도가 아님을 입증하는 말씀이다. 만일 힘센 다른 천사가 성자 예수님이라면 '하나님의 비밀이'라고 표현하지 않고 '내 아버지의 비밀이'나 '내가 말한 비밀이'라는 표현으로 계시했을 것이다.

Question 문제 2

일곱 우레

"사자의 부르짖는 것같이 큰 소리로 외치니 외칠 때에 일곱 우레가 그 소리를 발하더라 일곱 우레가 발할 때에 내가 기록하려고 하다가 곧 들으니 하늘에서 소리 나서 말하기를 일곱 우레가 발한 것을 인봉(印封)하고 기록하지 말라 하더라"(계 10:3-4).

'힘센 다른 천사' 가 사자(獅子)의 부르짖는 것같이 큰 소리로 외칠 때에 발한 일곱 우레를 사도 요한이 기록하려 했지만 주님이 그 사실을 인봉하고 기록하지 말라고 명령하심으로 기록하여 증거하지 못했다는 말씀이다. 그러므로 성경에 계시하지 않은 일곱 우레의 비밀은 우리가 알 수 없는 감추어진 비밀이다.

기독교는 계시(啓示)의 종교다. 피조물 된 인간은 자연계시와 특별계시인 성경을 통해 하나님께서 자신과 자신의 뜻을 열어서 보여주는 한계 안에서만 그분을 알고 그분의 뜻과 비밀을 깨달을 수 있다. 또한 사도 요한의 자세처럼 주님의 뜻 안에서만 증거해야 함이 옳은 자세다.

본문에 계시하고 있는 '일곱 우레' 는 천사가 부르짖음으로 발하였던 사실 외에 우리의 추측이나 상상으로 이해하거나 깨달을 수 있는 내용이 아니다. 그러므로 불필요한 상상력이나 가설(假設)로 일곱 우레를 이해했다고 주장하거나 안다고 고집하는 것은 금해야 한다.

'일곱 우레' 에 대한 비밀을 아는 것처럼 설명하고 주장하는 사람들의 모든 견해는 사실상 믿을 수 없는 자의적(自意的) 추측이나 상상에 불과한 주장이므로 동조하거나 찬성할 만한 견해가 아니다.

"형제들아 내가 너희를 위하여 이 일에 나와 아볼로를 가지고 본을 보였으니 이는 너희로 하여금 기록된 말씀밖에 넘어가지 말라 한 것을 우리에게서 배워 서로 대적하여 교만한 마음을 먹지 말게 하려 함이라" (고전 4:6).

"내가 이 책의 예언의 말씀을 듣는 각인에게 증거하노니 만일 누구든지 이것들 외에 더하면 하나님이 이 책에 기록된 재앙들을 그에게 더하실 터이요 만일 누구든지 이 책의 예언의 말씀에서 제하여 버리면 하나님이 이 책에 기록된 생명나무와 및 거룩한 성에 참예함을 제하여 버리시리라" (계 22:18-19).

"이 예언의 말씀을 읽는 자와 듣는 자들과 그 가운데 기록한 것을 지키는 자들이 복이 있나니 때가 가까움이라" (계 1:3).

Question 문제 3

작은 책

"하늘에서 나서 내게 들리던 음성이 또 내게 말하여 가로되 네가 가서 바다와 땅을 밟고 섰는 천사의 손에 펴 놓인 책을 가지라 하기로 내가 천사에게 나아가 작은 책을 달라 한즉 천사가 가로되 갖다 먹어버리라 네 배에는 쓰나 네 입에는 꿀같이 달리라 하거늘 내가 천사의 손에서 작은 책을 갖다 먹어 버리니 내 입에는 꿀같이 다나 먹은 후에 내 배에서는 쓰게 되더라 저가 내게 말하기를 네가 많은 백성과 나라와 방언과 임금에게 다시 예언하여야 하리라 하더라" (계 10:8-11).

본문에 계시된 '작은 책' 이 무엇을 나타내는가 하는 주장에는 다양한 견해들이 있다.

1. 크기가 작은 책으로 보는 견해

'힘센 다른 천사의 손에 펴 놓인 작은 책' 의 내용을 요한계시록 5장 1절의 보좌에 앉으신 이의 오른손에 있는, 안팎으로 썼고 일곱 인으로 봉인된 책과 비교하여 상대적으로 작은 책으로 보는 견해다.

2. 심판서로 보는 견해

'힘센 다른 천사의 손에 펴 놓인 작은 책' 의 내용은 요한계시록 5

장에 계시된 하나님의 오른손에 있는 일곱 인봉된 책과 무관한 것이며, 요한계시록 11장 1-13절에 나타나는 사건을 다른 책으로 타락한 교회에 주신 심판서(審判書)로 보는 견해다.

3. 12장 이하의 내용을 기록한 책으로 보는 견해

'힘센 다른 천사의 손에 펴 놓인 작은 책' 의 내용을 12장 이하의 내용을 기록한 책으로 보는 견해다.

4. 신자들의 운명을 기록한 책으로 보는 견해

'힘센 다른 천사의 손에 펴 놓인 작은 책' 의 내용을 형언할 수 없는 시련을 당한 신자들에게 사단의 반대편에 선 그들의 운명을 소개한 특별계시로 보는 견해다.

5. 사도 요한에게만 특별히 보여주신 계시로 보는 견해

6. 구원의 복음으로 보는 견해

7. 신약성경으로 보는 견해

8. 요한계시록의 다른 표현으로 보는 견해

이 중 마지막 견해가 가장 타당한 견해로 여겨진다. 이유를 들자면 힘센 다른 천사의 오른손에 들려 있는 작은 책이 펴진 상태로 전달되고 있기 때문이다.

'작은 책' 은 봉함된 책이 아니라 펼쳐져 계시된 책이며, 사도 요한이 받아먹고 '많은 백성과 나라와 방언과 임금에게 다시 예언하여야 할 책' 이기 때문에 사도 요한에게 계시된 '예수 그리스도의 계시' (계 1:1) 말씀인 요한계시록의 다른 표현임을 알 수 있다.

"또 내게 말하되 이 책의 예언의 말씀을 인봉(印封)하지 말라 때가 가까우니라"(계 22:10).

요한계시록의 전달 체계가 성부 하나님→ 성자 예수님→ 천사→ 사도 요한→ 하나님의 종들→ 교회 성도들로 이루어지는 것도 이를 뒷받침해 준다.

5장에 계시된 일곱 인봉된 책을 보좌에 앉으신 성부 하나님의 손에서 취하신 분이 성자 예수님이시고, 예수님이 인봉을 떼심으로 펼쳐진 책을 전해 받은 천사가 10장에 계시되고 있는 힘센 다른 천사이며, 그 천사의 손에 있는 책을 달라 하여 전달받은 것이 사도 요한이며, 그 책을 받아먹은 사도 요한이 다시 예언하여 전달해야 할 사명을 부여받고 있음을 계시해 주고 있다고 해석하는 것이 요한계시록 전체 문맥의 흐름에 잘 조화되는 해석이다. 그러므로 본문에 계시된 '작은 책' 은 '예수 그리스도의 계시' (계 1:1)이며, '보좌에 앉으신 이의 오른손에 있는 일곱 인으로 봉한 책' (계 5:1)이고, '여러 나라와 족속과 방언(方言)과 백성에게 전할 영원한 복음' (계 14:6)과 같은 의미의 다른 표현임을 입증해 준다.

11장의 난해문제

문제 1 / 두 증인(계 11:3-6)

문제 2 / 두 증인의 사역 기간(계 11:1-14)

문제 3 / 두 증인의 시체가 있을 큰 성(계 11:7-10)

문제 4 / 두 증인의 부활 승천(계 11:11-14)

Question 문제 1

두 증인

"내가 나의 두 증인에게 권세를 주리니 저희가 굵은 베옷을 입고 일천이백육십 일을 예언하리라 이는 이 땅의 주 앞에 섰는 두 감람나무와 두 촛대니 만일 누구든지 저희를 해하고자 한즉 저희 입에서 불이 나서 그 원수를 소멸할지니 누구든지 해하려 하면 반드시 이와 같이 죽임을 당하리라 저가 권세를 가지고 하늘을 닫아 그 예언을 하는 날 동안 비 오지 못하게 하고 또 권세를 가지고 물을 변하여 피 되게 하고 아무 때든지 원하는 대로 여러 가지 재앙으로 땅을 치리로다" (계 11:3-6).

두 증인이 누구를 상징하는가에 대한 대답에는 여러 가지 견해가 있다.

1. 에녹과 엘리야로 보는 견해

에녹과 엘리야는 다 같이 죽지 않고 승천한 인물이기에 이들이 장차 다시 와서 본문에 예언된 내용대로 사역할 것으로 보는 견해인데, 이들은 에녹 1서 90장 11절을 근거로 이들이 다시 나타나게 될 것이라고 주장한다.

2. 모세와 엘리야로 보는 견해

당시 유대인들의 보편적 신념이었고, 2세기까지 교회들의 일반적 견해이기도 했다. 이들은 본문에 나타난 두 증인의 권세가 모세와 엘리야가 행했던 능력과 유사한 점과 모세(신 18:18; 요 6:14; 7:40)와 엘리야(말 4:5; 마 11:14; 막 9:11)가 다시 올 것에 대한 성경의 증거들을 근거로 들며 주장한다. 하지만 이미 신령한 부활체와 변화체를 입은 모세와 엘리야가 낙원에서부터 이 세상에 다시 와서 순교한다는 것은 성경의 지지를 받지 못한다.

3. 율법과 선지자로 보는 견해

두 증인의 정체를 비유화하여 율법의 대표자로 상징되는 모세와 선지자의 대표자인 엘리야를 인격화하여 그들이 전도하게 될 것이라고 해석하는 견해다. 그러나 율법과 선지자가 인격화되어 전도하다가 순교한다고 주장하는 것은 지나친 해석으로 비판받고 있다.

4. 구약과 신약으로 보는 견해

두 증인이 두 선지자라 했고 순교했다가 부활 승천한다 했는데, 이들을 구약과 신약으로 해석한다는 것은 본문의 의도를 너무 외면한 비성경적 주장이다.

5. 교회로 보는 견해

두 증인의 정체에 대해 이 장에서 '두 감람나무와 두 촛대' 라고 밝히고 있기 때문에 하나님의 말씀을 전파하는 교회로 보는 것이 가장 타당하다고 보는 견해다.

이 이론에 대해 이견(異見)을 가지는 이들은, 두 증인에 대해 이 장에서 두 선지자라 밝히고 있는데 성경에서 교회를 선지자라 칭한 곳이 한 곳도 없으며, 두 증인이 짐승에게 죽임을 당했다가 부활 승천한다고 증거하고 있는데 지옥의 권세를 이기는 교회(마 16:18)가 짐승에게 죽임을 당했다가 부활, 승천한다는 것은 조화를 이루지 못하는 주장이라고 지적한다.

6. 모세와 엘리야의 정신을 계승한 종으로 보는 견해

두 증인을 상징으로 보아 모세와 엘리야의 정신을 계승한 주의 종들이 일어나 한 이레의 절반인 1,260일 동안 하나님의 말씀을 예언하는 사명을 감당할 것으로 보는 견해다. '둘(二)' 은 성경적으로 충분한 법정 증인을 의미하며(신 17:6, 19:15; 요 8:18, 22:6), 신약에서 두 증인의 맥이 흐르기 때문이라고(마 17:3; 눅 24:5; 행 1:10) 주장한다.

이상의 견해 중에서 교회와 모세와 엘리야의 정신을 계승한 주의 종들로 보는 두 견해를 모두 수용한 견해를 취하는 것이 이 책의 전체 흐름에 가장 조화를 이룰 뿐 아니라 이 장의 계시 내용에도 충실한 해석으로 여겨진다. 그 이유를 들자면 다음과 같다.

1) 요한계시록 1장 20절 말씀은 요한계시록 전체의 증거가 무엇에 대한 계시인지를 대언하는 말씀과도 같다.

"네 본 것은 내 오른손에 일곱 별의 비밀과 일곱 금촛대라 일곱별은 일곱 교회의 사자요 일곱 촛대는 일곱 교회니라"(계 1:20).

사도 요한이 본 비밀은 주님의 장중에 붙잡힌 '주의 종들'과 주님이 다스리시는 '일곱 교회'에 대한 것이다. 그러므로 이 책 전체에 증거되고 있는 사건들의 흐름 속에는 '주의 종들과 그 교회'에 대한 동시적 계시들로 보아야 할 것임을 시사해 준다.

2) 아시아의 일곱 교회에 보내진 편지의 수신자는 각 교회의 '사자' 즉 그 교회의 '주의 종'이다. 하지만 그 편지의 내용은 그 교회 사자인 주의 종 개인에 해당하는 말씀이 아니라 그 교회 전체에 전하는 메시지임을 알 수 있다.

'주의 종'과 '그 교회'는 둘로 표현할 수 있지만 결코 둘일 수 없다. 주의 종과 그 교회는 손등과 손바닥처럼 뗄 수 없는 연합된 주님의 지체다. 두 증인은 개별적으로 행동하지 않고 언제 어디서나 모든 행동을 함께하고 있다. 함께 예언하고, 함께 이적을 행하고, 함께 고난을 당하고, 함께 죽임을 당하고, 함께 살아나고, 함께 승천한다. 한 몸이 아니고는 결코 불가능한 일이다. 그러므로 두 증인의 사역을 통해 볼 때, 두 증인은 각 개인이 될 수 없고 한 지체를 이룬 주의 종과 그 교회를 상징한다고 해석하는 것이 이 책의 전체적 계시 내용과 가장 조화를 이루는 해석이다.

3) 이 책의 여러 구절들이 주의 종과 성도들을 동시에 언급하고 있다.

"각각 저희에게 흰 두루마기를 주시며 가라사대 아직 잠시 동안 쉬되 저희 동무 종들과 형제들도 자기처럼 죽임을 받아 그 수가 차기까지 하라 하시더라"(계 6:11).

"……종 선지자들과 성도들과 무론대소하고 주의 이름을 경외하는 자들에게 상 주시며……"(계 11:18).

"저희가 성도들과 선지자들의 피를 흘렸으므로 저희로 피를 마시게 하신 것이 합당하니이다 하더라"(계 16:6).

"선지자들과 성도들과 및 땅 위에서 죽임을 당한 모든 자의 피가 이 성 중에서 보였느니라 하더라"(계 18:24).

"저가 내게 말하기를 나는 너와 네 형제 선지자들과 또 이 책의 말을 지키는 자들과 함께 된 종이니 그리하지 말고 오직 하나님께 경배하라 하더라"(계 22:9).

이상의 모든 구절들이 주의 종과 성도들을 동시에 언급하고 있는 것으로 볼 때도 두 증인이 상징하고 있는 대상이 주의 종과 성도들(교회) 모두를 포함하고 있다고 보는 것이 전체적 흐름과 조화를 이룬다.

4) 10장 4절에서 두 증인은 "……이 땅의 주 앞에 섰는 두 감람나무와 두 촛대……", 또 10절에서는 "이 두 선지자……"라고 말씀한다.

두 감람나무와 두 선지자는 '주의 종'을 상징하는 단어임에 틀림없다. 그리고 두 촛대는 '교회'를 상징하는 단어다. 그러므로 두 감람나무와 두 촛대, 두 선지자로 계시되는 두 증인은 마지막 한 이레의 절반인 후 3년 반 동안 하나님의 말씀을 예언할 신실한 '주의 종과 그 교회'를 상징한다고 해석하는 것이 본문에 가장 충실한 해석이다.

두 증인의 사역 기간

두 증인의 사역 기간을 어느 시점으로 보는 것이 타당한가 하는 문제는 대단히 중요한 문제다. 두 증인의 사역 기간을 어느 때로 보느냐에 따라 요한계시록 전체의 해석 틀이 크게 달라진다. 두 증인의 사역 기간은 요한계시록을 성경적으로 해석할 수 있는 매우 중요한 맥(脈)이 되므로 심도(深到)있게 궁구해서 올바른 성경적 견해를 갖는 것이 중요하다.

두 증인의 사역 기간에 관해서는 크게 두 견해가 있다.

1. 전 3년 반으로 보는 견해

두 증인이 예언할 일천이백육십 일을 전 3년 반으로 보는 견해가 있다. 두 증인의 예언 시기를 전 3년 반이라고 주장하는 이들에 따르면, 이방인이 거룩한 성을 짓밟을 마흔두 달(계 11:2)은 적그리스도가 통치하는 마흔두 달(계 13:5)과 일치되는 기간으로 보아야 하기 때문에, 두 증인이 예언할 일천이백육십 일은 그에 앞서 오는 것이 당연하다고 주장한다. 적그리스도가 통치하게 될 짐승의 때가 닥치기 전에 두 증인이 그들에게 미혹되지 말 것을 외치는 선지자적 사명을 감당한다고 보는 견해다.

2. 후 3년 반으로 보는 견해

위와는 상반된 견해로 두 증인의 예언 기간이 후 3년 반 동안이라고 해석하는 견해가 있다. 후 3년 반을 주장하는 사람들의 견해도 두 가지로 갈라진다.

첫째는 이 책의 순서 그대로 이방인이 거룩한 성의 이방인의 뜰을 짓밟는 기간이 전 3년 반 동안이며, 두 증인이 예언 사역을 감당하고 마치는 기간이 후 3년 반인 일천이백육십 일이 될 것이라고 생각하는 견해요, 둘째는 이방인이 거룩한 성의 이방인의 뜰을 짓밟는 기간과 두 증인의 사역 기간이 동일하게 후 3년 반 동안이라고 주장하는 견해가 있다.

이상의 견해 중에서 두 증인이 적그리스도의 통치 기간인 후 3년 반(42달, 1,260일) 동안 복음 증거 사역을 감당하고 죽었다가 사흘 반 만에 다시 살아나 부활 승천하게 될 것이라는 견해가 성경의 지지를 받는 주장이다. 이 견해가 성경적이라고 생각하는 세 가지 타당성을 살펴보자.

1) 두 증인의 부활, 승천 사건이 여섯째 나팔인 둘째 화(禍)에 속한 사건이기 때문이다.

다섯째 나팔부터 일곱째 나팔까지가 세 가지 화를 계시하는 사건이다. 8장 13절에 "내가 또 보고 들으니 공중에 날아가는 독수리가 큰 소리로 이르되 땅에 거하는 자들에게 화, 화, 화가 있으리로다 이 외에도 세 천사의 불 나팔 소리를 인함이로다 하더라"라고 계시하고 있다. 이 중에 두 증인의 부활 승천 사건은 둘째 화에 속한 사건임을 11장은 계시하고 있다.

> "둘째 화는 지나갔으니 보라 셋째 화가 이르는도다"(계 11:14).

우리가 우선적으로 생각해야 할 일은, 다섯째 나팔부터 일곱째 나팔까지의 세 가지 화(禍)는 '이 땅에 거하는 자들' 곧 불신자들에게 내려지는 화(禍)라는 사실이다. 다섯째 나팔을 통해 선포되고 있는 첫째 화의 내용이 이를 보여주고 있다.

> "저희에게 이르시되 땅의 풀이나 푸른 것이나 각종 수목은 해하지 말고 오직 이마에 하나님의 인 맞지 아니한 사람들만 해하라 하시더라" (계 9:4).

첫 번째 화인 다섯 번째 나팔 사건은 7년 대환란의 후 3년 반이 시작되는 시점에 성취될 사건이다. 왜냐하면 하나님의 인 맞지 아니한 사람들만 해하라고 말씀하고 있기 때문이다. 전 3년 반이 끝날 때 하나님의 인 맞은 주의 종들 외에 하나님의 택함 받은 모든 성도들은 광야 예비처로 옮겨져 하나님의 특별 보호 아래서 양육을 받게 된다.

"그 여자가 광야로 도망하매 거기서 일천이백육십 일 동안 저를 양육하기 위하여 하나님의 예비하신 곳이 있더라"(계 12:6).

"그 여자가 큰 독수리의 두 날개를 받아 광야 자기 곳으로 날아가 거기서 그 뱀의 낯을 피하여 한 때와 두 때와 반 때를 양육받으매"(계 12:14).

"네가 나의 인내의 말씀을 지켰은즉 내가 또한 너를 지키어 시험의 때를 면하게 하리니 이는 장차 온 세상에 임하여 땅에 거하는 자들을 시험할 때라"(계 3:10).

다섯째 나팔인 첫째 화는 그 이후에 이 땅에 남아 있는 불신자들에게 내려지는 하나님의 진노이기 때문에 전 3년 반이 끝나고 후 3년 반이 시작되는 초기에 이루어지는 사건임을 알 수 있다. 다섯째 나팔이 울려 퍼짐으로 시작되는 황충 재앙 사건(첫째 화)은 후 3년 반이 시작되면서 다섯 달 동안 계속된다. 그리고 여섯째 나팔인 둘째 화(유브라데 전쟁) 사건은 후 3년 반이 끝나는 시점에 발생하는 사건임을 알 수 있다.

두 증인의 사역 기간은 일천이백육십 일 동안으로 정해져 있다. 두 증인은 후 3년 반인 일천이백육십일 동안 예언 사역을 감당하고, 후 3년 반이 끝나는 시기에 죽임을 당했다가 부활 승천하는 사건이 성취될 것으로 보는 것이 첫째 화(다섯째 나팔 재앙), 둘째 화(여섯째 나팔 재앙)의 계시 내용과 자연스런 조화를 이룬다.

두 증인의 부활 승천 사건은 첫째 부활에 참여하는 자들(계 20:4, 5)에 대한 계시 내용이 성취되는 사건으로 7년 대환란이 끝나고 천년왕국이 시작되기 직전에 성취될 사건으로 보아야 한다.

마지막 나팔인 일곱 번째 나팔의 세 번째 화(禍)는 천년왕국이 끝나고 곡과 마곡의 전쟁 때에 불신자들에게 임하게 될 멸망 사건임을 알 수 있다. 마지막 나팔에는 모든 죽은 자들의 부활이 있을 것이며, 백보좌 심판이 있을 것이고, 예수 그리스도께서 그 나라를 아버지 하나님께 바치게 될 것이다.

셋째 화인 마지막 일곱 번째 나팔에 대한 계시 내용을 보면, 그 시점이 백보좌 심판의 때요 그리스도의 나라가 완성되어 하나님께서 친히 그 나라를 영원토록 다스리게 되는 천년왕국 이후의 시점임을 보여준다.

> "일곱째 천사가 나팔을 불매 하늘에 큰 음성들이 나서 가로되 세상 나라가 우리 주와 그 그리스도의 나라가 되어 그가 세세토록 왕 노릇 하시리로다 하니 하나님 앞에 자기 보좌에 앉은 이십사 장로들이 엎드려 얼굴을 대고 하나님께 경배하여 가로되 감사하옵나니 옛적에도 계셨고 시방도 계신 주 하나님 곧 전능하신 이여 친히 큰 권능을 잡으시고 왕 노릇 하시도다 이방들이 분노하매 주의 진노가 임하여 죽은 자를 심판하시며 종 선지자들과 성도들과 또 무론대소하고 주의 이름을 경외하는 자들에게 상 주시며 또 땅을 망하게 하는 자들을 멸망시키실 때로소이다 하더라"(계 11:15-18).

마지막 일곱 번째 천사가 나팔을 부는 셋째 화의 사건은 천년왕국이 끝나고 예수 그리스도께서 모든 정사와 모든 권세와 능력을 멸하시고 나라를 아버지 하나님께 바칠 때다. 성도들은 의의 부활로 부활하여 상급의 심판을 받고, 불신자들은 악인의 부활로 부활하여 영원한 지옥 형벌을 받는 둘째 사망의 화를 당하게 된다. 사망 권세를 잡은 사단이 지옥 불에 던져지는 마지막 곡과 마곡의 전쟁 때에 마지막 일곱 번째 나팔이 울리고 마지막 화인 세 번째 화(禍)가 집행된다.

"일곱째 천사가 소리 내는 날 그 나팔을 불게 될 때에 하나님의 비밀이 그 종 선지자들에게 전하신 복음과 같이 이루리라"(계 10:7).

이 사실에 대해 바울 사도는 부활장이라고 일컬어지는 고린도전서 15장에서 증거하고 있다.

> "아담 안에서 모든 사람이 죽은 것같이 그리스도 안에서 모든 사람이 삶을 얻으리라 그러나 각각 자기 차례대로 되리니 먼저는 첫 열매인 그리스도요 다음에는 그리스도 강림하실 때에 그에게 붙은 자요 그 후에는 나중이니 저가 모든 정사와 모든 권세와 능력을 멸하시고 나라를 아버지 하나님께 바칠 때라 저가 모든 원수를 그 발 아래 둘 때까지 불가불 왕 노릇 하시리니 맨 나중에 멸망받을 원수는 사망이니라"(고전 15:22-26).
>
> "보라 내가 너희에게 비밀을 말하노니 우리가 다 잠잘 것이 아니요 마지막 나팔에 순식간에 홀연히 다 변화하리니 나팔 소리가 나매 죽은 자들이 썩지 아니할 것으로 다시 살고 우리도 변화하리라 이 썩을 것이 불가불 썩지 아니할 것을 입겠고 이 죽을 것이 죽지 아니함을 입으리로다 이 썩을 것이 썩지 아니함을 입고 이 죽을 것이 죽지 아니함을 입을 때에는 사망이 이김의 삼킨 바 되리라고 기록된 말씀이 응하리라"(고전 15:51-54).

다섯째 나팔부터 일곱째 나팔까지의 세 가지 화가 어느 시점에 일어날 사건인지 성경 말씀과 상충되지 않고 잘 조화되는지를 살펴서 해석하는 것이 필요하다.

두 증인의 예언 기간을 후 3년 반 동안으로 보고, 두 증인의 죽음과 부활 승천 시점이 첫째 부활에 참예하는 성도들의 부활 승천 사건으로 보아 예수 그리스도의 재림 사건이 있을 7년 대환란 후 즉 천년왕국이 시작되기 직전의 사건으로 보는 것이 성경의 증거에 가장 타당한 해석임을 알 수 있다.

2) 남은 자들의 행위를 통해 이 사실을 확증할 수 있다.

남은 자들이 하늘의 하나님을 두려워하고 영광을 돌리는 모습을 통해 두 증인의 부활 승천 사건이 후 3년 반 후에 있을 사건임을 알 수 있다.

13절 말씀은 계시하기를 "그 시에 큰 지진이 나서 성 십분의 일이 무너지고 지진에 죽은 사람이 칠천이라 그 남은 자들이 두려워하여 영광을 하늘의 하나님께 돌리더라"고 말씀한다. 만일 두 증인의 부활 승천 사건이 전 3년 반 후의 사건이라면, 그 남은 자들이 하나님을 두려워하고 하늘의 하나님께 영광을 돌리는 모습을 전혀 기대할 수 없다. 후 3년 반 동안은 짐승이 권세를 잡고 이 땅에 거하는 자들에게 짐승의 표인 666표를 받게 하고 짐승의 우상에게 경배하도록 강요하는 기간이기 때문이다.

이때 짐승의 표를 받지 않고 우상에게 절하지 않는 자 즉 신앙의 정절을 지키는 성도들은 모두 죽임을 당하게 된다. 순교할 수 있는 성도 즉, 하나님의 인 맞은 주의 종들 외에 하늘의 하나님께 영광을 돌리는 사람들이 없는 기간이다.

그러므로 남은 자들의 행위를 통해 두 증인이 예언하는 일천이백육십 일은 후 3년 반 동안이며, 두 증인의 부활 승천 사건은 첫째 부활에 참예하는 성도들의 모습으로 보아야 하고, 예수 그리스도께서 재림하시는 천년왕국 직전의 사건으로 해석함이 타당하다.

"저가 권세를 받아 그 짐승의 우상에게 생기를 주어 그 짐승의 우상으로 말하게 하고 또 짐승의 우상에게 경배하지 아니하는 자는 몇이든지 다 죽이게 하더라 저가 모든 자 곧 작은 자나 큰 자나 부자나 빈궁한 자나 자유한 자나 종들로 그 오른손에나 이마에 표를 받게 하고 누구든지 이 표를 가진 자 외에는 매매를 못하게 하니 이 표는 곧 짐승의 이름이나 그 이름의 수라 지혜가 여기 있으니 총명 있는 자는 그 짐승의 수를 세어 보라 그 수는 사람의 수니 육백육십륙이니라"(계 13:15-18).

3) 이 책의 내증과 가장 잘 조화되기 때문이다.

두 증인은 주님의 재림이 임박한 종말의 7년 대환란 기간 중 후 3년 반 동안 하나님의 말씀과 예수 그리스도의 복음을 증거하며 예언 사역을 감당한 후 무저갱에서 올라온 짐승에게 죽임을 당하고, 죽은 지 사흘 반 후에 부활 승천하게 될 것이라고 해석하는 것이 이 책의 내증과 가장 잘 조화를 이루는 해석이다.

두 증인에 대한 이 책의 내증으로는 하나님의 인 맞은 십사만사천 명을 들 수 있다. 성경학자들은 두 증인과 하나님의 인 맞은 십사만사천 명이 같은 대상을 상징한다고 해석함에 있어 큰 이견(異見)이 없다.

하나님의 인 맞은 십사만사천 명의 종들과 두 증인이 동일한 대상에 대한 다른 상징적 표현임을 인정하는 사람이라면, 두 증인의 부활 승천은 곧 '처음 익은 열매로 하나님과 어린 양에게 속한'(계 14:4) 자들의 부활인 '첫째 부활'(계 20:4-6) 사건임을 또한 인정할 것이다.

"또 내가 보좌들을 보니 거기 앉은 자들이 있어 심판하는 권세를 받았더라 또 내가 보니 예수의 증거와 하나님의 말씀을 인하여 목 베임을 받은 자의 영혼들과 또 짐승과 그의 우상에게 경배하지도 아니하고 이마와 손에 그의 표를 받지도 아니한 자들이 살아서 그리스도로 더불어 천 년 동안 왕 노릇 하니 (그 나머지 죽은 자들은 그 천 년이 차기까지 살지 못하더라)이는 첫째 부활이라 이 첫째 부활에 참예하는 자들은 복이 있고 거룩하도다 둘째 사망이 그들을 다스리는 권세가 없고 도리어 그들이 하나님과 그리스도의 제사장이 되어 천 년 동안 그리스도로 더불어 왕 노릇 하리라"(계 20:4-6).

두 증인(하나님의 인 맞은 십사만사천의 하나님의 종들, 해 입은 여자 곧 교회가 전 3년 반의 환난을 통과하면서 낳은 남자아이)의 예언 사역 기간은 7년 대환란의 후 3년 반인 일천이백육십 일 동안이며, 이들은 교회(해 입은 여자)가 광야 예비처에서 보호받고 양육되는 후 3년 반 동안 이 땅에 남아 하나님의 말씀과 예수 그리스도의 복음을 증거하며 예언 사역을 감당할 것으로 봄이 타당하다.

두 증인은 후 3년 반 동안 예언 사역을 마친 후 주님을 대적하기 위해 일어난 짐승과의 싸움에서 죽음을 당했다가 예수님이 재림하실 때 첫째 부활에 참예하여 천년왕국에서 예수 그리스도와 더불어 왕 노릇 하게 될 것이다.

"용이 여자에게 분노하여 돌아가서 그 여자의 남은 자손 곧 하나님의 계명을 지키며 예수의 증거를 가진 자들로 더불어 싸우려고 바다 모래 위에 섰더라"(계 12:17).

Question 문제 3

두 증인의 시체가 있을 큰 성

"저희가 그 증거를 마칠 때에 무저갱으로부터 올라오는 짐승이 저희로 더불어 전쟁을 일으켜 저희를 이기고 저희를 죽일 터인즉 저희 시체가 큰 성 길에 있으리니 그 성은 영적으로 하면 소돔이라고도 하고 애굽이라고도 하니 곧 저희 주께서 십자가에 못 박히신 곳이니라 백성들과 족속과 방언과 나라 중에서 사람들이 그 시체를 사흘 반 동안을 목도(目覩)하며 무덤에 장사하지 못하게 하리로다 이 두 선지자가 땅에 거하는 자들을 괴롭게 한 고로 땅에 거하는 자들이 저희의 죽음을 즐거워하고 기뻐하여 서로 예물을 보내리라 하더라"(계 11:7-10).

두 증인의 시체가 있는 큰 성 길에 대한 여러 가지 견해가 있다.

1. 예루살렘으로 보는 견해

두 증인의 시체가 있는 '큰 성(城)'을 예루살렘으로 보는 이유는 "곧 저희 주께서 십자가에 못 박히신 곳이니라"(8절)는 말씀 때문이다. 그리고 두 증인이 사역하는 장소와 성전의 척량하는 일 등은 그 장소가 거룩한 성 예루살렘임을 입증하고 있다고 주장한다.

2. 로마로 보는 견해

두 증인의 시체가 있는 '큰 성(城)'을 로마로 보는 이유는 요한계시록에서 그 성(城)이 한결같이 로마를 지칭하기 때문이다. 두 증인의 시체가 있는 큰 성을 로마로 보는 또 다른 이유는 후기의 순교 중심지가 로마였다는 사실에서 찾아볼 수 있기 때문이라고 주장한다.

3. 현재의 도시들로 보는 견해

두 증인의 시체가 있는 '큰 성(城)'을 현재의 도시들로 보는 이유는 요한계시록에서 실제의 역사적 장소들로 명시하기 때문이라고 하는 견해다.

4. 영적으로 보는 견해

두 증인의 시체가 있는 '큰 성(城)' 을 영적으로 보는 이유는 성경이 "그 성(城)은 영적으로 하면"(8절)이라는 단서를 달고 있으므로 그 장소가 문자적인 장소를 의미하기보다는 영적으로 타락한 이 세상을 암시하는 것이라고 하는 견해다.

5. 대환란기에 등장하게 될 배교하는 교회로 보는 견해

두 증인의 시체가 있는 '큰 성(城)' 을 대환란기에 등장하게 될 배교한 교회로 보는 이유는 요한계시록 17장에서 "네가 본 바 여자는 땅의 임금들을 다스리는 큰 성"(17:18)이라고 증거하고 있기 때문이라고 주장하는 견해다.

이광복 교수는 "두 증인의 시체가 버려진 큰 성을 배도하는 교회를 상징하는 음녀로 보는 이유는 요한계시록 17장 5절의 음녀의 이마에 적힌 비밀로 쉽게 이해될 수 있는데, 많은 물 위에 앉은 음녀의 이마에 기록된 비밀의 이름이 큰 바벨론, 땅의 음녀들과 가증한 것들의 어미라고 증거하고 있기 때문"이라고 주장하고 있다.

두 증인의 시체가 있는 '큰 성(城)' 은 두 증인을 죽이기에 앞장서는 모든 세상 도시들의 거민들과 배교하는 교회들을 모두 포함하고 있다고 보는 것이 타당하다. 8-10절에서, 두 증인의 죽음을 보고 기뻐하며 축제를 벌이고 있는 무리들이 소돔 거민, 애굽 백성, 이 땅에 거하는 모든 자들이라고 증거하는 것이 이를 뒷받침한다.

소돔은 도덕적 타락의 대명사로 일컬어지는(창 19:4-11) 성읍이요, 애굽은 하나님의 백성들을 핍박하고 노예로 부리기 원했던 나라의 상징이요, 큰 음녀, 큰 성 바벨론은 배도한 교회를 나타낸다. 그러므로 두 증인의 시체가 있는 '큰 성 길' 은 예수 그리스도를 등지고 세상과 하나 되어 두 증인을 죽이기에 앞장설 음녀 교회들과 이 세상을 통치할 적그리스도의 나라에 속한 모든 거민들의 생활 터전을 상징한다고 본다.

두 증인의 부활 승천

"삼 일 반 후에 하나님께로부터 생기가 저희 속에 들어가매 저희가 발로 일어서니 구경하는 자들이 크게 두려워하더라 하늘로부터 큰 음성이 있어 이리로 올라오라 함을 저희가 듣고 구름을 타고 하늘로 올라가니 저희 원수들도 구경하더라 그 시에 큰 지진이 나서 성 십분의 일이 무너지고 지진에 죽은 사람이 칠천이라 그 남은 자들이 두려워하여 영광을 하늘의 하나님께 돌리더라 둘째 화는 지나갔으나 보라 셋째 화가 속히 이르는도다"(계 11:11-14).

두 증인의 부활 승천에 대한 해석에는 몇 가지 견해가 주장되고 있다.

1. 개신교 신앙의 자유로 보는 견해

1) 주장 내용

두 증인의 부활 승천 사건을 정치적인 지배 권력을 획득하는 것으로 보는 견해다. 이들은 두 증인의 부활 승천 사건이 로마 황제의 칙령으로 그동안 짐승의 박해를 받았던 개신교가 자유를 누리게 된 것을 상징하는 사건이라고 주장한다.

2) 문제점

첫째, 본문에 계시된 두 증인의 사역 기간이 '일천이백육십 일(마흔두 달, 3년 반, 한 때 두 때 반 때)' 동안임을 계시해 주고 있다. 개신교 신앙의 자유로 보는 견해를 주장하는 사람들의 말대로 한다면 개신교가 두 증인의 사역기간인 '일천이백육십 일' 동안 박해 가운데 있었다는 의미가 된다. 이는 역사적 사실에 맞지 않는 주장이므로 수용할 수 없다.

둘째, 본문에 두 증인이 죽었다가 3일 반 후에 살아나 발로 일어섰다고 계시하고 있다. 개신교가 죽었다가 3일 반 후에 살아나 발로 일어섰다고 주장하는 것은 무리가 따르는 억지 해석임이 드러난다.

셋째, 본문에 두 증인의 부활 승천 사건이 마지막 종말 때 있을 7년 대환란의 일곱 나팔 재앙 중 여섯째 나팔재앙인 둘째 화의 사건임을 계시해 주고 있기 때문에 개신교 신앙의 자유로 보는 역사적 해석법은 본문의 계시와 조화를 이루지 못하는 주장이다.

2. 환난 전 교회 휴거로 보는 견해

1) 주장 내용

역사기 전천년설에서 주장하는 환난 통과 후 휴거설과 반대로 교회가 7년 대환란 전에 휴거되어 공중에서 7년 동안 어린 양의 혼인 잔치를 치르게 된다고 주장하는 견해로, 세대주의 전천년설에서 주장하는 견해다.

2) 문제점

두 증인이 부활 승천하기 위해서는 두 증인의 죽음이 전제되어야 한다. 이 장은 두 증인이 '일천이백육십 일(3년 반, 마흔두 달, 한 때 두 때 반 때)' 동안 증거 사역을 마친 뒤 무저갱으로부터 올라오는 짐승에게 죽임당함을 증거하고 있으므로 두 증인의 부활 승천 사건이 7년 대환란 이전에 일어난다는 주장은 본장의 계시와 맞지 않는다.

이 주장은 두 증인의 부활 승천 사건이 7년 대환란 동안에 있을 일곱 나팔 재앙 가운데 여섯째 나팔인 둘째 화 사건임을 계시하고 있는 본문의 증거 내용과도 맞지 않으므로 성경의 지지를 받지 못한다.

3. 환난 후 교회 휴거로 보는 견해

1) 주장 내용

두 증인의 부활 승천 사건은 대환란 기간 중 회개한 성도들의 환난 후 휴거를 묘사하는 것이라고 주장하는 견해다. 이들에 의하면, 교회가 공중으로 휴거된 후(환난 전 휴거) 이방인이 거룩한 성을 마흔두 달 짓밟는 기간이 7년 대환란의 전 3년 반 동안이고 두 증인이 예언하는 일천이백육십 일은 후 3년 반이기 때문에, 이들이 죽임을 당했다가 부활 승천하는 시기는 예수 그리스도께서 지상으로 강림하시는 시기이므로 환난 후 휴거의 사건으로 해석함이 옳다고 주장한다.

2) 문제점

두 증인의 부활 승천 사건이 7년 대환란이 끝난 후 예수 그리스도의 강림하시는 시기에 이루어질 것으로 보는 것은 성경적이라고 할 수 있다. 하지만 두 증인의 부활 승천 사건을 교회의 휴거 사건으로 보는 것은 수용할 수 없는 주장이다. 왜냐하면 두 증인의 부활 승천 사건은 두 증인의 죽음을 전제로 하기 때문이다. 두 증인의 부활 승천이 교회의 휴거 사건이라면 모든 성도들이 죽임을 당했다가 3일 반 후에 살아나야 한다는 문제점을 낳게 된다.

휴거 장면을 증거하는 성경 본문들은 한결같이 모든 사람들이 보는 중에 하늘로부터 내려오는 장엄한 광경으로 묘사되고 있는데, 본문은 두 증인의 죽음을 기뻐하던 자들이 보는 앞에서 두 발로 일어서서 구름을 타고 올라가고 있음을 증거하고 있어 차이점을 보여주고 있다. 따라서 두 증인의 부활 승천 사건이 교회의 휴거 사건이 아님을 자연스럽게 증거하고 있다.

4. 환난 중간(전 3년 반 후)에 이루어질 두 증인의 일반적 부활로 보는 견해

1) 주장 내용

두 증인의 부활 승천의 장면을 평범한 일반적인 부활로 보는 견해다. 이들의 주장에 의하면, 이 부활은 두 증인이 하나님의 보내심을 받은 선지자라는 표징을 이 땅에 사는 자들에게 보여주는 것이라고 한다.

2) 문제점

두 증인의 부활 승천 사건이 교회의 휴거와는 무관하며 오직 하나님의 선지자로 일하던 두 증인의 일반적인 부활로 보는 것은 성경적이라고 할 수 있다. 하지만 두 증인이 전 3년 반 동안 사역하고 죽임을 당했다가 부활 승천한다는 주장은 본문의 증거에 맞지 않는 주장이다.

본문은 두 증인의 부활 승천 사건이 일곱 나팔 가운데 여섯째 나팔 재앙인 둘째 화 사건임을 증거해 주고 있다. 둘째 화인 여섯째 나팔 재앙은 7년 대환란의 후 3년 반 끝에 성취될 유브라데 전쟁을 계시하고 있으므로 두 증인의 부활 승천 사건이 7년 대환란의 끝에 이루어질 사건임을 알 수 있다. 따라서 두 증인의 사역 기간이 전 3년 반이며, 두 증인의 부활 승천이 전 3년 반 후에 이루어질 것이라는 견해는 거부되는 주장이다.

5. 7년 대환란 후에 이루어질 두 증인의 일반적 부활로 보는 견해

박윤선 박사는 "이것은 적그리스도의 시대가 지난 후(그리스도 다시 오시므로) 주님을 위하다가 죽은 참 신자들이 부활할 것을 예언한 것인데, 20장 5절에 말할 것을 미리 당기어 말한 듯하다"고 하였다.

이상근 박사는 "이 구절의 배경은 에스겔 37장 10절로 적그리스도가 지배하는 후 3년 반이 지난 후, 두 증인의 시체는 부활할 것을 가리킨다. 이는 곧 첫째 부활이라 불리는 것이다(계 20:5)"라고 하였다.

필자는 마지막 견해인 7년 대환란 후에 이루어질 두 증인의 일반적인 부활로 보는 견해가 가장 성경적인 견해라고 본다.

성경에서 전하고 있는 첫째 부활과 둘째 부활에 대한 정확한 대상을 파악하는 데 실패했기 때문에 부활과 휴거에 대한 혼돈이 생기고, 성경의 의도와는 전혀 다른 방향으로 해석하는 오류를 범하게 된다. 많은 사람들이 교회의 휴거와 성도들의 부활 승천이 예수 그리스도의 재림 때 성취되는 단회적 사건이라고 생각하고, 첫째 부활은 의인의 부활이며 둘째 부활은 악인의 부활로 규정짓는 고정된 생각의 틀에 갇혀 있기 때문에, 부활과 휴거에 대한 정확한 정립에 혼란을 가져오고 있다. 여기서 반드시 깨닫고 넘어가야 할 성경의 진리는, 교회의 휴거와 성도들의 부활 승천 사건은 단회적 사건이 아니라는 사실이다.

성경은 부활에 대해 '첫째 부활'과 '둘째 부활'이 있음을 분명하게 증거하고 있다.

첫째 부활은 첫 열매로 드려지는 순교자들의 부활이며, 둘째 부활은 그 나머지 죽은 자들 즉 예수 안에서 죽은 성도들과 불신자들이 모두 부활하여 하나님의 백보좌 심판대 앞에서 심판을 받게 되는 사건임을 증거해 준다.

바울 사도는 고린도전서 15장 22절 이하의 말씀을 통해 성도들의 부활에는 차례 곧 순서가 있음을 증거하고 있다.

> "아담 안에서 모든 사람이 죽은 것같이 그리스도 안에서 모든 사람이 삶을 얻으리라 그러나 각각 자기 차례대로 되리니 먼저는 첫 열매인 그리스도요 다음에는 그리스도 강림하실 때에 그에게 붙은 자요 그 후에는 나중이니 저가 모든 정사와 모든 권세와 능력을 멸하시고 나라를 아버지 하나님께 바칠 때라"(고전 15:22-24).

예수 그리스도의 부활은 이미 성취된 사건이다. 이제 예수 그리스도 안에서 차례대로 삶을 얻게 될 성도들의 부활 중에 두 번의 부활 사건이 남아 있다.

장차 있을 첫 번째 부활에 참예하는 사람은 '그리스도 강림하실 때에 그에게 붙은 자들' 이다. 이들이 누구를 지칭하는가? 첫째 부활에 참예할 대상에 대해 성경은 정확한 목소리로 증거해 준다.

요한계시록 14장에서 그들은 십사만사천 명의 하나님의 인 맞은 순교자들이라고 계시해 준다.

> "또 내가 보니 보라 어린 양이 시온 산에 섰고 그와 함께 십사만사천이 섰는데 그 이마에 어린 양의 이름과 그 아버지의 이름을 쓴 것이 있도다……이 사람들은 여자로 더불어 더럽히지 아니하고 정절이 있는 자라 어린 양이 어디로 인도하든지 따라가는 자며 사람 가운데서 구속을 받아 처음 익은 열매로 하나님과 어린 양에게 속한 자들이니"(계 14:1, 4).

요한계시록 20장에서 그들은 천년왕국 동안 그리스도와 더불어 왕 노릇 하는 순교자들이라고 계시하고 있다.

> "또 내가 보좌들을 보니 거기 앉은 자들이 있어 심판하는 권세를 받았더라 또 내가 보니 예수의 증거와 하나님의 말씀을 인하여 목 베임을 받은 자의 영혼들과 또 짐승과 그의 우상에게 경배하지도 아니하고 이마와 손에 그의 표를 받지도 아니한 자들이 살아서 그리스도로 더불어 천 년 동안 왕 노릇 하니 (그 나머지 죽은 자들은 그 천 년이 차기까지 살지 못하더라) 이는 첫째 부활이라 이 첫째 부활에 참예하는 자들은 복이 있고 거룩하도다 둘째 사망이 그들을 다스리는 권세가 없고 도리

어 그들이 하나님과 그리스도의 제사장이 되어 천 년 동안 그리스도로 더불어 왕 노릇 하리라"(계 20:4-6).

첫째 부활에 참예하지 못한 그 나머지 죽은 자들은, 순교자들 외에 예수 안에서 죽은 성도들과 모든 불신자들을 포함한다. 그들은 나중에 천년왕국이 끝나고 마지막 나팔에 부활하는 둘째 부활에 참예할 자들이다.

두 증인은 마지막 종말의 때에 하나님의 말씀과 예수 그리스도의 복음을 증거하다가 순교를 당한 자들이다. 그러므로 두 증인의 부활 승천 사건은 성경이 분명한 목소리로 전하고 있는 첫째 부활이 성취되는 사건이다. 두 증인의 부활 승천 사건은 종말의 때에 하나님의 말씀과 예수 그리스도의 복음을 증거하는 사명을 감당하고 순교한 성도들이 예수 그리스도의 재림 때 첫째 부활에 참예하게 되는 복된 사건임을 보여준다.

"우리가 예수의 죽었다가 다시 사심을 믿을진대 이와 같이 예수 안에서 자는 자들도 하나님이 저와 함께 데리고 오시리라 우리가 주의 말씀으로 너희에게 이것을 말하노니 주 강림하실 때까지 우리 살아남아 있는 자도 자는 자보다 결단코 앞서지 못하리라 주께서 호령과 천사장의 소리와 하나님의 나팔로 친히 하늘로 좇아 강림하시리니 그리스도 안에서 죽은 자들이 먼저 일어나고 그 후에 우리 살아남은 자도 저희와 함께 구름 속으로 끌어 올려 공중에서 주를 영접하게 하시리니 그리하여 우리가 항상 주와 함께 있으리라"(살전 4: 14-17).

둘째 부활 사건은 마지막 나팔인 일곱째 나팔이 불릴 때 성취될 '셋째 화' 의 사건이다.

“보라 내가 너희에게 비밀을 말하노니 우리가 다 잠잘 것이 아니요 마지막 나팔에 순식간에 홀연히 다 변화하리니 나팔 소리가 나매 죽은 자들이 썩지 아니할 것으로 다시 살고 우리도 변화하리라 이 썩을 것이 불가불 썩지 아니할 것을 입겠고 이 죽을 것이 죽지 아니함을 입으리로다”(고전 15:51-53).

결론적으로 여섯째 나팔 때 성취되는 두 증인의 부활 승천 사건은 첫째 부활에 참예하는 복을 선포하고 있고, 마지막 나팔인 일곱째 나팔 때 성취될 둘째 부활과 교회의 휴거 사건과는 차원이 다른 별개의 사건임을 보여주고 있다.

12장의 난해문제

문제 1 / 해를 입은 한 여자(계 12:1-2)

문제 2 / 여자가 낳은 남자아이(계 12:3-5)

문제 3 / 광야 예비처(계 12:6,14)

문제 4 / 하늘 전쟁(계 12:7-14)

문제 5 / 여자의 남은 자손(계 12:17)

Question 문제 1

해를 입은 한 여자

"하늘에 큰 이적이 보이니 해(太陽)를 입은 한 여자가 있는데 그 발 아래는 달이 있고 그 머리에는 열두 별의 면류관을 썼더라 이 여자가 아이를 배어 해산하게 되매 아파서 애써 부르짖더라" (계 12:1-2).

이 구절에 계시되고 있는 '해를 입은 한 여자' 의 정체에 대해 여러 이견(異見)들이 주장되고 있다.

1. 마리아로 보는 견해

1) 주장 내용

'해를 입은 여자' 는 마리아를 의미하고, 그녀가 낳은 아이는 예수 그리스도를 상징한다고 보는 견해다. 이 견해는 이그나티우스(Ignatius) 등의 교부들에 의해 주장되었으며, 최근에는 천주교 계통의 신학자들이 지지하는 견해다.

2) 문제점

첫째, 예수의 어머니 마리아는 처녀(vergin)을 뜻하는 '파르데노스' (παρθένος)가 사용된 반면에 해를 입은 여자는 출산(出産) 경험이 있는 부인(a woman)을 뜻하는 '귀네' (γυνή)가 사용되고 있으므로 원어상 차이점을 드러내고 있다.

둘째, 이 견해를 주장하는 사람들은, 해를 입은 여자가 붉은 용으로부터 핍박받고 붉은 용이 여자가 낳은 아이를 삼키려고 한 사건은 헤롯 왕이 아기 예수를 죽이기 위해 베들레헴과 그 지경에 있는 두 살 이하의 남아들을 모두 살해한 사건으로 보고(마 2:16 이하), 여인이 예비처로 피신하여 일천이백육십 일을 양육받은 사건은 마리아가 애굽으로 피신한 사건으로 해석한다. 그러나 12장의 계시를 자세히 고찰해 보면 이 해석은 앞뒤 문맥과 조화를 이루지 못한다.

12장의 계시는 붉은 용이 직접 여자가 낳은 아이를 삼키려고 여자 앞에서 기다리고 있으므로 예수 그리스도의 초림 때 아기 예수를 죽이려고 베들레헴과 그 지경에 있는 두 살 이하의 남자아이들을 모두 살해한 헤롯 왕의 사건과 상황이 전혀 다르다.

헤롯을 비롯한 그 무리들은 아기 탄생의 비밀을 전혀 모르고 있다가 무방비 상태에서 메시아 탄생에 대한 소식을 듣고 일격을 맞은 자와 같은 행동을 보이고 있는 반면에, 본문에 계시되고 있는 '붉은 용' 은 아이를 삼키려는 완료된 상태의 자세로 아기 탄생을 기다리고 서 있는 모습을 보이고 있다. 아기 예수의 탄생을 전혀 알지 못하다가 동방박사들의 소식을 듣고 아기 예수를 죽이기 위해 베들레헴과 그 지경에 있는 두 살 이하의 남아들을 모두 살해하도록 명령한 헤롯 왕은 '붉은 용' (사단)이 취하고 있는 자세와 전혀 다른 모습이다. 그러므로 이 두 사건은 전혀 다른 사건이다.

셋째, 마리아가 애굽에 피신할 때는 요셉과 아기 예수가 함께 동행했으나(마 2:13-15), 해 입은 여자는 아이와 동행하지 않고 있어 두 사건이 서로 다른 사건임을 보여준다.

해를 입은 여자가 예비처에 피신하여 일천이백육십 일을 양육받는 동안에도 '그 여자의 남은 자손' 들이 이 땅에서 용의 핍박을 받게 된다(17절)는 본 장의 계시 내용은 해를 입은 여자를 마리아로 해석함이 타당하지 못한 결정적 이유가 된다.

넷째, '해를 입은 한 여자' 를 예수의 어머니 마리아로 보는 견해는 요한계시록의 계시 내용이 장차 일어날 종말에 대한 계시 예언임을 강조하는 본문의 말씀에도 조화을 이루지 못하는 주장이다.

'해를 입은 한 여자' 를 예수의 어머니 마리아로 본다면 사도 요한이 환상 중에(AD 95년경) 이미 복음서에 기록된 과거를 보았다는 이야기가 된다. 이는 본서가 장차 종말에 있을 사건들을 계시하고 있는 특성과 전혀 조화되지 않는 해석이다. '장차 될 일' 을 계시해 주고 있는 본문을 '과거에 있었던 일' 로 해석하는 것은 본문의 계시 의미가 완전히 왜곡시키는 비성경적 해석이다.

다섯째, 계시를 받고 있는 사도 요한은 예수님의 어머니인 마리아를 오랫동안 섬겼던 제자다. 만일 해를 입은 여자가 마리아였다면 요한이 쉽게 알아보았을 것이고 본문에 계시했을 것이 분명하다. 사도 요한이 해를 입은 한 여자의 계시를 증거하면서 마리아에 대한 이야기를 전혀 언급하고 있지 않는 것으로 보아도 본문에 계시되고 있는 '해를 입은 한 여자' 는 마리아와 거리가 먼 것을 보여준다.

2. 유대민족 또는 유대교를 가리킨다고 보는 견해

1) 주장 내용

'해를 입은 여자' 가 유대 민족 또는 유대교 또는 구약 교회를 상징하고, 여자가 낳은 아이를 예수 그리스도라고 주장하는 견해다.

2) 문제점

첫째, '해를 입은 여자' 가 아기를 낳은 뒤 붉은 용인 사단의 핍박을 피하여 큰 독수리의 두 날개로 하나님의 예비처에 피신하여 일천 이백육십 일을 양육받는다는 본문의 계시 내용으로 볼 때, 해를 입은 여자가 구약 교회나 유대 민족 또는 유대교를 상징한다고 보는 해석은 성경의 증거와 맞지 않는 견해다.

교회사 기록으로 볼 때나 성경의 증거로 볼 때, 초대 교회들이 로마의 핍박을 받는 동안 유대인들(유대교, 구약교회)은 핍박을 받지 않았을 뿐만 아니라 오히려 로마와 결탁하여 교회를 괴롭히고 핍박하므로 '사단의 회' 라 칭함을 받고 있다.

> "내가 네 환난과 궁핍을 아노니 실상은 네가 부요한 자니라 자칭 유대인이라 하는 자들의 훼방도 아노니 실상은 유대인이 아니요 사단의 회라"(계 2:9).

둘째, 이 견해도 17절 말씀에 계시되고 있는 '그 여자의 남은 자손' 을 해석하는 데 문제를 드러낸다.

구약 교회나 유대교가 '하나님의 계명을 지키며 예수의 증거를 가진 남은 자손들을 낳았다' 고 해석하는 것은 무리다. 하나님의 계명을 지키며 예수의 증거를 가진 자손들을 낳은 교회는 신약 교회를 일컫는 말씀으로 해석하는 것이 타당하다. 구약 교회 사건을 '장차 될 일' (주후 95년 이후)에 포함시킬 수 없다는 것은 너무도 상식적인 논리다. 구약 교회가 예수 그리스도를 낳은 것이 아니라 예수 그리스도를 통해 신부 된 신약 교회가 탄생하게 되었고, 신부 된 교회가 예수 그리스도의 복음의 씨앗을 받아 장차 철장으로 만국을 다스릴 믿음의 자녀들을 낳게 될 것을 증거하는 것이 이 장의 계시 내용이다.

> "이기는 자와 끝까지 내 일을 지키는 그에게 만국을 다스리는 권세를 주리니 그가 철장을 가지고 저희를 다스려 질그릇 깨뜨리는 것과 같이 하리라 나도 내 아버지께 받은 것이 그러하니라" (계 2:26-27).

3. 신구약의 통일된 교회로 보는 견해

1) 주장 내용

구약은 이스라엘을 아내로, 신약은 여인을 교회로 보기 때문에 본문 속의 '해 입은 여자' 는 신구약의 통일된 교회를 상징한다고 보는 견해다.

2) 문제점

이 견해도 구약 교회가 포함되어 있기 때문에 앞의 견해가 가진 결점을 가진다.

여인을 신구약 교회의 통일된 교회로 보는 것이 부당한 이유를 이 장에서 찾을 수 있다. 6절 말씀에 보면, "그 여자가 광야로 도망하매 거기서 일천이백육십 일 동안 저를 양육하기 위하여 하나님의 예비하신 곳이 있더라"라고 말씀하고 있다. 여자가 아이를 낳은 후에 사단의 핍박을 피해 광야의 예비처로 피신하여 일천이백육십 일을 양육받는다는 6절 말씀은 그 여자를 신구약의 통일된 교회로 보는 해석 방법을 전적으로 부정하는 말씀이다.

일천이백육십 일은 7년 대환란 절반에 해당하는 후 3년 반 기간이기 때문에 상징적으로 신약 시대 전 기간이라든지 또는 일수를 연수로 계산해서 일천이백육십 년으로 계수하는 모든 해석은 다니엘의 칠십 이레 예언 해석에 조화를 이루지 못하는 해석이다.

다니엘의 70이레 예언의 마지막 한 이레는 종말에 성취될 7년 대환란의 사건임을 예수님이 직접 인용하신 말씀이다.

> "……너희가 선지자 다니엘의 말한 바 멸망의 가증한 것이 거룩한 곳에 선 것을 보거든(읽는 자는 깨달을진저) 그때에 유대에 있는 자들은 산으로 도망할지어다……이는 그때에 큰 환난이 있겠음이라 창세부터 지금까지 이런 환난이 없었고 후에도 없으리라"(마 24:15-21).

12절에 계시된 말씀에도 사단과 그의 사신들이 미가엘 천사장과 그 사신들과의 하늘 전쟁에서 패배한 뒤에 하늘에서 땅으로 내어 쫓기니 "마귀가 자기의 때가 얼마 못 된 줄을 알므로 크게 분내어 너희에게 내려갔음이러라"라고 증거하고 있다.

12장의 계시는 예수 그리스도의 재림의 사건이 성취될 종말의 때에 있을 사건임을 보여주고 있다. 그러므로 해를 입은 한 여자를 신구약의 통일된 교회로 해석하는 것이 부당하며, 그 여인이 낳은 아이를 초림 예수 그리스도로 해석하는 것 또한 성경 말씀과 조화를 이루지 못한다.

4. 종말에 있을 신령한 교회로 보는 견해

'해(太陽)를 입은 여자' 를 마지막 대환란기에 하나님의 계명과 예수 그리스도의 복음을 믿고 증거하는 신실한 교회로 보는 견해다.

이 견해는 '여자가 낳은 아이' 를 '두 증인' 과 같은 추수기의 사명을 감당할 일꾼들을 상징하는 것으로 해석한다.

이 책이 '장차 될 일' (1:1, 19, 4:1, 22:6)의 내용을 계시하는 책이기 때문에 해를 입은 여자는 과거나 현재의 어떤 교회, 인물, 민족 등을 상징하는 것이 아니라, 장차 임할 대환란기를 앞두고 일천이백육십 일을 예언할 두 증인과 같은 추수의 일꾼들을 배출할 참된 교회를 예표하는 것으로 보는 견해다.

이상의 네 가지 견해 중에 종말에 대해 예언하고 있는 다니엘서와 마태복음 24장 말씀과 본문의 내용에 가장 충실한 견해는 네 번째 견해다. 이 장에서 계시되고 있는 '해 입은 여자' 는 종말에 있을 7년 대환란기에 하나님의 인 맞은 십사만사천 명의 순교자를 낳게 될 신실한 교회를 상징하고 있다.

사도 요한이 하늘에 있는 큰 이적 가운데 보이는 한 여자의 모습은 해를 입고 있었고, 그 발 아래는 달이 있고, 그 머리에는 열두 별의 면류관을 쓴 아름다운 모습이었다.

여인이 하늘의 모든 광채로 머리에서 발끝까지 영광스럽게 장식하고 있다. 가장 아름답고 화사하게 화장한 신부처럼, 예수 그리스도의 신부 된 교회가 하늘에 가지고 있는 모든 발광체를 가지고 머리에서 발끝까지 아름답고 고귀하게 치장하고 영광스러운 자태를 선보이고 있다. 세상의 눈으로는 교회가 아름답거나 영광스럽게 보이지 않을지 모른다. 그러나 하나님의 관점에서 보면 지극히 아름답고 고귀하고 영광스러운 존재임을 보여주고 있다. 다른 사람 눈에는 그렇게 보이지 않을지 모르겠지만 부모의 눈에는 자녀의 모든 것이 예쁘게 보이고, 사랑스럽게 느껴지고, 귀하게만 생각되는 것처럼 하나님의 자녀들이 모인 교회는 하나님 보시기에 가장 예쁘고, 사랑스럽고, 고귀하게만 여겨진다는 것이다. 교회는 여호와께서 기쁨을 이기지 못하여 하시며 잠잠히 사랑하시는 대상이요, 즐거이 부르며 기뻐하시는 대상이다.

> "너의 하나님 여호와가 너의 가운데 계시니 그는 구원을 베푸실 전능자시라 그가 너로 인하여 기쁨을 이기지 못하여 하시며 너를 잠잠히 사랑하시며 너로 인하여 즐거이 부르며 기뻐하시리라"(습 3:17).

시편 기자는 87편에서 "여호와께서 야곱의 모든 거처보다 시온의 문들을 사랑하시는도다 하나님의 성이여 너를 가리켜 영광스럽다 말하는도다"(87:2-3)라고 교회의 아름다움을 노래하고 있다.

교회를 볼 때 어떤 시야를 가지고 바라보고 있는가? 세상의 눈으로 교회를 바라보며 실망하거나 무시하거나 외면했다면 당신의 시각을 교정할 필요가 있다. 교회를 바라볼 때는 하나님의 관점에서 믿음의 시각으로 살펴보아야 한다. 그렇게 볼 때 교회의 아름다움과 소중함과 영광스러움을 볼 수 있을 것이다.

교회는 복음으로 영혼을 잉태하고 해산하는 고통을 인내하며 기뻐하는 예수 그리스도의 신부며, 성도들의 영적 어머니다. 교회를 향한 아름다움과 고귀함과 영광스러움을 바라볼 수 있는 영혼의 시력이 밝게 되길 축원한다.

"……내가 신부 곧 어린 양의 아내를 네게 보이리라 하고……하나님께로부터 하늘에서 내려오는 거룩한 성 예루살렘을 보이니"(계 21:9-10).
"오직 위에 있는 예루살렘은 자유자니 곧 우리 어머니라"(갈 4:26).
"내 형제들아 영광의 주 곧 우리 주 예수 그리스도를 믿는 믿음을 너희가 받았으니 사람을 외모로 취하지 말라……내 사랑하는 형제들아 들을지어다 하나님이 세상에 대하여는 가난한 자를 택하사 믿음에 부요하게 하시고 또 자기를 사랑하는 자들에게 약속하신 나라를 유업으로 받게 아니하셨느냐……만일 너희가 외모로 사람을 취하면 죄를 짓는 것이니 율법이 너희를 범죄자로 정하리라"(약 2:1, 5, 9).

한 여인이 해를 입었다는 말씀은, 교회가 의의 태양이신 예수 그리스도로 옷 입었음을 상징하는 말씀이다.

"내 이름을 경외하는 너희에게는 의로운 해가 떠올라서 치료하는 광선을 발하리니……"(말 4:2).
"해는 그 방에서 나오는 신랑과 같고 그 길을 달리는 기뻐하는 장사 같아서"(시 19:5).
"밤이 깊고 낮이 가까웠으니 그러므로 우리가 어두움의 일을 벗고 빛의 갑옷을 입자 낮에와 같이 단정히 행하고 방탕과 술 취하지 말며 음란과 호색하지 말며 쟁투(爭鬪)와 시기하지 말고 오직 주 예수 그리스도로 옷 입고 정욕을 위하여 육신의 일을 도모하지 말라"(롬 13:12-14).
"너희가 다 믿음으로 말미암아 그리스도 예수 안에서 하나님의 아들이 되었으니 누구든지 그리스도와 합하여 세례를 받은 자는 그리스도로 옷 입었느니라"(갈 3:26-27).

문제 2 Question

여자가 낳은 남자아이

"하늘에 또 다른 이적이 보이니 보라 한 큰 붉은 용이 있어 머리가 일곱이요 뿔이 열이라 그 여러 머리에 일곱 면류관이 있는데 그 꼬리가 하늘 별 삼분의 일을 끌어다가 땅에 던지더라 용이 해산하려는 여자 앞에서 그가 해산하면 그 아이를 삼키고자 하더니 여자가 아들을 낳으니 이는 장차 철장으로 만국을 다스릴 남자라 그 아이를 하나님 앞과 그 보좌 앞으로 올려가더라"(계 12:3-5).

여자가 낳은 남자아이는 누구를 상징하는가에 대한 것에는 여러 가지 견해가 있다.

1. 예수 그리스도로 보는 견해
2. 회심한 하나님의 모든 자녀로 보는 견해
3. 이방인 중에서 하나님의 자녀가 된 성도로 보는 견해
4. 유대교에서 개종한 기독교 신자들로 보는 견해
5. 종말에 있을 대환란 때 추수의 사명을 감당할 종들로 보는 견해

위의 주장 가운데 마지막 다섯 번째 견해가 이 책의 증거 내용과 가장 잘 조화를 이루는 견해라고 할 수 있다.

필자는 해를 입은 한 여자가 낳을 '남자아이'는 7년 대환란의 전

3년 반을 통과하면서 고난 가운데서 참고 인내하며 낳게 될 '하나님의 인 맞은 종들', 즉 십사만사천 명의 종들이요(계 7장), 짐승의 통치 기간인 후 3년 반 동안 신앙의 정절을 지키며 죽기까지 복음을 증거하는 사명을 감당할 두 증인(계 11장)과 동일한 대상을 상징한다고 본다.

1) '장차 될 일' 이라는 계시 말씀이 이를 입증한다.

해를 입은 한 여자가 '장차 철장으로 만국을 다스릴 남자아이' 를 낳는 사건은 과거의 사건이 아니라 장차, 즉 미래에 성취될 사건이므로 마리아가 예수 그리스도를 낳는 사건이 될 수 없다.

사도 요한이 본문의 환상을 본 것은 예수 그리스도의 초림 이후다. 사도 요한이 본문을 계시받는 시점은 이미 예수 그리스도의 탄생, 공생애 기간, 십자가의 죽으심과 부활 승천하심이 이루어지고 60년 가까운 시간이 흐른 뒤다. 그러므로 여자가 낳은 남자아이를 예수 그리스도의 탄생으로 볼 수 없다.

요한계시록 6장 이하의 사건은 종말에 있을 7년 대환란에 성취될 '장차 될 일' 을 계시하고 있으므로 예수 그리스도의 탄생으로 보기에는 적합하지 않고, 장차 있을 종말의 때에 추수의 사명을 감당할 하나님의 인 맞은 종들과 두 증인들을 상징한다고 보는 것이 이 책의 내증과 자연스럽게 조화를 이루는 견해다.

> "이기는 자와 끝까지 내 일을 지키는 그에게 만국(萬國)을 다스리는 권세를 주리니 그가 철장을 가지고 저희를 다스려 질그릇 깨뜨리는 것과 같이 하리라 나도 내 아버지께 받은 것이 그러하니라"(계 2:26-27).

2) 용의 때가 입증해 준다.

12장에서 해를 입은 여자가 아이를 낳으면 삼키고자 여자 앞에서 기다리고 있는 용이 하늘전쟁에서 미가엘 군대에게 패배하고 땅으로 내어 쫓긴 때가 언제인가? 붉은 큰 용과 그 사자들이 하늘의 군대장관 미가엘과 그 사자들과 하늘전쟁에서 패배하고 땅으로 내어 쫓기는 사건은 종말에 성취될 사건이다. 이 장의 계시 내용이 이를 입증해 주고 있기 때문이다.

> "하늘에 전쟁이 있으니 미가엘과 그의 사자들이 용으로 더불어 싸울새 용과 그의 사자들도 싸우나 이기지 못하여 하늘에서 저희의 있을 곳을 얻지 못한지라 큰 용이 내어 쫓기니 옛 뱀 곧 마귀라고도 하고 사단이라고도 하는 온 천하를 꾀는 자라 땅으로 내어 쫓기니 그의 사자들도 저와 함께 내어 쫓기니라……그러므로 하늘과 그 가운데 거하는 자들은 즐거워하라 그러나 땅과 바다는 화 있을진저 이는 마귀가 자기의 때가 얼마 못된 줄을 알므로 크게 분내어 너희에게 내려갔음이라 하더라……용이 여자에게 분노하여 돌아가서 그 여자의 남은 자손 곧 하나님의 계명을 지키며 예수의 증거를 가진 자들로 더불어 싸우려고 바다 모래 위에 섰더라"(계 12:7-17).

위의 말씀을 보면 용이 하늘전쟁에서 미가엘 군대에 패배하고 땅으로 내어 쫓긴 시점은 역사의 마지막 시점임을 계시해 주고 있다. 용이 땅에 쫓겨나면서 크게 분내고 있는 것은 이제 그가 멸망받아 지옥에 던져질 시간인 역사의 종말이 얼마 남지 않았음을 알기 때문이라고 계시해 주고 있다. 그러므로 이 장에 계시된 해를 입은 여자가 낳은 남자아이는 마리아가 낳은 예수 그리스도를 상징한다고 볼 수 없고, 장차 종말에 예수 그리스도(의의 태양)의 복음으로 무장한 예수 그리스도의 신부 된 교회가 믿음으로 승리할 주의 종들인 두 증인을 낳게 될 것임을 상징한다고 해석하는 것이 12장의 계시 문맥과 자연스럽게 조화되는 해석임을 알 수 있다.

3) 문맥상으로 입증된다.

12장은 해를 입은 여자가 장차 철장으로 만국을 다스릴 남자아이를 낳을 것임을 계시해 주고 있다. 그리고 그 여자가 낳은 후손은 한 사람이 아니라 다수의 사람들이다.

"여자가 아들을 낳으니 이는 장차 철장으로 만국을 다스릴 남자라 그 아이를 하나님 앞과 그 보좌 앞으로 올려가더라"(5절)라는 계시 말씀에서 '아들', '남자', '아이' 라는 헬라어 단어의 의미를 볼 때 한 개인을 지칭하기보다는 대표 단수로서 복수의 성격을 나타내는 집합체의 의미가 있다. 17절 말씀이 이를 입증해 준다.

> "용이 여자에게 분노하여 돌아가서 그 여자의 남은 자손 곧 하나님의 계명을 지키며 예수의 증거를 가진 자들로 더불어 싸우려고 바다 모래 위에 섰더라"(계 12:17).

아담의 갈비뼈로 신부인 하와를 만드신 것처럼 예수 그리스도가 십자가에 달려 옆구리를 창에 찔리시고 피 흘리심으로 신부 된 신약 교회를 탄생시키신 것이 성경이 전하는 진리다.

> "너희는 자기를 위하여 또는 온 양 떼를 위하여 삼가라 성령이 저들 가운데 너희로 감독자를 삼고 하나님이 자기 피로 사신 교회를 치게 하셨

느니라"(행 20:28).

신약 교회는 예수 그리스도의 신부다. 신부는 신랑의 생명의 씨를 받아 잉태함으로 씨를 받은 대로 자녀를 낳기 마련이다. 그러므로 본문에 계시되고 있는 해를 입은 한 여인이 해산의 고통을 통해 낳은 '장차 철장으로 만국을 다스릴 남자'는, 예수 그리스도의 신부된 교회가 장차 철장으로 만국을 다스릴 권세를 가지신 예수 그리스도의 씨를 받아 잉태함으로 그분과 같은 믿음의 자녀들을 낳게 될 것임을 보여준다.

"이기는 자와 끝까지 내 일을 지키는 그에게 만국(萬國)을 다스리는 권세를 주리니 그가 철장을 가지고 저희를 다스려 질그릇 깨뜨리는 것과 같이 하리라 나도 내 아버지께 받은 것이 그러하니라"(계 2:26-27).

주님이 버가모 교회에 주신 이 언약의 말씀을 보면 '장차 철장으로 만국을 다스릴 권세'의 약속이 이기는 성도들에게 주어질 것으로 언약되고 있다.

해를 입은 한 여인이 해산의 고통을 통해 장차 철장으로 만국을 다스릴 남자를 낳게 되는 이 장의 계시는, 예수 그리스도의 신부 된 교회가 대환란 가운데서도 두 증인과 같은 순교자적 사명을 가진 복음의 증인들을 배출하여 끝까지 사명을 완수하고 승리하게 될 것임을 보여준다.

주님은 이 계시를 통해 하나님의 말씀과 예수 그리스도의 복음을 믿고 증거하다가 고난과 환난을 당하고 있는 성도들에게 끝까지 참고 인내하며 죽기까지 충성할 것을 권면하는 동시에, 반드시 예수 그리스도의 영광에 동참케 될 소망을 바라보며 힘과 용기를 가지고 승리할 것을 격려하고 있다.

> "저희가 어린 양으로 더불어 싸우려니와 어린 양은 만주의 주시요 만왕의 왕이시므로 저희를 이기실 터이요 또 그와 함께 있는 자들 곧 부르심을 입고 빼내심을 얻고 진실한 자들은 이기리로다"(계 17:14).

예수님은 우리를 복음으로 낳으셨다.

> "그가 그 조물 중에 우리로 한 첫 열매가 되게 하시려고 자기의 뜻을 좇아 진리의 말씀으로 우리를 낳으셨느니라"(약 1:18).

우리의 구원은 결코 쉽게 이루어진 것이 아니다. 하나님은 죄인 된 우리를 사랑하시는 당신의 마음을 확인하기 위해 독생자 예수 그리스도를 십자가에 못 박아 죽이시는 아픔과 슬픔을 참으셨고(롬 5:8), 예수님은 우리의 모든 죄와 허물을 감당하기 위해 십자가에 못 박혀 물과 피를 다 흘리고 죽기까지 모든 아픔과 고통을 감당하셨다.

> "우리가 아직 죄인 되었을 때에 그리스도께서 우리를 위하여 죽으심으로 하나님께서 우리에게 대한 자기의 사랑을 확증하셨느니라"(롬 5:8).
>
> "그는 실로 우리의 질고를 지고 우리의 슬픔을 당하였거늘 우리는 생각하기를 그는 징벌을 받아서 하나님에게 맞으며 고난을 당한다 하였노라 그가 찔림은 우리의 허물을 인함이요 그가 상함은 우리의 죄악을 인함이라 그가 징계를 받음으로 우리가 평화를 누리고 그가 채찍에 맞음으로 우리가 나음을 입었도다 우리는 다 양 같아서 그릇 행하여 각기 제 길로 갔거늘 여호와께서는 우리 무리의 죄악을 그에게 담당시키셨

도다"(사 53:4-6).

새 생명을 잉태하고 출산하기 위해서는 어머니가 반드시 힘들고 고통하는 일을 겪어야 하듯이, 우리의 영혼을 거듭나게 하는 구원의 길은 예수 그리스도께서 십자가에 죽기까지 고통을 당하심으로 성취된 것임을 잊어서는 안 된다. 우리 영혼을 하나님의 자녀로 거듭나게 하기 위해 십자가의 길을 앞에 두고 겟세마네 동산에서 땀방울이 핏방울같이 되도록 애써 기도하시던 예수님의 모습을 기억하는가? 예수님이 우리를 진리의 복음으로 낳기 위해 걸어가신 십자가의 길은 힘들고 고통스러운 고난의 길이었다.

> "만물이 인하고 만물이 말미암은 자에게는 많은 아들을 이끌어 영광에 들어가게 하시는 일에 저희 구원의 주를 고난으로 말미암아 온전케 하심이 합당하도다 거룩하게 하시는 자와 거룩하게 함을 입은 자들이 다 하나에서 난지라 그러므로 형제라 부르시기를 부끄러워 아니하시고 이르시되 내가 주의 이름을 내 형제들에게 선포하고 내가 주를 교회 중에서 찬송하리라 하셨으며 또 다시 내가 그를 의지하리라 하시고 또 다시 볼지어다 나와 및 하나님께서 내게 주신 자녀라 하셨으니"(히 2:10-13).

이제 우리가 하나님 사랑과 주님의 은혜에 감사하며 보답할 길은, 신랑 되신 예수 그리스도의 진리의 복음으로 옷 입고 복음의 씨앗을 받아 영혼을 복음으로 낳기 위해 해산하는 여인의 고통처럼 구로하며 부르짖어 기도하고, 하나님의 말씀과 예수 그리스도의 복음을 전하는 거룩한 예수 그리스도의 신부로 살아가는 것이다. 신랑 되신 예수 그리스도 오심을 사모하는 재림신앙으로 무장한 신부 된 교회가 신랑 되신 예수님을 가장 기쁘게 하는 일은 예수님 닮은 자녀를 낳는 것이다.

> "딸 시온이여 해산하는 여인처럼 애써 구로하여 낳을지어다"(미 4:10).
> "여호와여 잉태한 여인이 산기가 임박하여 구로하며 부르짖음같이 우리가 주의 앞에 이러하니이다"(사 26:17).

사도 바울은 고린도 교회에 편지하면서 "그리스도 예수 안에서 복음으로써 내가 너희를 낳았다"(고전 4:15)고 말한다. 임신한 여인의 고통과 같이 복음으로 영혼을 낳기 위해 구로하는 공동체인 교회를 통해 하나님 나라가 확장된다는 사실을 깨달은 사도 바울은 전 생애를 하나님 말씀과 예수 그리스도의 복음 증거를 위해 바친 전도자였다. 오늘도 사도 바울의 사상을 이어받은 거룩한 성도를 배출하는 교회를 위해 열두 별의 면류관이 준비되고 있음을 믿자.

> "너희는 사도들과 선지자들의 터 위에 세우심을 입은 자라 그리스도 예수께서 친히 모퉁이 돌이 되셨느니라"(엡 2:20).

문제 3 Question

광야 예비처

"그 여자가 광야로 도망하매 거기서 일천이백육십 일 동안 저를 양육하기 위하여 하나님의 예비하신 곳이 있더라……그 여자가 큰 독수리의 두 날개를 받아 광야 자기 곳으로 날아가 거기서 그 뱀의 낯을 피하여 한 때와 두 때와 반 때를 양육받으매"(계 12:6, 14).

광야 예비처에 대한 해석에도 다양한 견해가 주장되고 있다.

1. **종교개혁으로 보는 견해**
2. **애굽의 피난으로 보는 견해**
3. **광야 같은 세상에서의 보호로 보는 견해**
4. **교회 휴거 후 유대인들이 대환란 중에 보호받을 것으로 보는 견해**
5. **상징적 비유로 보는 견해**
6. **이 땅이 아닌 하늘 예비처로 보는 견해**

이상의 견해 중에서 마지막 여섯 번째 견해가 이 책의 증거 내용과 가장 조화를 이루는 성경적 주장이라고 할 수 있다.

1) 이 책의 내증이 이를 입증해 주고 있다.

(1) 이 책의 계시 말씀이, 성도들이 하늘에 거할 것임을 증거해 주고 있다.

12장 12절에서는 "그러므로 하늘과 그 가운데 거하는 자들은 즐거워하라 그러나 땅과 바다는 화 있을진저 이는 마귀가 자기 때가 얼마 못된 줄을 알므로 크게 분내어 너희에게 내려갔음이라"고 증거하고 있다.

공중 권세 잡았던 마귀가 하늘전쟁에서 패배하고 땅으로 내어 쫓김으로 하늘이 정결케 되어 하나님의 신실한 백성들을 피신시키는 예비처로 준비되었음을 보여주고 있다.

13장 5-6절에서는 "또 짐승이 큰 말과 참람된 말 하는 입을 받고 또 마흔두 달 일할 권세를 받으니라 짐승이 입을 벌려 하나님을 향하여 훼방하고 그의 이름과 그의 장막 곧 하늘에 거하는 자들을 훼방하더라"라고 계시해 주고 있다.

이상의 계시 말씀은 적그리스도의 통치 기간인 후 3년 반(마흔두 달) 동안 성도들이 피신하여 하나님의 양육과 보호를 받는 광야 예비처가 하늘임을 계시해 주고 있다.

(2) 이 땅은 땅으로 쫓겨난 마귀와 그 사자들의 통치 아래 놓임이 이를 입증한다.

이 땅 어디도 피난처가 될 수 없음은 마흔두 달 동안 적그리스도인 짐승이 통치하는 권세를 받아 다스리게 될 것이기 때문이다.

"용이 짐승에게 권세를 주므로 용에게 경배하며 짐승에게 경배하여 가로되 누가 이 짐승과 같으뇨 누가 능히 이를 더불어 싸우리요 하더라 또 짐승이 큰 말과 참람된 말 하는 입을 받고 마흔두 달 일할 권세를 받으니라"(계 13:4-5).

정보통신기술이 발달한 현대문명 속에서 지구 어느 곳에 피신하여 뱀의 낯을 피할 수 있겠는가? 이 땅 어디에도 뱀의 낯을 피해 살 수 있는 예비처가 없을 것이므로 광야 예비처가 이 땅이 아닌 하늘이 될 것임을 입증한다.

"용이 자기가 땅으로 내어 쫓긴 것을 보고 남자를 낳은 여자를 핍박하는지라 그 여자가 큰 독수리의 두 날개를 받아 광야 자기 곳으로 날아가 거기서 그 뱀의 낯을 피하여 한 때와 두 때와 반 때를 양육받으매"(계 12:13-14).

2) 출애굽 과정이 이를 입증해 준다.

하나님께서는 일찍이 하나님의 백성인 이스라엘 백성들을 종살이하던 애굽 왕 바로의 핍박 가운데서 광야로 이끌어내시고, 불과 구름 기둥으로 보호하시며, 하늘의 만나와 반석의 생수로 그들을 먹이시며, 40년 동안을 양육하시며 가나안으로 인도하셨다.

이스라엘 백성을 애굽에서 광야로 이끌어내시고 광야에서 특별 보호 양육하신 뒤 가나안으로 인도하신 사건은, 종말에 이 땅(세상)에서 하늘 예비처로 이끌어 특별 보호와 양육하심을 받은 해 입은 여자(교회)를 새 하늘과 새 땅으로 인도하실 것을 보여준다.

애굽(이 세상)→광야(하늘 예비처)→가나안(새 하늘과 새 땅)

"나의 애굽 사람에게 어떻게 행하였음과 내가 어떻게 독수리 날개로 너희를 업어 내게로 인도하였음을 너희가 보았느니라"(출 19:4).

Question 문제 4

하늘전쟁

"하늘에 전쟁이 있으니 미가엘과 그의 사자들이 용으로 더불어 싸울새 용과 그의 사자들도 싸우나 이기지 못하여 다시 하늘에서 저희의 있을 곳을 얻지 못한지라 큰 용이 내어 쫓기니 옛 뱀 곧 마귀라고도 하고 사단이라고도 하는 온 천하를 꾀는 자라 땅으로 내어 쫓기니 그의 사자들도 저와 함께 내어 쫓기니라 내가 또 들으니 하늘에 큰 음성이 있어 가로되 이제 우리 하나님의 구원과 능력과 나라와 또 그의 그리스도의 권세가 이루었으니 우리 형제들을 참소하던 자 곧 우리 하나님 앞에서 밤낮 참소하던 자가 쫓겨났고 또 여러 형제가 어린 양의 피와 자기의 증거하는 말을 인하여 저를 이기었으니 그들은 죽기까지 자기 생명을 아끼지 아니하였도다 그러므로 하늘과 그 가운데 거하는 자들은 즐거워하라 그러나 땅과 바다는 화 있을진저 이는 마귀가 자기의 때가 얼마 못된 줄을 알므로 크게 분내어 너희에게 내려갔음이라 하더라 용이 자기가 땅으로 내어 쫓긴 것을 보고 남자를 낳은 여자를 핍박하는지라 그 여자가 큰 독수리의 두 날개를 받아 광야 자기 곳으로 날아가 거기서 그 뱀의 낯을 피하여 한 때와 두 때와 반 때를 양육 받으매"(계 12:7-14).

본문이 계시하고 있는 '하늘에 전쟁'은 언제 일어나는 전쟁인가? 이 질문에 대한 견해는 몇 가지가 주장되고 있다.

1. 창세 이전 사단이 하나님을 대적했던 과거적 사건으로 보는 견해

12장에 계시된 하늘의 전쟁을 창세 이전 사단이 하나님을 대적했던 과거적 사건으로 해석하면, 사단이 타락 이후에도 하늘에 머물렀다는 성경의 증거들과 사단이 하늘에서 땅으로 쫓겨나 다시 하늘에 있을 곳을 얻지 못하게 된다는 본문의 계시 증거와 조화를 이루지 못한다.

> "하루는 하나님의 아들들이 와서 여호와 앞에 섰고 사단도 그들 가운데 왔는지라"(욥 1:6).
> "우리의 씨름은 혈과 육에 대한 것이 아니요 정사와 권세와 이 어두움의 세상 주관자들과 하늘에 있는 악의 영들에게 대함이라"(엡 6:12).

2. 예수 그리스도의 죽음과 부활 승천으로 말미암은 영적 전쟁으로 보는 견해

또 본문의 하늘전쟁을 예수 그리스도의 죽음과 부활 승천 과정에 일어난 영적 전쟁으로 보는 견해도 성경의 증거에 조화되지 못한다. 사단은 아직도 공중 권세를 잡고 악한 영들을 통하여 교회와 성도들을 공격하고 두루 다니며 성도들의 영혼을 삼키려고 역사하고 있다.

> "그때에 너희가 그 가운데서 행하여 이 세상 풍속을 좇고 공중의 권세 잡은 자를 따랐으니 곧 지금 불순종의 아들들 가운데서 역사하는 영이라"(엡 2:2).
> "근신하라 깨어라 너희 대적 마귀가 우는 사자같이 두루 다니며 삼킬 자를 찾나니"(벧전 5:8).

3. 장차 예수 그리스도 재림 직전에 있을 하늘전쟁으로 보는 견해

위의 세 견해 중에서 세 번째 견해가 성경에 가장 적합한 해석이다.

본문에 계시된 '하늘에 전쟁' 은 장차 종말에 있게 될 사건으로 보는 것이 성경적 해석이다. 장차 있게 될 하늘의 전쟁에서 사단과 그 사자들이 쫓겨난 '하늘' 은 하나님 보좌가 있는 천국을 나타내는 것이 아니라 사단이 권세를 잡고 있는 '공중' 을 의미한다.

미가엘과 그 사자들에게 패배한 사단과 그 사자들은 이미 하나님 나라에서 공중으로 쫓겨난 경험이 있음을 본문이 계시해 주고 있다. 그리고 본문이 증거하고 있는 하늘전쟁에서 다시 패배함으로 공중에서 땅으로 다시 한 번 쫓겨남을 보여준다.

> "하늘에 전쟁이 있으니 미가엘과 그의 사자들이 용으로 더불어 싸울새 용과 그의 사자들도 싸우나 이기지 못하여 다시 하늘에서 저희의 있을 곳을 얻지 못한지라……땅으로 내어 쫓기니 그의 사자들도 함께 내어 쫓기니라"(계 12:7-8).

사단과 그 사자들이 공중에서 땅으로 쫓겨남으로 공중은 깨끗하게 청소되었다. 깨끗하게 청소된 공중은 해를 입은 여자(교회)의 예비처가 되고 장차 주님 오실 때 성도들이 예수 그리스도를 영접할 처소가 될 것이다.

> "주께서 호령과 천사장의 소리와 하나님의 나팔로 친히 하늘로 좇아 강림하시리니 그리스도 안에서 죽은 자들이 먼저 일어나고 그 후에 우리 살아남은 자도 저희와 함께 구름 속으로 끌어 올려 공중에서 주를 영접하게 하시리니 그리하여 우리가 항상 주와 함께 있으리라"(살전 4:16-17).

문제 5 Question

여자의 남은 자손

"용이 여자에게 분노하여 돌아가서 그 여자의 남은 자손 곧 하나님의 계명을 지키며 예수의 증거를 가진 자들로 더불어 싸우려고 바다 모래 위에 섰더라"(계 12:17).

'그 여자의 남은 자손'에 대해서는 여러 견해가 있다.

1. 이방인 그리스도인으로 보는 견해
2. 유대인의 남은 성도로 보는 견해
3. 예비처로 피신하지 못하고 남겨진 성도들로 보는 견해
4. 예수 그리스도의 계명을 따르는 신실한 종들로 보는 견해

이상의 견해 중 마지막 네 번째 견해가 이 책의 계시 내용과 가장 조화되는 해석이다.

이 구절에 계시하고 있는 '그 여자의 남은 자손'에 대해 나쁜 의미로 해석하는 사람들이 종종 있다. 그러나 이 구절에 계시된 '그 여자의 남은 자손'은 좋은 의미의 남은 자로 해석함이 타당하다.

1) 원어적으로 입증된다.

'그 여자의 남은 자손' 이란 이 구절 말씀에서 '자손' (子孫)을 의미하는 헬라어 '스페르마토스' (σπέρματος)는 '뿌려진 것' (that which is sown)을 의미한다. 그러므로 해를 입은 여자가 참 교회의 모형이라면 그 여자로부터 뿌려진 씨앗 또한 좋은 의미의 남은 자라고 해석함이 타당하다.

> "……그 그루터기는 남아 있는 것같이 거룩한 씨가 이 땅의 그루터기니라" (사 6:13).

2) 그들의 신앙 자세가 이를 입증한다.

이 구절은 그 여자의 남은 자손의 신앙적 자세를 '하나님의 계명과 예수의 증거를 가진 자들' 이라고 분명하게 계시해 주고 있다. '하나님의 계명과 예수의 증거를 가진 자들' 은 진리에 바르게 선 신실한 성도들임이 분명하다. 그 어떤 이론이나 추측도 본문의 계시 증거보다 앞설 수 없다. 여자의 남은 자손에 대한 본문의 확실한 계시를 무시하거나 억지로 해석하는 것은 하나님 말씀을 왜곡시키는 죄를 범하는 것이다.

3) 사단의 행동이 이를 입증한다.

이 구절은 "용이 여자에게 분노하여 돌아가서 그 여자의 남은 자손 곧 하나님의 계명과 예수의 증거를 가진 자들로 더불어 싸우려고 바다 모래 위에 섰더라" 라고 증거한다.

그 여자의 남은 자손들이 신앙이 나약하고 세상을 좇아가다 버림 받는 무리들이라면 용이 그들과 더불어 싸우려는 임전 태세를 갖출 필요가 있겠는가?

용이 그 여자의 남은 자손과 더불어 싸우려는 임전 태세를 갖추고 있다는 것은 그들이 진리로 무장한 거룩한 성도들임을 입증한다.

4) 이 책의 계시 내용과 조화를 이루는 해석이다.

이 책 13장의 계시 내용을 보면, 용으로부터 후 3년 반인 마흔두 달 동안 권세를 받아 다스리게 되는 짐승(적그리스도)이 성도들과 싸워 이기게 될 때 이 땅에 남은 성도들은 죽기까지 믿음을 지키며 인내로써 하나님 말씀과 예수 그리스도의 복음을 증거하게 될 것임을 계시해 주고 있다.

> "또 짐승이……마흔두 달 일할 권세를 받으니라……또 권세를 받아 성도들과 싸워 이기게 되고……죽임을 당한 어린 양의 생명책에 창세 이후로 녹명되지 못하고 이 땅에 사는 자들은 다 짐승에게 경배하리라……성도들의 인내와 믿음이 여기 있느니라"(계 13:5-10).

짐승이 다스리게 될 후 3년 반인 마흔두 달 동안 이 땅에 남아 하나님의 계명을 지키며 예수 그리스도의 복음을 증거하며 인내로써 영적 싸움을 싸우게 될 '그 여자의 남은 자손들' 은 짐승의 표인 666를 받지도 아니하고 짐승의 우상에게 경배하지도 아니함으로 순교 당할 거룩한 믿음의 성도들을 나타낸다.

이들에 대해 요한계시록 14장 4절에서는 "이 사람들은 여자로 더불어 더럽히지 아니하고 정절이 있는 자라 어린 양이 어디로 인도하든지 따라가는 자며 사람 가운데서 구속을 받아 처음 익은 열매로 하나님과 어린 양에게 속한 자들"이라고 증거한다.

20장 4-6절에서는 "또 내가 보좌들을 보니 거기 앉은 자들이 있어 심판하는 권세를 받았더라 또 내가 보니 예수의 증거와 하나님의 말씀을 인하여 목 베임을 받은 자의 영혼들과 또 짐승과 그의 우상에게 경배하지도 아니하고 이마와 손에 그의 표를 받지도 아니한 자들이 살아서 그리스도로 더불어 천 년 동안 왕 노릇 하니 (그 나머지 죽은 자들은 그 천 년이 차기까지 살지 못하더라) 이는 첫째 부활이라 이 첫째 부활에 참예하는 자들은 복이 있고 거룩하도다 둘째 사망이 그들을 다스리는 권세가 없고 도리어 그들이 하나님과 그리스도의 제사장이 되어 천 년 동안 그리스도로 더불어 왕 노릇 하리라"고 증거해 준다.

짐승이 다스리게 될 후 3년 반(마흔두 달) 동안 이 땅에 남게 될 '그 여자의 남은 자손들' 은 순교하기까지 충성하며 복음 증거의 사명을 감당할 두 증인과 십사만사천의 종들과 동일한 대상으로 해석함이 이 책의 계시 증거와 조화를 이루는 해석이다.

5) 다른 성경의 증거들과 조화를 이루는 해석이다.

'여자의 남은 자손' 에 대한 본문의 사건은 구약성경 스바냐 3장 13절 말씀과 열왕기상 19장의 엘리야 시대의 남은 자를 그 배경으로 하고 있다.

스바냐 3장 13절에서는 "이스라엘의 남은 자는 악을 행치 아니하며 거짓을 말하지 아니하며 입에 궤휼한 혀가 없으며 먹으며 누우나 놀라게 할 자가 없으리라"고 예언하고 있다.

여자의 남은 자손은 두 증인과 하나님의 인 맞은 십사만사천의 종들과 동일한 대상으로 보는 것이 성경에 조화되는 해석이다.

> "이 사람들은 여자로 더불어 더럽히지 아니하고 정절이 있는 자라 어린 양이 어디로 인도하든지 따라가는 자며 사람 가운데서 구속을 받아 처음 익은 열매로 하나님과 어린 양에게 속한 자들이니 그 입에 거짓말이 없고 흠(欠)이 없는 자들이더라"(계 14:4-5).

열왕기상 19장에 보면, 시내 산 굴속에 들어가 열심이 특심한 엘리야 선지자에게 하나님의 말씀이 계시되는데, 이스라엘 백성 중에 바알에게 무릎을 꿇지 아니하고 바알에게 입을 맞추지도 아니하며 신앙의 정절을 지키는 칠천 명을 남겨두었다고 말씀하고 있다.

> "여호와께서 가라사대 너는 나가서 여호와의 앞에서 산에 섰으라 하시더니 여호와께서 지나가시는데 여호와의 앞에 크고 강한 바람이 산을 가르고 바위를 부수나 바람 가운데 여호와께서 계시지 아니하며 바람 후에 지진이 있으나 지진 가운데도 여호와께서 계시지 아니하며 또 지진 후에 불이 있으나 불 가운데도 여호와께서 계시지 아니하더니 불 후에 세미한 소리가 있는지라 엘리야가 듣고 겉옷으로 얼굴을 가리우고 나가 굴 어귀에 서매 소리가 있어 저에게 임하여 가라사대 엘리야야 네가 어찌하여 여기 있느냐 저가 대답하되 내가 만군의 하나님 여호와를 위하여 열심이 특심하오니 이는 이스라엘 자손이 주의 언약을 버리고 주의 단을 헐며 칼로 주의 선지자를 죽였음이오며 오직 나만 남았거늘 저희가 내 생명을 찾아 취하려 하나이다……내가 이스라엘 가운데 칠천 인을 남기리니 다 무릎을 바알에게 꿇지 아니하고 다 그 입을 바알에게 맞추지 아니한 자니라"(왕상 19:11-18).

'남은 자의 신앙'은 죽기까지 신앙의 정절을 지키며, 믿음으로 승리한 성도들의 신앙이다.

이사야 선지자는 이들을 '거룩한 씨'요 '그루터기'라고 표현하고 있다.

> "내가 가로되 주여 어느 때까지니이까 대답하시되 성읍들은 황폐하여 거민이 없으며 가옥들에는 사람이 없고 이 토지가 전폐(全廢)하게 되며 사람들이 여호와께 멀리 옮기워서 이 땅 가운데 폐한 곳이 많을 때까지니라 그 중에 십분의 일이 오히려 남아 있을지라도 이것도 삼키운 바 될 것이나 밤나무, 상수리나무가 베임을 당하여도 그 그루터기는 남아 있는 것같이 거룩한 씨가 이 땅의 그루터기니라"(사 6:11-13).

에스겔 6장 8절에서 하나님께서는 이스라엘 산들이 멸망을 당할 때에 이방 중에 남아 있는 자가 있을 것임을 증거하신다.

> "그러나 너희가 열방에 흩어질 때에 내가 너희 중에서 칼을 피하여 이방 중에서 남아 있는 자가 있게 할지라"(겔 6:8).

사도행전 8장에 보면, 예루살렘 교회에 큰 핍박이 가해지자 다 유대와 사마리아 땅으로 흩어져 피했지만 사도들은 피하지 않고 예루살렘에 남아 있어 순교당한 스데반 집사를 장사하고 크게 울었다고 증거하고 있다.

> "사울이 그의 죽임당함을 마땅히 여기더라 그날에 예루살렘에 있는 교회에 큰 핍박이 나서 사도 외에는 다 유대와 사마리아 모든 땅으로 흩어지니라 경건한 사람들이 스데반을 장사하고 위하여 크게 울더라 사

울이 교회를 잔멸할새 각 집에 들어가 남녀를 끌어다가 옥에 넘기니
라"(행 8:1-3).

13장의 난해문제

문제 1 / 바다에서 올라온 짐승(계 13:1-8)

문제 2 / 땅에서 올라온 짐승(계 13:11-17)

문제 3 / 짐승의 수 666(계 13:16-18)

Question 문제 1

바다에서 올라온 짐승

"내가 보니 바다에서 한 짐승이 나오는데 뿔이 열이요 머리가 일곱이라 그 뿔에는 열 면류관이 있고 그 머리들에는 참람된 이름들이 있더라 내가 본 짐승은 표범과 비슷하고 그 발은 곰의 발 같고 그 입은 사자의 입 같은데 용이 자기의 능력과 보좌와 큰 권세를 그에게 주었더라 그의 머리 하나가 상하여 죽게 된 것 같더니 그 죽게 되었던 상처가 나으매 온 땅이 이상히 여겨 짐승을 따르고 용이 짐승에게 권세를 주므로 용에게 경배하고 짐승에게 경배하여 가로되 누가 이 짐승과 같으뇨 누가 능히 이로 더불어 싸우리요 하더라 또 짐승이 큰 말과 참람된 말하는 입을 받고 또 마흔두 달 일할 권세를 받으니라 짐승이 입을 벌려 하나님을 향하여 훼방하되 그의 이름과 그의 장막 곧 하늘에 거하는 자들을 훼방하더라 또 권세를 받아 성도들과 싸워 이기게 되고 각 족속과 백성과 방언과 나라를 다스리는 권세를 받으니 죽임을 당한 어린 양의 생명책에 창세 이후로 녹명(錄名)되지 못하고 이 땅에 사는 자들은 다 짐승에게 경배하리라"(계 13:1-8).

1. 로마 제국으로 보는 견해

'바다에서 올라온 짐승' 을 로마 제국으로 보는 이유는, 사도 요한 당시 로마 제국이 악과 사단 권세의 화신이었기 때문이다. 당시의 로마 제국은 바벨론을 상징하는 독수리의 날개를 가진 짐승과 메대, 바사를 상징하는 곰 같은 짐승과 헬라 제국을 상징하는 표범의 특성을 종합적으로 지닌 짐승의 모습을 연상시키고 있다고 보았다.

2. 로마 교회로 보는 견해

'바다에서 올라온 짐승' 을 상징하고 있는 정치적 권세와 땅에서 올라온 두 번째 짐승이 상징하고 있는 교회의 권세를 다 함께 행하고 있는 로마 교황제도를 취한 로마 교회로 보는 주장이다.

3. 교화를 박해하는 이단의 세력으로 보는 견해

'바다에서 올라온 짐승' 을 역사상 언제 어디서나 교회를 박해하는 특정의 세속적 세력으로 장차 나타날 적그리스도의 선구자 내지는 그 당시의 이단의 위협으로 보는 견해다.

4. 적그리스도 왕국의 절정으로 보는 견해

'바다에서 올라온 짐승' 을 다니엘 7장에 기록된 네 짐승의 혼합체로서 이 세상 말기에 나타날 적그리스도 왕국의 절정으로 보는 견해다.

5. 로마 교황으로 보는 견해

'바다에서 올라온 짐승' 을 로마의 정치적 · 정신적 지도자로 부상(浮上)한 로마 교황으로 보는 견해다.

6. 마지막 한 이레의 조약을 맺을 적그리스도로 보는 견해

'바다에서 올라온 짐승' 을 미래 종말에 있을 대환란기, 즉 다니엘이 예언했던 70이레 중 마지막 한 이레의 시작과 함께 나타나게 될 인격적인 한 인물로서의 적그리스도로 보는 견해다.

이상의 견해 가운데서 마지막 여섯 번째 견해가 성경에 가장 적합한 해석으로 여겨진다.

1) 13장의 내증으로부터 입증되기 때문이다.

(1) 용(龍)의 모습을 닮고 용으로부터 능력과 보좌와 큰 권세를 받는 것으로 입증된다.

'바다에서 올라온 한 짐승' 은 그 모습이 하늘전쟁에서 패배하고 땅으로 내어 쫓긴 '한 큰 붉은 용' 과 일치되고 있다.

> "하늘에 또 다른 이적이 보이니 보라 한 큰 붉은 용이 있어 머리가 일곱이요 뿔이 열이라 그 여러 머리에 일곱 면류관이 있는데"(계 12:3).

종말의 때에 땅으로 쫓겨나 그때가 얼마 남지 않은 용(龍)이 바다에서 올라온 짐승에게 자기의 능력과 보좌와 큰 권세를 주어 하나님을 훼방하고 교회와 성도들을 훼방하는 일을 행하게 한다.

> "……용이 자기의 능력과 보좌와 큰 권세를 그에게 주었더라……용이 짐승에게 권세를 주므로……짐승이 큰 말과 참람된 말 하는 입을 받고 또 마흔두 달 일할 권세를 받으니라 짐승이 입을 벌려 하나님을 향하여 훼방하되 그의 이름과 그의 장막 곧 하늘에 거하는 자들을 훼방하더라"(계 13:2-6).

그러므로 '바다에서 올라온 한 짐승' 은 사단의 하수인으로서 장차 종말에 나타나 하나님을 대적할 적그리스도임을 알 수 있다.

(2) 그의 통치 기간으로 입증된다.

이 장 5절 말씀은 짐승이 용(龍)으로부터 권세를 받아 큰 말과 참람된 말 하는 입을 받고 또 '마흔두 달 일할 권세를 받았다' 고 계시해 주고 있다.

짐승이 마흔두 달 일할 권세를 받은 것은, 다니엘이 예언한 70이레의 마지막 한 이레의 절반에 '제사와 예물을 금지할 것' (단 9:27)이라는 말씀과 일치하고, 예수님이 예언하신 대환란의 구분(마 24:4-29)과도 일치하므로 장차 종말의 7년 대환란 때 나타날 적그리스도임이 입증된다.

(3) 그의 통치 범위로 입증된다.

이 장 7절 말씀은 짐승이 '권세를 받아 성도들과 싸워 이기게 되고 각 족속과 백성과 방언과 나라를 다스리는 권세를 받았다' 고 계시해 주고 있다. 이 계시 말씀은 짐승의 통치 영역이 전 세계 모든 땅에 미칠 것임을 나타내고 있어, 짐승이 장차 일어날 세계 단일정부의 통치자인 적그리스도임을 입증해 준다.

2) 요한계시록의 내증으로부터 입증되기 때문이다.

본문에 계시된 일곱 머리 열 뿔을 가진 짐승의 정체에 대해서 요한계시록 17장에서 자세히 계시해 주고 있기 때문에 '바다에서 올라온 한 짐승' 은 곧 적그리스도를 나타냄이 명백히 입증된다.

> "천사가 가로되 왜 기이히 여기느냐 내가 여자와 그의 탄 바 일곱 머리와 열 뿔 가진 짐승의 비밀을 네게 이르리라 네가 본 짐승은 전에 있었다가 시방 없으나 장차 무저갱으로부터 올라와 멸망으로 들어갈 자니 땅에 거하는 자들로서 창세 이후로 생명책에 녹명(錄名)되지 못한 자들이 이전에 있었다가 시방 없으나 장차 나올 짐승을 보고 기이히 여기리라 지혜 있는 뜻이 여기 있으니 그 일곱 머리는 여자가 앉은 일곱 산이요 또 일곱 왕이라 다섯은 망하였고 하나는 있고 다른 이는 아직 이르지 아니하였으나 이르면 반드시 잠깐 동안 계속하리라 전에 있었다가 시방 없어진 짐승은 여덟째 왕이니 일곱 중에 속한 자라 저가 멸망으로 들어가리라 네가 보던 열 뿔은 열 왕이니 아직 나라를 얻지 못하였으나 다만 짐승으로 더불어 임금처럼 권세를 일시 동안 받으리라 저희가 한 뜻을 가지고 자기의 능력과 권세를 짐승에게 주더라 저희가 어린 양으로 더불어 싸우려니와 어린 양은 만유의 주시요 만왕의 왕이시므로 저희를 이기실 터이요 또 그와 함께 있는 자들 곧 부르심을 입고 빼내심을 얻고 진실한 자들은 이기리로다 또 천사가 내게 말하되 네가 본 바 음녀의 앉은 물은 백성과 무리와 열국(列國)과 방언들이니라" (계 17:7-15).

3) 다른 성경의 증거로부터 입증되기 때문이다.

'바다에서 올라온 한 짐승' 을 적그리스도로 보는 중요한 이유는 다른 성경의 증거 말씀들로부터 지지받기 때문이다.

(1) 다니엘서의 증거 내용으로부터 입증된다.

본문의 계시 배경이라 할 수 있는 다니엘 7장 말씀은 짐승이 적그리스도를 상징하고 있음을 입증해 준다.

> "다니엘이 진술하여 가로되 내가 밤에 이상을 보았는데 하늘의 네 바람이 큰 바다로 몰려 불더니 큰 짐승 넷이 바다에서 나왔는데 그 모양이 각각 다르니 첫째는 사자와 같은데 독수리의 날개가 있더니……둘째는 곰과 같은데 그것이 몸 한편을 들었고 그 입의 잇 사이에는 세 갈빗대가 물렸는데……또 본즉 다른 짐승 곧 표범과 같은 것이 있는데 그 등에는 새의 날개 넷이 있고 그 짐승에게 또 머리 넷이 있으며……넷째 짐승은 무섭고 놀라우며 또 극히 강하며 또 큰 철 이가 있어서 먹고 부숴뜨리고 그 나머지를 발로 밟았으며 이 짐승은 전의 모든 짐승과 다르고 또 열 뿔이 있으므로 내가 그 뿔을 유심히 보는 중 다른 작은 뿔이 그 사이에서 나더니 먼저 뿔 중에 셋이 그 앞에 뿌리까지 뽑혔으며 이 작은 뿔에는 사람의 눈 같은 눈이 있고 또 입이 있어 큰 말을 하였느니라……그때에 내가 그 큰 말하는 작은 뿔의 목소리로 인하여 주목하여 보는 사이에 짐승이 죽임을 당하고 그 시체가 상한 바 되어 붙는 불에 던진 바 되었으며 그 남은 모든 짐승은 그 권세를 빼앗겼으나 그 생명은 보존되어 정한 시기가 이르기를 기다리게 되었더라"(단 7:2-12).
> "모신 자가 이처럼 이르되 넷째 짐승은 곧 땅의 넷째 나라인데 이는 모든 나라보다 달라서 천하를 삼키고 밟아 부숴뜨릴 것이며 그 열 뿔은 이 나라에서 일어날 열 왕이요 그 후에 또 하나가 일어나리니 그는 먼저 있던 자들과 다르고 또 세 왕을 복종시킬 것이며 그가 장차 말로 지극히 높으신 자를 대적하며 또 지극히 높으신 자의 성도를 괴롭게 할 것이며 그가 또 때와 법을 변개코자 할 것이며 성도는 그의 손에 붙인

바 되어 한 때와 두 때와 반 때를 지내리라"(단 7:23-25).

다니엘이 본 넷째 짐승의 열 뿔에서 나오는 작은 뿔이 적그리스도를 상징하는 것이라는 견해는 무천년설이나 역사기 전천년설 학자들의 공통적인 주장이다.

우리가 다니엘 7장에 예언된 말씀을 해석할 때 주의해야 할 점은, 7장에 계시된 네 짐승을 역사에 등장했던 제국들로 해석하는 오류를 범하기 쉽다는 것이다.

여러 사람들이 다니엘 7장에 계시되고 있는 네 짐승을 이미 역사에 등장했던 제국들과 짝을 맞추어 설명하는 오해(誤解)를 범하고 있다.

첫 번째 짐승인 사자와 같은 짐승은 바벨론(주전 626~537년)을 상징하고, 두 번째 짐승인 곰과 같은 짐승은 메대 · 바사(주전 536~332년)를 나타내고, 세 번째 짐승인 표범과 같은 짐승은 헬라(주전 332~64년)를 나타내고, 네 번째 짐승인 열 뿔 짐승은 로마(주전 63-주후 476년(서로마), 주후 1453년(동로마)를 지칭하는 것으로 해석한다.

그러나 다니엘 7장의 계시내용을 자세히 읽어 보면 네 짐승이 역사에 등장했던 제국들을 상징하는 것으로 해석함이 옳지 않음을 드러낸다. 다니엘 7장에 계시되고 있는 네 짐승은 마지막 종말의 때에 동시에 출현하게 될 것임을 보여준다. 다니엘 7장 17절에 보면 "그 네 큰 짐승은 네 왕이라 세상에 일어날 것이로되"라고 증거하고 있다. 이 계시 예언은 네 나라가 장차 이 세상에 출현하게 될 것임을 입증 해주고 있다.

"세상에 일어날 것이로되"는 미래형의 표현이다. 이미 존재했던 제국들이 아니라 장차 이 세상에 나타날 것임을 예언하고 있음을 간과해서는 안 된다. 그 뒤를 이어 18절에서 "지극히 높으신 자의 성도들이 나라를 얻으리니 그 누림이 영원하고 영원하리라"고 예언하고 있다. 이는 네 짐승의 나라가 일어난 뒤에 '하나님의 나라'가 세워질 것임을 나타낸다.

이 나라가 신약 시대의 교회가 아닌 것은, 그 이후에 나오는 모든 말씀들이 '넷째 짐승'으로 등장하는 '작은 뿔'인 적그리스도를 최종적으로 심판하신 후에 등장하는 나라로 '한 이레'의 후반부에 속한 '한 때와 두 때와 반 때' 즉 적그리스도의 통치 기간인 후 3년 반이 지난 직후에 세워질 '하나님의 나라'를 나타내고 있기 때문이다.

다니엘 7장 11-12절에 보면 넷째 짐승이 멸망한 뒤에도 앞의 세 짐승의 나라는 여전히 보존되어 있다고 계시하고 있다. 그러므로 네 짐승을 지난 역사에 등장했던 제국들과 짝을 맞추어 해석하는 주장은 성경의 지지를 받지 못한다.

(2) 마태복음 24장의 예수님 예언의 말씀으로 입증된다.

예수님이 종말에 대해 예언해 주신 마태복음 24장 15절 이하의 증거말씀에 보면 "그러므로 너희가 선지자 다니엘의 말한 바 멸망의 가증한 것이 거룩한 곳에 선 것을 보거든(읽는 자는 깨달을 진저)……그때에 큰 환난이 있겠음이라 창세로부터 지금까지 이런 환난이 없었고 후에도 없으리라 그날들을 감하지 아니할 것이면 모든 육체가 구원을 얻지 못할 것이나 그러나 택하신 자들을 위하여 그날들을 감하시리라 그때에 사람이 너희에게 말하되 보라 그리스도가 여기 있다 혹 저기 있다 하여도 믿지 말라 거짓 그리스도들과 거짓 선지자들이 일어나 큰 표적과 기사를 보이어 할 수만 있으면 택하신 자들도 미혹하게 하리라"(마 24:15-24)고 증거하고 있다.

예수님이 예언하실 때 인용하신 다니엘서의 말씀은 다니엘 9장

27절 말씀이다.

> "그가 장차 많은 사람으로 더불어 한 이레 동안의 언약을 굳게 정하겠고 그가 그 이레의 절반에 제사와 예물을 금지할 것이며 또 잔포하여 미운 물건이 날개를 의지하여 설 것이며 또 이미 정한 종말까지 진노가 황폐케 하는 자에게 쏟아지리라"(단 9:27).

이상의 말씀들은, 사도 요한이 본 바다에서 올라온 짐승 사건과 한 맥락을 이루고 있다. 즉 바다에서 올라온 짐승이 용으로부터 능력과 보좌와 큰 권세를 받아 대환란기의 후 3년 반인 마흔두 달 동안을 통치하는 사건을 묘사하는 계시 예언이다. 그러므로 바다에서 올라온 짐승은 마지막 한 이레인 7년 대환란기에 등장할 적그리스도임이 입증된다.

(3) 사도 바울의 가르침으로 입증된다.

바울 사도가 데살로니가 교회에 보낸 편지인 데살로니가후서 2장 3-4절에 보면 "누가 아무렇게 하여도 너희가 미혹하지 말라 먼저 배도(背道)하는 일이 있고 저 불법의 사람 곧 멸망의 아들이 나타나기 전에는 이르지 아니하리니 저는 대적하는 자라 범사에 일컫는 하나님이나 숭배함을 받는 자 위에 뛰어나 자존(自尊)하여 하나님의 성전에 앉아 자기를 보여 하나님이라 하느니라"라고 가르쳐 주고 있다.

이는 다니엘의 예언과 예수님의 가르침에 일치하는 내용으로 본문에 계시된 '바다에서 올라온 한 짐승'이 마지막 대환란기에 나타날 적그리스도를 상징하고 있음을 입증해 주는 말씀이다. 본문에 계시된 짐승의 모습은 다니엘 7장에 계시되고 있는 짐승의 모습을 한 몸에 모두 지니고 있음을 보여준다. 우리는 이 짐승이 얼마나 교활하고 신속한 공격력과 강한 힘을 가진 통치자인지를 알 수 있다. 이 짐승은 사단으로부터 모든 능력과 보좌와 권세를 부여받았다. 세상에 등장한 모든 악의 총화, 그것을 이 짐승이 한 몸에 지니고 있음을 계시하신 것은 성도들이 경각심을 갖고 깨어 있기를 바라시는 주님의 음성이다.

> "근신하라 깨어라 너희 대적 마귀가 우는 사자같이 두루 다니며 삼킬 자를 찾나니 너희는 믿음을 굳게 하여 저를 대적하라 이는 세상에 있는 너희 형제들도 동일한 고난을 당하는 줄을 앎이니라 모든 은혜의 하나님 곧 그리스도 안에서 너희를 부르사 자기의 영원한 영광에 들어가게 하신 이가 잠깐 고난을 받은 너희를 친히 온전케 하시며 굳게 하시며 강하게 하시며 터를 견고케 하시리라"(벧전 5:8-10).

Question 문제 2

땅에서 올라온 짐승

"내가 보매 또 다른 짐승이 땅에서 올라오니 새끼 양같이 두 뿔이 있고 용처럼 말하더라 저가 먼저 나온 짐승의 모든 권세를 그 앞에서 행하고 땅과 땅에 거하는 자들로 처음 짐승에게 경배하게 하니 곧 죽게 되었던 상처가 나은 자니라 큰 이적을 행하되 심지어 사람들 앞에서 불이 하늘로부터 땅에 내려오게 하고 짐승 앞에서 받은 바 이적을 행함으로 땅에 거하는 자들을 미혹하며 땅에 거하는 자들에게 이르기를 칼에 상하였다가 살아난 짐승을 위하여 우상을 만들라 하더라 저가 권세를 받아 그 짐승의 우상에게 생기를 주어 그 짐승의 우상으로 말하게 하고 또 짐승의 우상에게 경배하지 아니하는 자는 몇이든지 다 죽이게 하더라 저가 모든 자 곧 작은 자나 큰 자나 부자나 빈궁한 자나 자유한 자나 종들로 그 오른손에나 이마에 표를 받게 하고 누구든지 이 표를 가진 자 외에는 매매를 못하게 하니 이 표는 곧 짐승의 이름이나 그 이름의 수(數)라" (계 13:11-17).

본문에 계시된 '땅에서 올라온 짐승' 에 대한 해석에는 다음과 같은 몇 가지 견해가 주장되고 있다.

1. 교황으로 보는 견해

'바다에서 올라온 한 짐승' 을 로마로 보는 사람들은 '땅에서 올라온 짐승' 을 로마 교황으로 본다. 초기 개혁가들은 주로 이 견해를 주장하고 있다.

2. 이교(異敎)의 제사장직으로 보는 견해

'바다에서 올라온 한 짐승' 을 회생한 네로 황제로 보는 사람들은 '땅에서 올라온 짐승' 을 황제 숭배를 강요했던 이교의 제사장직으로 본다.

3. 사제(성직자)의 박해 세력으로 보는 견해

'바다에서 올라온 한 짐승' 을 세속적인 박해 세력(이교도나 교황)으로 보는 사람들은 '땅에서 올라온 짐승' 을 사제(성직자)의 박해 세력으로 본다.

4. 거짓 선지자로 보는 견해

'바다에서 올라온 한 짐승' 을 마지막 종말에 있을 대환란기에 나타날 적그리스도로 보는 사람들은 '땅에서 올라온 짐승' 을 적그리스도를 도와 사람들을 미혹하는 거짓 선지자로 본다.

위의 네 가지 견해 중에서 마지막 네 번째 견해가 가장 성경적인 주장이다.

1) 본문의 내증으로 입증되기 때문이다.

'땅에서 올라온 짐승' 이 거짓 선지자를 상징한다는 증거가 본문의 계시 속에서 입증되고 있다.

(1) 짐승의 말이 그를 입증한다.

말을 통해 그 사람의 정체성이 드러나는 것이다.

마태복음 26장에 보면, 예수님이 가야바 법정에 끌려갔을 때 베드로가 예수님을 부인하는 장면이 증거되고 있다. 이때 베드로의 곁에 섰던 사람이 베드로에게 "너도 진실로 그 당이라 네 말소리가 너를 표명한다"(마 26:73)라고 지적하고 있다.

그 말이 그 사람의 정체성을 표명하는 것이다. 그런데 본문이 땅에서 올라온 짐승에 대해 '용처럼 말하더라' 라고 계시하고 있어, 그가 거짓의 아비인 사단의 말로 사람들을 미혹하는 거짓 선지자임이 입증된다.

> "너희는 너희 아비 마귀에게서 났으니 너희 아비의 욕심을 너희도 행하고자 하느니라 저는 처음부터 살인한 자요 진리가 그 속에 없으므로 진리에 서지 못하고 거짓을 말할 때마다 제 것으로 말하나니 이는 저가 거짓말장이요 거짓 아비가 되었음이니라"(요 8:44).

(2) 그의 사역이 그를 입증한다.

'땅에서 올라온 짐승' 은 '바다에서 올라온 짐승' 의 모든 권세를 행하고, 땅과 땅에 거하는 자들을 처음 짐승인 바다에서 올라온 짐승에게 경배하게 하고, 짐승을 위하여 우상을 만들어 말하게 하고 또 짐승의 우상에게 경배하지 않는 자는 몇이든지 다 죽이게 하는 사역을 보여주고 있다. 땅에서 올라온 짐승은 바다에서 올라온 짐승을 우상화시켜 섬기도록 미혹하는 거짓 선지자임이 그의 사역을 통해 입증된다.

2) 요한계시록의 내증으로 입증된다.

'땅에서 올라온 짐승' 이 거짓 선지자를 나타낸다는 요한계시록의 내증으로 입증되고 있다.

요한계시록 19장 20절은 "짐승이 잡히고 그 앞에서 이적을 행하던 거짓 선지자도 함께 잡혔으니 이는 짐승의 표를 받고 그의 우상에게 경배하던 자들을 이적으로 미혹하던 자라 이 둘이 산 채로 유황 불붙는 못에 던지웠다"고 계시해 주고 있다.

이 계시 예언 말씀에서 짐승은 '바다에서 올라온 한 짐승'(적그리스도)을 나타내고 있고, 그 앞에서 이적을 행하던 거짓 선지자는 본문에 계시된 '땅에서 올라온 짐승' 을 나타내므로 땅에서 올라온 짐승이 곧 거짓 선지자임이 명확히 입증되고 있다.

3) 예수님의 말씀으로 입증된다.

예수님은 종말장인 마태복음 24장에서, 마지막 대환란기에 적그리스도와 함께 거짓 선지자들도 일어나서 큰 표적과 기사로 할 수만 있으면 택하신 자들도 미혹하게 하리라고 말씀하셨다.

> "이는 그때에 큰 환난이 있겠음이라 창세로부터 지금까지 이런 환난이 없었고 후에도 없으리라……그때에 사람이 너희에게 말하되 보라 그리스도가 여기 있다 혹 저기 있다 하여도 믿지 말라 거짓 그리스도들과 거짓 선지자들이 일어나 큰 표적과 기사를 보이어 할 수만 있으면 택하신 자들도 미혹하게 하리라"(마 24:21-24).

마태복음 7장 15절 말씀에서는 거짓 선지자들이 양의 옷을 입고 성도들을 속이는 노략질하는 이리와 같이 활동할 것임을 경계하라고 가르치신다.

> "거짓 선지자들을 삼가라 양의 옷을 입고 너희에게 나아오나 속에는 노략질하는 이리라"(마 7:15).

문제 3 Question

짐승의 수 666

"저가 모든 자 곧 작은 자나 큰 자나 부자나 빈궁한 자나 자유한 자나 종들로 그 오른손에나 이마에 표를 받게 하고 누구든지 이 표를 가진 자 외에는 매매를 못하게 하니 이 표는 곧 짐승의 이름이나 그 이름의 수(數)라 지혜가 여기 있으니 총명 있는 자는 그 짐승의 수를 세어 보라 그 수는 사람의 수니 육백육십육이니라"(계 13:16-18).

교부 시대 이래로 많은 학자들이 본문에 계시된 짐승의 수인 666의 의미를 해석하기 위해 많은 노력과 수고를 기울여왔지만 만족할 만한 해답을 얻지는 못했다.

짐승의 이름이나 그 이름의 수(數) '육백육십육' 에 대한 세 가지 견해를 살펴보자.

1. 네로로 보는 견해

'바다에서 올라온 짐승'을 과거에 죽었던 네로의 환생설(還生說)로 보는 이들은 '그 이름의 수' 라는 말씀에 근거하여 '네로 황제'를 뜻하는 'Nero Ceaser'를 히브리어로 음역할 경우 '네론 가이살'이 되고 이를 게마트리아(gematria)로 계산하면 '666' 이 된다고 주장한다.

2. 영적인 것으로 보는 견해

짐승을 그리스도를 대적하는 세상의 나라들로 보는 사람들은, 짐승의 표인 '666' 이 사단의 사주를 받은 짐승 세력을 상징한다고 본다.

3. 문자적으로 보는 견해

짐승의 이름이나 그 이름의 수인 '666'을 문자적으로 해석하여 마지막 종말의 때에 적그리스도의 통치 기간인 후 3년 반에 짐승을 추종하는 세력들에게 그 오른손이나 이마에 '666' 표를 찍어 통치 수단으로 사용할 것이라고 보는 견해다.

위의 세 가지 견해 중에서 마지막 세 번째 견해가 가장 적합한 성경적 해석이라고 생각된다.

1) 요한계시록의 계시특성 때문이다.

요한계시록의 계시 말씀들은 사도 요한이 장차 반드시 속히 될 일들을 직접 보고 들은 내용을 기록하여 증거한 말씀임을 전제로 하고 있다.

> "예수 그리스도의 계시라 이는 하나님이 그에게 주사 반드시 속히 될 일을 그 종들에게 보이시려고 그 천사를 그 종 요한에게 보내어 지시하신 것이라 요한은 하나님의 말씀과 예수 그리스도의 증거 곧 자기의 본 것을 다 증거하였느니라"(계 1:1-2).

> "또 그가 내게 말하기를 이 말은 신실하고 참된지라 주 곧 선지자들의 영의 하나님이 그의 종들에게 결코 속히 될 일을 보이시려고 그의 천사를 보내셨도다……이것들을 보고 들은 자는 나 요한이니 내가 듣고 볼 때에 이 일을 내게 보이던 천사의 발 앞에 경배하려고 엎드렸더니"(계 22:6-8).

사도 요한은 본문의 계시 내용에서 짐승의 표를 가진 자 외에는 시장에서 사고파는 매매(賣買) 행위가 금지되는 현상을 직접 보았다. 사도 요한이 거짓 선지자가 등장하여 짐승의 표를 사람의 오른손이나 이마에 받게 하고 그 표를 받지 않은 자들은 매매 행위를 통제하는 것을 직접 보고 증거하고 있기 때문에 본문의 계시 내용을 문자적으로 보는 것이 타당하다.

2) 다른 성경과 조화를 이루기 때문이다.

요한계시록은 많은 부분이 구약을 배경으로 하고 있거나 직접 인용하고 있다. 본문의 계시 내용은 역대하 9장 13절의 "솔로몬의 세입금의 중수가 육백육십육 금 달란트요"라는 말씀을 배경으로 하고 있다.

솔로몬의 영화로운 통치는 '육백육십육 금 달란트'의 세입금을 거둔 후 그의 죽음으로 끝났다. 솔로몬의 666 금 달란트 세입금에 대한 구약의 증거는 본문을 예표하는 그림자다. 그러므로 실체가 되는 본문의 사건도 영적인 것이 아니라 실질적으로 이루어질 매매 수단과 통제 수단이 될 것임을 보여준다.

3) 실제적인 징조와 현상들이 나타나고 있기 때문이다.

전자 · 정보 · 통신산업의 발달과 유전공학의 발달로 오늘 이 시대 우리 현실 속에 통제 수단의 형태로 나타나고 있기 때문에 영적이 아니라 실질적으로 이루어질 사건으로 본다.

'666' 표를 사람의 오른손이나 이마에 받게 하여 매매의 통제 수단으로 사용하고, 그 표를 받는 자는 하나님의 진노의 포도주를 마시고 밤낮 쉼을 얻지 못하는 하나님의 심판을 받게 된다고 예언하고 있는 요한계시록의 계시 예언이 오늘 이 시대에 실제적으로 어떻게 이루어지고 있는지, 미국 덴버에 있는 찬양의 교회를 담임하고 있는 장 조셉 목사의 《너 마크》(*The Mark*)라는 저서의 내용을 소개하면 다음과 같다.

> ……세계정부가 문제가 되는 것은 이 계획이 사단의 음모라는 것이 성경에 이미 예언되어 있기 때문이다. 사단은 이 계획이 외면적으로는 모든 인류에게 도움이 되는 구상인 것처럼 하고 있지만, 사실은 인류를 사단의 수하인 적그리스도의 통치를 받게끔 획책하는 것이다. 그리고 결과적으로는 사람들로 하여금 예수 그리스도와 분리시켜서 지옥으로 끌고 간다.
>
> 지난 2천 년 동안 기독교인들은 예수를 구주로 믿고 있다. 하지만 예수께서 말씀하신 말세에 관한 것은 믿으려 하지 않는다. 설마 그런 날이 오겠는가? 무슨 수로 적그리스도가 온 인류를 자신의 노예로 묶어버리겠는가? 짐승의 표를 받지 않으면 매매를 못한다는 것은 '실제의 짐승의 표를 의미하는 것이 아니라 왕에게 미움을 사면 살기 힘들다는 암시일 뿐이다' 라고 성경을 자기 편리대로 해석해 왔다.

……미국의 세계미래협회(WFS)가 발행하는 〈퓨처리스트〉 지는 이미 1997년 1월호에서 21세기에는 최소형의 칩을 인간의 몸에 삽입하여 신용카드나 신분증, 여권 등을 따로 가지고 다닐 필요가 없을 것이라고 예측했다.

2004년 7월 AP통신 보도에 따르면, 멕시코 정부가 법무부 장관을 비롯한 검사와 수사관 160명의 몸에 전자태그 칩을 이식한 것으로 드러났다. 주요 정도기관에 출입할 때 보완 및 신원 확인을 위한 것이라고 했는데, 사용된 칩은 미국 ADS사가 생산한 것으로 주사기를 사용해 피부 밑에 이식했다.

미국 버클리 캘리포니아 대학 연구진은 2000년 2월에 인체세포를 전자 칩 회로와 결합시킨 생체 칩을 개발했다고 발표했다. 그리고 미국 정보기관의 연구에 따르면 피부의 온도 변화에 따라 재충전되는 배터리를 내장한 반도체를 이식하기 적당한 위치는 이마와 손등이라고 했다. ……생체 칩은 성경에서 말한 특징과 많은 부분이 흡사하게 드러나고 있다.

사회생활이나 경제활동을 하지 않는 사람도 주민등록증을 가지고 있는 것처럼 사람의 신분을 확인하고 관리하기 위해 모든 사람이 받게 할 것이다.

이것이 요한계시록에 명시되어 있다. 그래야만 적그리스도가 666표를 이용해 전 세계와 모든 사람을 장악할 수 있기 때문이다. ……짐승에게 경배하면 표를 받는 것으로 보아, 적그리스도의 지배와 사단을 우상화하는 작업을 가능케 하기 위해서는 사람의 이성, 마음, 생각을 바꿀 수 있는 기능, 즉 인간의 뇌파를 바꾸거나 유전자 조작이 가능한 기능들이 666표에 있을 것이기 때문이다. ……666표는 현재 사용 중인 현금과 수표, 신용카드 등을 대체할 것이며 이전에 사용하던 매매수단보다 훨씬 더 편리함을 줄 것이다. 그래야만 현금과 수표, 신용카드 등을 사용하지 못하게 하고 666표를 통해서만 매매활동을 가능케 할 명분을 갖게 되기 때문이다. 즉 666표는 현금과 수표, 신용카드 없이 매매, 상거래, 유통을 가능하게 하는 획기적인 발전을 이루는 기술일 것이며 바로 이러한 특징들이 생체 칩을 통해 잘 드러내고 있다. 그런데도 사람들이 짐승의 표를 받지 않으면 매매를 못한다는 것은 실제(realety)가 아니라 상징(symbol)이라고 인식하고 있다.

어떤 이들은 '예수를 믿는 사람은 이미 구원을 받았으므로 짐승의 표와는 상관이 없다. 또는 예수 이름이 권세가 있으므로 모르고 받았다면 예수 이름으로 기도할 때 그 기능이 소멸된다. 또는 빼버리면 된다는 식으로 예수님과 멀어지게 하는 말들을 하는데, 이런 말로 예수님의 가슴에 못을 박고 있는 이 세대를 보시는 하나님은 얼마나 분노하시겠는가? 생체 칩은 새 세계질서 정책을 완수하는 데 가장 중요한 핵심부분이다. ……1940년대에 처음으로 디지털 시스템을 만들 때 알파벳 26자에 6씩 건너뛰는 숫자를 배열시킨 것이 컴퓨터 코드(Computer Code)다.

A-6, B-12, C-18, D-24, E-30, F-36, G-42, H-48, I-54, J-60, K-66, L-72, M-78, N-84, O-90, P-96, Q-102, R-108, S-114, T-120, U-126, V-132, W-138, X-144, Y-150, Z-156. ……컴퓨터 코드(Computer Code)는 사람이 만들었다.

C	O	M	P	U	T	E	R

18 + 90 + 78 + 96 + 126 + 120 + 30 + 108 = 666

사람의 몸은 30억 개의 세포(cell)로 이루어져 있다. 세포 안에 세포핵이 있고, 그 안에는 유전정보를 담은 염색체(chromosome)가 있다. 염색체 안에 일정한 순서로 배열되어 실 모양으로 꼬인

염색사가 유전자(DNA)다. 이러한 유전자 하나하나에 핵산이 있고 핵산이 모인 것을 염색체라고 하는데, 염색체는 유전자의 염기 배열에 의해 결정된다. 인간의 DNA를 구성하는 DNA 염기는 아데닌(Adenine-A), 시토신(Cytosine-C), 구아닌(Guanine-G), 티민(Thymine-T) 등 네 종류로 분류된다.

단일염기변이(Single nucleotide Polymorphisms-SNP) 300만 개는 각기 그 형성에 따라 A, C, G, T로 분류되고, 매개마다 번호를 붙였다. 이렇게 붙여진 번호가 A, C, G, T 중에서 각기 짝을 찾는 것을 인간유전자부호(Human Genome Code 또는 DNA Code)라 한다.

DNA 300만 개를 확인하고 조율하는 128개 DNA 코드가 일련번호(16자리 코드)와 함께 생체 칩 안에 들어 있다. ……모든 사람은 DNA가 99.9퍼센트가 같다.

30억 개의 염기 가운데 0.1퍼센트, 즉 3백만 개의 염기가 사람마다 다르다. 바로 이것이 눈과 피부색, 인종, 생김새, 체질, 질병의 감수성의 차이점을 만든다. ……선진국에서 연구해왔던 프로젝트 중, 미국은 지난 40년 동안 에너지 자원부가 지원하여 사람 몸 안에 있는 인간 유전자의 근본 뿌리에서 유전자 지도를 찾아냈다.

⋮

2004년 2월 4일, 〈월드 넷 데일리〉(*World Net Daily*)에 따르면, 그해 7월에 대통령 비서관 중의 한 명인 노먼 미네타(Norman Mineta)가 새로 개발된 128개 DNA 코드를 16자리 코드 속에 함께 포함시켜(inclusion) 생체 칩 속에 넣을 것을 건의했고, 클린턴 대통령은 그것을 승인했다. 이것이 '미네타 인클루션'(Mineta Inclusion)이다. 미네타 인클루션이라는 말에는 128개 DNA 코드를 16자리 코드에 일련번호와 함께 포함시켜(Inclusion) 넣는다는 뜻이 숨겨져 있다.

TX-1400-B 12mm x 2mm(0.23g) : 사람에게 넣는 것(128개 DNA 코드가 들어 있음) 전류 : 134.2KHZ 온도 유지 : -25c ~ +50c ……

생체 칩 생산을 총괄하는 회사가, 정부의 특허 신청에서 자사 제품인 생체 칩은 사람이 어디에 있든지 GPS로 추적되며, 128개 DNA 코드로 사람의 병을 치유한다고 발표하였다. 그러므로 알지도 못하면서 단순한 추측이나 남의 말만 듣고 생체 칩 안에 128개 DNA 코드가 없다거나 666표가 아니라고 말하는 사람들의 미혹에 속지 말아야 한다.

⋮

세계를 하나로 만들어서 독재 통치를 갈망하는 자들은 앞으로 인간 유전자 코드를 역으로 이용할 것이다. 인간을 노예로 만드는 정책을 시행하려 할 때, 개개인에게 다르게 나타나는 3백만 개의 유전형질을 바꾸는 것이다.

지금은 생체 칩 속에 들어 있는 128개 DNA 코드 중에서 32개 코드만 움직이고, 나머지 96개 코드는 움직이지 않고 있는데, 전체를 움직이게 하면 사람의 행동과 생각까지 조정할 수 있게 된다. 이렇게 되면 체질과 행동과 마음과 생각까지 바뀌기 때문에 예수님은 짐승의 표를 받지 말라고 하신 것이다. 따라서 반은 사람, 반은 기계(cyborg)가 된다.

이것이 성경에서 말하는 666표 또는 짐승의 이름이라고 일컬어지는 개인번호라는 것이다. 이는 인간이 출생될 때 하나님이 주신 유전자를 지워버리고 지구 정부 통치자의 명령 체계에 따르게 만드는 DNA 코드로 바꾼다는 것이다.

⋮

삼각 통치를 만드는 데 주역을 담당했던 브레진스키는 자신의 저서 《두 시대 사이》에서 '인간이 성숙된 생명을 유지하려고 창조적인 재연의 활동을 전개시키는 것은 인간이 창조주를 이겼다고 확신하는 것' 이라고 하였다. ……하나님이 만든 인간의 유전자를 다시 바꾸는 것이 666표다. 그들은 하나님께서 각 사람마다 다르게 만들어놓은 유전형질을 지구 정부 통치자만을 섬기는 DNA로 바꾸려 하는 것이다.

인간이란 하나님을 경배하며 자유롭게 삶을 영위하는 존재다. 그러한 인간이 하나님을 대적하고, 대신에 짐승이라 일컫는 지구 정부 통치자를 섬기면서 찬양하고 666표를 받으면 인간은 로봇이 되는 것이다. 인체의 유전자 지도를 만든 것은 인류를 파멸로 몰아넣는 결과를 가져올 것이다. 이것을 세뇌(brainwash) 또는 전향(convert)이라고 한다.

하나님께서 주신 인간 본래의 마음을 지워버리고 지구 정부 통치자의 뜻대로 움직이도록 하려는 무서운 일이 666제도다. 그런데도 많은 사람이 666표는 단순히 상징이라고 한다. 더러는 예수 믿는 교인들은 대환란 전에 다 휴거되므로 그런 것은 몰라도 된다고 말한다.

요한계시록 16장으로 넘어가면 하나님께서 대접 재앙으로 진노하실 때, 진노를 받는 대상은 짐승의 표를 받고 지구 정부 통치자에게 경배하는 자들이다. 육신은 불로 태움을 당하고 영은 유황으로 타는 불못으로 들어간다고 경고한다. 이래도 짐승의 표가 우리와 상관이 없는 단순한 상징인가?"(지혜의 일곱기둥, 장 조셉, 《더 마크》, 142-154쪽)

컴퓨터의 사용이 일반화되고, 인터넷 정보망이 전 세계에 깔리고, 인간의 유전자가 해독되고 게놈 지도가 완성되면서 세계 정부 통치자가 인류를 통제할 수 있는 기틀이 급속하게 현실화되고 있다. 본문에 계시된 666표가 단순한 상징이거나 영적인 의미가 아니라 실제적인 징조들로 현실 속에서 상용화되고 있는 이 시대를 살아가는 성도들은, 성경의 음성에 귀를 기울이고 바르게 알고 바르게 믿어 미혹하는 거짓 선지자들의 속임수에 넘어가지 않도록 깨어 있어야 할 것이다.

> "근신하라 깨어라 너희 대적 마귀가 우는 사자같이 두루 다니며 삼킬 자를 찾나니 너희는 믿음을 굳게 하여 저를 대적하라……"(벧전 5:8-9).
>
> "또 다른 천사 곧 셋째가 그 뒤를 따라 큰 음성으로 가로되 만일 누구든지 짐승과 그의 우상에게 경배하고 이마에나 손에 표를 받으면 그도 하나님의 진노의 포도주를 마시리니 그 진노의 잔에 섞인 것이 없이 부은 포도주라 거룩한 천사들 앞과 어린 양 앞에서 불과 유황으로 고난을 받으리니 그 고난의 연기가 세세토록 올라가리로다 짐승과 그의 우상에게 경배하고 그 이름의 표를 받는 자는 누구든지 밤낮 쉼을 얻지 못하리라 하더라 성도들의 인내가 여기 있나니 저희는 하나님의 계명과 예수 믿음을 지키는 자니라"(계 14:9-12).

14장의 난해문제

문제 1 / 시온 산에 선 십사만사천(계 14:1-5)

문제 2 / 곡식과 포도송이 추수(계 14:14-20)

Question 문제 1

시온 산에 선 십사만사천

"또 내가 보니 보라 어린 양이 시온 산에 섰고 그와 함께 십사만사천이 섰는데 그 이마에 어린 양의 이름과 그 아버지의 이름을 쓴 것이 있도다 내가 하늘에서 나는 소리를 들으니 많은 물소리도 같고 큰 뇌성도 같은데 내게 들리는 소리는 거문고 타는 자들의 그 거문고 타는 것 같더라 저희가 보좌와 네 생물과 장로들 앞에서 새 노래를 부르니 땅에서 구속함을 얻은 십사만사천 인밖에는 능히 이 노래를 배울 자가 없더라 이 사람들은 여자로 더불어 더럽히지 아니하고 정절이 있는 자라 어린 양이 어디로 인도하든지 따라가는 자며 사람 가운데서 구속을 받아 처음 익은 열매로 하나님과 어린 양에게 속한 자들이니 그 입에 거짓말이 없고 흠(欠)이 없는 자들이더라"(계 14:1-5).

'어린 양과 함께 시온 산에 섰는 십사만사천' 의 무리에 대한 여러 가지 해석이 주장되고 있다.

1. 유대인의 무리로 보는 견해

'어린 양과 함께 시온 산에 서 있는 십사만사천의 무리' 를 7장 4절에서 하나님의 인 맞은 십사만사천의 종들과 동일한 무리로 보고, 이들을 대환란의 전 3년 반 동안 전도의 사명을 받은 유대인의 무리로 보는 견해다.

2. 구원받은 성도의 총칭으로 보는 견해

'어린 양과 함께 시온 산에 서 있는 십사만사천의 무리'를 7장 4절의 하나님의 인 맞은 십사만사천의 하나님의 종들과 동일한 무리로 보고 또한 7장 9절 이하의 흰옷 입은 큰 무리와도 동일한 무리들로 보아, 구원받은 성도의 총칭으로 보는 견해다.

3. 흰옷 입은 큰 무리와 동일한 무리로 보는 견해

'어린 양과 함께 시온 산에 서 있는 십사만사천의 무리'를 7장 4절에 계시된 십사만사천의 하나님의 인 맞은 종들과는 구별된 무리로 보고, 7장 9-17절에 계시된 흰옷 입은 큰 무리와 동일한 무리로 보며, 구속함을 받은 무리 전체를 묘사하는 것으로 보는 견해다.

4. 하나님의 인 맞은 종들과 동일한 무리로 전 3년 반 동안 추수 사명을 감당할 종들로 보는 견해.

'어린 양과 함께 시온 산에 서 있는 십사만사천의 무리'를 7장 4절의 하나님의 인 맞은 십사만사천의 종들과 동일한 무리로 보고, 7장 9절 이하의 흰옷 입은 큰 무리들과는 구별되는 것으로 본다. 이들은 대환란 전반부인 전 3년 반 동안 주님의 보내심을 받아 추수의 사명을 감당할 종들을 지칭한다고 보는 견해다.

5. 하나님의 인 맞은 종들과 동일한 무리로 후 3년 반 동안 복음 증거 사명을 감당할 두 증인과 같은 종들로 보는 견해

'어린 양과 함께 시온 산에 서 있는 십사만사천의 무리' 를 7장 4절의 하나님의 인 맞은 십사만 사천의 종들과 동일한 무리로 보고, 7장 9절 이하의 흰옷 입은 큰 무리와는 구별되는 것으로 본다. 이들은 7년 대환란의 후 3년 반 동안 하나님의 말씀과 예수 그리스도의 복음을 증거하다가 순교할 두 증인과 같은 종들로 본다.

이상의 견해 가운데 마지막 견해가 가장 성경적 해석이다.

1) 요한계시록의 계시목적과 조화됨으로 입증된다.

그 이마에 어린 양의 이름과 그 아버지의 이름을 쓴 십사만사천 명이 어린 양과 함께 시온 산에 서 있는 모습을 계시해 주고 있는 본문 말씀의 일차적 수신자는 사도 요한 당시의 로마와 육적 유대인들의 핍박 속에서 고난받고 있는 초대 교회들이다.

예수님께서 사도 요한에게 본문의 내용을 계시하시고 기록하여 증거하신 일차적 목적은 사도 요한 당시 환난과 핍박 속에 고난받고 있는 아시아의 일곱 교회를 중심한 초대 교회 성도들을 위로하고 격려하며, 힘과 용기를 심어 주고, 꿈과 소망을 견고히 가짐으로 끝까지 참고 인내하여 신앙의 승리자가 되도록 이끌기 위함이다.

7장에서 자세히 언급한 것처럼 십사만사천 명의 하나님의 인 맞은 종들이나 이 장에 계시된 어린 양과 함께 시온 산에 서 있는 십사만사천의 무리들을 육적 이스라엘 백성들로 보는 것은 요한계시록의 계시 목적과 조화를 이루지 못하므로 수용하기 어려운 주장이다.

이 장의 계시 말씀을 전해들은 초대 교회 성도들은 분명 어린 양 예수 그리스도와 함께 시온 산에서 있는 자신의 모습을 연상하며 큰 위로와 용기를 얻고 죽기까지 충성할 것을 다짐했을 것이다.

본문의 계시 말씀은 초대 교회와 종말의 교회에 이르기까지 하나님의 말씀과 예수 그리스도의 복음을 증거하며 믿음의 정절을 지키는 사명을 감당하면서 환난과 핍박을 받고 고난당하는 모든 성도들에게 위로와 능력이 되는 계시 말씀임에 틀림없다.

> "……네가 죽도록 충성하라 그리하면 생명의 면류관을 네게 주리라"(계 2:10).
> "성령이 친히 우리 영으로 더불어 우리가 하나님의 자녀인 것을 증거하시나니 자녀이면 또한 후사(後嗣) 곧 하나님의 후사요 그리스도와 함께한 후사니 우리가 그와 함께 영광을 받기 위하여 고난도 함께 받아야 될 것이니라 생각건대 현재의 고난은 장차 우리에게 나타날 영광과 족히 비교할 수 없도다"(롬 8:16-18).

2) 요한계시록의 내증(內證)과 조화됨으로 입증된다.

본문에 계시되고 있는 시온 산에 서 있는 십사만사천의 무리가 7장에 계시된 십사만사천의 하나님의 인 맞은 종들과 동일한 무리며, 이들은 7년 대환란의 후 3년 반 동안 신앙의 정절을 지키며 하나님의 말씀과 예수 그리스도의 복음 증거 사명을 감당하다가 순교당할 종들임이 요한계시록 내증을 통해 입증된다.

(1) 동일한 숫자임이 이를 입증한다.

7장에서 하나님의 인 맞은 종들의 숫자와 본문에 계시된 어린 양과 함께 시온 산에 서 있는 무리의 숫자가 동일하게 '십사만사천의 무리들' 이다.

십사만사천 인을 구원받은 총수로 해석하는 것은 요한계시록의 내증과 조화되지 못하므로 거부되는 주장이다. 7장에 계시된 말씀을 보면 십사만사천 명의 하나님의 인 맞은 종들은 이스라엘 12지파 중에서 각 지파마다 12,000명씩 뽑아서 인을 치고 있다. 그러므로 십사만사천 명의 하나님의 인 맞은 종들은 구원받은 성도의 총수가 될 수 없다. 영적 이스라엘 12지파에 속한 모든 백성들이 구원받은 백성인데 그중에 각 지파마다 일만이천 명씩 선별하여 인을 쳤음을 계시하고 있음을 볼 때, 십사만사천 명의 하나님의 인 맞은 종들은 7년 대환란의 후 3년 반 동안 복음 증거의 사명을 감당하며 신앙의 정절을 지키다가 순교당한 후에 처음 익은 열매(첫째 부활에 동참하는 축복을 받음)로 하나님과 어린 양에게 속해 시온 산에 서 있는 것으로 보는 것이 타당하다.

(2) 이마의 이름이 이를 입증한다.

본문에 계시된 십사만사천의 무리들과 7장에 계시된 십사만사천 명의 하나님의 종들이 동일한 무리임은 어린 양과 함께 시온 산에 선 십사만사천의 무리들 이마에 기록된 '어린 양의 이름과 그 아버지 이름' 으로 입증된다.

본문에 계시된 어린 양과 함께 시온 산에 선 십사만사천의 무리들은 7장에 계시된 우리 하나님의 종들의 이마에 인친 사건(계 7:3-4)의 성취를 보여준다. 7장에서 '하나님의 인' 으로 계시된 내용이 본문에 와서는 '어린 양과 그 아버지의 이름' 으로 확대되어 계시되고 있음은, 요한계시록의 일관된 형태로 어린 양 예수 그리스도와 하나님이 동일하신 한 하나님이심을 강조해 주는 계시 형태다.

"주 하나님이 가라사대 나는 알파와 오메가라 이제도 있고 전에도 있었고 장차 올 자요 전능한 자라 하시더라"(계 1:8).

"또 내게 말씀하시되 이루었도다 나는 알파와 오메가요 처음과 나중이라 내가 생명수 샘물로 목마른 자에게 값없이 주리니"(계 21:6).

"다시 저주가 없으며 하나님과 그 어린양의 보좌가 그 가운데 있으리니 그의 종들이 그를 섬기며 그의 얼굴을 볼 터이요 그의 이름도 저희 이마에 있으리라"(계 22:3-4).

"보라 내가 속히 오리니 내가 줄 상이 내게 있어 각 사람에게 그의 일한 대로 갚아 주리라 나는 알파와 오메가요 처음과 나중이요 시작과 끝이라……나 예수는 교회들을 위하여 내 사자를 보내어 이것들을 너희에게 증거하게 하였노라"(계 22:12-16).

(3) 그들의 정절(貞節)이 이를 입증한다.

어린 양과 함께 시온 산에 서 있는 십사만사천 명의 무리들은 '여자로 더불어 더럽히지 아니하고 정절이 있는 자라 어린 양이 어디로 인도하든지 따라가는 자' 들이라고 계시하고 있다.

이는 7장에서 하나님의 인 맞은 십사만사천의 종들이 대환란기의 후반부인 적그리스도 통치 기간인 마흔두 달(일천이백육십 일, 한 때 두 때 반 때) 동안 복음을 증거하는 사명을 감당하면서 음녀의 포도주에 취하지 않고 짐승의 표를 받지도 아니하며 짐승의 우상에게 경배하지도 않음으로 순교를 당한 자들임을 의미하는 말씀이다.

이들은 요한계시록 11장에 계시되고 있는 '두 증인' 과 같은 사명자들로 볼 수 있고, 요한계시록 12장에 예언되고 있는 '여자의 남은 자손' 과 맥을 같이 하는 예언 계시라고 볼 수 있다.

"내가 나의 두 증인에게 권세를 주리니 저희가 굵은 베옷을 입고 일천 이백육십 일을 예언하리라 이는 이 땅의 주 앞에 섰는 두 감람나무와 두 촛대니"(계 11:3-4).

"그 여자가 큰 독수리의 두 날개를 받아 광야 자기 곳으로 날아가 거기서 그 뱀의 낯을 피하여 한 때와 두 때와 반 때를 양육 받으매……용이 여자에게 분노하여 돌아가서 그 여자의 남은 자손 곧 하나님의 계명을 지키며 예수의 증거를 가진 자들로 더불어 싸우려고 바다 모래 위에 섰더라"(계 12:14-17).

"또 내가 보좌들을 보니 거기 앉은 자들이 있어 심판하는 권세를 받았더라 또 내가 보니 예수의 증거와 하나님의 말씀을 인하여 목 베임을 받은 자의 영혼들과 또 짐승의 그의 우상에게 경배하지도 아니하고 이마와 손에 그의 표를 받지도 아니한 자들이 살아서 그리스도로 더불어 천 년 동안 왕 노릇 하니"(계 20:4).

이들은 짐승(적그리스도)의 유혹과 핍박에 굴하지 않고 끝까지 참고 인내하며 복음을 증거하다가 순교를 당하는 신실한 믿음의 종들로, 신랑 되신 예수 그리스도 앞에 신앙의 정절을 지킨 종들로 인정을 받고 시온 산에 함께 서 있는 축복을 받는 무리들임을 보여준다.

"용이 짐승에게 권세를 주므로……짐승이……마흔두 달 일할 권세를 받으니라……또 권세를 받아 성도들과 싸워 이기게 되고 각 족속과 백성과 방언과 나라를 다스리는 권세를 받으니……성도들의 인내와 믿음이 여기 있느니라"(계 13:4-10).

"……만일 누구든지 짐승과 그의 우상에게 경배하고 이마에나 손에 표를 받으면 그도 하나님의 진노의 포도주를 마시리니……짐승과 그의 우상에게 경배하고 그 이름의 표를 받는 자는 누구든지 밤낮 쉼을 얻지 못하리라……성도들의 인내가 여기 있나니 저희는 하나님의 계명과 예수의 믿음을 지키는 자니라"(계 14:9-12).

(4) 처음 익은 열매임이 이를 입증한다.

본문의 계시 예언은 시기적으로 볼 때 7년 대환란 후에 이루어질 천년왕국의 상황임을 보여주고 있다.

십사만사천 명의 무리가 어린 양과 함께 시온 산에 서 있는데 그들은 '처음 익은 열매로 하나님과 어린 양에게 속한 자들' 이라고 계시해 주고 있다. '처음 익은 열매' 는 다른 말로하면 '첫째 부활에 참예한 자들' (계 20:6)이다.

7장에서 하나님의 인으로 인침을 받은 십사만사천 명의 종들은 12장에서 '해를 입은 여자' (교회)가 전 3년 반의 환난을 통과하는 동안 낳은 아이이다. 이들은 '장차 철장으로 만국을 다스릴 남자' 며 해를 입은 여자가 광야 예비처에 피신하여 하나님의 특별 양육을 받는 후 3년 반(일천이백육십 일, 한 때 두 때 반 때) 동안 이 땅에 남아 용과 더불어 싸우는 '여자의 남은 자손' 임을 알 수 있다.

이들은 용으로부터 권세를 부여받아 후 3년 반인 마흔두 달 동안 다스리게 될 짐승(적그리스도)의 통치기간 동안 신앙의 정절을 지키고 인내로써 복음 증거의 사명을 감당하다가 죽임을 당하는 신실한 믿음의 종들이다. 또한 7년 대환란이 끝나고 예수 그리스도의 재림 때 첫째 부활에 참예하여 천년왕국에서 예수 그리스도와 더불어 왕 노릇 하게 될 무리들이다.

이들은 요한계시록 11장에 계시된 두 증인과 같은 대상으로, 이 땅에 사는 자들 위에 내려지는 하나님의 진노의 재앙인 다섯째 나팔 재앙과 여섯째 나팔 재앙 사건이 성취되는 후 3년 반 동안 사역을 감당하고 죽임을 당했다가 첫째 부활에 참예하는 복을 받게 된다.

> "저희가 그 증거를 마칠 때에 무저갱으로부터 올라오는 짐승이 저희로 더불어 전쟁을 일으켜 저희를 이기고 저희를 죽일 터인즉 저희 시체가 큰 성 길에 있으리라……삼 일 반 후에 하나님께로부터 생기가 저희 속에 들어가매 저희가 발로 일어서니 구경하는 자들이 크게 두려워하더라……둘째 화는 지나갔으나 보라 셋째 화가 속히 이르는도다"(계 11:7-14).
>
> "또 내가 보좌들을 보니 거기 앉은 자들이 있어 심판하는 권세를 받았더라 또 내가 보니 예수의 증거와 하나님의 말씀을 인하여 목 베임을 받은 자의 영혼들과 또 짐승과 그의 우상에게 경배하지도 아니하고 이마와 손에 그의 표를 받지도 아니한 자들이 살아서 그리스도로 더불어 천 년 동안 왕 노릇 하니(그 나머지 죽은 자들은 그 천 년이 차기까지 살지 못하더라) 이는 첫째 부활이라 이 첫째 부활에 참예하는 자들은 복이 있고 거룩하도다 둘째 사망이 그들을 다스리는 권세가 없고 도리어 그들이 하나님과 그리스도의 제사장이 되어 천 년 동안 그리스도로 더불어 왕 노릇 하리라"(계 20:4-6).

문제 2 Question

곡식과 포도송이 추수

"또 내가 보니 흰 구름이 있고 구름 위에 사람의 아들과 같은 이가 앉았는데 그 머리에는 금 면류관이 있고 그 손에는 이한 낫을 가졌더라 또 다른 천사가 성전으로부터 나와 구름 위에 앉은 이를 향하여 큰 음성으로 외쳐 가로되 네 낫을 휘둘러 거두라 거둘 때가 이르러 땅에 곡식이 다 익었음이로다 하니 구름 위에 앉으신 이가 낫을 땅에 휘두르매 곡식이 거두어지니라 또 다른 천사가 하늘에 있는 성전에서 나오는데 또한 이한 낫을 가졌더라 또 불을 다스리는 다른 천사가 제단으로부터 나와 이한 낫 가진 자를 향하여 큰 음성으로 불러 가로되 네 이한 낫을 휘둘러 땅의 포도송이를 거두라 그 포도가 익었느니라 하더라 천사가 낫을 땅에 휘둘러 땅의 포도를 거두어 하나님의 진노의 큰 포도주 틀에 던지매 성 밖에서 그 틀이 밟히니 틀에서 피가 나서 말 굴레까지 닿았고 일천육백 스다디온에 퍼졌더라(계 14:14-20).

1. 동일한 실재의 심판으로 보는 견해

'곡식과 포도송이 추수' 는 동일한 것으로 하나님의 종말론적 심판이 '진노의 포도주잔'(9-12절), '곡식 추수'(14-16절), '포도송이 추수'(17-20절)라는 삼중적(三重的) 현상의 부분으로 이루어져 선악간의 보상이 포함되는 것으로 보는 견해다.

2. 사악한 자의 심판으로 보는 견해

예수님이 베푸신 '알곡과 가라지의 비유'(마 13:24-30) 중 '가라지와 곡식의 차별화 추수'에 근거하여, '곡식 추수와 포도송이 추수'를 악한 자가 받을 심판의 형벌이 점진적으로 강도 높게 집행하는 것으로 보는 견해다.

3. 성도들의 구원과 불신자의 심판으로 보는 견해

'곡식 추수'는 구원받은 성도들을 모으는 추수이고, 포도송이 추수는 불의(不義)한 자들에게 집행되는 하나님의 진노의 심판을 위한 모음으로 보는 견해다.

위의 세 견해 중 마지막 세 번째 견해가 가장 성경적인 해석이라고 할 수 있다.

1) 추수하는 일꾼들이 이를 입증한다.

만일 곡식 추수와 포도송이 추수가 동일한 심판을 나타낸다면 추수하는 일꾼이 다르게 계시되지 않았을 것이다.
곡식 추수를 감당하는 일꾼은 예수님이시고 포도송이 추수를 감당하는 일꾼은 천사임을 계시하는 것은, 두 추수가 동일하지 않음을 입증하는 것이다.
마태복음 13장 30절 말씀에 보면 '곡식'은 구원 얻은 성도를 상징한다.

2) 요엘서의 예언이 이를 입증한다.

곡식 추수는 예수님이 추수하신 것으로 끝이 나지만, 포도송이 추수는 천사가 포도송이를 추수하여 '하나님의 진노의 큰 포도주 틀에 던져져 성 밖에서 그 틀이 밟히게' 될 것임을 계시하고 있어 두 계시 내용이 서로 다른 내용임을 입증해 주고 있다.

본문은 요엘 3장 13절 말씀인 "너희는 낫을 쓰라 곡식이 익었도다 와서 밟을지어다 포도주 틀이 가득히 차고 포도주 독이 넘치니 그들의 악이 큼이로다"라는 말씀과 짝을 이루는 계시 예언이다.

요엘 선지자의 예언에서도 곡식 추수는 '낫을 쓰라 곡식이 익었도다' 라며 간단히 언급하고 있는 반면에 '포도주 틀에 가득한 포도송이는 포도주 독이 넘치니 그들의 악이 큼이라' 고 예언하고 있어, 전자는 구원 얻을 성도들의 추수요 후자는 불의하고 악한 자들의 심판을 위한 추수임을 입증하고 있다.

15장의 난해문제

문제 1 / 불이 섞인 유리바다(계 15:1-4)

Question 문제 1

불이 섞인 유리바다

"또 하늘에 크고 이상한 다른 이적을 보매 일곱 천사가 일곱 재앙을 가졌으니 곧 마지막 재앙이라 하나님의 진노가 이것으로 마치리로다 또 내가 보니 불이 섞인 유리바다 같은 것이 있고 짐승과 그의 우상과 그의 이름의 수를 이기고 벗어난 자들이 유리바다 가에 서서 하나님의 거문고를 가지고 하나님의 종 모세의 노래, 어린 양의 노래를 불러 가로되 주 하나님 곧 전능하신 이시여 하시는 일이 크고 기이하시도다 만국의 왕이시여 주의 길이 의롭고 참되시도다 주여 누가 주의 이름을 두려워하지 아니하며 영화롭게 하지 아니하오리이까 오직 주만 거룩하시니이다 주의 의로우신 일이 나타났으매 만국이 와서 주께 경배하리이다 하더라"(계 15:1-4).

1. 하늘 보좌로 보는 견해

'불이 섞인 유리바다' 는 4장 6절에 언급된 '보좌 앞에 수정과 같은 유리바다' 와 동일한 것으로, 하나님 나라 성전에 있는 높은 보좌실의 바닥을 상징적으로 묘사한 것으로 보는 견해다.

2. 공의의 심판으로 보는 견해

'불이 섞인 유리바다' 는 공의의 하나님이 내리실 심판을 상징하고, 그 바닷가에 서 있는 것은 구원받은 성도들의 복된 모습으로 보는 견해다.

두 견해 중 두 번째 견해가 성경적 해석이라고 할 수 있다.

1) 하나님의 진노 재앙의 결과임을 계시해 주고 있다.

1절에 보면, '불이 섞인 유리바다' 는 하나님의 진노의 재앙인 일곱 대접 재앙으로 말미암아 이루어졌음을 계시해 주고 있다.

> "……일곱 천사가 일곱 재앙을 가졌으니 곧 마지막 재앙이라 하나님의 진노가 이것으로 마치리로다" (계 15:1).

2) 적그리스도의 통치 이후의 사건임을 계시해 주고 있다.

2절에 보면, '불이 섞인 유리바다' 는 적그리스도인 짐승의 통치 기간인 7년 대환란의 후 3년 반(마흔두 달)이 지난 후에 이루어질 하나님의 진노의 심판 재앙(일곱 대접 재앙)으로 인한 사건임을 계시해 주고 있다.

> "또 내가 보니 불이 섞인 유리바다 같은 것이 있고 짐승과 그의 우상과 그의 이름의 수를 이기고 벗어난 자들이 유리바다 가에 서서……" (계 15:2).

3) 홍해 바다 사건의 실제적 사건임을 계시해 주고 있다.

3절의 '불이 섞인 유리바다' 는 이스라엘 백성들을 추격하던 애굽 군대를 수장(水葬)시켰던 홍해 사건을 배경으로 한 실제적 사건으로, 불의한 세력을 멸망시키시는 하나님의 공의의 심판 재앙인 불(火) 심판의 모습을 계시해 주고 있다.

> "하나님의 종 모세의 노래, 어린 양의 노래를 불러 가로되 주 하나님 곧 전능하신 이시여 하시는 일이 크고 기이하시도다 만국의 왕이시여 주의 길이 의롭고 참되시도다"(계 15:3).

16장의 난해문제

문제 1 / 하나님의 진노의 일곱 대접(계 16:1)

문제 2 / 아마겟돈 전쟁(계 16:12-16)

Question 문제 1

하나님의 진노의 일곱 대접

"또 내가 들으니 성전에서 큰 음성이 나서 일곱 천사에게 말하되 너희는 가서 하나님의 진노의 일곱 대접을 땅에 쏟으라 하더라"(계 16:1).

1. 과거에 성취된 사건으로 보는 견해

'일곱 대접 재앙' 을 이미 지나간 과거의 프랑스 혁명이나 교황에 대한 사건으로 보는 견해인데, 주로 역사적 해석법을 취하는 사람들이 지지하는 견해다.

2. 대환란 후반기에 쏟아질 재앙으로 보는 견해

'일곱 대접 재앙' 을 7년 대환란의 후 3년 반 동안에 쏟아질 환난으로 보는 견해인데, 이는 세대주의 전천년설 학자들이 취하는 견해다.

3. 미래에 있을 최후의 재앙으로 보는 견해

'일곱 대접 재앙' 이 종말에 있을 7년 대환란의 끝에 일어날 하나님의 마지막 진노 재앙으로 보는 견해인데, 이는 미래주의 해석법을 취하는 학자들과 무천년설을 취하는 학자들이 지지하는 견해다.

이상의 견해 중에서 세 번째 견해가 성경의 지지를 받는 주장이다.

1) 16장의 내증으로 입증되기 때문이다.

(1) 성도들과 선지자들의 피를 신원하시는 심판 재앙임을 계시해 주고 있다.

4-7절 말씀에 계시되고 있는 셋째 대접 재앙은, 성도들과 선지자들의 피를 흘린 자들에게 피를 마시게 하는 재앙으로 갚으시는 하나님의 진노 재앙임을 계시해 주고 있다.

> "셋째가 그 대접을 강과 물 근원에 쏟으매 피가 되더라 내가 들으니 물을 차지한 천사가 가로되 전에도 계셨고 시방도 계신 거룩하신 이여 이렇게 심판하시니 의로우시도다 저희가 성도들과 선지자들의 피를 흘렸으므로 저희로 피를 마시게 하신 것이 합당하니이다 하더라 또 내가 들으니 제단이 말하기를 그러하다 주 하나님 곧 전능하신 이시여 심판하시는 것이 참되시고 의로우시도다 하더라"(계 16:4-7).

성도들과 선지자들의 피를 신원하시는 때는 7년 대환란의 후 3년 반, 즉 짐승(적그리스도)의 통치 기간이 끝난 시점으로 볼 수 있다. 왜냐하면 짐승의 통치 기간에 짐승의 표를 받지 않고 짐승의 우상에게 경배하지도 않는 신실한 주의 종들과 성도들이 순교를 당하는 사건이 발생할 것이기 때문이다.

> "다섯째 인을 떼실 때에 내가 보니 하나님의 말씀과 저희의 가진 증거를 인하여 죽임을 당한 영혼들이 제단 아래 있어 큰 소리로 불러 가로되 거룩하고 참되신 대주재여 땅에 거하는 자들을 심판하여 우리 피를 신원하여 주지 아니하시기를 어느 때까지 하시려나이까 하니 각각 저희에게 흰 두루마기를 주시며 가라사대 아직 잠시 동안 쉬되 저희 동무 종들과 형제들도 자기처럼 죽임을 받아 그 수가 차기까지 하라 하시더라"(계 6:9-11).
>
> "저가 권세를 받아 그 짐승의 우상에게 생기를 주어 그 짐승의 우상에게 말하게 하고 또 짐승의 우상에게 경배하지 아니하는 자는 몇이든지 다 죽이게 하더라"(계 13:15).
>
> "또 내가 보좌들을 보니 거기 앉은 자들이 있어 심판하는 권세를 받았더라 또 내가 보니 예수의 증거와 하나님의 말씀을 인하여 목 베임을 받은 자의 영혼들과 또 짐승과 그의 우상에게 경배하지도 아니하고 이마와 손에 그의 표를 받지도 아니한 자들이 살아서 그리스도로 더불어 천 년 동안 왕 노릇 하니"(계 20:4).

(2) 제3차 세계대전인 아마겟돈 전쟁이 발생할 것임을 계시해 주고 있다.

12-16절 말씀은 여섯째 대접 재앙에 대한 계시 예언인데, 이는 이 땅 위에 벌어질 제3차 세계대전인 아마겟돈 전쟁에 대한 계시 예언이다.

"또 여섯째가 그 대접을 큰 강 유브라데에 쏟으매 강물이 말라서 동방에서 오는 왕들의 길이 예비되더라 또 내가 보매 개구리 같은 세 더러운 영이 용의 입과 짐승의 입과 거짓 선지자의 입에서 나오니 저희는 귀신의 영이라 이적을 행하여 온 천하 임금들에게 가서 하나님 곧 전능하신 이의 큰 날에 전쟁을 위하여 그들을 모으더라……세 영이 히브리 음으로 아마겟돈이라 하는 곳으로 왕들을 모으더라"(계 16:12-16).

제3차 세계대전이라 할 아마겟돈 전쟁은 7년 대환란의 후 3년 반이 지난 끝에 이루어질 사건이라 할 수 있는 계시 예언이다.

(3) 큰 성 바벨론이 멸망받는 모습을 계시해 주고 있다.

19-20절 말씀은 음녀인 큰 성 바벨론이 하나님의 진노를 받아 멸망받게 될 것을 계시해 주고 있다.

"큰 성이 세 갈래로 갈라지고 만국의 성들도 무너지니 큰 성 바벨론이 하나님 앞에 기억하신 바 되어 그의 맹렬한 진노의 포도주 잔을 받으매 각 섬도 없어지고 산악도 간 데 없더라"(계 16:19-20).

큰 성 바벨론의 멸망은 7년 대환란의 후 3년 반 끝에 일어난 사건으로 '일곱 대접 재앙' 이 7년 대환란 끝에 성취될 하나님의 진노의 심판 재앙임을 입증해 준다.

2) 이 책의 내증으로 입증되기 때문이다.

(1) 여섯째 인을 떼실 때 사건과 일치를 이루는 사건임이 이를 입증한다.

요한계시록 6장 12절 이하에 계시되고 있는 여섯째 인을 떼실 때의 계시 예언과 '일곱 대접 재앙' 사건은 동일한 사건으로 하나님과 어린 양의 진노 재앙임을 보여주고 있다.

> "내가 보니 여섯째 인을 떼실 때에 큰 지진이 나며 해가 총담같이 검어지고 온 달이 피같이 되며 하늘의 별들이 무화과나무가 대풍에 흔들려 선 과실이 떨어지는 것같이 땅에 떨어지며 하늘은 종이 축이 말리는 것같이 떠나가고 각산과 섬이 제자리에서 옮기우매……보좌에 앉으신 이의 낯에서와 어린양의 진노에서 우리를 가리우라 그들의 진노의 큰 날이 이르렀으니 누가 능(能)히 서리요 하더라"(계 6:12-17).

(2) 15장 1절 말씀이 이를 입증한다.

요한계시록 15장 1절에서는 '일곱 대접 재앙' 이 하나님의 진노 재앙으로 이 땅에 임하는 '마지막 재앙' 임을 계시해 주고 있다.

> "또 하늘에 크고 이상한 다른 이적을 보매 일곱 천사가 일곱 재앙을 가졌으니 곧 마지막 재앙이라 하나님의 진노가 이것으로 마치리로다"(계 15:1).

하나님의 마지막 재앙이라고 계시하고 있는 15장 1절 말씀은 하나님의 긍휼이나 자비를 통한 회개의 기회가 다시는 주어지지 않는 철저한 심판 재앙임을 의미한다.

3) 예수님의 말씀이 이를 입증한다.

종말에 대한 예수님의 가르침인 마태복음 24장 29절 이하의 말씀은 본문의 '일곱 대접 재앙'과 같은 일이 환난 후에 일어날 것임을 가르쳐 주고 있다. 뿐만 아니라 일곱 대접 재앙 후에 하늘이 열리고 백마 탄 예수 그리스도께서 재림하시는 모습이 환난 후 큰 영광과 능력으로 구름을 타고 강림하시는 주님의 모습과 일치하고 있다.

> "그날 환난 후에 즉시 해가 어두워지며 달이 빛을 내지 아니하며 별들이 하늘에서 떨어지며 하늘의 권능들이 흔들리리라 그때에 인자의 징조가 하늘에서 보이겠고 그때에 땅의 모든 족속들이 통곡하며 그들이 인자가 구름을 타고 능력과 큰 영광으로 오는 것을 보리라"(마 24:29-30).

Question 문제 2

아마겟돈 전쟁

"또 여섯째가 그 대접을 큰 강 유브라데에 쏟으매 강물이 말라서 동방에서 오는 왕들의 길이 예비되더라 또 내가 보매 개구리 같은 세 더러운 영이 용의 입과 짐승의 입과 거짓 선지자의 입에서 나오니 저희는 귀신의 영이라 이적을 행하여 온 천하 임금들에게 가서 하나님 곧 전능하신 이의 큰 날에 전쟁을 위하여 그들을 모으더라……세 영이 히브리 음으로 아마겟돈이라 하는 곳으로 왕들을 모으더라"(계 16:12-16).

1. 사탄의 타락과 연계시키는 견해

하나님의 보좌에 오르려고 애를 쓰는 바벨론 왕의 교만을 사단의 타락에 비유하여 예언한 이사야 14장 12-15절의 말씀을 근거로, 타락한 천사가 높은 산에 오르려는 교만으로 범죄하여 사단이 된 것과 관련시키는 견해다.

2. 영적으로 보는 견해

'아마겟돈' 이라는 이 지명적인 장소에 구애됨 없이 모든 악의 세력이 하나님의 힘과 능력에 의하여 마지막으로 멸망받을 것을 상징하는 것으로 보는 견해다.

3. 문자적으로 보는 견해

'아마겟돈' 을 갈릴리의 요새 도시 므깃도(Megiddo)와 동일시하고 문자 그대로 마지막 날에 이 부근에서 군대의 싸움이 일어날 것으로 보는 견해다.

4. 예루살렘에서의 최후 결전으로 보는 견해

'그의 다산의 산' (his fruitful mountain), 즉 예루살렘을 의미하는 '하르 므깃돈' 이란 히브리 어구에 근거하여 예루살렘 근처에서 일어난 최후의 싸움과 연계시키는 견해다.

이상의 견해 가운데 세 번째 견해가 본문의 의도에 충실한 주장으로 여겨진다.

1) 본문의 내증이 이를 입증한다.

일곱 대접 재앙은 이 땅에 내려지는 하나님의 진노 재앙으로, 마지막 재앙이라고 증거되고 있다. '아마겟돈 전쟁' 은 역사의 종말에 중동에 위치한 유브라데 강 유역에서 시작되는 제3차 세계대전으로 세상이 불바다가 될 것이며, 인류 역사 이래 최고의 사상자가 발생하는 재앙이 될 것이다.

> "또 여섯째가 그 대접을 큰 강 유브라데에 쏟으매 강물이 말라서 동방에서 오는 왕들의 길이 예비되더라……온 천하 임금들에게 가서 하나님 곧 전능하신 이의 큰 날에 전쟁을 위하여 그들을 모으더라" (계

16:12-14).

2) 이 책의 내증이 이를 입증한다.

(1) 하나님의 진노의 세 가지 화(禍)를 통해 입증된다.

하나님의 진노의 세 화(禍, 계 8:13) 가운데 두 번째 화 사건인 여섯째 나팔 재앙 사건과 일치를 이루고 있음이 이를 입증한다.

9장 13절 이하에 계시되고 있는 유브라데 전쟁은 본문에 계시되고 있는 아마겟돈 전쟁과 일치하는 지역에서 발생하는 전쟁으로, 7년 대환란의 후 3년 반 끝에 발생하게 될 제3차 세계대전을 계시하고 있어 아마겟돈 전쟁이 장차 중동에 있는 유브라데 강 유역에서 실제적 사건이 될 것임을 입증한다.

> "여섯째 천사가 나팔을 불매 내가 들으니 하나님 앞 금단 네 뿔에서 한 음성이 나서 나팔 가진 여섯째 천사에게 말하기를 큰 강 유브라데에 결박한 네 천사를 놓아주라 하매 네 천사가 놓였으니 그들은 그 년 월 일 시에 이르러 사람 삼분의 일을 죽이기로 예비한 자들이러라 마병대의 수는 이만 만이니 내가 그들의 수를 들었노라"(계 9:13-16).

여섯째 나팔 재앙인 유브라데 전쟁은 하나님의 진노의 화(禍) 가운데 두 번째 재앙으로 7년 대환란의 후 3년 반 끝에 있을 사건임을 보여주고 있어 본문에 계시되고 있는 '아마겟돈 전쟁'과 그 발생 시점이 동일하므로 두 전쟁이 동일한 사건임을 입증한다.

유브라데 전쟁과 아마겟돈 전쟁을 구분하여 두 전쟁의 동일성을 부인하려고 시도하는 것이 성경의 계시 흐름에 맞지 않음을 느끼면서도 두 전쟁의 차이점을 드러내며 구분하려고 시도하는 것은 불필요하다. 하나님의 세 가지 화(禍)와 세 가지 전쟁 시점을 맞추어 보면 유브라데 전쟁과 아마겟돈 전쟁은 동일한 전쟁임을 부인할 수 없다. 만일 두 전쟁이 각기 다른 전쟁이라면 적그리스도가 통치하는 후 3년 반 기간에 세 번의 전쟁이 발생하게 된다는 주장이다.

하나님의 세 가지 진노의 화(禍)를 나타내는 세 가지 전쟁을 도표화해서 살펴보면 다음과 같다.

• 세 가지 화(禍)와 세 가지 전쟁 보호됨 (계 9:3-4)

첫째 화(황충 전쟁)	둘째 화	유브라데 전쟁 아마겟돈 전쟁	셋째 화(곡과 마곡 전쟁)
다섯째 나팔 재앙 (계 9:1-11)	여섯째 나팔 재앙 (계 9:13-21) 여섯째 대접 재앙 (계 16:12-16)		일곱째 나팔 재앙 (계 20:7-10)
7년 대환란의 후 3년 반 초기 하나님의 인 맞은 종들이 보호됨 (계 9:3-4)	7년 대환란의 후 3년 반 끝 두 증인의 순교와 부활 승천이 이루어짐(계 11:3-14)		천년왕국이 끝난 시점 마귀와 불의한 자들이 불못에 던져짐(계 20:7-15)

(2) 적그리스도 세력과 어린 양과 그에 속한 자들의 싸움이 이를 입증한다.

7년 대환란의 후 3년 반(마흔두 달, 한 때 두 때 반 때)을 통치하게 될 적그리스도(짐승)는 자신의 능력과 권세로 어린 양 예수 그리스도께 대적하여 싸움을 하게 되는데, 이 싸움이 유브라데 강 유역에서 시작될 아마겟돈 전쟁임을 보여준다.

"네가 보던 열 뿔은 열 왕이니 아직 나라를 얻지 못하였으나 다만 짐승으로 더불어 임금처럼 권세를 일시 동안 받으리라 저희가 한 뜻을 가지고 자기의 능력과 권세를 짐승에게 주더라 저희가 어린 양으로 더불어 싸우려니와 어린 양은 만주의 주시요 만왕의 왕이시므로 저희를 이기실 터이요 또 그와 함께 있는 자들 곧 부르심을 입고 빼내심을 얻고 진실한 자들은 이기리로다"(계 17:12-14).

"또 내가 하늘이 열린 것을 보니 보라 백마와 탄 자가 있으니 그 이름은 충신과 진실이라 그가 공의로 심판하며 싸우더라……하늘에 있는 군대들이 희고 깨끗한 세마포를 입고 백마를 타고 그를 따르더라…… 또 내가 보매 그 짐승과 땅의 임금들과 그 군대들이 모여 그 말 탄 자와 그의 군대로 더불어 전쟁을 일으키다가 짐승이 잡히고 그 앞에서 이적을 행하던 거짓 선지자도 함께 잡혔으니 이는 짐승의 표를 받고 그의 우상에게 경배하던 자들을 이적으로 미혹하던 자라 이 둘이 산 채로 유황불 붙는 못에 던지우고 그 나머지는 말 탄 자의 입으로 나오는 검에 죽으매 모든 새가 그 고기로 배불리우더라"(계 19:11-21).

3) 요엘서의 예언이 이를 입증한다.

구약은 '여호와의 날' 이 되면 사면의 열국, 즉 땅에 거하는 자들이 짐승의 유혹을 받아 하나님을 대적한 그 악행을 심판받게 될 장소로 불러 모으신다고 예언하였는데, 사도 요한이 본 아마겟돈 전쟁 내용이 그 성취라고 본다.

"내가 만국을 모아 데리고 여호사밧 골짜기에 내려가서 내 백성 곧 내 기업된 이스라엘을 위하여 거기서 그들을 국문(鞫問)하리니……"(욜 3:2).

"너희는 열국에 이렇게 광포할지어다 너희는 전쟁을 준비하고 용사를 격려하고 무사로 다 가까이 나아와서 올라오게 할지어다 너희는 보습을 쳐서 칼을 만들지어다 낫을 쳐서 창을 만들지어다 약한 자도 이르기를 나는 강하다 할지어다 사면의 열국아 너희는 속히 와서 모일지어다 여호와여 주의 용사들로 그리로 내려오게 하옵소서 열국은 동하여 여호사밧 골짜기로 올라올지어다 내가 거기 앉아서 사면의 열국을 다 심판하리로다"(욜 3:9-12).

4) 역사가 이를 입증해 준다.

'유브라데' 강이 있는 곳은 중동지역으로 지금도 세계 열강들이 촉각을 곤두세우는, 석유 생산의 중심지가 되는 곳이다. 세계의 경제 흐름이 그곳의 영향을 받아 세계 경제의 호흡기 역할을 하고 있는 중동지역은 고대는 물론 현대에 이르기까지 200회 이상의 다양한 전쟁의 발생지로 역사가 생생하게 증거하고 있다. 언제나 위기가 감돌고 있는 유브라데 강 유역은 그야말로 제3차 세계대전의 화약고가 될 것임을 예고하고 있다.

17장의 난해문제

문제 1 / 큰 음녀(淫女, 계 17:1-6)

문제 2 / 일곱 머리 열 뿔(계 17:7-14)

Question 문제 1

큰 음녀(淫女)

"또 일곱 대접을 가진 일곱 천사 중 하나가 와서 내게 말하여 가로되 이리 오라 많은 물 위에 앉은 큰 음녀의 받을 심판을 네게 보이리라 땅의 임금들도 그로 더불어 음행하였고 땅에 거하는 자들도 그 음행의 포도주에 취하였다 하고 곧 성령으로 나를 데리고 광야로 가니라 내가 보니 여자가 붉은빛 짐승을 탔는데 그 짐승의 몸에 참람된 이름들이 가득하고 일곱 머리와 열 뿔이 있으며 그 여자는 자주 빛과 붉은빛 옷을 입고 금과 보석과 진주로 꾸미고 손에 금잔을 가졌는데 가증한 물건과 그의 음행의 더러운 것들이 가득하더라 그 이마에 이름이 기록되었으니 비밀이라, 큰 바벨론이라, 땅의 음녀들과 가증한 것들의 어미라 하였더라 또 내가 보매 이 여자가 성도들의 피와 예수의 증인들의 피에 취한지라 내가 그 여자를 보고 기이히 여기고 크게 기이히 여기니"(계 17:1-6).

땅의 임금들과 더불어 행음한 여인, 땅에 사는 자들을 음행의 포도주에 취하도록 미혹한 여자, 많은 물 위에 앉았고, 붉은 빛 짐승을 탄 여자, 땅의 음녀들과 가증한 것들의 어미……. 한결같이 부정적인 이미지로 표현되고 있는 큰 음녀의 비밀을 들추어내서 그 정체(正體)를 밝히는 것은 영적 싸움을 싸우는 교회와 성도들에게 매우 중요한 사안(査案)이다. 그래서 큰 음녀가 무엇을 상징하는가 하는 문제를 놓고 많은 성경학자들이 심사숙고하여 견해(見解)를 밝혀왔다. 국내외 학자들의 제견해(諸見解)를 살펴보면 다음과 같다.

• 국내 저자들의 견해

저자명	저자들의 견해
김재준	많은 운하가 있는 가운데 자리 잡은 세계의 대제국이었던 바벨론으로 상징되는 로마 제국을 의미
김응조	사단의 화신(化身)인 지상 정치, 경제, 문화, 종교를 종합한 로마를 상충한 권력자 거짓 교회를 상징
조용기	적그리스도에 이용당할 거대한 종교 단체를 상징
박수암	사치와 음행으로 열국을 타락시킨 이방 도시 로마를 지칭
이상근	유브라데 강변에 있던 바벨론을 비유로 한 로마를 상징
석원태	적기독적인 이 세상, 즉 무신론적이요 반신론적이요 반신론적인 권력을 상징하는 이름
박윤선	하나님을 배반하는 이 세상과 및 거기 속한 것들을 총칭(總稱)
이동원	모든 종교를 뭉뚱그려서 하나님 없는 종교, 그리스도 없는 종교, 복음이 없는 종교, 사단이 지배하는 종교를 만들기 위한 타락한 세상 왕국
이광복	옛 바벨론의 사상을 받아들여 비진리로 사람들을 미혹하여 하나님을 떠나게 만들 배교하는 교회
정근두	육신의 정욕, 안목의 정욕, 이생의 자랑으로 구체화된 세상 문명의 도시

• 외국 저자들의 견해

저자명	저자들의 견해
데이크	비진리로 타락을 유발시키는 종교적인 제도를 상징
존슨	큰 성 바벨론으로 묘사된 이 성은 모든 역사적 음녀들의 어미이며, 시간과 공간을 초월한 모든 우상숭배의 원형적인 근원을 상징
비더울프	배교한 미래의 교회를 상징
헨드릭슨	바벨론으로 상징되는 이 세상이 산업, 상업, 예술, 문화의 중심으로 성도들을 꾀어내고 유혹하여 하나님을 떠나도록 하는 것을 상징
렌스키	부분적인 유혹이 되는 가톨릭을 지나서 모든 적그리스도교와 그 적그리스도교의 유혹을 상징
월부어드	세상 정치 권력과의 음행 관계를 열심히 추구할 미래의 배교적인 교회
래드	바벨론으로, 사치스럽고 하나님께 대해 대적하기 위해 조직되어 있는 환경으로 이루어진 인간사회를 상징

이상에서 살펴본 국내외 저자들의 견해(見解)는 음녀의 정체를 파악할 수 있는 충분한 정보를 제공해 준다.

국내외 저자들의 견해를 통해 얻을 수 있는 음녀의 정체는, 모든 종교를 하나로 통합하여 하나님을 대적하고 예수 그리스도의 복음을 사라지게 할 거대한 종교 단체며, 이 거대한 종교 통합 단체는 적그리스도와 연합했다가 적그리스도에게 배신당해 사단의 지배 아래 놓이게 될 것이라는 결론을 내릴 수 있다.

기독교의 관심사 중 하나는 마지막 종말의 때에 나타날 세계 종교의 연합조직 출현이다. 왜냐하면 예수님의 계시 말씀 중에 마지막 추수 때가 되면 거짓 종교인 가라지들이 하나로 연합하는 사건이 이루어질 것이라는 말씀이 있기 때문이다.

> "둘 다 추수(秋收) 때까지 함께 자라게 두어라 추수 때에 내가 추숫군들에게 말하기를 가라지는 먼저 거두어 불사르게 단으로 묶고 곡식은 모아 내 곳간에 넣으라 하리라"(마 13:30).
>
> "밭은 세상이요 좋은 씨는 천국의 아들들이요 가라지는 악한 자의 아들들이요 가라지를 심은 원수는 마귀요 추수 때는 세상 끝이요 추수군은 천사들이니 그런즉 가라지를 거두어 불에 사르는 것같이 세상 끝에도 그러하리라 인자가 그 천사들을 보내리니 저희가 그 나라에서 모든 넘어지게 하는 것과 또 불법을 행하는 자들을 거두어 내어 풀무불에 던져 넣으리니 거기서 울며 이를 갊이 있으리라 그때에 의인들은 자기 아버지 나라에서 해와 같이 빛나리라 귀 있는 자는 들으라"(마 13:38-43).

이 세상 종교가 하나로 묶이는 연합이 이루어지면 그것은 곧 세상 끝이 이르렀다는 징조 중에 하나임을 성경은 예언하고 있다. 그런데 우리에게 경각심(警覺心)을 불러일으키는 중대한 사건이 우리가 살고 있는 이 시대의 역사 위에 성취되어 나타났다. 세계 종교가 하나로 연합하는 세계단일종교회(United religion organization-URO)가 1994년 인도 델리(Delhi)에서 발족(發足)된 것이 바로 그것이다.

"1994년 12월 인도 델리(Delhi)에서 세계의 종교 지도자들이 모인 가운데 제7회 세계종교회의가 열렸다. 그곳에는 유대교, 기독교, 천주교, 유교, 정교회, 모슬렘, 불교, 유교, 힌두교 등 세계의 종교 지도자들이 모두 모였다. 그들은 한자리에서 세계단일종교 단체를 출범시키고, 그 종교 단체를 UN 산하기구에 두기로 서명했다(URO-united religion organization)."(요한계시록 말씀사역연구원, 세계 단일정부 위한 국제기구들)

"세계 모든 종교를 하나로 묶는 종교 통합 운동은 1962년부터 천주교가 제창(提唱)했던 에큐메니컬 운동(Ecumenical Movement)으로부터 시작되었다. 1962년 가톨릭 제2바티칸 회의에서 다음과 같은 내용을 결정했다.

- 모든 종교 간의 대화를 결정
- 바른 삶을 위해 애쓰면 복음 없이도 구원이 가능함
- 이방 종교의 선과 아름다운 것들은 절대자에게로 접근하는 길
- 예수 그리스도는 하나님께로 가는 하나의 길
- 다른 모든 종교도 하나님께 나아가는 하나의 길

천주교 바티칸 회의의 이와 같은 결정은 혼합주의를 합리화시키는 결정적인 증거다. 이 장에 계시된 음녀의 특징들을 살펴보면 그 실체를 파악할 수 있다."(이광복, 성경 종말론)

1. 많은 물 위에 앉은 큰 음녀

1절 말씀에 보면 '많은 물 위에 앉은 큰 음녀' 라고 계시해 주고 있다. 성경에서 음녀는 하나님의 사랑을 등지고 우상을 섬기는 영적 간음자를 지칭한다.

요한계시록 17장 15절 말씀은 음녀가 앉은 많은 물에 대해 "……음녀의 앉은 물은 백성과 무리와 열국과 방언들이니라"라고 설명해 주고 있다. 이는 하나님의 말씀과 예수 그리스도의 복음을 등지고 배교(背教)할 음녀가 장차 마지막 종말의 때에 민족과 사상과 나라와 문화를 초월해서 혼합 세계 단일 종교를 만들고, 그 세력의 구심점이 될 것임을 시사(示唆)해 주는 말씀이다.

천주교는 모든 종교와의 대화를 모색하고 전 세계 모든 종교를 통합하여 하나의 혼합된 통합 종교를 만들기 위해 성경의 가르침과는 상반(相反)된 비진리를 거침없이 쏟아내며 배도(背道)의 길을 걷고 있다.

이광복 목사의 《성경 종말론》에 보면, "로마 가톨릭의 모습은 교회라기보다는 말세에 나타날 배도하는 교회의 상징인 음녀로 본다"고 설명하고 있다.

칼빈도 요한계시록 17장의 음녀는 로마 가톨릭이라고 했다. "말세에 나타날 음녀의 상징인 가톨릭이 지금 종교 혼합주의의 배후에서 일하고 있음을 우리는 알아야 한다"고 지적하고 있다.

로마 가톨릭의 종교연합운동은 최근에 와서 세계 단일 정부 출범을 꾀하는 자들이 주창(主唱)하는 '종교다원주의'(宗教多元主義) 사상과 맥을 같이하여 세계단일종교회(URO-united religion organization)를 발족(發足)시켰다. 세계단일종교회는 거대한 맘모스 단체다. 세계단일종교회가 탄생한 것은 이 땅에 '많은 물 위에 앉은 큰 음녀' 가 등장한 사건이다.

종교다원주의는 뉴에이지 운동(New age movement)을 펼치는 세계주의자들이 내세우는 종교 통합을 위한 사상이다. 세계 단일 정부 출범을 적극 지지하며 후원하고 있는 그들은 세계의 급격한 변화와 교통의 발달, 통신의 혁명, 자유무역 질서의 확립, 환경과 자원의 인류 공유의식으로 인하여 획일적인 사고에서 탈피하여 자기와 견해가 다른 사상, 제도 등을 인정해야 한다는 이론에 근거하여, 종교도 서로가 인정하는 공존의 삶을 살자고 주장한다. 타종교와의 다양성을 인정하고 동질성을 혼합시켜 세계화를 이루기 위해 종교도 하나로 통합하자는 주장이다.

종교다원주의가 반기독교적 사상인 것은, 예수 그리스도의 복음이 아니라 다른 모든 종교에도 구원이 있다고 인정하자는 사상이기 때문이다. 기독교는 인간이 구원을 얻고 하나님께 나아가는 유일한 길이 아니라, 절대자에게 이르는 특수한 한 길에 불과하다고 주장하는 비성경적 사상이다. 종교다원주의는 로마 가톨릭의 교황청이 선봉장 역할을 감당하고 있다.

기독교 내에서 세계 단일 정부의 출현과 세계단일종교회 출범을 주도하는 단체는 세계교회협의회(WCC, world council of church)다.

국민일보의 기사(2006. 5. 22) 내용 중에 세계교회협의회(WCC)와 로마 교황청이 개종에 대한 행동규범을 마련 중이어서 기독교 내에서 비관론이 제기되고 있다는 내용이 실렸다.

기사 내용에 따르면, 타종교와 상호 이해를 도모하고 평화적인 관계를 유지하기 위해 개종에 대한 행동규범을 마련하여 2009년쯤 제도화할 방침이라고 밝히고 있다.

WCC와 로마 교황청은 최근 이슬람교, 불교 등 타 종교 지도자들과 '개종' 에 관련된 회의를 열어 "타 종교인을 개종해야 한다는 강

박관념이 그동안 타 종교의 권리를 침해했던 부분이 많다"면서 "종교는 신성한 인권이며 개종에 대한 강박관념은 치유돼야 마땅하다"고 권고했다고 보도하고 있다.

지난 3월 기독교로 개종했다는 이유로 사형 위기에 처했다가 석방된 아프가니스탄 압둘 라흐만 사건 이후 종교계 현안으로 급부상한 개종 논란을 해결하기 위해 타 종교인의 개종에 대한 공동 행동 규범을 마련 중인 것으로 그 이유를 밝히고 있지만, 종교다원주의를 확산시키고 기독교의 선교 활동을 위축시키려는 종교다원주의자들의 고도의 전략 전술적 행동임을 직시(直視)해야 한다.

이광복 목사는 《성경 종말론》에서 "우리 시대에 혼합주의와 종교다원주의를 토대로 종교 통합을 이뤄 세계단일종교회를 출범시킨 종교적 주도 세력으로는 로마 교황청과 WCC(세계교회협의회)를 들 수 있다. 1991년 2월 7일부터 호주 캔버라에서 개최된 제7차 세계교회협의회에는 각국 316개 교회에서 899명의 기독교 대표와 힌두교, 이슬람교, 유교, 불교, 시크교 등 14개 종교 대표가 참석했는데, WCC 닥터 웨슬레이 회장은 '모든 종교가 다 하나님 앞으로 나아갈 수 있게 되었다. 진짜 신앙인이라면 다른 종교인에게 우리만 하나님을 믿는다고 말할 수 없다. 그래서 이제 설교라는 말은 없어졌다'고 말했다. 이들의 주장이 어찌 교회의 목소리가 될 수 있는가? 혼합주의 음녀 바벨론의 사상이 아니고 무엇이겠는가? 당시 이 회의장 밖에서 ICC 총재인 맥킨타이 박사는 87세의 고령임에도 불구하고 피켓을 들고 '너희는 여러 하나님을 믿으나 우리는 오직 한 분 하나님을 믿는다. 천국 가고 싶으면 지금이라도 예수 그리스도만 믿으라'고 시위하였다"고 역설(力說)하고 있다.

로마 교황청과 WCC는 우리 주님 예수 그리스도의 말씀을 전면적으로 부인하거나 대적하는 배교(背敎)한 음녀 집단임을 분명히 깨달아야 한다.

> "예수께서 가라사대 내가 곧 길이요 진리요 생명이니 나로 말미암지 않고는 아버지께로 올 자가 없느니라"(요 14:6).
> "이 예수는 너희 건축자들의 버린 돌로서 집 모퉁이의 머릿돌이 되었느니라 다른 이로서는 구원을 얻을 수 없나니 천하 인간에 구원을 얻을 만한 다른 이름을 우리에게 주신 일이 없음이니라 하였더라"(행 4:11-12).

바울 사도는 데살로니가후서 2장 3절 말씀을 통해 예수 그리스도의 재림의 날이 이르는 징조로 '먼저 배도하는 일이 있을 것' 이라고 증거하고 있다.

로마 교황청과 WCC의 배교(背敎) 행위는 곧 그 말씀이 성취되어 나타나는 종말의 징조임을 부인할 수 없다.

2. 땅의 임금들과 음행한 여인

2절에서 '땅의 임금들도 그로 더불어 음행하였고 땅에 거하는 자들도 그 음행의 포도주에 취하였다' 고 계시해 주고 있다.

3절에서는 '여자가 붉은 빛 짐승을 탔다' 고 표현했고, 5절에서는 '땅의 음녀들과 가증한 것들의 어미' 라고 부르고 있다.

이는 배교(背敎)한 교회인 음녀가 이 세상 나라를 다스리는 짐승의 정부와 야합(野合)하며, 하나님의 백성들을 미혹시키고, 이 세상 사람들을 자멸의 길로 이끌어갈 것임을 의미한다.

음녀가 일곱 머리 열 뿔을 가진 붉은 빛 짐승을 탔다는 것은 어린 양의 군대와 싸우는 적그리스도 세력과 야합하는 단체가 될 것을 나타내는 상징으로, 세계단일종교회가 UN 산하 기구가 됨으로 이 계시 말씀이 성취되어 나타났다고 볼 수 있다. 특별히 주목할 것은 적그리스도가 통치할 정치 세력과 야합한 종교 단체를 '여자' 로 부르고 있다는 것이다.

역사를 통해 얻을 수 있는 교훈은, 하나님을 반역하고 대적하는 사단의 제국은 언제나 자유와 평등 화합과 평화라는 슬로건을 내걸고 풍요와 쾌락의 여신(女神)을 만들어 섬기는 우상 종교의 길을 답습하고 있다는 사실이다.

김성일 장로의 저서 《성경으로 여는 세계사》 1권의 내용 중에는 여신의 시작과 그 역사가 기록되어 있다.

> 신앙의 자유란 하나님을 몰아내기 위하여 만들어낸 가나안과 니므롯의 음모였다……가나안 사람들이 하나님과 대결하기 위해 크레타 섬에서 만들어낸 복수의 여신 '카르' 는 하나님을 대적하는 최초의 여신(女神)으로 나타났다. '카르' 는 '아스다롯' 이라는 매력적인 이름으로 우가릿 해변에 상륙했다. 이 아스다롯은 이원론(二元論)의 논리적 바탕 위에서 사사건건 하나님과 대칭되었다. 하나님은 엄격하나 아스다롯은 상냥했다. 하나님은 절제를 요구하시나 아스다롯은 쾌락을 권유했다. 하나님은 툭 하면 징계의 채찍을 드시나 아스다롯은 풍성한 수확을 약속하셨다. 사탄의 지혜를 전수받은 가나안 사람들은 이원론을 더욱 폭넓게 활용하기 시작했다.
>
> '남자는 하늘이요 여자는 땅이다. 하나님은 하늘의 신이요 아스다롯은 땅의 신이다. 너희들의 하나님은 하늘을 지키기 위하여 하늘로 올라가셨다. 이제부터 땅은 관대한 사랑의 여신 아스다롯이 다스린다. 모든 백성은 자유와 평등과 사랑을 구가하면서 평

화롭게 살아도 좋다.'

이렇게 해서 가나안 사람들은 땅에서 하나님을 쫓아내었다. 하나님은 본래 '하늘과 땅'을 창조하신 하나님이시요(창 1:1), '하늘의 하나님 땅의 하나님'(창 24:3)이신데, 예루살렘이 멸망하여 이스라엘 백성들이 바벨론에 포로로 잡혀갔다가 돌아온 후에 기록된 에스라서와 느헤미야서에서는 그냥 '하늘의 하나님'(스 7:12, 21, 23; 느 1:4, 5)으로 표기된다.

그래서 예수께서는 제자들에게 모범적인 기도를 가르치실 때에 "하늘에 계신 우리 아버지여 이름이 거룩히 여김을 받으시오며 나라이 임하옵시며 뜻이 하늘에서 이룬 것같이 땅에서도 이루어지이다"(마 6:9-10)라고 그 첫머리를 시작하셨다. 이것은 곧 아스다롯의 음모에 의해 하늘로 물러가신 하나님께 어서 '땅의 통치권을 회복'하시도록 간구하는 기도였던 것이다.

하나님을 땅에서 몰아낸 아스다롯의 가증한 음모는 그에 그치지 않았다. 가나안 사람들은 아스다롯에 대한 제사가 끝난 후에 성대한 혼음(混淫)의 향연을 열었다. 그들의 논리에 의하면, 남자는 하늘이요 여자는 땅이기 때문에 남자와 여자 사이에 교접이 많을수록 풍요가 약속된다는 것이었다. 이때에 아스다롯 신전의 여사제들은 복을 준다는 명분으로 남자들에게 돈을 받고 쾌락을 나누어주었다. 이것이 창녀의 기원이 된 것이다. 그래서 성경은 아스다롯을 '음란'의 우상으로 규정하고 있는 것이다.

그런데 더 가증한 일이 벌어지기 시작했다. 백성에게 음란을 가르치던 아스다롯 자신도 그 섹스의 파트너가 있어야 했다. 그러나 그 파트너로서 '하늘의 하나님'은 너무 어울리지 않는 신이었다. 그래서 마침내 가나안 사람들은 아예 하나님을 없애버리고 '바알'이라는 남자 신을 만들어냈다.

이렇게 '사랑의 여신'의 섹스 파트너로 만들어진 것이 가나안의 '바알'이고, 바벨론의 '마르둑'이며, 애굽의 '오시리스'이고, 나중에 그리스의 '제우스'와 로마의 '유피테르'가 되는 것이다.

소위 신들 중에 주신(主神)으로 알려진 이들 남성 신들의 특징은 그들이 반역으로 통치권을 장악한 신들이라는 점이다. 바알은 그 아버지 '엘'신을 내몰고 권좌에 올라섰고, 마르둑은 신들의 조상인 '야푸스'를 죽이고 권력을 잡았으며, 제우스는 자신의 아버지 '크로노스'에게서 통치권을 빼앗았다. 이 이야기들은 모두 하나님께 대한 니므롯의 반역을 정당화하기 위하여 만들어진 것이었다.

그러나 이렇게 남성 신을 만들어놓고 나니 '사랑의 여신'에게 문제가 생겼다. 자유분방한 프리섹스를 주장해야 하는 사랑의 여신이 '한 남성 신의 아내'로 머물러 있을 수 없었던 것이다. 그래서 이들 남성 신에게 이원론적인 논리로 '아내' 신들이 생겨나고 사랑의 여신은 본래의 음탕한 자리로 되돌아갔다. 이렇게 해서 생겨난 여신들이 바알의 아내 '아세라'이며, 오시리스의 아내 '이시스'이고, 제우스의 아내 '헤라' 유피테르의 아내 '유노'였던 것이다.

이들의 아내 신들은 나중에 백성들의 어머니인 '모신'(母神)으로 승격하였다. 니므롯의 왕비였던 세미라미스가 니므롯의 유복자 '담무스'를 낳은 후로 자신의 지위를 높이기 위하여 이 여신들을 어머니 신으로 승격시킨 것이다.

아들 호루스를 안고 있는 '이시스'의 신상이 그 대표적인 모습이며, 인도의 '데바키'도 그와 같은 것이며, 중국에서는 '서왕모'(西王母)로 나타나게 되는 것이다.

이렇게 해서 세미라미스가 만들어낸 '모신'(母神)들은 땅의 신들이 되었고 마침내 하늘에까지 올라가서 하나님의 자리까지 넘보게 되었다.

> "자식들은 나무를 줍고 아비들은 불을 피우며 부녀들은 가루를 반죽하여 하늘 황후를 위하여 과자를 만들며 그들이 또 다른 신들에게 전제를 부음으로 나의 노를 격동하느니라"(렘 7:18).
> "땅의 신들을 두려워 말라"(삿 6:10).
> "망령되고 허탄한 신화(神話)를 버리고 오직 경건(敬虔)에 이르기를 연습하라"(딤전 4:7).

이동원 목사의 《마지막 싸움 마지막 승리》라는 요한계시록 강해 설교집에도 사단의 역사인 여성 신에 대한 내용이 증거되고 있다.

> "알렉산더 시스로라는 학자가 쓴 《두 개의 바벨론》이라는 책에 보면, 하나님을 반역하고 있는 정치적인 바벨론에서 그 우상 종교의 역사가 어디서부터 시작되었는가를 추적하는 내용이 나옵니다.
> 성경에 보면 바벨론 왕조의 시조가 니므롯이라고 되어 있습니다. 니므롯의 목표는 하나님을 반역하는 바벨 탑을 쌓는 것이었습니다.
> 그런데 시스로가 그 당시의 설화나 역사를 추적하면서 발견한 재미있는 사실은, 니므롯이 자기의 부인을 신격화시켜서 사람들이 여성 신을 통해서 쉽게 우상 앞에 접근하도록 했다는 것입니다.
> 그 니므롯 부인의 이름이 세미라미스입니다. 그때부터 소위 여신(女神)의 역사가 시작되었다고 합니다.
> 앗시리아에 오면 이쉬타르라는 여신이 있었고, 세미티안 문화에

가면 아스페로싯이라는 여신이 있었고, 그다음에 이집트에는 이시스라는 여신이 있었습니다. 세계가 로마 주도권하에 놓이게 되었을 때, 로마에는 비너스라는 여신이 있었습니다.

로마가 기독교 국가가 되었을 때는 어떠했습니까? 기독교에는 하나님 아버지만 있고 여성 신이 없으니까 그 당시에 성경을 모르던 사람들이 여신을 만들 필요를 느꼈습니다. 그래서 그들의 필요 때문에, 더 정확히 말하면 사단의 음모 때문에 만들어진 여성 신이 바로 마리아입니다.

예수님의 육신의 어머니인 마리아는 존경받아야 할 훌륭한 여성이긴 하지만 신(神)은 아닙니다. 그가 신이 된 배경에는 이런 사단의 음모가 있다는 사실을 잊지 말아야 합니다.

이런 면에서의 사단의 역사는 지금까지 계속되고 있습니다. 붉은빛 짐승을 타고 있는 여성, 음녀, 큰 음녀, 가증한 것들의 어미, 그것은 모든 종교를 하나님 없는 종교, 그리스도 없는 종교, 복음이 없는 종교, 결국 사단이 지배하는 종교를 만들기 위해서 역사할 것이고, 세상은 점점 더 타락한 종교왕국이 될 것입니다.

세계 단일 정부 추진을 적극 찬송하고 후원하는 뉴에이지 운동을 고발한 더글라스 그루투의 저서 《뉴 에이지의 정체》를 보면 이 운동의 다섯 가지 구체적 목표가 나와 있는데, 그 두 번째가 남녀의 성 차별을 폐지하자는 운동이다. 그들이 남녀평등을 주장하는 궁극적인 목표는 모계(母系)사회 운동, 여성 신격화 운동이다.

로마 교황청이 마리아를 성모(聖母)로 추앙하고 신격화하는 것과 뉴에이지 운동가들이 모계사회 운동, 여성 신격화 운동을 펼치는 것은 곧 하나님을 배격하고 예수 그리스도의 복음을 삭제하려는 사단의 역사임을 깨달아야 한다.

사단은 하나님의 교회와 백성들을 현혹시키고 미혹하기 위해서 그들을 사용하여 다시 한 번 이 땅의 역사 위에 여신(女神)을 부각시키고 땅의 임금들로 영적 간음에 빠지게 하며, 이 세상 사람들에게 음행의 포도주에 취해 쾌락을 추구하도록 역사하고 있다.

사회적으로 '남성이 여성으로 성(性)을 전환하고 그 법적 권리를 인정하는 것이 타당한가?' 라는 문제가 이슈가 되고 있다. 하나님의 창조섭리를 인간이 인위적으로 뒤바꾸는 것은 비성경적이라고 할 수 있다. 비성경적인 삶을 추구하는 사람들에 대해서 우리는 정상적인 삶을 살아가는 사람이라 말하지 않는다. 그들에게 삶의 다양성을 인정한다 하더라도 누구나 그들을 특별한 삶을 사는 사람으로 쳐다보고 그렇게 말할 것임에는 틀림없을 것이다. '동성연애자들의 부부관계를 법적으로 인정해야 하는가?' 라는 문제도 이와 같다.

이 시대 여권이 신장되고, 여성의 사회 진출이 많아지고, 여성 정치인들이 수장(首長)이 되는 확률이 높아지는 사회현상은 곧 영적 현상의 그림자임을 시사해 준다.

> "너는 나 외에는 다른 신(神)들을 네게 있게 말찌니라 너를 위하여 새긴 우상을 만들지 말고 또 위로 하늘에 있는 것이나 아래로 땅에 있는 것이나 땅 아래 물 속에 있는 것의 아무 형상이든지 만들지 말며 그것들에게 절하지 말며 그것들을 섬기지 말라 나 여호와 너의 하나님은 질투하는 하나님인즉 나를 미워하는 자의 죄를 갚되 아비로부터 아들에게로 삼사 대까지 이르게 하거니와 나를 사랑하고 내 계명을 지키는 자에게는 천 대까지 은혜를 베푸느니라"(출 20:3-6).
>
> "여호와 외에 다른 신에게 희생을 드리는 자는 멸할지니라"(출 22:20).

3. 외모를 화려하게 치장한 여자

4절 말씀에 보면, "그 여자는 자주 빛과 붉은 빛 옷을 입고 금과 보석과 진주로 꾸미고 손에 금잔을 가졌는데 가증한 물건과 그의 음행의 더러운 것들이 가득하더라"라고 소개하고 있다.

화려한 색깔의 버섯은 독버섯이므로 먹으면 안 된다. 화려한 색상과 멋진 외모로 위장하고 있는 곤충은 대부분 치명적인 독을 가지고 있다. 이와 같은 자연계시를 통해 외모를 화려하게 치장하고 있는 음녀도 사람들의 생명을 빼앗는 치명적인 독(毒)을 품고 있다는 영적 진리를 깨달을 수 있다.

예수 그리스도는 자신의 피를 흘려 그 핏값으로 인류의 죄를 속하시고 생명을 얻게 하시며 더 풍성히 얻게 하는 생명의 주로 오셨다. 그러므로 성경은 예수 그리스도의 속죄 피를 찬양하고 증거하는 복음적인 교회를 사람들의 생명을 영생으로 인도하는 주님의 거룩한 신부요, 하늘나라의 거룩한 새 예루살렘 성이라고 부르고 있다. 그러나 사단은 사람들을 죄에 빠지게 유혹하여 그들이 죗값으로 피 흘려 죽게 하고 자신이 들어갈 영원한 지옥 불에 함께 들어가도록 멸망으로 이끄는 도적으로 왔다. 음녀 또한 사람들의 영혼을 마비시키고 성도들의 생명을 빼앗는 사단의 도구다.

6절에서는 "이 여자가 성도들의 피와 예수의 증인들의 피에 취한지라"라고 계시해 주고 있다.

> "도적이 오는 것은 도적질하고 죽이고 멸망시키려는 것뿐이요 내가 온 것은 양으로 생명을 얻게 하고 더 풍성히 얻게 하려는 것이라"(요 10:10).

오늘도 음녀의 화려한 외모에 시선을 빼앗기고, 은밀한 유혹의 소리에 귀 기울이며 그녀가 따라 주는 달콤한 음행의 포도주 잔을 들이키며 즐거워하는 자들은, 장차 임할 하나님의 진노의 심판 날에 하나님의 진노의 포도주 잔을 받아 마시고 멸망에 빠지게 될 것이다. 외모를 화려하게 치장한 음녀의 모습 속에는 사람들을 미혹하는 세 가지 사상이 담겨져 있다.

1) 그 여자가 자주 빛과 붉은빛 옷을 입었다.

이는 사람들을 미혹케 하는 권력 선호사상(權力選好思想)을 나타낸다.

음녀가 입고 있는 자주 빛과 붉은빛 의복은 황제나 장군이나 원로원 의원들과 같은 권력자들이 입는 옷이다. 음녀가 입고 있는 자주 빛과 붉은색 옷은 고대인들에게 있어서 명예와 권력을 상징하는 옷이었고, 누구나 입고 싶어하는 옷이었다. 음녀가 누구나 호감을 가지고 존귀하게 바라보는 자주 빛과 붉은색 옷을 입고 있지만 사실 그것은 예수 그리스도의 흘리신 피의 복음을 팔아 산 음란의 대가이고, 성도들의 핏값을 주고 산 멸망의 증표에 불과한 것이다.

《실락원》(*Paradise Lost*)을 쓴 영국의 시인 존 밀턴(John Millton)은 천주교를 비판하면서 "황제가 신부들에게 찬란한 법의(法衣)를 입히고 최고의 영예와 생활 보장을 부여하여 교회의 의자를 귀금속으로 꾸며주었을 때, 하늘로부터 한 소리가 들렸다. '오늘 교회는 독소의 침입을 받아 그 영적 기능이 마비되기 시작했다' "고 말한다.

> "주께서 경건한 자는 시험에서 건지시고 불의한 자는 형벌 아래 두어 심판날까지 지키시며 육체를 따라 더러운 정욕 가운데서 행하며 주관하는 이를 멸시하는 자들에게 특별히 형벌하실 줄을 아시느니라 이들

은 담대하고 고집하여 떨지 않고 영광 있는 자를 훼방하거니와 더 큰 힘과 능력을 가진 천사들이라도 주 앞에서 저희를 거스려 훼방하는 송사를 하지 아니하느니라 그러나 이 사람들은 본래 잡혀 죽기 위하여 난 이성 없는 짐승 같아서 그 알지 못한 것을 훼방하고 저희 멸망 가운데서 멸망을 당하며 불의의 값으로 불의를 당하며 낮에 연락을 기쁘게 여기는 자들이니 점과 흠이라 너희와 함께 연회할 때에 저희 간사한 가운데 연락하며 음심(淫心)이 가득한 눈을 가지고 범죄하기를 쉬지 아니하고 굳세지 못한 영혼들을 유혹하며 탐욕에 연단된 마음을 가진 자들이니 저주의 자식이라 저희가 바른 길을 떠나 미혹하여 브올의 아들 발람의 길을 좇는도다 그는 불의의 삯을 사랑하다가 자기의 불법을 인하여 책망을 받되 말 못하는 나귀가 사람의 소리로 말하여 이 선지자의 미친 것을 금지하였느니라"(벧후 2:9-16).

요한계시록 19장에는 어린 양의 혼인잔치에 신부로 등장하는 여인이 빛나고 깨끗한 세마포를 입고 있다. 깨끗하고 하얀 세마포는 성도들의 옳은 행실이다(계 19:8).

성도들의 옳은 행실은 무엇인가? 하나님의 말씀과 어린 양 예수 그리스도의 복음을 믿고 증거하는 복음의 제사장 사역을 감당하며, 이 땅에 빛과 소금의 사명을 감당하는 것이다.

예수 그리스도의 신부 된 교회와 지체 된 성도들은 신앙의 정절을 지키고 옳은 행실로 신부가 입는 하얀 세마포 옷을 입고 단장하며, 신랑 되신 예수 그리스도의 재림을 기다리며 인내하는 사람들이다.

주님이 다시 오시는 그날까지 신앙의 순결을 지키며 구속의 은혜에 감격하여 복음의 제사장 사역을 충성스럽게 감당하던 승리자들은 주님과 함께 영원한 하나님의 나라에서 만왕의 왕으로 살아가게 될 것이다. 그러나 음녀가 입은 자주 빛과 붉은빛 부드러운 옷 입기를 사모하며 삶의 목표로 삼고 살아가는 사람들은 경쟁자를 미워하고, 시기하고, 모함하고, 비난하는 언행을 일삼고 그의 머리를 밟고 올라서서 잠시 동안 권세를 누리며 살다가 결국 멸망의 길로 빠지게 될 것이다.

> "민간에 또한 거짓 선지자들이 일어났었나니 이와 같이 너희 중에도 거짓 선생들이 있으리라 저희는 멸망케 할 이단을 가만히 끌어들여 자기들을 사신 주를 부인하고 임박한 멸망을 스스로 취하는 자들이라 여럿이 저희 호색(好色)하는 것을 좇으리니 이로 인하여 진리의 도(道)가 훼방을 받을 것이요 저희가 탐심을 인하여 지은 말을 가지고 너희로 이를 삼으니 저희 심판은 옛적부터 지체하지 아니하며 저희 멸망은 자지 아니하느니라"(벧후 2:1-3).

2) 금과 보석과 진주로 꾸미고 있다.

이는 사단이 심어준 외모지상주의 사상이다.

외모지상주의는 하나님의 사상이 아닌 사단의 사상이다. 하나님은 중심을 보시는 분이다. 그런데 인생들은 외모를 보고 선택한다. 이는 아담과 하와에게 심었던 사단의 외모지상주의 씨앗이 유전되어 내려오기 때문이다.

창세기 3장에 보면, 사단이 하와를 미혹하여 선악을 알게 하는 나무의 실과를 따먹도록 속일 때 "여자가 그 나무를 본즉 먹음직도 하고 보암직도 하고 지혜롭게 할 만큼 탐스럽기도 한 나무인지라 여자가 그 실과를 따먹고 자기와 함께한 남편에게도 주매 그도 먹은지라"(창 3:6)라고 증거하고 있다.

외모지상주의는 인생들의 안목의 정욕을 만족시켜 죄악에 빠뜨

리려는 사단이 뿌린 죄악된 사상이다. 그래서 성경은 항상 하나님은 외모를 보고 취하지 아니하심을 강조하고 우리에게 외모를 보고 사람을 취하지 말라고 강조한다.

> "여호와께서 사무엘에게 이르시되 그 용모와 신장을 보지 말라 내가 이미 그를 버렸노라 나의 보는 것은 사람과 같지 아니하니 사람은 외모를 보거니와 나 여호와는 중심을 보느니라"(삼상 16:7).
>
> "베드로가 입을 열어 가로되 내가 참으로 하나님은 사람의 외모를 취하지 아니하시고 각 나라 중 하나님을 경외하며 의를 행하는 사람은 하나님이 받으시는 줄 깨달았도다"(행 10:34-35).
>
> "하나님께서 각 사람에게 그 행한 대로 보응하시되 참고 선을 행하여 영광과 존귀와 썩지 아니함을 구하는 자에게는 영생으로 하시고 오직 당을 지어 진리를 좇지 아니하고 불의를 좇는 자에게는 노와 분으로 하시리라 악을 행하는 각 사람의 영에게 환난과 곤고가 있으리니 첫째는 유대인에게요 또한 헬라인에게며 선을 행하는 각 사람에게는 영광과 존귀와 평강이 있으리니 첫째는 유대인에게요 또한 헬라인에게라 이는 하나님께서 외모로 사람을 취하지 아니하심이니라"(롬 2:6-11).
>
> "무슨 일을 하든지 마음을 다하여 주께 하듯 하고 사람들에게 하듯 하지 말라 이는 유업의 상을 주께 받을 줄 앎이니 너희는 주 그리스도를 섬기느니라 불의를 행하는 자들은 불의의 보응을 받으리니 주는 외모로 사람을 취하심이 없느니라"(골 3:23-25).
>
> "내 형제들아 영광의 주 곧 우리 주 예수 그리스도를 믿는 믿음을 너희가 받았으니 사람을 외모로 취하지 말라 만일 너희 회당에 금가락지를 끼고 아름다운 옷을 입은 사람이 들어오고 또 더러운 옷을 입은 가난한 사람이 들어올 때에 너희가 아름다운 옷을 입은 자를 돌아보아 가로되 여기 좋은 자리에 앉으소서 하고 또 가난한 자에게 이르되 너는 거기

셨든지 내 발등상 아래 앉으라 하면 너희끼리 서로 구별하며 악한 생각으로 판단하는 자가 되는 것이 아니냐 내 사랑하는 형제들아 들을지어다 하나님이 세상에 대하여는 가난한 자를 택하사 믿음에 부요하게 하시고 또 자기를 사랑하는 자들에게 약속하신 나라를 유업으로 받게 아니하셨느냐 너희는 도리어 가난한 자를 괄시하였도다 부자는 너희를 압제(壓制)하며 법정으로 끌고 가지 아니하느냐 저희는 너희에게 대하여 일컫는 바 그 아름다운 이름을 훼방하지 아니하느냐 너희가 만일 경에 기록한 대로 네 이웃 사랑하기를 네 몸과 같이 하라 하신 최고한 법을 지키면 잘하는 것이거니와 만일 너희가 외모로 사람을 취하면 죄를 짓는 것이니 율법이 너희를 범죄자로 정하리라"(약 2:1-9).

이상에서 살펴본 바와 같이 하나님은 사람의 외모를 보지 아니하시고 그 중심을 보고 취하시는 반면에, 우리 인생들은 외모를 보고 판단하고 선택하는 상반된 사상을 가지고 있다. 이는 우리 속에 사단이 뿌린 외모지상주의 사상이 자리 잡고 있기 때문이다.

성경이 외모를 보고 취하는 것은 죄를 범하는 것임을 분명히 밝히고 있음에도 불구하고 이 시대는 외모지상주의가 만연(蔓延)해 있다. 여인들이 외모를 예쁘게 보이기 위해 여기저기 얼굴을 뜯어고치는 성형수술이 성행하고 있고, 억지로 굶어가며 살을 빼는 여성이 많아졌다. 얼굴과 몸매가 따라 주지 않으면 실력이 있어도 좋은 직장 구하기가 힘들고 좋은 신랑감 구하기가 힘든 세상이기에, 돈 들이고 시간 빼앗기면서 외모를 치장하느라 갖은 고생을 한다.

어디 여성뿐이겠는가? 이제는 남자들도 외모가 받쳐 주지 않으면 사회에서 환영받지 못하고 찬밥 신세가 되는 세상이 되었다. 사단의 외모지상주의가 이 세상 사람들의 사고를 완전히 사로잡고 있는 시대임을 보여준다.

이 시대 사단의 사상을 전수받아 외모지상주의에 사로잡혀 있는 음녀 집단은 바티칸 왕국(로마 교황청)이다. 교황의 화려한 의관이나 천주교의 화려한 예배의식 등은 모두 외모지상주의 사상에 기인한 것들임을 간과(看過)해서는 안 된다.

이광복 목사의 저서인 《성경 종말론》에 보면, "천국을 이 땅에 건설해 왔다면 그것은 아마도 호화스러운 로마 가톨릭의 본부 건물인 베드로 성당과 박물관일 것이다. 이 박물관을 팔면 바티칸 국가가 400년 간 먹고 살 수 있다고 하니 어느 정도 화려한지 알 만하지 않은가. 정말 지상에 이런 곳이 존재할 수 있는가 눈을 의심해야 할 정도의 초호화판 장식을 하고 있다. 그 자체가 하나의 거대한 예술품 같아서 마치 천국을 이 땅에 옮겨놓은 것 같은 착각을 일으킬 정도이다. 세계를 주고 거기에 대형 박물관을 얹어서 준다 해도 안 바꾼다는 말이 그래서 나왔으리라.

씨시티나 소성당이라는 곳은 교황을 뽑는 방으로 유명하다. 교황이 선출되면 하얀 연기가 나오고 그렇지 않을 경우엔 검은 연기가 나온다.

그 천장에는 유명한 〈천지창조〉그림이 있고, 벽에는 최후 심판을 묘사한 천국과 지옥이 그려져 있다. 이 작품을 완성했던 유명한 미켈란젤로는 장장 4년 5개월 동안 혼자서 이 일을 해냈다고 한다. 미켈란젤로는 화가로서〈천지장조〉라는 불후의 작품을 남겼고, 조각가로서 유명한 〈비탄〉이라는 작품을, 그리고 건축가로서 돔을 건축했다.

이렇게 만들어진 성당에서 매월 거둬들이는 입장료 수입만 해도 자그마치 40억 이상이란다. 길이가 187미터, 양폭이 58미터인데다 높이가 15층 높이에, 5만여 명을 수용할 수 있는 대규모를 자랑하는 이곳은 호화스럽고 사치스러운 음녀의 모습을 있는 그대로 보여주는 곳이 아닐 수 없다"고 증거하고 있다.

음녀는 금과 보석과 진주로 외모를 꾸미고 있다. 그녀는 사단의 외모지상주의 사상에 사로잡힌 여인이고, 그 사상을 찬미하고 사람들을 현혹시키는 데 앞장서는 존재다. 그녀의 거짓된 언행에 속지 말기 바란다. 이 세상을 따르지 말고 하나님의 말씀에 따라 행동하시는 지혜로운 예수 그리스도의 신부가 되길 바란다.

> "뱀이 그 간계로 이와를 미혹케 한 것같이 너희 마음이 그리스도를 향하는 진실함과 깨끗함에서 떠나 부패할까 두려워하노라"(고후 11:3).
> "너희는 이 세대를 본받지 말고 오직 마음을 새롭게 함으로 변화를 받아 하나님의 선하시고 기뻐하시고 온전하신 뜻이 무엇인지 분별하도록 하라"(롬 12:2).
> "이는 세상에 있는 모든 것이 육신의 정욕과 안목의 정욕과 이생의 자랑이니 다 아버지께로 좇아 온 것이 아니요 세상으로 좇아 온 것이라 이 세상도, 그 정욕도 지나가되 오직 하나님의 뜻을 행하는 이는 영원히 거하느니라"(요일 2:16-17).
> "너희 단장은 머리를 꾸미고 금을 차고 아름다운 옷을 입는 외모로 하지 말고 오직 마음에 숨은 사람을 온유하고 안정한 심령의 썩지 아니할 것으로 하라 이는 하나님 앞에 값진 것이니라"(벧전 3:3-4).

3) 가증한 물건과 그의 음행의 더러운 것들이 가득한 금잔을 가졌다.

이는 사람들의 생각을 사로잡고 있는 황금만능주의 사상을 지닌 모습이다.

돈이라면 무엇이라도 할 수 있다는 생각, 돈을 위해서라면 무슨 짓이라도 할 수 있다는 죄악된 생각이 황금만능주의 사상이다.

사도행전 8장에 보면, 돈이면 무엇이든 할 수 있다고 생각하는 대표적 인물인 마술사 시몬의 행위가 증거되고 있다. 그는 사마리아 성에서 오랫동안 마술로 백성들을 놀라게 한 장본인으로 '자칭 큰 자' 였다. 그는 빌립 집사가 복음을 증거하며 세례를 베풀 때 나타나는 표적과 큰 능력을 보고 놀라며 믿고 세례를 받았다. 그 후 베드로와 요한이 사마리아 성에 도착해 성령 받기를 기도하고 안수할 때 성령이 임하는 모습을 보고 그는 사도들의 능력을 돈을 주고 사려고 한다.

> "시몬이 사도들의 안수함으로 성령 받는 것을 보고 돈을 드려 가로되 이 권능을 내게도 주어 누구든지 내가 안수하는 사람은 성령을 받게 하여 주소서 하니"(행 8:18-19).

하나님의 선물을 돈으로 살 수 있다고 생각한 마술사 시몬의 생각은 사단이 심어 준 악한 생각이다. 시몬의 행동에 대해 사도 베드로는 "……네가 하나님의 선물을 돈 주고 살 줄로 생각하였으니 네 은과 네가 함께 망할지어다 하나님 앞에서 네 마음이 바르지 못하니 이 도에는 네가 관계가 없고 분깃 될 것도 없느니라 그러므로 너의 이 악함을 회개하고 주께 기도하라 혹 마음에 품은 것을 사하여 주시리라 내가 보니 너는 악독이 가득하며 불의에 매인 바 되었도다"(행 8:20-23)라고 회개하기를 촉구한다.

이 세상을 살아가는 현대인들의 의식 속에 황금만능주의 사상이 가득 자리잡고 있음을 부인할 수 없다. 돈이면 무엇이든지 살 수 있다고 믿는 사람은 사단의 거짓말에 속고 있는 것이다. 세상에서 참으로 아름답고 소중한 것들은 사실 돈으로 살 수 없다. 돈을 사랑하는 마음 때문에 가장 소중하고 아름다운 것들을 빼앗기는 시험과 올무가 될 수 있는 것이다. 바울 사도는 믿음의 아들 디모데에게 돈에 대한 교훈을 편지에 자세히 썼다.

> "부하려 하는 자들은 시험과 올무와 여러 가지 어리석고 해로운 정욕에 떨어지나니 곧 사람으로 침륜과 멸망에 빠지게 하는 것이라 돈을 사랑함이 일만 악의 뿌리가 되나니 이것을 사모하는 자들이 미혹을 받아 믿음에서 떠나 많은 근심으로써 자기를 찔렀도다"(딤전 6:9-10).

돈을 사랑하거나 돈의 힘을 너무 과신하는 어리석은 사람이 되지 말아야 한다. 돈이면 무엇이든지 살 수 있고, 무엇이든지 할 수 있고, 무엇이든지 될 수 있다고 생각하는 황금만능주의 사상은 전능하신 하나님을 섬기지 못하게 하려는 사단의 가증하고 더러운 사술(邪術)이다.

사단의 황금만능주의 사상을 손에 붙잡고 있는 음녀는 돈을 위하여 사람들의 영혼을 사단에게 팔아먹은 여자다. 음녀가 파는 상품의 품목을 보면 '사람들의 영혼들'(계 18:13)이 들어 있다. 음녀는 돈이라면 자기 영혼뿐만 아니라 사람들의 영혼까지도 팔아먹는 사악한 여자다. 음녀는 성도들과 예수의 증인들의 핏값으로 자기를 영화롭게 하는 돈을 사랑하는 여자다. 그녀가 더럽고 가증한 모든 것을 담은 금잔을 손에 가지고 있는 모습은, 음녀가 황금만능주의 사상을 붙잡고 예수 그리스도의 복음을 배도하며 하나님을 대적하는 종교단체임을 시사해 주고 있다.

이광복 목사의 저서 《성경 종말론》에 보면, "로마 가톨릭의 베드로 성당 안에 금으로 치장한 호화스러운 모습은 바로 음녀의 모습인 것이다"라고 지적하고 있을 뿐만 아니라 가톨릭에 대한 역사적 비판을 증거해 주고 있다.

① 칼빈

《기독교 강요》에서 교황과 추기경의 신학(가톨릭 신학)을 다음과 같이 말하고 있다.

제1조, 하나님이 없다.

제2조, 그리스도에 대한 모든 기록과 교훈은 허위요 기만이다.

제3조, 내세와 최후의 부활에 관한 교리들은 우화에 지나지 않는다.

② 로이드 존스

"로마 가톨릭은 마귀의 최대 걸작품이다."

③ 웨스트민스트 신앙고백 25장 46항(1647년 장로교)

"로마 교황은 교회 안에서 그리스도와 하나님을 대적하여 자신을 높이는 자로서 적그리스도요 죄의 사람이고 멸망의 아들이다."

④ 영국 성공회 신앙 개요 제7항(1615년)

"모든 왕들과 군주들 위에 군림하고 있는데 교황이 휘두르는 교황의 권력은 하나님의 말씀에 반대되는 권력이다. 그러므로 로마 교황의 이러한 권력은 왕이신 예수 그리스도 주권의 범위와 영역 내에서 반드시 제거되어야 할 가장 우선적인 목표이다."

⑤ 회중교회(사보이 선언서 26장 45항)

"로마 교황은 장차 예수 그리스도에게 대적할 죄의 사람, 혹은 불법의 아들인 적그리스도로 자기를 하나님이라 부르면서 지상의 교회에서 자기를 높이게 될 것이다."

⑥ 침례교회(침례교회 신앙고백 26장 4항, 1688년)

"지상 교회의 수장이라고 주장하는 자가 있다면 그는 죄의 사람 혹은 멸망의 아들인 적그리스도로, 장차 그는 자기를 하나님이라 칭하며 예수 그리스도께 대적하게 될 것인데 그는 재림의 때에 예수 그리스도의 광채로 반드시 죽임을 당하게 될 것이다."

⑦ 감리교회 존 웨슬리(1754년)
"교황은 이중적인 사람으로 교황인 동시에 죄의 사람이며 그는 날마다 죄의 사람의 특징을 쌓아가고 있다."

주님은 하나님과 재물(돈)을 겸하여 섬길 수 없다고 말씀하신다.

"한 사람이 두 주인을 섬기지 못할 것이니 혹 이를 미워하며 저를 사랑하거나 혹 이를 중히 여기며 저를 경히 여김이라 너희가 하나님과 재물을 겸하여 섬기지 못하느니라"(마 6:24).

만약 하나님보다 돈을 더 좋아하고 의지하고 사랑하며 섬긴다면 하나님 나라와 전혀 관계없는 사람이 될 수 있다.

"돈을 사랑함이 일만 악의 뿌리가 되나니 이것을 사모하는 자들이 미혹을 받아 믿음에서 떠나 많은 근심으로써 자기를 찔렀도다"(딤전 6:10).

돈이면 무엇이든지 가능하다고 생각하며 행동하는 사람은 사마리아 성의 마술사 시몬이나 다를 바 없다. 이는 음녀가 손에 붙잡고 있는 황금만능주의 사상의 올무에 걸려 있는 것이다.

지금까지 돈이라면 능치 못할 일이 없다고 생각하는 황금만능주의 사상에 빠져 살았다면, 이제 더 이상 속지 말고 그 올무에서 벗어나기 바란다. 쉽지 않겠지만 돈이면 능치 못할 일이 없다는 황금만능주의 사상은 사단의 거짓말임을 깨달아야 한다. 그 사실을 인정하면 하나님의 말씀과 예수 그리스도의 복음을 배도한 음녀의 사상에서 벗어나기 바란다.

"네가 이것을 알라 말세에 고통하는 때가 이르리니 사람들은 자기를 사랑하며 돈을 사랑하며 자긍하며 교만하며 훼방하며 부모를 거역하며 감사치 아니하며 거룩하지 아니하며 무정하며 원통함을 풀지 아니하며 참소하며 절제하지 못하며 사나우며 선한 것을 좋아 아니하며 배반하여 팔며 조급하며 자고하며 쾌락을 사랑하기를 하나님 사랑하는 것보다 더하며 경건의 모양은 있으나 경건의 능력은 부인하는 자니 이 같은 자들에게서 네가 돌아서라"(딤후 3:1-5).

"하늘로서 다른 음성이 나서 가로되 내 백성아, 거기서 나와 그의 죄에 참예하지 말고 그의 받을 재앙들을 받지 말라"(계 18:4).

문제 2 Question

일곱 머리 열 뿔 가진 짐승

"천사가 가로되 왜 기이히 여기느냐 내가 여자와 그의 탄 바 일곱 머리와 열 뿔 가진 짐승의 비밀을 네게 이르리라 네가 본 짐승은 전에 있었다가 시방 없으나 장차 무저갱으로부터 올라와 멸망으로 들어갈 자니 땅에 거하는 자들로서 창세 이후로 생명책에 녹명되지 못한 자들이 이전에 있었다가 시방 없으나 장차 나올 짐승을 보고 기이히 여기리라 지혜 있는 뜻이 여기 있으니 그 일곱 머리는 여자가 앉은 일곱 산이요 또 일곱 왕이라 다섯은 망하였고 하나는 있고 다른 이는 아직 이르지 아니하였으나 이르면 반드시 잠깐 동안 계속하리라 전에 있었다가 시방 없어진 짐승은 여덟째 왕이니 일곱 중에 속한 자라 저가 멸망으로 들어가리라 네가 보던 열 뿔은 열 왕이니 아직 나라를 얻지 못하였으나 다만 짐승으로 더불어 임금처럼 권세를 일시 동안 받으리라 저희가 한 뜻을 가지고 자기의 능력과 권세를 짐승에게 주더라 저희가 어린 양으로 더불어 싸우려니와 어린 양은 만주의 주시요 만왕의 왕이시므로 저희를 이기실 터이요 또 그와 함께 있는 자들 곧 부르심을 입고 빼내심을 얻고 진실한 자들은 이기리로다"(계 17:7-14).

'일곱 머리 열 뿔을 가진 붉은 빛 짐승'에 대한 다양한 견해가 있다. 국내외 저자들의 다양한 해석을 살펴보면 다음과 같다.

• 국내 저자들의 견해

저자명	저자들의 견해
김재준	미래에 속한 지방 정권으로 장차 올 그 짐승과 동조하는 세력인데, 그 짐승이 나와 득세할 때에 나타날 권력층을 상징
김응조	사도 요한 당시는 미래사인 장차 로마의 후신이 될 현재의 유럽연합 10개국(EU)을 상징

조용기	적그리스도를 배출할 유럽연합(EU) 10개국을 상징
박수암	당시로서는 네로가 재생하여 데리고 온다는 파르디안 군을 의미하며, 앞으로도 이같이 어떤 왕들이 사단으로 말미암아 왕권을 얻고 또 합심하여 사단적 역사, 곧 인류의 최후 전쟁에 참가할 나라들을 상징
이상근	집합적 세력인 열 왕은 미래의 어떤 왕들이 사단으로 말미암아 왕권을 얻고 또 합심하여 사단적 역사에 종사할 것을 상징
석원태	짐승을 중심으로 동맹 체제를 갖출 열 왕들을 상징
박윤선	적그리스도를 맹주(盟主)로 삼을 열 나라를 상징
이동원	모든 문화와 모든 나라 속에서 일어나게 될 인류역사의 마지막 제국을 상징
이광복	미래 대환기에 이 세상을 통치하게 될 적그리스도를 배출할 국가로, 옛 로마 제국의 영토를 중심으로 출발한 유럽연합(EU)을 상징
정근두	일곱 머리는 충만한 악의 세력, 열 뿔은 세계 모든 문화와 나라 속에서 일어날 인류의 마지막 나라들을 상징

• 외국 저자들의 견해

저자명	저자들의 견해
데이크	적그리스도를 배출할 옛 로마 제국 내의 열 왕국을 상징
존슨	열 뿔은 보통 황제 밑에서 봉사하는 로마 지방에 속한 자국의 통치자들이나 위성국가들의 통치자 또는 팔레스타인의 총독들을 상징
비더울프	그리스도에 대항해서 앞으로 전쟁을 벌일 이 세상의 최후의 왕국들을 상징
헨드릭슨	열 왕은 실제로 지상의 영역 속에 유력한 것들, 즉 예술이나 교육, 상업과 산업, 그리고 정권들과 중심 권력층에 맹종하는 자들을 의미
렌스키	왕의 자태(姿態)로 지배와 통치를 가진 적그리스도의 짐승적 힘을 상징
월부어드	마지막 시대에 동시적으로 지배할 로마 제국의 형태를 상징
래드	적그리스도에게 복종하게 될 모든 나라들의 전체적인 권세를 나타내는, 전적으로 종말론적인 상징

이상에서 많은 국내외 저자들의 제견해(諸見解)를 살펴보았다. 그렇다면 일곱 머리 열 뿔을 가진 붉은 빛 짐승의 비밀과 정체에 대한 성경적 견해는 무엇인지 살펴보자.

음녀가 올라탄 일곱 머리 열 뿔을 가진 붉은 빛 짐승은 하나님의 나라를 대적하는 '적그리스도의 나라' 를 상징한다. 천사가 짐승에 대해 설명해 주는 말씀 속에서 이 사실을 증거하고 있기 때문에 달리 생각할 여지가 없다.

역사의 시간 속에 등장한 적그리스도의 나라들에 대해 '다섯은 망하였다' 고 말한다. 사도 요한 당시의 시점에서 이미 역사 위에 나타났다가 망한 다섯 제국은 애굽, 앗수르, 바벨론, 메대 · 바사, 헬라를 의미한다. 이들은 모두 하나님의 나라인 이스라엘을 대적하고 침략하여 다스리며 핍박했던 적그리스도 나라들이었다. 그리고 요한 당시 '하나는 있다' 고 말하고 있다.

사도 요한 당시 이스라엘을 침략해서 다스리며 교회와 성도들을 핍박하고 있는 나라는 로마 제국이었다. 사도 요한과 초대 교회 성도들은 이 계시의 말씀을 들었을 때 어렵지 않게 받아들였을 것이다. 그리고 그들에 대해 반드시 하나님의 심판과 저주의 재앙이 쏟아지고 멸망을 당할 것이며, 하나님의 어린 양 예수 그리스도와 그의 선택하심을 받은 성도들이 승리할 것임을 전해 들었을 때 큰 위로를 받고 용기를 얻게 되었을 것이다.

여기까지의 해석에는 큰 어려움이 없다. 이미 역사 위에 나타난 제국들이기 때문에 특별한 이견(異見)이 없다. 문제는 아직 이르지 않은 적그리스도의 나라가 어느 나라가 될 것인가 하는 것이다. 장차 무저갱으로부터 올라와 역사 위에 등장할 마지막 짐승, 즉 적그리스도의 나라가 어느 나라를 상징하고 있는가 하는 문제를 두고 다양한 의견을 보이고 있다. 장차 역사 위에 나타날 붉은 빛 짐승인 적그리스도의 나라는 이 시대에 다각도에서 추진되고 있는 '세계 단일 정부' 가 될 것으로 내다보고, 적그리스도가 될 여덟째 왕은 EU의 통합 대통령이 세계 단일 정부의 통치자가 됨으로 성취될 것으로 보는 견해가 이 시대에 나타난 징조 중에 주목할 만한 주장이다.

지금 이 땅에서는 은밀한 중에 세계 단일 정부 출현을 위해 다각도로 작업을 진행하고 있다. 지금의 추세로 볼 때 그리 머지않은 시기에 마지막 적그리스도 나라로 쓰임 받을 세계 단일 정부가 역사 위에 등장하게 될 것이다.

지금 현재 세계 단일 정부 출범을 이끌고 있는 단체는 미국을 중심으로 한 선진 7개국 정상(G-7)이다. 세계 단일 정부 추진을 위한 국제기구들을 미국을 중심으로 하는 G-7이 주도하고 있다. 세계 단일 정부 출범을 위해 힘쓰고 있는 대표적인 기구들을 살펴보면 다음과 같다(요한계시록 말씀사역연수원, 세계 단일 정부 위한 국제기구들).

1. 외교협의회(CFR, Council on foreign relations)

CFR의 주 임무는 세계 단일화를 위한 모든 계획과 정책 등을 서방 선진 7개국 정상회의에 반영시키는 일이다.

이들은 자연적으로 형성을 이루고 있는 경제 블럭(bloc)을 10등분으로 나누어놓았다. 제1지역은 북미주(North America), 제2지역은 남아메리카(Latin America), 제3지역은 일본과 서태평양 지역(Japan, west Pacific), 제4지역은 대양주(Australia and New-zealand), 제5지역은 서유럽(West Europe), 제6지역은 동유럽(East Europe), 제7지역은 북아프리카, 중동 등 전체 회교권 지역(North Africa & Middle east), 제8지역은 중앙아프리카(Central Africa), 제9지역은 동남아시아(South-east Asia), 제10지역은 중앙아시아(Central Asia)로 지구를 10등분(10-Global regional)하고 정하고 새 세계질서(New World order, NWO)를 추진하고 있다.

이들이 지구를 10등분(10-Global regional)하여 새 세계질서(New world order)를 추진시키는 일은 '짐승의 열 뿔'이 이 시대 역사 위에 가시

화(可視化)되는 종말적 사건임을 주의(主意)깊게 살펴볼 필요가 있다.

2. 선진 7개국 정상(Great 7-summit)

그들은 G-7에 가입이 가능한 조건으로 '평균 이상 안정' 이라는 조건을 정했는데 ①군사 안정, ②정치 안정, ③경제 안정, ④사회 안정, ⑤물가 안정이다. 이 다섯 가지가 평균 이상(great)이 되는 나라들을 선별한 것이 G-7이다.

세계 단일 정부 조직에 걸림돌이 되는 공산국가들을 제외하기 위한 수단으로 다섯 가지 평균 이상이라는 조건을 내세웠는데, 그 기준에 따라 G-7에 가입된 나라들은 미국, 캐나다, 일본, 영국, 프랑스, 독일, 이탈리아다. 이 시대에 세계를 움직이는 선진 7개국의 정상들이 G-7이다.

일찍이 지구의 단일 정부를 추진하는 CFR에서 '두 시대 사이' 를 연결시키는 고리로 활용하기 위하여 만들어놓은 기구가 G-7이다.

TC(Trilateral Commission) 설립에 두뇌역을 담당했던 '즈비뉴 브르제진스키' (Zbigniew Brzezinski)가 쓴 《두 시대 사이》(*between twoage*)라는 책에서 "두 시대 사이를 연결시켜 주는 고리 역할은 오직 미국과 일본과 서유럽뿐이다" 라고 말하고 있다. 이 뜻은 G-7을 지칭하는 말이다.

세계 단일 정부를 위하여 미국은 남북미 대륙에서 책임국이고, 일본은 아시아 대양주에서 책임국이며, 나머지 네 나라인 EU는 유럽과 아프리카에서 책임국이다. 그러므로 미국과 일본과 EU가 두 시대 사이를 연결하는 고리 역할을 한다는 것이다.

G-7이 두 시대 사이의 연결고리로 사용되는 기구라고 말하고 있는데, 그럼 그 '두 시대 사이' 는 어떤 의미를 지니고 있을까?

'두 시대' (two age)란 ① 다국적 시대(multinational age)와 단일 국가 시대(One world government age)라는 두 시대, ② 자유주의 사회(liberalism commuity)와 사회주의 사회(socialism community)라는 두 시대, ③ 하나님을 섬기는 시대(God worship age)와 우상을 섬기는 시대(idol worship age)라는 두 시대로 보아야 한다.

G-7은 다국적 시대에서 세계 단일 정부 시대로 바뀌는 사이, 자유주의 사회에서 사회주의 사회로 바뀌는 사이, 하나님을 섬기는 시대에서 적그리스도를 섬기는 시대로 바뀌게 하는 교리 역할을 감당하는 조직이라고 할 수 있다.

G-7, 즉 세계를 주도하고 있는 선진 7개국 정상들의 지혜에서 나오는 세계 단일 정부 정책을 CFR로 넘겨주면, CFR은 넘겨받은 정책을 연구하고 수정 보완해서 정치는 UN을 통하고, 경제는 무역관세협정(GATT)을 통하고, 금융은 국제통화기금(International monetary fund-IMF)과 세계은행(International bank for reconstruction and development-IBRD)과 증권시장(stock market)을 통해서 세계 단일 정부 추진을 위한 작업을 수행하도록 만든다. 그러므로 선진 7개국 정상(Great 7-summit)은 '짐승의 일곱 머리' 역할을 감당하는 조직체임을 알 수 있다.

요한계시록의 계시가 이 시대 역사 위에 실체로 등장하여 비밀리에 적그리스도 나라의 출범을 진행하고 있다는 사실 앞에서 경각심(警覺心)을 가져야 한다.

3. 삼각통치기(TC, Trilateral commission)

삼각통치(Trilateral commission, TC)란 UN과 CFR과 GATT의 권한을 위임받았다는 뜻이다.

TC의 설립을 위한 설명에서 "TC는 국제조직으로 UN과 무역관세협정과 CFR 등의 정책을 조정하며 방향 설정(control overall & advising on UN, GATT & CFR Purposes)이 목적" 임을 말하고 있다.

TC 설립 설명서 293페이지에 "The Trilateral Commission은 국제적으로 모든 나라들의 통상과 은행들을 장악하기 위해서 미국 정부로 하여금 정치적으로 직접 개입하여 조정(합병 또는 퇴출시키는 일)하도록 한다. TC 회원들은 기술적으로 정치(political)와 금융(monetary)과 지적(intellectual)과 종교에 관계되는 성직자(ecclesiastical) 등 네 가지 중심 권한을 장악하기 위하여 통폐합의 조정을 해야 한다" 고 했다.

TC는 모든 나라를 통합해서 세계 단일 정부를 만드는 방편으로 정치, 금융, 지적, 종교에서 중심권을 장악해야 한다고 하였다. 그러므로 TC의 발족은 적그리스도 정부(antichrist government)를 만드는 주역으로 나타나고 있다.

삼각통치기인 TC는 삼위일체 하나님을 모방한 조직으로, 이 세상을 하나님 대신 자신들이 통치한다는 '참람된 이름' 임을 엿볼 수 있다.

TC에서 원하는 단일 정부 정책의 네 가지를 살펴보면 종말에 나타날 적그리스도의 나라가 이 시대의 역사 속에 성취되고 있음을 실감하게 된다.

1) 정책 1. 단일 정부(One world govenment)가 실시되면 새 세계(New world) 정부의 승인이 없이는 현재 거주지를 옮기지 못하고 이동까지도 제한시킨다.

이것은 "하나님이 자기 뜻대로 할 마음을 저희에게 주사 한 뜻을 이루게 하시고 저희 나라를 그 짐승에게 주게 하시되 하나님의 말씀이 응하기까지 하심이니라"(계 17:17)라는 말씀이 성취되는 사건이라고 볼 수 있다. 그때는 아무리 원해도 마음대로 좋은 곳으로 이사를 할 수 없고, 여행도 자유로이 떠날 수 없다.

2) 정책 2. 단일 정부가 실시되면 예배의 자유를 허용하지 않으며, 청중들 앞에서 강연이나 담화도 제한시키고, 언론의 자유를 인정하지 않는다. 또한 개인의 소유권을 인정하지 않는다.

이것은 "죽임을 당한 어린 양의 생명책에 녹명되지 못하고 이 땅에 사는 자들은 다 짐승에게 경배하리라"(계 13:8)는 말씀이 이루어지는 내용이다.

예배는 세계 단일 정부가 인정하는 장소에서만 허용될 것이며, 설교도 짐승의 표를 받은 성직자에 한해서만 강단에 설 수 있게 될 것이다. 모든 종교는 한곳에 모여서 자기들의 신을 찬양하지 못하고, 세계 단일 정부 통치자를 찬양해야 한다. TV나 라디오 방송도 세계 단일 정부 통치자를 위한 내용만을 방송할 수 있고, 신문이나 모든 출판물 또한 제한함으로 언론의 자유를 빼앗아버린다.

3) 정책 3. 단일 정부가 실시되면 개인적인 모든 생산은 인정하지 않으며 구매관계도 새 세계 정부방침에 따라야 된다.

이는 "누구든지 이 표를 가진 자 외에는 매매를 못하게 하니……"(계 13:16)라는 계시 말씀이 이루어지는 내용이다. 짐승의 표인 666표를 받지 않을 때에는 아무것도 사고 팔 수 없다는 것은 널리 알려진 사실이다. 뿐만 아니라 누구든지 개인적인 생산까지도 허용되지 않는 엄격한 통제사회를 만들어 모든 사회와 사람들을 세계 단일 정부 통치자가 관리 감독하겠다는 정책이다.

4) 정책 4. 단일 정부가 실시되면 누구든지 단일 정부 통치자를 찬양해야 하며, 새 세계 헌장에 따르지 아니할 때는 구속력을 가지고 있는 정부가 다스린다.

이는 "저가 권세를 받아 그 짐승의 우상에게 생기를 주어 그 우상에게 경배하지 아니하는 자는 몇이든지 다 죽이게 하더라"(계 13:15)라는 계시말씀이 성취되는 정책이다.

새 세계정부(New world government) 헌장에는 그 정부 헌장에 따르지 않는 자는 모든 자를 처벌하도록 명시하고 있기 때문에 짐승의 우상에 경배하기를 거부하는 모든 자는 처벌의 대상이 된다.

1992년 12월 1일에 부시(Bush) 대통령은 "앞으로 지구에서 평화를 유지시키려면 UN에서 새 세계질서를 전담해야 한다. 그리고 모든 사람은 마음으로 신에게 맹세하는 원리처럼 앞으로는 새 세계헌장에 충성해야 한다"라고 하였다.

이것이 요한계시록 17장에서 계시되고 있는 '일곱 머리'(G-7)와 열 뿔(CFR에서 추진하는 10-global reginal)과 '참람된 이름'(삼위일체 하나님의 통치를 모방한 TC)을 가진 붉은 짐승의 역할을 감당하는 국제기구들임을 보여주고 있다.

4. 무역관세협정(GATT-General agreement on tariffs & trade)

1947년 국가 간 무역 장벽 문제를 해결하기 위해 국제무역기구(International agreement on world trade-TWO) 성격으로 설립되었다. 스위스 제네바에 본부를 둔 무역관세협정은 1970년대 초기에는 80여 개 회원국이었으나, 지금은 모든 나라가 가입된 상태다.

우르과이(Uruguay) 회의를 앞두고 1994년 9월 18일에 무역관세협정안을 의회에 상정시켰던 당시 상무장관 미키 켄터(Mickey kentor)가 의회에서 “무역관세협정(GATT)을 관철시켜야만 미국이 지구 정부를 만드는 데 있어서 절대적으로 힘을 지니게 된다. 이것만이 정치와 경제와 금융까지 장악할 수 있다”고 밝힌 바 있다.

무역관세협정의 조항들을 보면 무역관세협정을 만든 근본 취지를 알 수 있다.

[제7항 E-742] 모든 납세자에게 개인번호를 부여하고, 동시에 출생시에 등록해야 한다는 법이다.

각 나라들은 출생되는 아이는 물론이고, 이미 출생한 모든 사람에게 개인번호를 부여하게 된다. 그리고 동시에 이 등록은 사람의 이동이나 활동에 관한 추적과 위치들을 정확히 찾아내는 직접적인 수단이 된다.

여기에 따라서 미국도 우루과이 조약을 준수한다는 미명하에 국민에게 이것을 시행했다.

[HR-758] 1995년부터 2000년 9월 30일까지 모든 출생자에게 개인번호를 주어서 추적, 위치까지 확인하도록 한다. 따라서 모든 나라들은 자국 국민들의 신분증에 사진과 지문을 넣도록 되어 있다.

정책상 시행 기간에서 차이는 있을 수 있겠지만, 언젠가 하나님의 때가 되면 지구주의자들이 추진하는 단일 정부 준비작업이 끝나는 일치점에 이르게 될 것이다.

[HR-5110] 국가의 구성원으로 조직을 규정하는 등록법이다.

이런 조항들을 볼 때, 신분증이 없는 사람은 그 국가의 구성원이 될 수 없다는 결론으로 해석된다. 세계를 하나의 정부로 통치하려는 지구주의자들은 모든 사람을 통제하는 시스템을 차곡차곡 진행시키고 있는 것이다.

미국연방하원(TX-공화) 론 폴(Ron paul) 의원은 “그날, 미국 사람들은 연합정부 시행령에 따라서 주정부가 발급하는 개인의 신분증명을 제시하지 않고서는 직업을 얻을 수 없으며, 은행 구좌 개설이나 사회보장 연금 또는 의료보험 신청이나 헌법 개정을 주장할 권리가 없고, 나아가서 비행기 탑승도 할 수 없으며, 생산도 하지 못한다"고 하였다.

이 제도는 짐승의 표인 666표를 받지 않으면 매매하지 못하게 한다는 성경 말씀의 성취 사건이다.

무역관세협정은 경제 통합(economical unity)이라는 명분으로 만들어졌지만 결과적으로는 이 땅에 살아가는 인간을 통제하는 수단으로 사용되며, 적그리스도 통치의 뒷받침이라는 사실을 알 수 있다.

> "저가 모든 자 곧 작은 자나 큰 자나 부자나 빈궁한 자나 자유한 자나 종들로 그 오른손에나 이마에 표를 받게 하고 누구든지 이 표를 가진 자 외에는 매매를 못하게 하니 이 표는 곧 짐승의 이름이나 그 이름의 수(數)라 지혜가 여기 있으니 총명 있는 자는 그 짐승의 수를 세어 보라 그 수는 사람의 수니 육백육십륙이니라"(계 13:16-18)

5. UN(United Nations)

지난 수십 년 동안 UN 찬성론자들은 지구 정부 체제를 위한 법적 가능성을 앞질러서 제공해 왔다. 그런데 UN이 강한 힘을 가졌을 때 UN의 강한 힘이 포악한 통치로 발전되는 것을 누가 막을 것인가 하는 문제와 그 막강한 힘을 가진 UN을 다스릴 만한 더 큰 파워를 가진 인류의 지도자는 누가 될 것인가 하는 두 가지 숙제가 주어졌다.

그 숙제를 풀기 위해 UN을 장악하고 다스리는 '삼각통치회'(TC-Triateral Commission)가 설립됐고, 삼각통치회는 세계 단일 정부의 수장

(首長)이 통치하는 시스템을 구축해 놓았다. 결국 UN을 통해 전 세계 모든 나라를 연합시켜 단일 정부를 만들고, 세계 단일 정부 통치자가 되기를 꿈꾸는 그가 적그리스도가 되어 이 땅의 모든 인류를 통치하게 될 것이다. 그 일을 추진하는 데 선봉에 서고 있는 나라가 미국이고, 미국의 이면(裏面)에서 미국을 움직이는 힘은 세계 단일 정부를 출범시키는 데 앞장서고 있는 자들의 자본(資本)이다.

UN의 활동은 종교에까지 깊숙이 개입하고 있다.

모든 국제기구들을 UN 산하기구로 하였듯이 UN 산하에 세계단일종교회(URO-United religion organizations)를 만들었다. 1993년 1월 25일, UN 신전이라 부르는 '평화 성찬대' 주위에 세계적인 종교 지도자들이 한자리에 모임으로써 UN 산하에 단일 종교 단체를 구성하는 작업이 싹트기 시작했다. 정치와 종교가 결탁하는 자리가 되었던 그 사건은 큰 음녀가 땅의 임금들과 더불어 음행하는 사건이었다.

1994년 12월, 인도 델리(Delhi)에는 10만 명의 세계 영적 지도자들이 모인 가운데 제7회 세계 종교회의가 열렸다. 정치와 종교가 결탁하는 자리가 되었던 그 사건은 큰 음녀가 땅의 임금들과 더불어 음행하는 사건이었다. 그곳에 모인 종교 지도자들은 유대교, 기독교, 유교, 정교회, 가톨릭, 이슬람, 힌두교 등 세계 모든 종교 지도자들이었다. 그들은 한 자리에서 서명하고 단일 종교 단체 출범을 선포했다. 그리고 단일 종교회의를 UN 산하기구로 가입시켰다. 이는 큰 음녀가 붉은 빛 짐승을 탄 상징적 계시가 현실로 성취되어 나타난 사건이다.

단일종교회(URO)는 1999년 남아프리카 케이프타운에서 열린 세계종교총회에서 결의된 종교 문제를 UN에 넘겼다. UN은 단일 정부를 만들기 위한 새 세계질서에서 '새 비법'(New mystic)으로 교회를 활용해야 한다면서 다음과 같은 새 비법을 추천했다. 비법을 추천한 사람은 전 UN 부사무총장인 로버트 뮬러(Robert Muller)였다.

> "That people the world over should display the UN flag in all houses of worship, that the UN represents the body of christ. If christ came back to earth, his first visit would bo to United Nations to see if his dream of human Oneness and brotherhood had came ture."
> (세계의 모든 사람들이 예배하는 교회 안에 UN기(旗)를 세우도록 한다. UN 기를 세우는 교회는 UN이 공인하는 그리스도의 몸으로 인정한다. 그리스도의 소원이 인류가 하나의 형제가 되는 것이라면 UN이 그 일을 지향하고 있기 때문에, 그리스도가 지구에 다시 오게 된다면 그의 첫 번째 방문은 UN이 될 것이다.)

로버트 뮬러가 추천한 교회를 활용하는 위의 새 비법(New mystic)에는 세 가지 중대한 음모가 내포(內包)되어 있다.

첫째, 하나님께 예배하는 주님의 몸 된 교회에 십자가 대신 UN기를 세우겠다는 의도를 숨기고 있다.

하나님께 예배하는 세계의 모든 예배 장소에 UN기를 세우겠다는 것은 UN이 전 세계 교회를 장악하겠다는 것이며, UN기를 교회 강대상에 세움으로 하나님을 예배하고 예수 그리스도의 십자가와 보혈을 찬양하는 것을 금하고 세계 단일 정부를 통치하는 적그리스도(짐승)와 짐승의 우상에게 경배토록 하겠다는 의미를 담고 있다.

무지한 지도자들로 인하여 장차 하나님께 예배하는 세계 모든 교회 안에 UN기가 세워지게 되었다. 이 사건은 다니엘이 예언하고 예수 그리스도가 증거하신 '멸망의 가증한 것이 거룩한 곳에 서는' 종말의 사건이 성취되어 나타나는 사건이라고 볼 수 있다.

"그가 장차 많은 사람으로 더불어 한 이레 동안의 언약을 굳게 정하겠고 그가 그 이레의 절반에 제사와 예물을 금지할 것이며 또 잔포(殘暴)하여 미운 물건이 날개를 의지하여 설 것이며 또 이미 정한 종말까지 진노가 황폐케 하는 자에게 쏟아지리라 하였느니라"(단 9:27).

"그러므로 너희가 선지자 다니엘의 말한 바 멸망의 가증한 것이 거룩한 곳에 선 것을 보거든(읽는 자는 깨달을진저)"(마 24:15).

둘째, UN이 하나님의 권한을 차지하겠다는 의도를 담고 있다.

UN기를 세우는 교회만이 그리스도의 몸으로 인정하겠다는 것은 UN이 하나님의 권세를 대신하겠다는 속뜻을 피력(披瀝)한 것이다.

사실 1994년 12월 인도 델리(Delhi)에서 제7회 세계종교지도자 회의로 모여 단일종교회(United religion organzation)을 만들 때 "성직자의 수임(受任)에는 UN의 공인을 피할 수 없이 받아야 한다"고 명시했다. 그러므로 앞으로 세계의 모든 교회는 목사이든 사제이든 UN으로부터 성직에 관한 임명장을 받아야만 성직을 수행할 수 있게 될 것이다.

UN에서 성직자 증명서(certification)을 받지 않으면 성직을 수행할 수 없고, 만일 이를 위반하는 경우에는 국제법을 어기는 죄인이 되어 국제형사재판소(ICC-International Criminal Court)의 의사봉(gavel) 앞에서 생명을 잃게 될 것이다.

유엔으로부터 성직자 임명서를 받게 된 성직자는 교회의 강단에 UN기를 세워서 UN이 공인하는 교회임을 나타내도록 하고, 그는 세계 단일 정부 통치자의 강령만을 메시지로 전하게 될 것이다. 앞으로 교단이나 신학교라는 의미는 사라진다.

하나님의 말씀을 가르치고 복음을 선포하며 증거하는 것이 아니라 적그리스도 정부 통치자의 강령만을 전하는 죽어버린 교회가 될 것이다.

> “사데 교회의 사자에게 편지하기를 하나님의 일곱 영과 일곱 별을 가진 이가 가라사대 내가 네 행위를 아노니 네가 살았다 하는 이름은 가졌으나 죽은 자로다”(계 3:1).

교회에서 성직을 수행하는 목회자나 성도들은 적그리스도 정부가 강요하는 666표를 받지 않을 수 없게 될 것이다.

앞날을 내다본 제럴드 바니(Gerald Barney)는 단일종교회가 시작될 때 “종교는 반드시 죽는다”면서, 종교가 멸망될 때 “두 갈래 길에서의 선택은 하나님이 만드신 대로 정통 신앙을 입증하며 사람다운 도리에 맞게 올바로 견디는 길과 앞으로 나타나게 될 음녀의 사람이 되어 그것을 따르는 길뿐이다”라고 말했다.

셋째, 적그리스도의 출현을 미리서 예비하려는 속셈을 내포하고 있다.

“만일 그리스도가 재림한다면 먼저 UN으로 올 것이다”라는 말은 적그리스도의 UN 통치를 위한 중대한 음모가 숨겨진 발언이다.

예수 그리스도께서 재림하시기 이전에 세상에 대격변이 있을 것이라고 예언하고 있다. 이러한 대격변 후에 예수 그리스도께서 강림하실 것임을 알고 있는 그들은, 세계가 혼돈(chaos)된 상황 중에 적그리스도 정부 통치자가 나타나서 자신이 그리스도라고 속여야 된다. 따라서 적그리스도 정부 통치자가 UN에서 자신이 메시아라고 거짓을 행세하기 위해서는 지금부터 사람들로 하여금 그리스도가 UN에 온다고 인식시켜놓을 필요성이 있는 것이다.

그러므로 새 세계질서에서 교회를 활용해야 한다는 ‘새 비법’(New mystic)은 적그리스도를 출현시키기 위한 중대한 음모가 숨겨진 내용임을 알 수 있다.

> "근신하라 깨어라 너희 대적 마귀가 우는 사자같이 두루 다니며 삼킬 자를 찾나니 너희는 믿음을 굳게 하여 저를 대적하라 이는 세상에 있는 너희 형제들도 동일한 고난을 당하는 줄을 앎이니라 모든 은혜의 하나님 곧 그리스도 안에서 너희를 부르사 자기의 영원한 영광에 들어가게 하신 이가 잠깐 고난을 받은 너희를 친히 온전케 하시며 굳게 하시며 강하게 하시며 터를 견고케 하시리라 권력이 세세무궁토록 그에게 있을지어다 아멘"(벧전 5:8-11).

6. 우상을 만드는 사람들(빌더베르거, bilderberger)

나타나지 않으면서 짐승의 우상을 만드는 사람들이 있다. 그 사람들을 지칭하는 말이 '빌더베르거'(bilderberger)다. 이 단어는 독일어 '빌더'(bilder)와 '베르거'(berger)란 두 단어의 합성어다. 'bilder'는 '그림, 어떤 모습, 형상'이란 뜻이고, 'berger'는 광물이 깊은 땅 속에 있으나 보이지 아니하듯이 '숨겨졌다'는 뜻이다. 이 땅에 거하면서 드러나지 않고 은밀한 중에 짐승의 우상을 만드는 사람들에게 빌더베르거(bilderberger)는 적절한 명칭이다.

빌더베르거는 TC나 CFR 회원으로서 지구주의(globalism)에 적극적으로 활동하는 개인을 말하며 회원제도는 아니다.

지구의 단일 정부 수립을 위해 도움이 되는 정치인, 경제인, 관료들, 교수, G-7국가 수뇌부 등 약 300여 명의 다양한 분야의 저명인사들이 빌더베르거로 활동하고 있다.

> "내가 보매 또 다른 짐승이 땅에서 올라오니 새끼 양같이 두 뿔이 있고

용처럼 말하더라 저가 먼저 나온 짐승의 모든 권세를 그 앞에서 행하고 땅과 땅에 거하는 자들로 처음 짐승에게 경배하게 하니 곧 죽게 되었던 상처가 나은 자니라 큰 이적을 행하되 심지어 사람들 앞에서 불이 하늘로부터 땅에 내려오게 하고 짐승 앞에서 받은 바 이적을 행함으로 땅에 거하는 자들을 미혹하며 땅에 거하는 자들에게 이르기를 칼에 상하였다가 살아난 짐승을 위하여 우상을 만들라 하더라 저가 권세를 받아 그 짐승의 우상에게 생기를 주어 그 짐승의 우상으로 말하게 하고 또 짐승의 우상에게 경배하지 아니하는 자는 몇이든지 다 죽이게 하더라"(계 13:11-15).

"어찌하여 열방이 분노하며 민족들이 허사(虛事)를 경영하는고 세상의 군왕들이 나서며 관원들이 서로 꾀하여 여호와와 그 기름 받은 자를 대적하며 우리가 그 맨 것을 끊고 그 결박을 벗어 버리자 하도다"(시 2:1-3).

사단은 지금까지 하나님을 대적하는 적그리스도 나라의 출범을 서두르고 있다. 실로 그들이 추진하고 있는 세계 단일 정부 출범은 강하고 거센 물결로 이 시대의 역사 위를 흐르고 있다. 누구도 막을 수 없고 거부할 수도 없는 막강한 힘과 기세를 가지고 세상을 삼키겠다고 달려들고 있다.

이 세상 나라와 권세자들은 붉은 빛 짐승의 출현을 위해 이미 오래 전부터 다각도의 계획을 수립하고 비밀리에 활동을 전개해 오고 있다. 적그리스도의 등장을 위한 역사의 무대장치가 꾸며지는 것이다.

주께서 막고 있는 손길을 거두시면 그때는 불법한 자가 나타날 것이다. 주님이 막고 있는 손길을 거두시는 그날이 언제일지 아무도 알 수 없지만, 종말적 현상들이 이 시대 역사 위에 우후죽순(雨後竹筍)처럼 동시다발적으로 드러나고 있는 것으로 보아 그때가 멀지 않았음을 느낀다. 그러므로 이 시대를 살아가는 성도들과 교회들은 하나님의 말씀과 예수 그리스도의 복음으로 무장하고 죽으면 죽으리라는 신앙의 자세를 겸비하며 영적 싸움을 싸우는 주님의 십자가 군병들이 되어야 한다.

> "형제들아 우리가 너희에게 구하는 것은 우리 주 예수 그리스도의 강림하심과 우리가 그 앞에 모임에 관하여 혹 영으로나 혹 말로나 혹 우리에게서 받았다 하는 편지로나 주의 날이 이르렀다고 쉬 동심하거나 두려워하거나 하지 아니할 그것이라 누가 아무렇게 하여도 너희가 미혹하지 말라 먼저 배도하는 일이 있고 저 불법의 사람 곧 멸망의 아들이 나타나기 전에는 이르지 아니하리니 저는 대적하는 자라 범사에 일컫는 하나님이나 숭배함을 받는 자 위에 뛰어나 자존하여 하나님 성전에 앉아 자기를 보여 하나님이라 하느니라 내가 너희와 함께 있을 때에 이 일을 너희에게 말한 것을 기억하지 못하느냐 저로 하여금 저의 때에 나타나게 하려 하여 막는 것을 지금도 너희가 아나니 불법의 비밀이 이미 활동하였으나 지금 막는 자가 있어 그 중에서 옮길 때까지 하리라 그때에 불법한 자가 나타나리니 주 예수께서 그 입의 기운으로 저를 죽이시고 강림하여 나타나심으로 폐하시리라"(살후 2:1-8).

18장의 난해문제

문제 1 / 큰 성 바벨론의 멸망(계 18:1-3)

문제 2 / 땅의 상고(商賈)들(계 18:3,11,15)

Question 문제 1

큰 성 바벨론의 멸망

"이 일 후에 다른 천사가 하늘에서 내려오는 것을 보니 큰 권세를 가졌는데 그의 영광으로 땅이 환하여지더라 힘센 음성으로 외쳐 가로되 무너졌도다 무너졌도다 큰 성 바벨론이여 귀신의 처소와 각종 더러운 영의 모이는 곳과 각종 더럽고 가증한 새의 모이는 곳이 되었도다 그 음행의 진노의 포도주를 인하여 만국이 무너졌으며 또 땅의 왕들이 그로 더불어 음행하였으며 땅의 상고들도 그 사치(奢侈)의 세력을 인하여 치부하였도다 하더라"(계 18:1-3).

'큰 성 바벨론' 에 대한 해석에는 세 가지 견해가 주장되고 있다.

1. 로마 제국으로 보는 견해

'큰 성 바벨론' 을 요한계시록 기록 당시에 존재하던 이교 로마, 즉 후에 교황제도를 취하여 발전한 로마로 보는 견해다.

2. 어느 시대에나 유혹의 중추적 역할을 감당할 세상으로 보는 견해

'큰 성 바벨론' 을 어느 시대에나 존재하는 유혹의 중추적 역할을 감당할 세상으로 보는 견해로 영적인 해석을 취하는 학자들이 주로 지지하는 견해다.

3. 미래의 대환란기에 배도할 교회로 보는 견해

'큰 성 바벨론'을 마지막 날에 기독교를 적대하는 종교 단체인 음녀로 보는 견해로 주로 미래적인 해석법을 취하는 학자들이 지지하는 견해다.

위 세 견해 가운데 마지막 세 번째 견해가 가장 적합한 견해라고 할 수 있다.
이 장의 '큰 성 바벨론'은 17장의 음녀(淫女)와 동일한 대상임이 이를 입증한다.

1) 더럽고 가증한 것들의 모체(母體)다.

17장의 음녀	18장의 큰 성 바벨론
"그 이마에 이름이 기록되었으니 비밀이라, 큰 바벨론이라, 땅의 음녀들과 가증한 것들의 어미라 하였더라"(계 17:5).	"힘센 음성으로 외쳐 가로되 무너졌도다 무너졌도다 큰 성 바벨론이여 귀신의 처소와 각종 더러운 영의 모이는 곳과 각종 더럽고 가증한 새의 모이는 곳이 되었도다"(계 18:2).

2) 땅의 임금들로 음행의 포도주에 취하게 한다.

17장의 음녀	18장의 큰 성 바벨론
"땅의 임금들도 그로 더불어 음행하였고 땅에 거하는 자들도 그 음행의 포도주에 취하였다 하고"(계 17:2).	"그 음행의 진노의 포도주를 인하여 만국이 무너졌으며 또 땅의 왕들이 그로 더불어 음행하였으며……"(계18:3)

3) 성도들과 선지자들을 피 흘려 죽게 한 장본인이다.

17장의 음녀	18장의 큰 성 바벨론
"또 내가 보매 이 여자가 성도들의 피와 예수의 증인들의 피에 취한지라" (계 17:6).	"선지자들과 성도들과 및 땅 위에서 죽임을 당한 모든 자의 피가 이 성중에서 보였느니라 하더라" (계 18:24).

4) 사치스런 생활을 영위하였다.

17장의 음녀	18장의 큰 성 바벨론
"그 여자는 자주 빛과 붉은빛 옷을 입고 금과 보석과 진주로 꾸미고 손에 금잔을 가졌는데……" (계 17:4).	"……땅의 상고들도 그 사치(奢侈)의 세력을 인하여 치부하였도다 하더라" (계 18:3).

5) 성도들이 빠져나와야 할 죄인의 집단이다.

17장의 음녀	18장의 큰 성 바벨론
"저희가 어린 양으로 더불어 싸우려니와 어린 양은 만주의 주시요 만왕의 왕이시므로 저희를 이기실 터이요 또 그와 함께 있는 자들 곧 부르심을 입고 빼내심을 얻고 진실한 자들은 이기리로다" (계 17:14).	"또 내가 들으니 하늘로서 다른 음성이 나서 가로되 내 백성아, 거기서 나와 그의 죄에 참예하지 말고 그의 받을 재앙들을 받지 말라" (계 18:4).

6) 그들의 종말이 불에 살라져 멸망한다.

17장의 음녀	18장의 큰 성 바벨론
"네가 본 바 이 열 뿔과 짐승이 음녀를 미워하여 망하게 하고 벌거벗게 하고 그 살을 먹고 불로 아주 사르리라" (계 17:16).	"그러므로 하루 동안에 그 재앙들이 이르리니 곧 사망과 애통과 흉년이라 그가 또한 불에 살라지리니……" (계 18:8).

땅의 상고(商賈)들

……땅의 상고들도 그 사치(奢侈)의 세력을 인하여 치부하였도다 하더라……땅의 상고들이 그를 위하여 울고 애통하는 것은 다시 그 상품을 사는 자가 없음이라……바벨론을 인하여 치부한 이 상품의 상고들이 그 고난을 무서워하여 멀리 서서 울고 애통(哀痛)하여"(계 18:3, 11, 15).

'땅의 상고(商賈)들' 에 대한 해석에는 몇 가지 견해가 주장되고 있다.

1. 땅의 상인들로 보는 견해

'땅의 상고들' 을 큰 성 바벨론의 사치를 통하여 부(富)를 축척하게 될 평범한 장사꾼으로 보는 견해다. 이는 이 장 12-13절에 계시되고 있는 상품명을 근거로 할 때 세상주의에 빠져 재물을 주인으로 섬기는 자들로 보는 견해다.

2. 적그리스도교에 의한 미혹의 상품으로 보는 견해

'땅의 상고들' 을 문자적인 의미로 이해하는 것이 아니라 적그리스도교의 미혹과 이 미혹에 공격받는 전부로 보는 견해다.

3. 영적인 상품의 판매자로 보는 견해

'땅의 상고들' 을 문자적인 상품을 판매하는 상인들로 보는 것이 아니라 영적인 상품, 즉 음녀 바벨론의 그릇된 미혹을 전파하는 중개자로 보는 견해다.

4. 마지막 종말의 때에 삯꾼 종으로 보는 견해

'땅의 상고들' 을 마지막 대환란기에 복음의 전파에는 관심이 없고 큰 종교 단체를 등에 업고 배도하는 교회를 예표하는 음녀와 동업하는 삯꾼 종으로 본다. 즉 마지막 때에 교회를 이용하여 장사하는 삯꾼 종들로 보는 견해다.

이상의 견해 중 첫 번째 견해가 가장 적합한 해석이라고 할 수 있다.

땅의 상고들이 바벨론의 상품을 가지고 파는 것이 아니고 땅의 상고들의 상품을 바벨론에게 팔아서 부를 축적하는 것으로 계시하고 있기 때문에, 땅의 상고들은 바벨론의 사주를 받아 살아가는 삯군 종이 될 수 없다.

또 땅의 상고들이 바벨론에 파는 상품의 품목이 "금과 은과 보석과 진주와 세마포와 자주 옷감과 비단과 붉은 옷감이요 각종 향목과 각종 상아 기명이요 값진 나무와 진유와 철과 옥석으로 만든 각종 기명이요 계피와 향료와 향과 향유와 유향과 포도주와 감람유와 고운 밀가루와 밀과 소와 양과 말과 수레와 종들과 사람의 영혼들이라"(계 18:12-13)고 구체적인 상품목록을 계시하고 있기 때문에 영적인 상품의 판매자나 적그리스도에 의한 미혹의 상품으로 보는 견해도 본문의 지지를 얻을 수 없다.

그러므로 본문의 의도에 가장 적합한 견해는 큰 성 바벨론의 사치(奢侈)를 통하여 부(富)를 축적하게 될 평범한 상인(商人)들로 보는 견해라고 할 수 있다.

19장의 난해문제

문제 1 / 어린 양의 혼인잔치(계 19:7-10)

문제 2 / 하늘에 있는 군대들(계 19-14)

Question 문제 1

어린 양의 혼인잔치

"우리가 즐거워하고 크게 기뻐하여 그에게 영광을 돌리세 어린 양의 혼인 기약이 이르렀고 그 아내가 예비하였으니 그에게 허락하사 빛나고 깨끗한 세마포를 입게 하셨은즉 이 세마포는 성도들의 옳은 행실이로다 하더라 천사가 내게 말하기를 기록하라 어린 양의 혼인 잔치에 청함을 입은 자들이 복이 있도다 하고 또 내게 말하되 이것은 하나님의 참되신 말씀이라 하기로"(계 19:7-10).

어린 양의 혼인잔치에 대한 문제는 두 가지가 있다.

하나는 어린 양의 혼인잔치 시기에 관한 문제로, 어린 양의 혼인잔치가 어느 시점에서 일어나는 사건인가 하는 것이고, 또 한 가지는 어린 양의 혼인잔치에서 예비된 아내와 청함을 입은 자들은 누구를 나타내는가 하는 문제다.

이 두 가지 문제는 성경 해석과 요한계시록 해석의 중요한 문제이므로 깊이 있는 성경적 고찰(考察)이 필요하다.

1. 어린 양의 혼인잔치 시기(時機)

요한계시록 19장 7-9절 말씀에 계시된 어린 양의 혼인잔치가 어느 시점에 성취되는 사건인가 하는 질문에는 각기 다른 네 가지 시점으로 보는 견해들이 있다.

각기 다른 네 가지 견해를 직선상에 나타내면 다음과 같다.

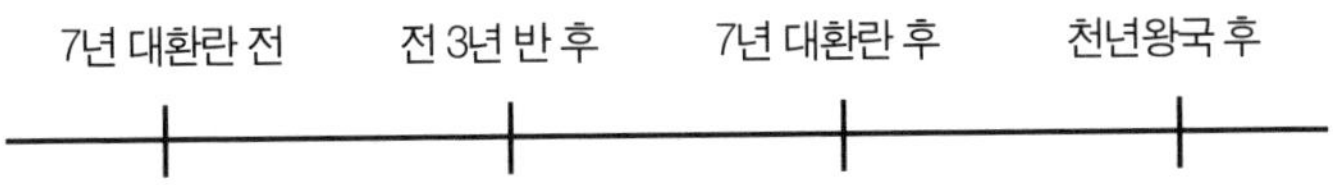

1) 7년 대환란 전 시점으로 보는 견해

대부분 세대주의 전천년설을 따르는 사람들이 주장하는 견해다. 이 견해를 주장하는 사람들은 7년 대환란 전에 교회가 공중으로 휴거되어 공중에서는 7년 동안 어린 양의 혼인잔치가 벌어지고, 이 땅에서는 7년 동안 대환란의 심판이 진행된다고 믿는다. 이 견해를 주장하는 사람들은 요한계시록 4장 1절의 "……나팔 소리 같은 그 음성이 가로되 이리로 올라오라 이 후에 마땅히 될 일을 내가 네게 보이리라"는 말씀을 교회 휴거 사건으로 해석한다. 이 견해를 주장하는 이들에 따르면, 사도 요한을 교회 대표로 보고 "이리로 올라오라"는 말씀은 곧 교회를 공중으로 이끌어 올리는 것과 동일한 의미를 나타낸다고 말한다.

4장에서 교회를 공중으로 이끌어 올려 7년 동안 어린 양의 혼인잔치를 치르기 때문에 4장 이후에 일어나는 사건들은 교회와는 무관한 사건이며, 오직 육적 유대인들을 구원하기 위한 기간이라고 주장한다. 그러나 이 견해는 다음과 같은 문제점을 가지고 있다.

(1) 이 책의 전체 계시 내용과 상충(相衝)되는 견해다.

이 책의 계시 내용을 살펴볼 때, 4장 1절의 사건을 교회로 해석하는 것이 이 책의 계시 내용과 문맥에 전혀 맞지 않는 해석이다.

이 견해를 주장하는 사람들은, 이 책 2장, 3장은 아시아의 일곱 교회에 보내는 서신 내용이 계시되고 4장 1절에서 교회를 공중으로 이끌어 올려 공중에서 7년 동안 어린 양의 혼인잔치 기간을 보내게 되므로 4장 이후의 사건은 교회와 무관한 사건이라고 주장한다.

4장 이전에는 '교회'라는 말이 자주 등장하지만 4장 이후에는 교회가 휴거되었기 때문에 교회라는 말이 전혀 등장하지 않는다고 말한다. 그러나 이들의 주장은 요한계시록 22장 16절 말씀의 계시에 상충된다.

> "나 예수는 교회들을 위하여 내 사자를 보내어 이것들을 너희에게 증거하게 하였노라 나는 다윗의 뿌리요 자손이니 곧 광명한 새벽별이라 하시더라"(계 22:16).

요한계시록 22장 16절은 4장 이후의 모든 말씀이 교회들에게 주신 말씀임을 분명하게 계시하고 있는 말씀이다.

6장 9절 이하의 계시 말씀을 보면, 다섯째 인을 떼실 때에 하나님의 말씀과 예수 그리스도의 복음을 증거하다가 순교당한 영혼들이 하늘의 제단 아래서 하나님께 자신들의 피를 신원해 주실 것을 큰 소리로 호소하고 있다.

> "다섯째 인을 떼실 때에 내가 보니 하나님의 말씀과 저희의 가진 증거를 인하여 죽임을 당한 영혼들이 제단 아래 있어 큰 소리로 불러 가로되 거룩하고 참되신 대주재여 땅에 거하는 자들을 심판하여 우리 피를 신원하여 주지 아니하시기를 어느 때까지 하시려나이까 하니 각각 저희에게 흰 두루마기를 주시며 가라사대 아직 잠시 동안 쉬되 저희 동무

종들과 형제들도 자기처럼 죽임을 받아 그 수가 차기까지 하라 하시더라"(계 6:9-11).

4장 1절의 사건이 교회의 휴거와 어린 양의 혼인잔치 시점이라면, 6장에서 순교한 성도들이 아직 그 피를 신원 받지 못하고 호소하는 장면이 계시될 이유가 없다. 이미 그 피를 신원 받고 빛나는 부활체를 입고 어린 양의 혼인잔치에 기쁨으로 참여하고 있을 것이기 때문이다. 그러나 6장 9절 이하의 말씀은 순교자들이 자신들의 피를 신원해 주실 것을 호소하고 있을 뿐만 아니라, 저희 동무 종들과 형제들 또한 하나님의 말씀과 예수 그리스도의 복음을 증거하다가 순교당할 사건이 임박해 있음을 계시해 주고 있다.

그러므로 4장 1절의 사건이 교회 휴거 사건이며, 7년 동안 공중에서 어린 양의 혼인잔치가 있다고 해석하는 주장은 타당성이 없는 견해다.

9장에서도 다섯째 나팔 재앙인 황충재앙이 이 땅에 임할 때 하나님의 인 맞은 주의 종들이 하나님의 말씀과 예수 그리스도의 복음을 증거하기 위해 이 땅에 남아 있음을 증거하고 있다.

"또 황충이 연기 가운데로부터 땅 위에 나오매 저희가 땅에 있는 전갈의 권세와 같은 권세를 받았더라 저희에게 이르시되 땅의 풀이나 푸른 것이나 각종 수목은 해하지 말고 오직 이마에 하나님의 인 맞지 아니한 사람들만 해하라 하시더라"(계 9:3-4).

11장에서도 두 감람나무와 두 촛대로 비유되는 두 증인이 일천이백육십 일 동안 이 땅에서 예언 사역을 감당하다가 순교당할 것임을 계시하고 있다(계 11:1-14).

12장에서는 해를 입은 한 여자가 장차 철장으로 만국을 다스릴 남자아이를 해산한 뒤 용(마귀, 사단)의 핍박을 피해 하나님이 예비하신 광야 예비처에 피신하여 후 3년 반 동안인 일천이백육십 일 동안 양육 받게 될 것임을 계시해 주고 있다(계 12:1-6).

13장에서는 마흔두 달 동안(후 3년 반) 다스릴 권세를 받은 적그리스도가 짐승의 우상을 만들어 경배하게 하고, 짐승의 표(666)를 받도록 강요하며, 성도들과 싸워 이기며 수많은 성도들을 죽일 것임을 계시하고 있다(계 13:1-18).

이상의 많은 계시 내용과 상충됨에도 불구하고 4장 1절의 사건이 교회 휴거 사건이며, 공중에서 7년 동안 어린 양의 혼인잔치를 치르게 되므로 4장 이하의 계시 내용은 교회와 무관한 사건이라고 해석하는 것은 이 책의 계시 내용을 전혀 무시하고 반박하는 비성경적 해석임을 드러내고 있다.

(2) 복음서의 혼인잔치 비유 증거와 전혀 조화되지 않는 해석이다.

마태복음 22장 1-14절 말씀에 보면 예수님이 혼인잔치 비유를 교훈해 주고 있다.

> "예수께서 다시 비유로 대답하여 가라사대 천국은 마치 자기 아들을 위하여 혼인 잔치를 베푼 어떤 임금과 같으니 그 종들을 보내어 그 청한 사람들을 혼인 잔치에 오라 하였더니 오기를 싫어하거늘 다시 다른 종들을 보내며 가로되 청한 사람들에게 이르기를 내가 오찬을 준비하되 나의 소와 살진 짐승을 잡고 모든 것을 갖추었으니 혼인 잔치에 오소서 하라 하였더니 저희가 돌아보지도 않고 하나는 자기 밭으로, 하나는 자기 상업차로 가고 그 남은 자들은 종들을 잡아 능욕하고 죽이니

임금이 노하여 군대를 보내어 그 살인한 자들을 진멸하고 그 동네를 불사르고 이에 종들에게 이르되 혼인 잔치는 예비되었으나 청한 사람들은 합당치 아니하니 사거리 길에 가서 사람을 만나는 대로 혼인 잔치에 청하여 오너라 한대 종들이 길에 나가 악한 자나 선한 자나 만나는 대로 모두 데려오니 혼인 자리에 손이 가득한지라 임금이 손을 보러 들어올새 거기서 예복을 입지 않은 한 사람을 보고 가로되 친구여 어찌하여 예복을 입지 않고 여기 들어왔느냐 하니 저가 유구무언이어늘 임금이 사환들에게 말하되 그 수족을 결박하여 바깥 어두움에 내어 던지라 거기서 슬피 울며 이를 갊이 있으리라 하니라 청함을 받은 자는 많되 택함을 입은 자는 적으니라"(마 22:1-14).

예수님의 혼인잔치 비유 말씀은 어린 양의 혼인잔치가 7년 대환란이 있고 난 후에 있을 것임을 계시해 주고 있다.

7절에서 "임금이 노하여 군대를 보내어 그 살인한 자들을 진멸하고 그 동네를 불사르고"라고 증거하신 것은 7년 대환란의 심판에 대한 증거말씀임을 알 수 있다.

11절 이하의 말씀에서는 "임금이 손을 보러 들어올새 거기서 예복을 입지 않은 한 사람을 보고 가로되 친구여 어찌하여 예복을 입지 않고 여기 들어왔느냐 하니 저가 유구무언이어늘 임금이 사환에게 말하되 그 수족을 결박하여 바깥 어두움에 내어 던지라 거기서 슬피 울며 이를 갊이 있으리라 하니라"라고 증거하고 있다. 만일 어린 양의 혼인잔치가 공중에 휴거된 성도들과 공중에서 7년 동안 치러지는 사건이라면, 공중에 휴거된 성도들 중에 예복을 입지 않은 이가 있을 수 있겠는가?

공중에 휴거된 성도들은 이미 그 신앙을 인정받은 사람들이기 때문에 예복을 입지 않은 성도가 있을 수 없음이 자명한 일이다. 그러므로 어린 양의 혼인잔치가 공중으로 휴거된 성도들과 7년 동안 공중에서 치러진다고 해석하는 것은 복음서의 혼인잔치 비유와 상충되는 비성경적 견해임을 보여준다.

(3) 바울 서신의 증거 말씀과도 맞지 않는 해석이다.

바울 사도는 데살로니가 교회에 편지하면서 예수 그리스도의 강림과 성도들의 휴거에 대해 증거해 주고 있다.

> "형제들아 자는 자들에 관하여는 너희가 알지 못함을 우리가 원치 아니하노니 이는 소망 없는 다른 이와 같이 슬퍼하지 않게 하려 함이라 우리가 예수의 죽었다가 다시 사심을 믿을 진대 이와 같이 예수 안에서 자는 자들도 하나님이 저와 함께 데리고 오시리라 우리가 주의 말씀으로 너희에게 이것을 말하노니 주 강림하실 때까지 우리 살아 남아 있는 자도 자는 자보다 결단코 앞서지 못하리라 주께서 호령과 천사장의 소리와 하나님의 나팔로 친히 하늘로 좇아 강림하시리니 그리스도 안에서 죽은 자들이 먼저 일어나고 그 후에 우리 살아 남은 자도 저희와 함께 구름 속으로 끌어올려 공중에서 주를 영접하게 하시리니 그리하여 우리가 항상 주와 함께 있으리라"(살전 4:13-17).

휴거에 대해 증거하는 본문에는 예수 그리스도의 강림하심이 증거되고 있으나, 사도 요한의 승천 장면에는 예수 그리스도의 강림에 대한 언급이 없고 오히려 하늘 보좌에 앉으사 찬양과 경배를 받고 계심을 보여주고 있다. 그러므로 요한계시록 4장 1절의 사건은 교회의 휴거 사건과는 전혀 다른 사도 요한 개인의 체험 사건이다.

바울 서신이 증거하는 휴거 장면에는 예수 안에서 자는 자들을 하나님이 함께 데리고 강림하시고, 죽은 자들이 부활하고, 살아남은 자들은 공중에 휴거되어 주를 영접하고 항상 주와 함께 있게 된다. 그런데 사도 요한의 승천 사건을 다루고 있는 요한계시록 4장 1절 이하의 말씀은 성도들의 강림이나 부활이나 휴거에 대해 전혀 언급하지 않고, 다만 사도 요한이 성령에 감동되어 그의 영혼만 하늘로 이끌림을 받아 장차 있을 종말의 사건을 계시받고 있음을 보여준다. 그러므로 요한계시록 4장의 사건을 교회의 휴거나 어린 양의 혼인 잔치와 연계할 아무런 근거가 없다. 4장의 사건을 교회의 휴거나 어린 양의 혼인잔치 사건으로 해석하는 것은 성경을 넘어선 지나친 인본주의적 추리의 산물이다.

(4) 본문의 계시 내용이 거부하는 주장이다.

본문의 계시 내용을 보면 "어린 양의 혼인 기약이 이르렀고 그 아내가 예비하였으니"라고 말씀하고 있다.

본문이 예수 그리스도의 재림 때가 되어서 드디어 "혼인 기약이 이르렀고 그 아내가 예비하였으니"라고 증거하고 있다. 여기서 '이르렀고'로 번역된 헬라어 '엘덴'(ἦλθεν)은 '오다', '가다'의 뜻을 지닌 '에르코마이'(ἔρχομαι)의 예언적 부정 과거로 '드디어 이르렀다'는 의미를 강하게 나타낸다. 이것은 어린 양의 혼인잔치가 장차 가까운 시일에 역사적으로 확실히 성취될 사건임을 보여주는 예언 계시다.

그러므로 그 전에 어린 양의 혼인잔치가 벌어졌다고 주장하는 것은 본문에 의해 거부되는 비성경적 주장임이 분명히 드러난다.

2) 전 3년 반 후의 시점으로 보는 견해

7년 대환란의 전 3년 반이 지난 후에 교회가 휴거되고 어린 양의 혼인잔치가 시작된다고 주장하는 사람들은, 요한계시록 11장의 두 증인이 전 3년 반 동안 예언 사역을 감당하고 짐승에게 죽임을 당한 뒤 3일 반 후에 되살아나 승천하는 사건이 곧 교회의 휴거 사건이라고 해석한다.

이 견해 또한 7년 대환란 전에 휴거되어 공중에서 어린 양의 혼인잔치가 시작된다는 견해의 오류와 동일한 오류를 범하고 있으므로 받아들일 수 없는 해석이다.

(1) 이 책의 계시 내용과 상충(相衝)되는 견해다.

이 견해를 주장하는 사람들의 첫 번째 오류는 두 증인의 사역 기간이 전 3년 반이라고 보는 것이다. 두 증인의 예언 사역 기간을 전 3년 반으로 해석하는 것은 이 책의 계시 내용과 맞지 않는 해석이다. 이 책의 계시 내용을 자세히 고찰해 보면 두 증인의 사역 기간은 전 3년 반이 아니라 후 3년 반임을 알 수 있다. 요한계시록 11장 1절 이하에 계시되고 있는 두 증인의 예언 사역과 부활 승천 사건의 말씀은, 여섯째 나팔을 불 때 발생하는 둘째 화의 사건임을 분명히 밝혀 주고 있다.

> "이 두 선지자가 땅에 거하는 자들을 괴롭게 한 고로 땅에 거하는 자들이 저희의 죽음을 즐거워하고 기뻐하여 서로 예물을 보내리라 하더라 삼 일 반 후에 하나님께로부터 생기가 저희 속에 들어가매 저희가 발로 일어서니 구경하는 자들이 크게 두려워하더라 하늘로부터 큰 음성이

있어 이리로 올라오라 함을 저희가 듣고 구름을 타고 하늘로 올라가니 저희 원수들도 구경하더라 그 시에 큰 지진이 나서 성 십분의 일이 무너지고 자진에 죽은 사람이 칠천이라 그 남은 자들이 두려워하여 영광을 하늘의 하나님께 돌리더라 둘째 화는 지나갔으나 보라 셋째 화가 속히 이르는도다"(계 11:10-14).

둘째 화는 7년 대환란의 후 3년 반이 끝나는 시점에 발생하는 유브라데 전쟁으로 여섯 번째 나팔 재앙 사건이다.

"첫째 화는 지나갔으나 보라 아직도 이후에 화 둘이 이르리로다 여섯째 천사가 나팔을 불매 내가 들으니 하나님 앞 금단 네 뿔에서 한 음성이 나서 나팔 가진 여섯째 천사에게 말하기를 큰 강 유브라데에 결박(結)한 네 천사를 놓아주라 하매 네 천사가 놓였으니 그들은 그 년 월 일 시에 이르러 사람 삼분의 일을 죽이기로 예비하신 자들이더라 마병대의 수는 이만만이니 내가 그들의 수를 들었노라"(계 9:12-16).

대다수의 학자들이 두 증인과, 십사만사천의 하나님의 인 맞은 주의 종들과(계 7:1-8, 14:1-5), 짐승과 그 우상에게 경배하지도 아니하고 이마와 손에 그의 표를 받지도 않고 하나님의 말씀과 예수 그리스도의 말씀을 증거하다 순교하여 첫째 부활에 참여하게 될 영혼들(계 20:4-6)을 모두 같은 무리들로 해석한다. 그러므로 두 증인의 사역 기간은 전 3년 반이 아니라 후 3년 반으로 해석하는 것이 타당하고, 두 증인의 부활 승천 사건도 예수 그리스도의 재림으로 이루어지는 첫째 부활 사건으로 보는 것이 성경적 해석이다.

두 증인의 부활 승천 사건이 전 3년 반이 끝나는 시점이고, 그 사건이 교회의 휴거 사건이며, 어린양의 혼인잔치가 시작되는 시점으로 해석한다면, 후 3년 반 동안 광야 예비처에 피신하여 하나님의 보호를 받으며 양육받고 있는 교회가 있다는 12장의 계시 내용과도 조화를 이루지 못한다.

> "그 여자가 광야로 도망하매 거기서 일천이백육십일 동안 저를 양육하기 위하여 하나님의 예비하신 곳이 있더라"(계 12:6).
> "용이 자기가 땅으로 내어 쫓긴 것을 보고 남자를 낳은 여자를 핍박하는지라 그 여자가 큰 독수리의 두 날개를 받아 광야 자기 곳으로 날아가 거기서 그 뱀의 낯을 피하여 한 때와 두 때와 반 때를 양육 받으매"(계 12:13-14).

전 3년 반이 끝난 직후에 교회가 휴거되고 공중에서 어린 양의 혼인잔치가 시작된다면, 짐승이 통치할 권세를 받은 후 3년 반 동안 이 땅에 남아서 신앙의 정절을 지키기 위해 짐승의 우상에게 경배하지도 아니하고, 짐승의 표(666)를 받지도 않으며, 하나님의 말씀과 예수 그리스도의 복음을 증거하다 순교할 순결한 예수 그리스도의 성도들은 어떻게 되겠는가?

> "또 짐승이 큰 말과 참람된 말 하는 입을 받고 또 마흔두 달 일할 권세를 받으니라……또 권세를 받아 성도들과 싸워 이기게 되고 각 족속과 백성과 방언과 나라를 다스리는 권세를 받으니 죽임을 당한 어린 양의 생명책에 창세 이후로 녹명되지 못하고 이 땅에 사는 자들은 다 짐승에게 경배하리라……저가 권세를 받아 그 짐승의 우상에게 생기를 주어 그 짐승의 우상으로 말하게 하고 또 짐승의 우상에게 경배하지 아니하는 자는 몇이든지 다 죽이게 하더라 저가 모든 자 곧 작은 자나 큰 자나 부자나 빈궁한 자나 자유한 자나 종들로 그 오른손에나 이마에 표를 받

게 하고 누구든지 이 표를 가진 자 외에는 매매를 못하게 하니 이 표는 곧 짐승의 이름이나 그 이름의 수라 지혜가 여기 있으니 총명 있는 자는 그 짐승의 수를 세어 보라 그 수는 사람의 수니 육백육십륙이니라" (계 13:5-18).

이상에서 살펴본 것같이 전 3년 반이 지난 직후에 교회가 휴거되고 어린 양의 혼인잔치가 시작된다고 해석하는 견해는 이 책의 여러 계시 내용과 조화를 이루지 못하고 상충되는 견해이므로 성경적 해석이라고 할 수 없다.

(2) 다른 성경의 증거 말씀과도 조화를 이루지 못하는 견해다.

7년 대환란 전에 휴거된다는 주장에서 살펴봤던 복음서의 혼인잔치 비유와 조화되지 못하고, 사도 바울의 증거와도 맞지 않는 동일한 이유가 적용된다.

3) 7년 대환란 후의 시점으로 보는 견해

역사기 전천년설을 따르는 사람들이 지지하는 견해로, 7년 대환란이 끝나고 예수 그리스도가 재림하심으로 이루어질 천년왕국 기간을 어린 양의 혼인잔치 기간으로 보는 견해다.

후 3년 반 동안 광야 예비처에서 양육받던 성도들과 첫째 부활에 참예한 성도들이 예수님과 함께 천년왕국 동안 복락원의 기쁨을 누리며 번성하는 천년왕국 기간을 혼인잔치 기간으로 해석하는 견해다.

이 견해는 이 책의 계시 내용과도 잘 조화되며, 다른 성경의 증거들과도 상충됨이 없이 조화를 이루고 있어 가장 성경적 해석으로 받아들일 수 있다.

마태복음 22장 1절 이하의 말씀에 증거하신 예수님의 혼인잔치 비유는 예수님의 재림 직전에 성취될 사건들을 증거해 주신 말씀이다.

6절에서 "그 남은 자들은 종들을 잡아 능욕하고 죽이니"라는 말씀은 7년 대환란의 후 3년 반 동안 일어날 사건으로, 적그리스도가 짐승의 우상에게 경배하지 아니하고 짐승의 표(666)를 받지도 아니한 하나님의 신실한 종들을 몇이든지 죽이게 되는 요한계시록 13장의 사건을 나타낸다.

> "저가 권세를 받아 그 짐승의 우상에게 생기를 주어 그 짐승의 우상으로 말하게 하고 또 짐승의 우상에게 경배하지 아니하는 자는 몇이든지 다 죽이게 하더라"(계 13:15).
>
> "또 내가 보좌들을 보니 거기 앉은 자들이 있어 심판하는 권세를 받았더라 또 내가 보니 예수의 증거와 하나님의 말씀을 인하여 목 베임을 받은 자의 영혼들과 또 짐승과 그의 우상에게 경배하지도 아니하고 이마와 손에 그의 표를 받지도 아니한 자들이 살아서 그리스도로 더불어 천 년 동안 왕 노릇 하니"(계 20:4).

마태복음 22장 7절 말씀에서 "임금이 노하여 군대를 보내어 그 살인한 자들을 진멸하고 그 동네를 불사르고"라는 말씀은 7년 대환난이 끝나는 시점에 예수 그리스도께서 하늘 군대와 함께 백마 타고 공의의 심판주로 재림하셔서 이 세상에 속한 불신자들을 멸하시는 계시록 19장 11절 이하의 사건을 나타낸다.

> "또 내가 하늘이 열린 것을 보니 보라 백마와 탄 자가 있으니 그 이름

은 충신과 진실이라 그가 공의로 심판하며 싸우더라 그 눈이 불꽃 같고 그 머리에 많은 면류관이 있고 또 이름 쓴 것이 하나가 있으니 자기밖에 아는 자가 없고 또 그가 피 뿌린 옷을 입었는데 그 이름은 하나님의 말씀이라 칭하더라 하늘에 있는 군대들이 희고 깨끗한 세마포를 입고 백마를 타고 그를 따르더라 그의 입에서 이 한 검이 나오니 그것으로 만국을 치겠고 친히 저희를 철장으로 다스리며 또 친히 하나님 곧 전능하신 이의 맹렬한 진노의 포도주 틀을 밟겠고 그 옷과 다리에 이름 쓴 것이 있으니 만왕의 왕이요 만주의 주라 하였더라……또 내가 보매 그 짐승과 땅의 임금들과 그 군대들이 모여 그 말 탄 자와 그의 군대로 더불어 전쟁을 일으키다가 짐승이 잡히고 그 앞에서 이적을 행하던 거짓 선지자도 함께 잡혔으니 이는 짐승의 표를 받고 그의 우상에게 경배하던 자들을 이적으로 미혹하던 자라 이 둘이 산 채로 유황불 붙는 못에 던지우고 그 나머지는 말 탄 자의 입으로 나오는 검에 죽으매 모든 새가 그 고기로 배불리우더라"(계 19:11-21).

마태복음 22장 9-10절에서 "사거리 길에 가서 사람을 만나는 대로 혼인 잔치에 청하여 오너라 한대 종들이 길에 나가 악한 자나 선한 자나 만나는 대로 모두 데려오니 혼인 자리에 손이 가득한지라"고 증거하신 말씀은 어린 양의 혼인잔치 기간인 천년왕국 동안 사람들이 번성하여 충만하게 될 것임을 나타낸다.

천년왕국에 들어가 번성할 사람들은 후 3년 반 동안 광야 예비처에서 양육받던 성도들과 후 3년 반 동안 두 증인의 복음 증거를 받고 그들이 부활 승천할 때 회개한 백성들로, 이들은 육신을 입고 천년왕국에 들어가 번성하게 될 것이다.

"이 두 선지자가 땅에 거하는 자들을 괴롭게 한 고로 땅에 거하는 자들이 저희의 죽음을 즐거워하고 기뻐하여 서로 예물을 보내리라 하더라 삼 일 반 후에 하나님께로부터 생기가 저희 속에 들어가매 저희가 발로 일어서니 구경하는 자들이 크게 두려워하더라 하늘로부터 큰 음성이 있어 이리로 올라오라 함을 저희가 듣고 구름을 타고 하늘로 올라가니 저희 원수들도 구경하더라 그 시에 큰 지진이 나서 성 십분의 일이 무너지고 지진에 죽은 사람이 칠천이라 그 남은 자들이 두려워하여 영광을 하늘의 하나님께 돌리더라"(계 11:10-13).

마태복음 22장 11-14절에서 "임금이 손을 보러 들어올새 거기서 예복을 입지 않은 한 사람을 보니 가로되 친구여 어찌하여 예복을 입지 않고 여기 들어왔느냐 하니 저가 유구무언이어늘 임금이 사환에게 말하되 그 수족을 결박하여 바깥 어두움에 내어 던지라 거기서 슬피 울며 이를 갊이 있으리라 하니라 청함을 받은 자는 많되 택함을 입은 자는 적으니라"고 증거하신 말씀은 천년왕국에서 번성한 백성들 중에 예수 그리스도의 복음을 믿지 않고 잠시 놓인 사단의 미혹에 넘어가는 불신자들이 있을 것임을 나타내고, 이들은 곡과 마곡의 전쟁을 통해 멸망받을 것임을 나타낸다.

"천 년이 차매 사단이 그 옥에서 놓여 나와서 땅의 사방 백성 곧 곡과 마곡을 미혹하고 모아 싸움을 붙이리니 그 수가 바다 모래 같으리라 저희가 지면에 널리 퍼져 성도들의 진과 사랑하시는 성을 두르매 하늘에서 불이 내려와 저희를 소멸하고 또 저희를 미혹하는 마귀가 불과 유황 못에 던지우니 거기는 그 짐승과 거짓 선지자도 있어 세세토록 밤낮 괴로움을 받으리라"(계 20:7-10).

이상에서 살펴본 것같이 혼인잔치에 대한 예수님의 비유 말씀을 통해서 어린 양의 혼인잔치 기간은 예수 그리스도의 재림 이후 성취될 천년왕국 기간 동안으로 보는 것이 타당한 해석임을 볼 수 있다.

4) 천년왕국이 끝난 후의 시점으로 보는 견해

어린 양의 혼인잔치가 천년왕국이 끝나고 백보좌 심판대에서 모든 심판이 완전하게 끝난 뒤 최종적인 완성으로 이루어지는 사건이라고 해석하는 견해다.

이 견해를 주장하는 사람들에 따르면, 어린 양의 혼인잔치는 짐승의 멸망, 사단의 결박, 천 년 동안의 통치, 사단이 잠시 놓임, 사단과 그 미혹된 자들의 최종적인 멸망 그리고 만인의 심판과 사망과 음부가 둘째 사망의 불못에 던져지는 악에 대한 최후의 심판이 모두 끝나고 최종적인 완성으로 어린 양의 혼인잔치가 베풀어지며, 혼인식을 마친 신부는 신천신지에서 하나님 아버지와 영원히 함께 살면서 영생복락을 누리게 될 것이라고 말한다.

이 견해 또한 마태복음에서 증거하신 예수님의 혼인잔치 비유에 상충되는 견해다.

혼인잔치 비유에서 혼인잔치 자리에 예복을 입지 않은 사람도 청함 받을 수 있다는 사실에 비추어볼 때, 최후 심판이 모두 끝나고 거룩한 성도들만이 어린 양과 혼인잔치를 치르고 신천신지에 입성하여 성부 하나님과 영원히 함께한다는 주장은 타당성을 잃는 견해다.

2. 혼인잔치에 청함을 입은 자와 아내

어린 양의 혼인잔치에 청함 받은 자와 아내는 누구를 나타내는가 하는 문제의 성경적 견해를 정립하는 것은 매우 중요하다. 많은 사람들이 이 문제에 대해 성경의 증거에 맞지 않는 오해(誤解)된 가르침에 익숙해 있기 때문에 깊이 있게 궁구할 필요가 있다.

1) 청함을 입은 자와 아내를 동일한 대상으로 보는 견해

(1) 주장 내용

이 견해는 혼인잔치에 청함을 입은 모든 성도들이 어린 양 예수 그리스도의 신부가 되어 어린 양의 혼인잔치를 치르게 된다고 주장한다.

이 견해를 주장하는 이들은 예수 그리스도가 강림하실 때 모든 성도들이 부활하거나 변화되어 신령한 몸을 입고 신랑으로 오시는 예수 그리스도를 영접하는 신부가 된다고 본다.

(2) 문제점

① 모든 성도가 부활체와 변화체를 입고 천년왕국에 들어가면 어떻게 번성하는 축복을 누리게 될 것인가 하는 의문을 낳게 된다.

영생하는 부활체와 변화체를 입은 성도들이 천년왕국에서도 육적인 결혼생활을 계속할 것이며 생육하고 번성할 것이라는 주장은 받아들이기 어려운 비성경적 주장이다. 예수님은 부활 때에는 장가도 아니가고 시집도 아니가고 하늘에 있는 천사들과 같다고 분명하게 말씀하셨다.

> “부활이 없다 하는 사두개인들이 그날에 예수께 와서 물어 가로되 선생님이여 모세가 일렀으되 사람이 만일 자식이 없이 죽으면 그 동생이

그 아내에게 장가들어 형을 위하여 후사를 세울지니라 하였나이다 우리 중에 칠 형제가 있었는데 맏이 장가 들었다가 죽어 후사가 없으므로 그의 아내를 그 동생에게 끼쳐두고 그 둘째와 셋째로 일곱째까지 그렇게 하다가 최후에 그 여자도 죽었나이다 그런즉 저희가 다 그를 취하였은즉 부활 때에 일곱 중에 뉘 아내가 되리이까 예수께서 대답하여 가라사대 너희가 성경도, 하나님의 능력도 알지 못하는 고로 오해하였도다 부활 때에는 장가도 아니가고 시집도 아니가고 하늘에 있는 천사들과 같으니라"(마 22:23-30).

② 모든 성도들이 부활체와 변화체를 입고 그리스도의 제사장이 되어 왕 노릇 하면 누가 다스림을 받는 자들인가 하는 의문을 낳게 된다.

모든 성도들이 그리스도의 신부인데 누가 혼인잔치를 축하해 줄 손님들인가 하는 의문도 동일한 질문이 될 것이다.

예수님은 마태복음 22장에서 혼인잔치 비유를 들어 천국을 비유하시면서, 혼인잔치에 손님이 가득한데 그중에 예복을 입지 않은 사람도 끼어 있었다고 말씀하신다.

"예수께서 다시 비유로 대답하여 가라사대 천국은 마치 자기 아들을 위하여 혼인 잔치를 베푼 어떤 임금과 같으니 그 종들을 보내어 그 청한 사람들을 혼인 잔치에 오라 하였더니 오기를 싫어하거늘 다시 다른 종들을 보내며 가로되 청한 사람들에게 이르기를 내가 오찬을 준비하되 나의 소와 살진 짐승을 잡고 모든 것을 갖추었으니 혼인 잔치에 오소서 하라 하였더니 저희가 돌아보지도 않고 하나는 자기 밭으로, 하나는 자기 상업차로 가고 그 남은 자들은 종들을 잡아 능욕(凌辱)하고 죽이니 임금이 노하여 군대를 보내어 그 살인한 자들을 진멸하고 그 동네를 불사르고 이에 종들에게 이르되 혼인 잔치는 예비되었으나 청한 사람들은 합당치 아니하니 사거리 길에 가서 사람을 만나는 대로 혼인 잔치에 청하여 오라 한대 종들이 길에 나가 악한 자나 선한 자나 만나는 대로 모두 데려오니 혼인 자리에 손이 가득한지라 임금이 손을 보러 들어올새 거기서 예복을 입지 않은 한 사람을 보고 가로되 친구여 어찌하여 예복을 입지 않고 여기 들어왔느냐 하니 저가 유구무언이어늘 임금이 사환들에게 말하되 그 수족을 결박하여 바깥 어두움에 내어 던지라 거기서 슬피 울며 이를 갊이 있으리라 하니라 청함을 받은 자는 많되 택함을 입은 자는 적으니라"(마 22:1-14).

모든 성도들이 어린 양 예수 그리스도의 신부로 혼인잔치인 천년왕국에 들어간다는 주장은 예수님의 비유에 맞지 않는 견해임을 알 수 있다.

19장은 혼인잔치에 청함을 입은 사람들은 복이 있는 사람들이라고 계시해 주고 있다.

"천사가 내게 말하기를 기록하라 어린 양의 혼인 잔치에 청함을 입은 자들이 복이 있도다……"(계 19:9).

성경은 어린 양의 혼인잔치에 청함 받은(천년왕국에 들어가게 될) 사람들은 복 받은 사람들이지만 그들 모두가 신부가 아니라 축하객인 손님임을 증거하고 있다.

2) 청함을 입은 자와 아내가 각기 다른 구분된 대상으로 보는 견해

(1) 주장 내용

청함을 입은 성도들은 천년왕국에 육체를 입은 채로 들어가 살면서 번성하게 될 성도들을, 어린 양 예수 그리스도의 아내는 천년왕국에 부활체를 입고 들어가 그리스도의 제사장이 되어 천 년 동안 왕 노릇 하게 될 첫째 부활에 참예할 자들 곧 순교자들을 나타낸다고 보는 견해다.

이 견해를 주장하는 사람들은 예수님 강림하실 때 첫째 부활에 참예할 대상이 모든 성도들이 아니라 하나님의 말씀과 예수 그리스도의 복음을 증거하다가 죽임을 당한 순교자들이라고 본다. 이 견해가 성경적 지지를 받는 주장이다.

(2) 성경적 증거

① 성경은 천년왕국에서 예수 그리스도의 제사장이 되어 왕 노릇 하게 될 첫째 부활에 참예할 대상은 모든 성도들이 아니라 순교자들임을 분명하게 증거하고 있다.

> "또 내가 보좌들을 보니 거기 앉은 자들이 있어 심판하는 권세를 받았더라 또 내가 보니 예수의 증거와 하나님의 말씀을 인하여 목 베임을 받은 자의 영혼들과 또 짐승과 그의 우상에게 경배하지도 아니하고 이마와 손에 그의 표를 받지도 아니한 자들이 살아서 그리스도로 더불어 천 년 동안 왕 노릇 하니 (그 나머지 죽은 자들은 그 천 년이 차기까지 살지 못하더라) 이는 첫째 부활이라 이 첫째 부활에 참예하는 자들은 복이 있고 거룩하도다 둘째 사망이 그들을 다스리는 권세가 없고 도리어 그들이 하나님과 그리스도의 제사장이 되어 천 년 동안 그리스도로 더불어 왕 노릇 하리라"(계 20:4-6).
>
> "아담 안에서 모든 사람이 죽은 것같이 그리스도 안에서 모든 사람이

삶을 얻으리라 그러나 각각 자기 차례대로 되리니 먼저는 첫 열매인 그리스도요 다음에는 그리스도 강림하실 때에 그에게 붙은 자요 그 후에는 나중이니 저가 모든 정사와 모든 권세와 능력을 멸하시고 나라를 아버지 하나님께 바칠 때라 저가 모든 원수를 그 발 아래 둘 때까지 불가불 왕 노릇 하시리니 맨 나중에 멸망 받을 원수는 사망이니라"(고전 15:22-26).

"또 내가 보니 보라 어린 양이 시온 산에 섰고 그와 함께 십사만사천이 섰는데 그 이마에 어린 양의 이름과 그 아버지의 이름을 쓴 것이 있도다……이 사람들은 여자로 더불어 더럽히지 아니하고 정절이 있는 자라 어린 양이 어디로 인도하든지 따라가는 자며 사람 가운데서 구속을 받아 처음 익은 열매로 하나님과 어린 양에게 속한 자들이니 그 입에 거짓말이 없고 흠(欠)이 없는 자들이더라"(계 14:1-5).

② 성경은 광야 예비처 성도들과 후 3년 반 동안 두 증인의 증거를 듣고 회개한 성도들은 육체를 입고 천년왕국에 들어가 생육하고 번성하는 축복을 누리게 될 것임을 계시해 주고 있다.

"여자가 아들을 낳으니 이는 장차 철장으로 만국을 다스릴 남자라 그 아이를 하나님 앞과 그 보좌 앞으로 올려가더라 그 여자가 광야로 도망하매 거기서 일천이백육십 일 동안 저를 양육하기 위하여 하나님의 예비하신 곳이 있더라"(계 12:5-6).

"용이 자기가 땅으로 내어 쫓긴 것을 보고 남자를 낳은 여자를 핍박하는지라 그 여자가 큰 독수리의 두 날개를 받아 광야 자기 곳으로 날아가 거기서 그 뱀의 낯을 피하여 한 때와 두 때와 반 때를 양육 받으매"(계 12:13-14).

"용이 짐승에게 권세를 주므로……짐승이 큰 말과 참람된 말 하는 입을 받고 또 마흔두 달 일할 권세를 받으니라 짐승이 입을 벌려 하나님을 향하여 훼방하되 그의 이름과 그의 장막 곧 하늘에 거하는 자들을 훼방하더라"(계 13:4-6).

"이 두 선지자가 땅에 거하는 자들을 괴롭게 한 고로 땅에 거하는 자들이 저희의 죽음을 즐거워하고 기뻐하여 서로 예물을 보내리라 하더라 삼 일 반 후에 하나님께로부터 생기가 저희 속에 들어가매 저희가 발로 일어서니 구경하는 자들이 크게 두려워하더라 하늘로부터 큰 음성이 있어 이리로 올라오라 함을 저희가 듣고 구름을 타고 하늘로 올라가니 저희 원수들도 구경하더라 그 시에 큰 지진이 나서 성 십분의 일이 무너지고 지진에 죽은 사람이 칠천이라 그 남은 자들이 두려워하여 영광을 하늘의 하나님께 돌리더라 둘째 화는 지나갔으나 보라 셋째 화가 속히 이르는도다"(계 11:10-14).

"보라 내가 새 하늘과 새 땅을 창조하나니 이전 것은 기억되거나 마음에 생각나지 아니할 것이라 너희는 나의 창조하는 것을 인하여 영원히 기뻐하며 즐거워할지니라 보라 내가 예루살렘으로 즐거움을 창조하며 그 백성으로 기쁨을 삼고 내가 예루살렘을 즐거워하며 나의 백성을 기뻐하리니 우는 소리와 부르짖는 소리가 그 가운데서 다시는 들리지 아니할 것이며 거기는 날수가 많지 못하여 죽는 유아와 수한이 차지 못한 노인이 다시는 없을 것이라 곧 백 세에 죽는 자가 아이겠고 백 세 못되어 죽는 자는 저주받은 것이리라 그들이 가옥을 건축하고 그것에 거하겠고 포도원을 재배하고 열매를 먹을 것이며 그들의 건축한 데 타인이 거하지 아니할 것이며 그들의 재배한 것을 타인이 먹지 아니하리니 이는 내 백성의 수한이 나무의 수한(壽限)과 같겠고 나의 택한 자가 그 손으로 일한 것을 길이 누릴 것임이며 그들의 수고가 헛되지 않겠고 그들이 생산한 것이 재난에 걸리지 아니하리니 그들은 여호와의 복된 자의 자손이요 그의 소생도 그들과 함께 될 것임이라 그들이 부르기 전에 내가 응답하겠고 그들이 말을 마치게 전에 내가 들을 것이며 이리와 어린 양이 함께 먹을 것이며 사자가 소처럼 짚을 먹을 것이며 뱀은 흙으로 식물을 삼을 것이니 나의 성산에서는 해함도 없겠고 상함도 없으리라 여호와의 말이니라"(사 65:17-25).

③ 요한계시록 20장에 계시되고 있는 곡과 마곡 전쟁에 대한 계시를 보면 '성도들의 진과 사랑하시는 성'이 구별됨을 증거해 주고 있다.

"천 년이 차매 사단이 그 옥에서 놓여 나와서 땅의 사방 백성 곧 곡과 마곡을 미혹하고 모아 싸움을 붙이리니 그 수가 바다 모래 같으리라 저희가 지면에 널리 퍼져 성도들의 진과 사랑하시는 성을 두르매 하늘에서 불이 내려와 저희를 소멸하고"(계 20:7-9).

'성도들의 진'은 천년왕국에 육체를 입고 들어가 생육하고 번성하는 축복을 받은 성도들이 살아가는 진을 의미하고, '사랑하시는 성'은 첫째 부활에 참예하여 어린 양 예수 그리스도의 제사장이 되어 천 년 동안 왕 노릇하게 될 순교자들이 살아갈 거룩한 성을 의미한다.

요한계시록은 이 거룩한 성이 하늘로부터 내려오는 새 예루살렘 성이며, 이 성이 곧 예수 그리스도의 아내임을 계시해 주고 있다.

"또 내가 새 하늘과 새 땅을 보니 처음 하늘과 처음 땅이 없어졌고 바다도 다시 있지 않더라 또 내가 보매 거룩한 성 새 예루살렘이 하나님께로부터 하늘에서 내려오니 그 예비한 것이 신부가 남편을 위하여 단장한 것 같더라 내가 들으니 보좌에서 큰 음성이 나서 가로되 보라 하나님의 장막이 사람들과 함께 있으매 하나님이 저희와 함께 거하시리니 저희는 하나님의 백성이 되고 하나님은 친히 저희와 함께 계셔서" (계 21:1-3).

"일곱 대접을 가지고 마지막 일곱 재앙을 담은 일곱 천사 중 하나가 나아와서 내게 말하여 가로되 이리 오라 내가 신부 곧 어린 양의 아내를 네게 보이리라 하고 성령으로 나를 데리고 크고 높은 산으로 올라가 하나님께로부터 하늘에서 내려오는 거룩한 성 예루살렘을 보이니 하나님의 영광이 있으매 그 성의 빛이 지극히 귀한 보석 같고 벽옥과 수정 같이 맑더라"(계 21:9-11).

어린 양 예수 그리스도의 아내인 거룩한 예루살렘 성 문을 통해 만국의 백성들이 생명나무에 나아가게 될 것임을 계시하고 있다.

"성안에 성전을 내가 보지 못하였으니 이는 주 하나님 곧 전능하신 이와 및 어린 양이 그 성전이심이라 그 성은 해나 달의 비췸이 쓸데없으니 이는 하나님의 영광이 비취고 어린 양이 그 등이 되심이라 만국이 그 빛 가운데로 다니고 땅의 왕들이 자기 영광을 가지고 그리로 들어오리라 성문들을 낮에 도무지 닫지 아니하리니 거기는 밤이 없음이라 사람들이 만국의 영광과 존귀를 가지고 그리로 들어오겠고 무엇이든지 속된 것이나 가증(可憎)한 일 또는 거짓말하는 자는 결코 그리로 들어오지 못하되 오직 어린 양의 생명책에 기록된 자들뿐이라 또 저가 수정 같이 맑은 생명수의 강을 내게 보이니 하나님과 어린 양의 보좌로부터 나서 길 가운데로 흐르더라 강 좌우에 생명나무가 있어 열두 가지 실과를 맺히되 달마다 그 실과를 맺히고 그 나무 잎사귀들은 만국을 소성(蘇醒)하기 위하여 있더라 다시 저주가 없으며 하나님과 그 어린 양의 보좌가 그 가운데 있으리니 그의 종들이 그를 섬기며 그의 얼굴을 볼 터이요 그의 이름도 저희 이마에 있으리라 다시 밤이 없겠고 등불과 햇빛이 쓸데없으니 이는 주 하나님이 저희에게 비취심이라 저희가 세세토록 왕 노릇 하리로다"(계 21:22-22:5).

"그 두루마기를 빠는 자들은 복이 있으니 이는 저희가 생명나무에 나아가며 문들을 통하여 성에 들어갈 권세를 얻으려 함이로다"(계 22:14).

천년왕국에 대해 예언하고 있는 이사야 65장 17절 이하에서도 예루살렘 성과 하나님의 백성으로 인하여 기뻐하신다고 말씀하고 있어, 천년왕국에서 거룩한 예루살렘 성과 하나님의 백성이 동일한 대상이 아니라 구별된 대상임을 보여주고 있다.

"보라 내가 새 하늘과 새 땅을 창조하나니 이전 것은 기억되거나 마음에 생각나지 아니할 것이라 너희는 나의 창조하는 것을 인하여 영원히 기뻐하며 즐거워할지니라 보라 내가 예루살렘으로 즐거움을 창조하며 그 백성으로 기쁨을 삼고 내가 예루살렘을 즐거워하며 나의 백성을 기뻐하리니……"(사 65:17-19).

문제 2 Question

하늘에 있는 군대들

"하늘에 있는 군대들이 희고 깨끗한 세마포 옷을 입고 백마를 타고 그를 따르더라" (계 19:14).

'하늘에 있는 군대들' 은 누구를 나타내는가에 대한 견해는 네 가지가 주장되고 있다.

1. 천사들로 보는 견해

만왕의 왕이요 만주의 주이신 예수 그리스도께서 백마 타고 강림하실 때에 수행하는 '하늘에 있는 군대' 를 그를 따르는 천사의 무리로 보는 견해다.

"……예수께서 저의 능력의 천사들과 함께 하늘로부터 불꽃 중에 나타나실 때에 하나님을 모르는 자들과 우리 주 예수의 복음을 복종치 않는 자들에게 형벌을 주시리니"(살후 1:7-8).

"그때에 인자의 징조가 하늘에서 보이겠고 그때에 땅의 모든 족속들이 통곡하며 그들이 인자가 구름을 타고 능력과 큰 영광으로 오는 것을 보리라 저가 큰 나팔 소리와 함께 천사들을 보내리니 저희가 그 택하신 자들을 하늘 이 끝에서 저 끝까지 사방에서 모으리라"(마 24:30-31).

2. 천사들과 성도들로 보는 견해

만주의 주시요 만왕의 왕이신 어린 양 예수 그리스도께서 백마 타고 공의의 심판주로 강림하실 때 수행하고 따르는 '하늘에 있는 군대들'을 천사들과 성도들 모두가 연합된 군대로 보는 견해다.

"우리가 예수의 죽었다가 다시 사심을 믿을진대 이와 같이 예수 안에서 자는 자들도 하나님이 저와 함께 데리고 오시리라 우리가 주의 말씀으로 너희에게 이것을 말하노니 주 강림하실 때까지 우리 살아남아 있는 자도 자는 자보다 결단코 앞서지 못하리라 주께서 호령(號令)과 천사장의 소리와 하나님의 나팔로 친히 하늘로 좇아 강림하시리니 그리스도 안에서 죽은 자들이 먼저 일어나고 그 후에 우리 살아남은 자도 저희와 함께 구름 속으로 끌어올려 공중에서 주를 영접하게 하시리니 그리하여 우리가 항상 주와 함께 있으리라"(살전 4:14-17).

3. 순교자들로 보는 견해

승리의 주가 되신 어린 양 예수 그리스도께서 피 뿌린 옷을 입고 백마 타고 강림하실 때 희고 깨끗한 세마포를 입고 백마를 타고 뒤따르는 '하늘에 있는 군대들'을 첫째 부활에 참예한 순교자들로 보는 견해다.

"저희가 어린 양으로 더불어 싸우려니와 어린 양은 만주의 주시요 만왕의 왕이시므로 저희를 이기실 터이요 또 그와 함께 있는 자들 곧 부르심을 입고 빼내심을 얻고 진실한 자들은 이기리로다"(계 17:14).

"이기는 자와 끝까지 내 일을 지키는 그에게 만국을 다스리는 권세를 주리니 그가 철장을 가지고 저희를 다스려 질그릇 깨뜨리는 것과 같이 하리라 나도 내 아버지께 받은 것이 그러하니라"(계 2:26-27).

"우리가 즐거워하고 크게 기뻐하여 그에게 영광을 돌리세 어린 양의 혼인 기약이 이르렀고 그 아내가 예비하였으니 그에게 허락하사 빛나고 깨끗한 세마포를 입게 하셨은즉 이 세마포는 성도들의 옳은 행실이로다 하더라"(계 19:7-8).

4. 성도들과 순교자들 일행으로 보는 견해

만주의 주시요 만왕의 왕이신 어린 양 예수 그리스도께서 입의 검으로 만국을 치고 철장으로 다스리기 위해 백마 타고 강림하실 때에 희고 깨끗한 세마포를 입고 백마를 타고 예수님을 뒤따르는 '하늘에 있는 군대들' 을 천년왕국에 들어갈 모든 성도들과 첫째 부활에 참예할 순교자들 일행으로 보는 견해다.

"너희 마음을 굳게 하시고 우리 주 예수께서 그의 모든 성도와 함께 강림하실 때에 하나님 우리 아버지 앞에서 거룩함에 흠이 없게 하시기를 원하노라"(살전 3:13).

"이 일 후에 내가 보니 각 나라와 족속과 백성과 방언에서 아무라도 능히 셀 수 없는 큰 무리가 흰 옷을 입고 손에 종려가지를 들고 보좌 앞과 어린 양 앞에 서서 큰 소리로 외쳐 가로되 구원하심이 보좌에 앉으신 우리 하나님과 어린 양에게 있도다 하니……이는 큰 환난에서 나오는 자들인데 어린 양의 피에 그 옷을 씻어 희게 하였느니라"(계 7:9-14).

20장의 난해문제

문제 1 / 천년왕국(계 20:1-8)

문제 2 / 첫째 부활(계 20:4-6)

문제 3 / 곡과 마곡 전쟁(계 20:7-10)

문제 4 / 흰 보좌 심판(계 20:11-15)

Question 문제 1

천년왕국

"또 내가 보매 천사가 무저갱 열쇠와 큰 쇠사슬을 그 손에 가지고 하늘로서 내려 와서 용을 잡으니 곧 옛 뱀이요 마귀요 사단이라 잡아 일천 년 동안 결박하여 무저 갱에 던져 잠그고 그 위에 인봉하여 천 년이 차도록 다시는 만국(萬國)을 미혹하지 못하게 하였다가 그 후에는 반드시 잠깐 놓이리라 또 내가 보좌들을 보니 거기 앉은 자들이 있어 심판하는 권세를 받았더라 또 내가 보니 예수의 증거와 하나님의 말씀을 인하여 목 베임을 받은 자의 영혼들과 또 짐승과 그의 우상에게 경배하지도 아니하고 이마와 손에 그의 표를 받지도 아니한 자들이 살아서 그리스도로 더불어 천 년 동안 왕 노릇하니 (그 나머지 죽은 자들은 그 천 년이 차기까지 살지 못하더라) 이는 첫째 부활이라 이 첫째 부활에 참예하는 자들은 복이 있고 거룩하도다 둘째 사망이 그들을 다스리는 권세가 없고 도리어 그들이 하나님과 그리스도의 제사장이 되어 천 년 동안 그리스도로 더불어 왕 노릇 하리라 천 년이 차매 사단이 그 옥에서 놓여 나와서 땅의 사방 백성 곧 곡과 마곡을 미혹하고 모아 싸움을 붙이리니 그 수가 바다 모래 같으리라"(계 20:1-8).

천년왕국에 대한 계시 말씀을 어떻게 해석하느냐에 따라 무천년설, 후천년설, 세대주의 전천년설, 역사기 전천년설 등 요한계시록 해석의 가장 큰 차이점이 생겨난다.

1. 무천년설

1) 주장 내용

무천년설은 문자적 천년왕국설을 부정하고 이를 우화적으로 또는 영적으로 해석하는 학설인데, 오리겐(Origen)을 시발로 어거스틴(Augustine), 칼빈(Carvin)으로 이어지며 요한계시록 해석에 한 맥을 이어오고 있는 학설이다.

요한계시록 20장 1-6절에 언급되고 있는 '천 년' 이라는 계시 말씀을 문자적으로 이해하지 아니하고 예수 그리스도의 초림부터 재림까지의 신약 시대 전체를 상징하는 기간이라 해석하며, 사단의 결박과 무저갱에 감금되는 사건은 현재의 복음 시대에 활동하는 마귀의 영향력이 약화된 것으로 해석한다.

'첫째 부활' 은 성도들이 죄로 인한 사망으로부터 예수 그리스도 안에 있는 생명으로 옮겨지는 영적인 부활로 해석하며, 첫째 부활에 참예하는 자들이 천 년 동안 그리스도와 더불어 왕 노릇 하는 것은 예수 그리스도를 영접한 성도들의 영혼이 천상에서 왕 노릇 하는 것이라고 해석한다.

'둘째 부활 '은 예수 그리스도의 재림 시에 모든 죽은 자가 육체를 입고 부활하는 대부활이 있을 것으로 보고, 그들이 모두 백보좌 심판대 앞에서 심판을 받게 될 것으로 해석하는 견해를 취한다.

2) 문제점

(1) 요한계시록이 장차 종말에 성취될 연대기적 순차를 가지고 계시되고 있는데, 이를 초림에서 재림까지의 사건으로 해석한다는 것은 무리가 따르는 해석이다.

무천년설을 따르는 사람들도 요한계시록 17장 이후의 사건들이 장차 역사의 종말에 있을 예수 그리스도의 재림과 그 이후에 성취될 사건들임을 주장하는 데는 별다른 이견(異見)이 없다.

18장에는 주로 바벨론의 멸망, 즉 바벨론으로 상징된 이 세상 역사의 최후의 모습들이 나온다.

19장에는 땅을 더럽게 한 큰 음녀에 대한 심판이 시행되어 순교자들의 핏값을 갚아주셨음이 선포되고 있다.

19장 11절 이하에는 다시 오시는 예수 그리스도의 모습이 계시된다.

> "내가 하늘이 열린 것을 보니 보라 백마와 탄 자가 있으니 그 이름은 충신과 진실이라"(계19:11).

승리와 심판주로 역사 속에 재림하시는 주님의 모습이 나타난 후에 19장 후반부에서는 역사를 어지럽혔던 두 장본인 곧 짐승으로 상징된 적그리스도와 거짓 선지자가 잡혀 이 둘이 산 채로 유황 불못에 던져진다.

20장에 와서는 악한 마귀 사단이 결박을 당하고 무저갱에 천 년 동안 감금되고 천년왕국이 선포된다.

20장 후반부에는 천년왕국 기간이 끝나고 사단이 잠시 놓여 곡과 마곡의 전쟁이 있게 된다. 이 세상을 미혹하고 하나님을 대적하던 마귀가 불과 유황못에 던져지고 모든 인류는 부활하여 하나님의 백보좌 심판대 앞에서 자기 행위대로 심판을 받는다.

21장에서는 첫 창조에 속했던 처음 하늘과 처음 땅과 바다가 없어지고 영원한 신천신지(新天新地)가 계시된다.

이렇게 연대기적으로 역사적 흐름에 따라 순차적으로 계시되고 있는 요한계시록의 흐름을 뒤집는다는 것은 불가능한 일임에도 불구하고 무천년설은 지나친 상징적 해석으로 본문의 계시 의도를 벗어나는 무리한 해석을 취한다.

정근두 목사는 무천년설 입장에서 요한계시록 강해를 6권(《일곱 교회》, 《일곱 인봉》, 《일곱 나팔》, 《일곱 대접》, 《바벨론의 멸망》, 《새 하늘과 새 땅》)으로 출판했다. 그는 무천년설로 일관되게 해석하다가 19장 11-16절 말씀을 해석하는 부분에서는 다음과 같이 설명하고 있다.

"어떤 의미에서 오늘 본문의 환상은 바로 앞부분 어린 양의 혼인 잔치의 절정으로도 볼 수 있습니다. 동시에 이제 펼쳐질 마지막 사건인 그리스도의 재림과 사단의 패배, 사단의 결박, 천년왕국, 사단의 최후, 마지막 심판, 그리고 새 하늘과 새 땅, 새 예루살렘을 기술하는 이 사건들의 첫 시작으로도 볼 수 있습니다. 그렇게 볼 때 본문은 그리스도의 재림을 기술하는 것으로 볼 수 있습니다"(정근두, 바벨론의 멸망, 128쪽).

(2) 무천년설은 예수님 초림 때에 사단이 결정적으로 패배하고 결박당했기 때문에 세력이 약화되었다고 주장한다. 그러나 현실을 돌아볼 때나 교회사적 증거를 살펴볼 때, 이 세상이 주께서 영광스럽게 통치하시며 모든 악이 사라지고 죄가 척결되어 불행이 없는 낙원의 세계라고 느껴지지 않는다.

무천년설을 따르는 사람들도 이 책의 17장 이후의 사건들이 역사의 종말에 있을 예수 그리스도의 재림과 그 이후에 성취될 사건들임을 주장함에 있어서는 별다른 이견(異見)이 없다. 그러면서도 20장에 계시되고 있는 천 년 동안의 사단의 결박과 감금 사건이 예수 그리스도의 초림으로 성취된 사건이라고 해석하고, 이 땅에서 성취될 천년왕국을 예수 그리스도의 초림 때부터 재림 때까지 성도들의 영혼이 천국에서 왕 노릇 하는 것이라고 주장한다. 이런 이중적 견해 때문에 요한계시록 해석에 많은 혼란을 가져다주어 요한계시록을 어렵고 난해한 책으로 만들어놓고 있다.

제자원에서 발행된 《옥스퍼드 원어성경대전》은 20장에 계시되고 있는 사단의 결박과 감금사건은 종말에 한 치의 오차도 없이 성취될 사건으로 설명하고 있다.

"이 구절(2절)은 1절에 언급된 큰 쇠사슬의 용도를 분명하게 보여준다. 즉 열쇠는 무저갱을 여는 데 사용되고, 쇠사슬은 용을 묶어 무저갱에 감금하는 데 사용된다. '잡으니' 로 번역된 '에크라테센' (ἐκράτησεν)은 본래 '잡다', '붙들다', '지키다' 의 뜻을 지닌 '크라테오' (κρατέω)의 예언적 부정 과거형으로, 종말에 무저갱을 관장하는 천사가 용을 사로잡으리라는 사실을 드러낸다. 천사가 사로잡은 용의 다른 이름은 옛 뱀이요 마귀요 사단이다. 이는 이미 요한계시록 12장 9절에서 언급한 바와 같다. 그런데 천사는 그가 사로잡은 용을 일천 년 동안 결박한다. '잡아……결박하여' 로 번역된 '에데센' (ἔδησεν) 역시 '줄로 묶다' 의 뜻을 지닌 '데오' (δέω)의 예언적 부정 과거로 천사가 사로잡은 용을 자신이 가지고 있던 큰 쇠사슬로 결박할 것임을 드러낸다. 이처럼 이 구절에서 용을 사로잡고 결박하는 것을 묘사하는 데 사용된 동사가 모두 예언적 부정 과거형이란 점은 천사에 의한 사단의 결박이 한 치의 오차도 없이 분명하게 성취될 종말론적 사건임을 암시한다"(《옥스퍼드 원어성경대전》요한계시록 제12-22장, 525쪽)

짐승(적그리스도)과 거짓 선지자는 사로잡혀 산 채로 유황불 붙는 못에 던져지고, 붉은 용 즉 옛 뱀, 사단, 마귀를 쇠사슬로 결박한 천사는 그를 무저갱에 던져버린다. 천사는 무저갱의 문을 닫고 다시 무저갱을 잠가버렸다. 그리고 아무도 그 문을 열지 못하도록 인봉했다. 이제 하나님의 때가 차고 하나님의 허락하심이 없이는 아무도 그 문을 열 수 없다. 사단을 결박하고 무저갱에 던진 후 무저갱의 문을 닫고 인봉한 이유가 무엇인가?

> "천 년이 차도록 다시는 만국을 미혹하지 못하게"(계 20:3) 하기 위함이다.

천년왕국은 짐승과 거짓 선지자가 지옥에 던져지고, 사단이 무저갱에 완전하게 감금을 당하여 미혹함이 없는 평화의 동산이 이 땅에 이루어질 복락원의 세상이다.

천년왕국이 예수님의 초림부터 재림 사이의 기간이라고 주장하는 무천년의 견해로는 마귀가 결박되어 무저갱에 갇히고 다시는 만국을 미혹하지 못하게 된 상태의 천년왕국을 설명하기가 대단히 어렵다.

바울 사도는 "마귀로 틈을 타지 못하게 하라"(엡 4:27)로 권면한다.

야고보 사도는 "그런즉 너희는 하나님께 순복할지어다 마귀를 대적하라 그리하면 너희를 피하리라"(약 4:7)고 가르친다.

베드로 사도는 "근신하라 깨어라 너희 대적 마귀가 우는 사자같이 두루 다니며 삼킬 자를 찾나니 너희는 믿음을 굳게 하여 저를 대적하라"(벧전 5:8-9)고 교훈하고 있다.

요한 사도는 "마귀가 자기의 때가 얼마 못 된 줄을 알므로 크게 분내어 너희에게 내려갔음이라"고 경고해 주고 있다.

> "저희로 깨어 마귀의 올무에서 벗어나 하나님께 사로잡힌 바 되어 그 뜻을 좇게 하실까 함이라"(딤후 2:26).

(3) 무천년설을 주장하는 사람들은 예수 그리스도의 초림부터 재림까지의 시기를 천년왕국 시기라고 주장한다.

예수님의 초림부터 재림 사이의 기간은 성령의 역사로 말미암아 땅 끝까지 복음이 증거되는 교회 시대요 은혜 시대며, 이방인의 구원시대이지 이 땅에 낙원이 회복되는 천년왕국 시대가 아니다.

이 땅에 성취될 천년왕국은 아담과 하와가 사단의 유혹을 받아 선악을 알게 하는 나무의 실과를 따 먹고 범죄함으로 인해 잃어버렸던 에덴 동산(失樂園)을 다시 회복하는 복락원(福樂園)의 사건으로, 이사야 65장의 예언 성취 사건이다.

> "보라 내가 새 하늘과 새 땅을 창조하나니 이전 것은 기억되거나 마음에 생각나지 아니할 것이라 너희는 나의 창조하는 것을 인하여 영원히 기뻐하며 즐거워할지니라 보라 내가 예루살렘으로 즐거움을 창조하며 그 백성으로 기쁨을 삼고 내가 예루살렘을 즐거워하며 나의 백성을 기뻐하리니 우는 소리와 부르짖는 소리가 그 가운데서 다시는 들리지 아니할 것이며 거기는 날 수가 많지 못하여 죽는 유아와 수한(壽限)이 차지 못한 노인이 다시는 없을 것이라 곧 백세에 죽는 자가 아이겠고 백세 못 되어 죽는 자는 저주받은 것이리라 그들이 가옥을 건축하고 그것에 거하겠고 포도원을 재배하고 열매를 먹을 것이며 그들의 건축한 데 타인이 거하지 아니할 것이며 그들의 재배한 것을 타인이 먹지 아니하리니 이는 내 백성의 수한이 나무의 수한과 같겠고 나의 택한 자가 그 손으로 일한 것을 길이 누릴 것임이며 그들의 수고가 헛되지 않겠고 그들의 생산한 것이 재난에 걸리지 아니하리니 그들은 여호와의 복된 자의 자손이요 그 소생도 그들과 함께 될 것임이라 그들이 부르기 전에 내가 응답하겠고 그들이 말을 마치기 전에 내가 들을 것이며 이리와 어린 양이 함께 먹을 것이며 사자가 소처럼 짚을 먹을 것이며 뱀은 흙으로 식물을 삼을 것이니 나의 성산(聖山)에서는 해함도 없겠고 상함도 없으리라 여호와의 말이니라"(사 65:17-25).

예수 그리스도의 초림 이후 우리가 살고 있는 이 시대에 이사야 65장이 예언하고 있는 복락원이 이루어진 적이 있는가? 아니면 후천년설을 주장하는 사람들의 견해처럼 혹 앞으로 예수님의 재림 이전의 시기까지 복락원이 이 땅에 성취되는 천년왕국 사건의 성취라고 생각하는가? 아니다. 천년왕국은 예수 그리스도의 재림으로 말미암아 이 땅 위에 성취될 사건이다. 사단이 결박되어 천 년 동안 무저갱에 갇히고 다시는 만국을 미혹하지 못하는 사건이 성취된 후에 이 땅 위에 예수 그리스도가 통치하는 천년왕국이 이루어질 것임을 성경은 계시해 주고 있다.

(4) 무천년설을 주장하는 사람들은, 첫째 부활은 예수 그리스도를 믿는 성도들이 영적으로 거듭나는 것을 상징하고, 첫째 부활에 참예하여 그리스도와 더불어 왕 노릇 하는 것은 예수 그리스도를 믿고 죽은 성도들의 영혼이 살아서 천국에서 보좌에 앉아 왕 노릇 하는 축복을 나타낸다고 해석한다. 이런 주장은 본문의 내용을 전혀 무시한 해석이며, 성경적 지지를 얻지 못하는 비성경적 해석이다.

요한계시록 20장에 계시되고 있는 '첫째 부활'에 참예할 대상이 "예수의 증거와 하나님의 말씀을 인하여 목 베임을 받은 자의 영혼들과 또 짐승과 그의 우상에게 경배하지도 아니하고 이마와 손에 그의 표를 받지도 아니한 자들"이라고 정확히 계시해 주고 있다(계 20:4-5).

그들은 이미 성령으로 거듭난 성도들이다. 그들은 성령 충만한 가운데 예수 그리스도의 복음과 하나님의 말씀을 증거하기를 죽기까지 충성하며 감당했던 순교자들이다. 그들이 예수 그리스도 재림하실 때 첫째 부활에 참예하여 천년왕국에서 천 년 동안 왕 노릇 하게 될 것임을 증거하는 말씀이다.

부활은 몸이 죽었다가 다시 살아나는 것을 말한다. 영적으로 거듭나는 중생을 부활이라고는 말하지 않는다. 요한계시록 20장 4-5절에 사용되고 있는 '살아서' 라고 번역된 '에제산'(ἔζησαν)은 '살다' 라는 '자오'(ζάω)의 제1부정 과거 직설법 3인칭 복수로 육체적 부활을 의미하는 데 사용되는 단어다.

"무천년설의 대표적인 학자인 렌스키조차도 '에제산' 은 항상 완전한 몸과 영이 혼합된 사람에게 적용되는 단어로 몸 없는 상태의 '영'(靈)에게는 결코 적용되지 않는 단어라고 주장하고 있다"(이광복, 계시록 난해 해설).

무천년설을 주장하는 사람들은 4절의 '살아서'(ἔζησαν)를 영적 부활로 해석하고, 똑같은 단어인 5절의 '살다'(에제산)는 육체적 부활을 나타낸다고 해석하여, 언어의 통일성을 무시한 채 이중적 해석을 적용해 요한계시록 해석에 혼란을 가져다준다.

강병도 목사가 주석한 《호크마 종합주석》도 무천년설을 견지하는 책이다. 하지만 요한계시록 20장 4-5절에서 사용하고 있는 '살아서' 의 헬라어 '에제산'(ἔζησαν)은 육체적인 부활을 지칭할 때 사용된 단어로(계 1:8, 2:8, 13:14; 마 9:18; 요 11:25; 행 1:3, 9:41; 롬 14:9) 그리스도에게 충성된 자들이 부활하여 그리스도와 더불어 천 년 동안 통치할 것을 시사한다고 설명하고 있다(기독지혜사, 호크마 종합주석, 533쪽).

이와 같이 무천년설을 견지하고 있는 학자들이나 저서들이 18장 이후의 사건들을 다루면서 자연스럽게 역사기 전천년설의 견해에 젖어드는 것은, 요한계시록의 계시 내용이 역사기 전천년설을 너무도 분명하게 증거하고 있기 때문이며, 다른 모든 성경들도 역사기 전천년설을 뒷받침하고 있음을 부인할 수 없기 때문이다.

2. 후천년설

1) 주장 내용

후천년설은 예수 그리스도의 재림 이전에 이 땅에 천년왕국이 이루어질 것이라고 주장하는 견해다.

주님의 지상명령(마 28:18-20)에 따라 복음이 땅 끝까지 증거되고 전 세계가 기독교화되므로 마침내 여호와를 아는 지식이 물이 바다 덮음같이 세상에 충만하여 평화와 번영의 시대가 성취되어 주님의 재림이 있기까지 지속될 것으로 보는 견해다.

예수 그리스도의 복음이 인간의 역사 속에서 점진적으로 전파되고 확장되어 악은 점점 감소되는 반면 선은 점점 증대되어 세계가 마침내 기독교화되고, 이 땅은 이사야 11장에 예언된 평화와 번영의 시대인 천년왕국 시대를 맞이하게 될 것이며, 그 후에 잠시 동안 대환란이 있다가 예수 그리스도의 재림이 있을 것이라고 해석한다.

2) 문제점

후천년설은 이 책이 계시하고 있는 역사의 순차적 흐름을 무시한 채 19장의 재림 사건과 20장의 천년왕국 기간의 순서를 바꾸어놓고 있어 이 책 전체의 계시 흐름을 흩어놓는 이론이다.

재림 전에 평화와 번영의 영광스러운 황금시대가 온다는 이론은 성경과 맞지 않는다. 성경은 재림 직전의 시기에 오히려 배교하는 일이 있을 것이며, 신앙이 식고 참된 믿음을 보기 힘든 때가 될 것임을 증거하고 있다. 사회적 현상으로 볼 때도 인류사회는 물질과 과학문명에 있어서는 분명히 진보를 보이고 있으나, 정신적인 면과 하나님을 대하는 신앙 면에 있어서는 오히려 후퇴하고 있음을 동감할 수 있을 것이다.

사단이 권세를 잡고 있는 이 세상에 예수 그리스도가 재림하시기 전 평화와 번영의 황금시대인 천년왕국 시대가 성취될 것이라는 사실은 결코 기대하거나 인정할 수 없는 사실이다.

후천년설은 인본주의적 역사 낙관론으로서 성경에 근거한 것이기보다는 진화론에 근거한 것으로 그 지지 기반이 약하다. 후천년설은 성경에 분명하게 계시하고 두 가지 중요한 사실, 즉 예수 그리스도께서 천년왕국을 다스리기 위하여 재림하시리라는 것과 그의 강림하실 때 첫째 부활에 참예할 순교자들이 육체적으로 부활하여 천년왕국에서 주와 함께 왕 노릇 하리라는 사실을 배제하고 있어, 받아들일 수 없는 비성경적 견해다.

3. 세대주의 전천년설

1) 주장 내용

인류의 전 역사를 일곱 시대(구약 다섯 시대, 신약 두 시대)로 나누어 7년 대환란 때 예수님이 공중에 재림하시고, 교회(성도들)는 휴거되어 공중에서 7년 동안 어린 양의 혼인잔치가 이루어지며, 7년 대환란이 끝나면 지상으로 재림하셔서 천년왕국이 이루어지는데, 그 시대를 마지막 7시대로 보고 그 나라 백성들을 유대인으로 보는 견해다.

세대주의 전천년설은 4장에 계시되고 있는 사도 요한의 승천 사건을 교회 휴거 사건으로 보고, 7장에 계시되고 있는 하나님의 인 맞은 십사만사천을 육적 이스라엘 지파 중 일만이천 명씩으로 해석한다.

7년 대환란이 있기 전에 교회는 공중으로 휴거되고, 땅에서는 유대인들의 이삭 줍기 구원 사역이 성취될 것이라고 주장하는 견해다.

2) 문제점

(1) 요한계시록 4장에서 사도 요한의 영혼이 하늘나라에 올라간 사건을 교회의 휴거 사건으로 보는 것은 본문의 의도를 완전히 벗어난 해석이며, 이 책의 내증과도 전혀 맞지 않는 해석이다.

세대주의 전천년설을 주장하는 사람들은 사도 요한을 교회의 대표로 보고 '이리로 올라오라' 는 말씀은 곧 교회를 공중으로 이끌어 올리는 휴거 사건을 나타낸다고 주장한다. 4장에서 교회를 공중으로 이끌어 올렸기 때문에 4장 이하의 사건은 교회와 무관한 사건으로 보고, 7년 대환란은 오직 육적 유대인들을 구원하기 위한 기간이라고 주장한다. 그러나 이 책은 교회가 7년 대환란의 전 3년 반 동안에는 이 땅에 존재하여 환난을 통과하고 후 3년 반 동안 광야 예비처로 피하여 하나님의 보호와 양육을 받을 것임을 계시하고 있다.

> "그 여자가 광야로 도망하매 거기서 일천이백육십 일 동안 저를 양육하기 위하여 하나님의 예비하신 곳이 있더라……용이 자기가 땅으로 내어 쫓긴 것을 보고 남자를 낳은 여자를 핍박하는지라 그 여자가 큰 독수리의 두 날개를 받아 광야 자기 곳으로 날아가 거기서 그 뱀의 낯을 피하여 한 때와 두 때와 반 때를 양육 받으매"(계 12:6-14).

예수님은 교회가 환난을 당하지 않는다고 말씀하지 않으셨다. 오히려 환난을 당한다고 말씀하셨다. 환난을 당할 때 강하고 담대하게 환난을 이기고 승리하라고 말씀하시고 믿는 자들을 위하여 환난의 기간을 감해 주시겠다고 약속하셨다.

> "……세상에서는 너희가 환난을 당하나 담대하라 내가 세상을 이기었노라 하시니라"(요 16:33).
> "이는 그때에 큰 환난(患難)이 있겠음이라 창세로부터 지금까지 이런 환난이 없었고 후에도 없으리라 그날들을 감하지 아니할 것이면 모든 육체가 구원을 얻지 못할 것이나 그러나 택하신 자들을 위하여 그날들을 감하시리라"(마 24:21-22).

그들은 4장 이하의 말씀이 교회와 무관한 증거로, 3장까지는 '교회' 라는 말이 많이 사용되고 있는 반면에 4장 이후에는 교회라는 단어가 전혀 등장하지 않고 있다는 사실을 내세운다. 그러나 이 책 22장 16절에서는 증거하기를 "나 예수는 교회들을 위하여 내 사자를 보내어 이것들을 너희에게 증거하게 하였노라 나는 다윗의 뿌리요 자손이니 곧 광명한 새벽별이라 하시더라" 라고 계시하고 있어 그들의 주장이 성경에서 벗어난 주장임을 입증해 주고 있다.

(2) 세대주의 전천년설을 주장하는 사람들은 교회가 4장에서 휴거되어 7년 동안 공중에서 어린 양 혼인잔치를 치르고, 이 땅에서는 7년 대환란이 진행되며, 유대인들의 구원이 성취되는 것으로 설명한다. 하지만 요한계시로 자체가 이 해석을 거부한다.

4장 이후의 모든 사건은 교회와 무관하며 육적 이스라엘에게 해당되는 말씀으로 보기 때문에, 요한계시록 7장에 계시되고 있는 십사만사천의 하나님의 인 맞은 종들도 육적 이스라엘 열두 지파에 속한 사람들로 해석한다. 그러나 요한계시록 자체에서 하나님의 인 맞은 거룩한 하나님의 종들이 육적 이스라엘 열두 지파에 속한 자들로 해석함을 거부하고 있고, 신약성경 여러 곳에서도 강조하여 이르기를 더 이상 육적 유대인이 아니라 영적 유대인인 그리스도인들이 믿음의 조상인 아브라함의 자손이며 참 이스라엘 백성임을 증거해 주고 있다.

① 요한계시록 계시 내용

사도 요한으로부터 계시 말씀을 전해 듣고 있는 1차 수신자는 아시아에 있는 일곱 교회다. 주님께서는 하나님의 말씀과 예수 그리스도의 복음을 믿고 증거하는 가운데 로마와 유대인들의 핍박을 받고 고난과 환난을 당하고 있는 초대 교회 성도들을 위로하고 격려하며 신앙을 독려(督勵)하기 위해 사도 요한에게 요한계시록의 말씀을 계시해 주시고 기록하여 교회들에게 증거하게 하셨다. 그런데 7년 대환란 때 있을 하나님의 인침을 받은 십사만사천의 무리들이나 큰 환난을 통과한 셀 수 없는 큰 무리들이 육적 유대인들에 국한된 계시 내용이라면 초대 교회 성도들에게 위로와 용기를 심어 주는 말씀이 되었겠는가?

초대 교회 당시 교회와 성도들을 가장 핍박한 사람들이 로마와 육적 유대인들이었다. 그런데 교회를 핍박하는 데 앞장서고 있는 육적 유대인들만 하나님의 인침을 받은 하나님의 거룩한 종들로 쓰임을 받거나 그 자손들만 환난을 통과하고 승리자의 무리들 가운데 들어가게 된다고 해석한다면, 초대 교회 성도들에게 힘과 위로가 되기보다는 시험이 되는 말씀이었을 것이다.

이 책에서 예수님은 교회를 핍박하는 데 앞장서고 있는 육적 유대인들에 대해 매우 강한 어조로 '자칭 유대인이나 실상은 사단의 회' 라고 그들을 책망하며, 영적 이스라엘 자손인 성도들(교회)과 뚜렷한 구별을 보여주고 있다.

> "내가 네 환난과 궁핍을 아노니 실상은 네가 부요한 자니라 자칭 유대인이라 하는 자들의 훼방도 아노니 실상은 유대인이 아니요 사단의 회라"(계 2:9).
>
> "보라 사단의 회 곧 자칭 유대인이라 하나 그렇지 않고 거짓말하는 자들 중에서 몇을 네게 주어 저희로 와서 네 발 앞에 절하게 하고 내가 너를 사랑하는 줄을 알게 하리라"(계 3:9).

7장 9절 이하에 계시되고 있는 큰 환난을 통과한 '아무라도 능히 셀 수 없는 흰옷 입은 큰 무리' 들은 "각 나라와 족속과 백성과 방언에서"(계 7:9) 나온 자들이지 육적 유대인들의 후손이 아니다.

요한계시록 13장 6절 이하의 말씀을 보아도 "짐승이……권세를 받아 성도들과 싸워 이기게 되고 각 족속과 백성과 방언과 나라를 다스리는 권세를 받으니 죽임을 당한 어린 양의 생명책에 창세 이후로 녹명(錄名)되지 못하고 이 땅에 사는 자들은 다 짐승에게 경배하리라 누구든지 귀가 있거든 들을지어다"(계 13:6-9)라고 계시하고 있다. 그러므로 7년 대환란 때 하나님의 인침을 받은 거룩한 하나님의 종들인 십사만사천이나 큰 환난을 통과하고 승리하여 흰옷을 입고 어린 양 앞에 선 큰 무리들을 육적 유대인의 후손들을 육적 이스라엘 12지파 사람들로 해석하는 세대주의 전천년설의 주장은 요한계시록의 계시 목적과 맞지 않을 뿐만 아니라 계시 내용과도 전혀 조화를 이루지 못하는 해석임을 알 수 있다.

② 신약성경의 증거 내용들

아브라함을 믿는 자들의 조상으로 세우신 것이 성경이 증거하는 진리의 말씀이라면, 그의 자손으로 세워진 이스라엘의 12지파도 믿음의 자손인 영적 이스라엘 12지파를 지칭하는 것으로 보는 것이 신약성경의 증거 내용들과 조화를 이루는 해석이 될 것이다.

• 세례 요한의 증거

"요한이 많은 바리새인과 사두개인이 세례 베푸는 데 오는 것을 보고 이르되 독사의 자식들아 누가 너희를 가르쳐 임박한 진노를 피하라 하더냐 그러므로 회개에 합당한 열매를 맺고 속으로 아브라함이 우리 조상이라고 생각지 말라 내가 너희에게 이르노니 하나님이 능히 이 돌들로도 아브라함의 자손이 되게 하시리라"(마 3:7-9).

• 사도 바울의 증거

"만일 율법에 속한 자들이 후사이면 믿음은 헛것이 되고 약속은 폐하여졌느니라 율법은 진노를 이루게 하나니 율법이 없는 곳에는 범함도 없느니라 그러므로 후사가 되는 이것이 은혜에 속하기 위하여 믿음으로 되나니 이는 그 약속을 그 모든 후손에게 굳게 하려 하심이라 율법에 속한 자에게 뿐 아니라 아브라함의 믿음에 속한 자에게도니 아브라함은 하나님 앞에서 우리 모든 사람의 조상이라 기록된 바 내가 너를 많은 민족의 조상으로 세웠다 하심과 같으니……"(롬 4:14-16).
"대저 표면적 유대인이 유대인이 아니요 표면적 육신의 할례가 할례가 아니라 오직 이면적 유대인이 유대인이며 할례는 마음에 할지니 신령에 있고 의문에 있지 아니한 것이라 그 칭찬이 사람에게서가 아니요 다만 하나님에게서니라"(롬 2:28-29).

"곧 육신의 자녀가 하나님의 자녀가 아니라 오직 약속의 자녀가 씨로 여기심을 받느니라"(롬 9:8).

"너희가 다 믿음으로 말미암아 그리스도 예수 안에서 하나님의 아들이 되었으니 누구든지 그리스도와 합하여 세례를 받은 자는 그리스도로 옷 입었느니라……너희가 그리스도께 속한 자면 곧 아브라함의 자손이요 약속대로 유업을 이을 자니라"(갈 3:26-29).

• 예수님의 증거

"너희는 나의 모든 시험 중에 항상 나와 함께한 자들인즉 내 아버지께서 나라를 내게 맡기신 것같이 나도 너희에게 맡겨 너희로 내 나라에 있어 내 상에서 먹고 마시며 또는 보좌에 앉아 이스라엘 열두 지파를 다스리게 하려 하노라"(눅 22:28-30).

우리가 육적 이스라엘 12지파에 대해 간과(看過)해서는 안 될 한 가지 사실은, 현재 유대인들에게는 더 이상 '지파' 개념이 없다는 것이다.

주후 70년 로마의 디도(Ditus) 장군에게 정복되어 유대인들은 전 세계에 흩어지는 디아스포라가 되었다. 전 세계에 흩어져 2천여 년의 세월이 흐르는 동안 각 대륙에 흩어져 사는 유대인들에게 폐하여진 두 가지 사실이 있다. 하나는 짐승을 희생시켜 피의 제사를 드리는 구약의 제사제도이며, 또 하나는 이스라엘의 12지파의 육적 혈통 관계다. 하나님께서 신약 시대 예수 그리스도의 복음이 증거되는 동안 육적 이스라엘 백성의 두 가지를 폐하셨다고 볼 수 있다.

현재 이스라엘 자손들은 전 세계의 각 대륙 민족과 동화되어버렸기 때문에 더 이상 그들만의 외적 특징을 찾아볼 수 없다. 지금 이스라엘 민족은 법적으로 부계(父系) 혈통이 아니라 모계(母系) 혈통을 따르고 있다. 아버지가 어떤 혈통이든 상관없이 어머니가 유대인이면 유대인으로 여긴다. 유대인의 순결한 혈통을 이어 받은 남자라 할지라도 이방 여자와 결혼하여 자녀를 낳으면 그 자녀는 유대인이 될 수 없다. 이 같은 모계 혈통은 전체 유대인을 '혼혈아'로 만들었으며 혈통적으로 그들의 조상을 찾아 올라갈 수 없는 자리에 이르게 되었다.

이런 현실 속에서 육적 이스라엘 백성이 과연 12지파의 구별을 갖고 자기에게 속한 지파를 찾을 수 있겠는가? 그러므로 요한계시록에 증거되고 있는 이스라엘 12지파는 육적 이스라엘을 나타내는 것이 아니라 믿음의 조상인 아브라함의 후손 영적 이스라엘 12지파인 성도들을 지칭하고 있다고 해석하는 것이 타당하다.

(3) 역사를 구약 5시대(무죄 시대, 양심 시대, 인류 통치 시대, 약속 시대, 율법 시대), 신약 2시대(은혜 시대, 천년왕국 시대)로 나누어 모두 7시대로 구분지어 설명하지만, 그 구분이 명확하지 않고 서로 중첩(重疊)된다는 문제점을 내포하고 있다.

예를 들면, 제2시대를 양심 시대(창 3:22-7:23)로 구분하여 칭하고 있지만 양심은 사도 바울 당시에도 이방인에게 경계가 되는 데 적용되고 있음을 성경이 말씀하고 있다.

> "율법 없는 이방인이 본성으로 율법의 일을 행할 때는 이 사람은 율법이 없이도 자기가 자기에게 율법이 되나니 이런 이들은 그 양심이 증거가 되어 그 생각들이 서로 혹은 송사(訟事)하며 혹은 변명하여 그 마음

에 새긴 율법의 행위를 나타내느니라"(롬 2:14-15).

그들은 또 약속 시대(제4시대: 창 12:1-출 19:8)와 율법 시대(제5시대: 출 19:8-마 27:35)와 은혜 시대(제6시대: 요 1:17; 히 9:3-8)를 구분하나 율법 시대에도 약속들이 있고 은혜 시대에도 율법이 더욱 강화되고 온전케 되었다.

"내가 율법이나 선지자나 폐하러 온 줄로 생각하지 말라 폐하러 온 것이 아니요 완전케 하려 함이로라 진실로 너희에게 이르노니 천지가 없어지기 전에는 율법의 일점 일획이라도 반드시 없어지지 아니하고 다 이루리라 그러므로 누구든지 이 계명 중에 지극히 작은 것 하나라도 버리고 또 그같이 사람을 가르치는 자는 천국에서 지극히 작다 일컬음을 받을 것임이요 누구든지 이를 행하며 가르치는 자는 천국에서 크다 일컬음을 받으리라 내가 너희에게 이르노니 너희 의가 서기관과 바리새인보다 더 낫지 못하면 결단코 천국에 들어가지 못하리라"(마 5:17-20).

"하나님은 홀로 유대인의 하나님뿐이시뇨 또 이방인의 하나님은 아니시뇨 진실로 이방인의 하나님도 되시느니라 할례자도 믿음으로 말미암아 또는 무할례자도 믿음으로 말미암아 의롭다 하실 하나님은 한 분이시니라 그런즉 우리가 믿음으로 말미암아 율법을 폐하느뇨 그럴 수 없느니라 도리어 율법을 굳게 세우느니라"(롬 3:29-31).

4. 역사기 전천년설

1) 주장 내용

역사기 전천년설은 은혜 시대인 신약 교회 시대 동안 복음이 땅 끝까지 증거되어 이방인의 충만한 수가 구원을 받아 영적 이스라엘 12지파를 형성하여 하나님 나라가 확장된 후, 예수님의 재림이 임박한 역사의 종말에 70이레의 마지막 한 이레인 7년 대환란의 사건이 있을 것으로 보는 견해다.

이 견해를 주장하는 사람들은 7년 대환란의 전 3년 반 동안에는 교회가 이 땅에 내려지는 환난을 통과한 후, 후 3년 반이 시작되는 시점에서 하나님이 예비하신 광야 예비처에 피신하여 한 때와 두 때와 반 때 즉 짐승의 통치 기간인 후 3년 반의 마흔두 달 동안 특별 보호와 양육을 받게 될 것으로 해석한다.

7년 대환란이 끝나면 예수 그리스도께서 재림하시며, 성도들은 모두 부활 승천하여 예수 그리스도와 더불어 천년왕국에 들어가 천년 동안 왕 노릇할 것이라 해석하는 것이 역사기 전천년설을 주장하는 사람들의 일반적인 견해다.

그들은 천년왕국 동안 사단이 결박되어 무저갱에 갇히고 인봉되어 다시는 만국을 미혹하지 못하게 되는 사건을 문자적으로 해석하며, 천 년 동안 이 땅에 에덴 동산이 회복되는 복락원(福樂園)의 시간이 성취될 것으로 믿는다.

천년이 차면 사단이 잠시 놓여 무저갱으로부터 나와서 땅의 사방 백성을 미혹함으로 곡과 마곡의 전쟁이 있을 것이나 하늘에서 하나님께로부터 불이 내려와 저희를 소멸하고 마귀가 불과 유황 못에 던져질 것이며, 사망과 음부도 둘째 사망의 불못에 던져져 영멸(永滅)에 들어가고, 성도들은 신천신지에서 하나님과 어린 양 예수 그리스도로 더불어 영생(永生)에 들어가게 될 것이라는 해석을 취한다.

2) 문제점

역사기 전천년설은 초대 교회부터 기독교 초창기에 해당되는 1~3세기 동안 지배적인 전통적 이론이었다. 예수님의 사랑하는 제자 사도 요한은 자신의 수제자였던 서머나 교회 감독이었던 폴리갑(polycarp, 주후 156년 순교)에게 전승시켰으며, 폴리갑은 그의 제자였던 이레니우스(Irenaeus, 주후 202년)에게 전승시켜 초대 교회 정통신학의 계열에 세워진 정설로 받아들였다. 역사기 전천년설이 예수님부터 이레니우스까지 이어지는 역사적 정통성을 지닌 가장 성경적인 해석임에도 불구하고 큰 호응을 얻지 못하고 있는 것은, 그동안 역사기 전천년설을 주장하는 사람들의 학설에 다음과 같은 문제점이 드러나고 있기 때문이다.

(1) 역사기 전천년설을 주장하는 사람들은 예수 그리스도의 재림과 동시에 시작되는 천년왕국과 요한계시록 21장에 계시되고 있는 새 하늘과 새 땅을 동일시하며, 천년왕국부터 영원세계가 이어진다고 해석한다.

이 해석에 동조하지 않는 사람들이 제시하는 질문들이 있다.

① 천년왕국과 영원 세계인 신천신지가 동일한 연계선상에 있다면, 천년왕국이 끝난 뒤 사단이 풀려 나와 곡과 마곡의 전쟁을 해야 할 이유가 무엇인가?

② 천년왕국에서 번성한 사람들은 부활체나 변화체를 입고 예수 그리스도와 혼인잔치를 치르지 않고도 영원한 천국인 신천신지에 들어갈 수 있는 것인가?

③ 예수 그리스도를 구주로 영접한 성도들, 즉 생명책에 이미 이름이 기록된 사람들은 이미 부활체나 변화체를 입고 예수 그리스도

와 더불어 왕 노릇 하게 되는데, 백보좌 심판대 앞에 생명책이 펴져 있을 이유가 무엇인가?

다시 말해, 성도들은 이미 예수 그리스도 재림 때 모두 부활되거나 변화된 상태이므로 둘째 부활(전천년설주의자들이 말하는 악인의 부활)에 참예하는 자들은 무조건 유황 불못에 던져지면 되기 때문에 생명책이 펴져 있을 필요가 없지 않겠는가?

④ 예수 믿는 성도들은 예수 그리스도 재림 시에 모두 부활되거나 변화되어 천년왕국에서 왕 노릇 하는 상급을 이미 받았다면, 천년왕국이 끝난 뒤 있게 될 예수 그리스도의 백보좌 심판대 앞에 서서 각자의 입으로 자기 행위를 직고(直告)하리라고 증거하는 성경 말씀과 상충(相衝)되는 문제를 어떻게 설명할 것인가?

> "네가 어찌하여 네 형제를 판단하느뇨 어찌하여 네 형제를 업신여기느뇨 우리가 다 하나님의 심판대 앞에 서리라 기록되었으되 주께서 가라사대 내가 살았노니 모든 무릎이 내게 꿇을 것이요 모든 혀가 하나님께 자백하리라 하였느니라 그러므로 우리 각인이 자기 일을 하나님께 직고하리라"(롬 14:10-12).

(2) 역사기 전천년설을 주장하는 사람들은 대부분 예수 그리스도의 재림 시에 예수 믿고 죽었던 모든 사람들이 부활하고 살아 있는 성도들은 변화되어 공중에서 주님을 영접한 뒤 천년왕국에 들어가 왕 노릇 하게 될 것이며 주와 함께 영원토록 함께할 것이라고 한다.

이 같은 주장은 다음과 같은 의문을 가져다준다.

① 성도들이 천년왕국에서 모두 왕 노릇 하게 된다면 다스림을 받는 사람은 누구인가?

② 죽었던 성도들은 부활체를 입고 살아 있던 성도들은 변화체를 입고 살아가게 된다면, 육체를 입고 살아가는 사람들과 어떻게 조화를 이루며 살 수 있을 것인가?

③ 천년왕국은 죽음도 있고, 저주도 있고, 생육과 번성도 있는데 부활체와 변화체를 입고 살게 될 성도들도 천년왕국에서 생육하고 번성하는 일이 가능한 것인가?

역사기 전천년설을 주장하는 사람들이 위와 같은 의문에 성경적인 대답을 해주지 못하는 것은 역사기 전천년설의 성경 해석에 문제가 있음을 자인하는 것이다.

네 가지 학설 중에 역사기 전천년설이 가장 전통적이고 성경적인 해석임에 틀림없다. 그럼에도 불구하고 역사기 전천년설을 주장하는 학자들이 위와 같은 의문에 시원한 성경적 대답을 제시해 주지 못하는 이유가 있다. 그것은 그동안 역사기 전천년설을 주장해 온 학자들의 해석에 몇 군데 잘못된 부분이 있기 때문이다.

그런데 몇 가지 잘못된 틀을 바로잡기만 하면 위와 같은 질문에 성경적 대답을 제시해 줄 수 있을 뿐만 아니라 요한계시록 전체의 해석에 역사기 전천년설이 가장 타당한 성경적 해석임을 확신할 수 있을 것이다.

문제 2 Question

첫째 부활

"또 내가 보좌들을 보니 거기 앉은 자들이 있어 심판하는 권세를 받았더라 또 내가 보니 예수의 증거와 하나님의 말씀을 인하여 목 베임을 받은 자의 영혼들과 또 짐승과 그의 우상에게 경배하지도 아니하고 이마와 손에 그의 표를 받지도 아니한 자들이 살아서 그리스도로 더불어 천 년 동안 왕 노릇하니(그 나머지 죽은 자들은 그 천 년이 차기까지 살지 못하더라) 이는 첫째 부활이라 이 첫째 부활에 참예하는 자들은 복이 있고 거룩하도다 둘째 사망이 그들을 다스리는 권세가 없고 도리어 그들이 하나님과 그리스도의 제사장이 되어 천 년 동안 그리스도로 더불어 왕 노릇 하리라"(계 20:4-6).

본문에 계시되고 있는 '첫째 부활'을 어떻게 해석하느냐에 따라 요한계시록 해석의 전체적 방향이 완전히 달라진다.

요한계시록 해석의 제 견해들에서 살펴본 바와 같이 무천년설을 주장하는 사람들은 '첫째 부활'이 성도들의 영적 거듭남인 '중생'을 의미한다고 해석한다. 이 견해의 부당성에 대해서는 앞부분에서 충분히 설명하였으므로 더 이상 거론할 여지가 없으리라 생각된다.

4절과 5절에 두 번 나오는 '살아서'라는 헬라어 '에제산'(ἔζησαν)은 영적 부활인 중생을 의미하는 데 사용되는 단어가 아니라 육체적 부활을 의미하는 데 사용되는 단어다. 무천년설의 대표적 학자라고 할 수 있는 렌스키조차도 '에제산'(ἔζησαν)은 항상 완전함 몸과 영이 혼합된 사람에게 적용되는 단어이며 몸 없는 상태의 '영'(靈)에게는 결코 적용되지 않는 단어라고 주장하고 있다는 것을 다시 한 번 강조하지 않을 수 없다.

요한계시록 20장에 계시되고 있는 '첫째 부활' 에 대한 계시 말씀을 제대로 파악하지 못하면 요한계시록 해석이 실 엉키듯 엉켜서 복잡하고 난해함에 빠지게 된다. 그러므로 첫째 부활과 둘째 부활에 참예할 대상을 깊이 있게 고찰하여 올바르게 해석함으로 요한계시록 해석이 꼬이거나 막힌 부분이 없이 모두가 수긍할 수 있는 성경적 해석에 이르기를 바란다.

첫째 부활과 둘째 부활에 참예할 대상에 대해서는 대체적으로 두 가지 견해로 갈라진다.

1. 첫째 부활에는 모든 성도들이, 둘째 부활에는 악인이 참예한다고 보는 견해

첫째 부활에 참예하여 천년왕국에서 예수 그리스도와 더불어 왕노릇 하게 될 사람들을 '모든 성도들' 로 보고, 둘째 부활은 복음을 받아들이지 않은 '악인의 부활' 로 보는 견해가 있다.

2. 첫째 부활에는 순교자들이, 둘째 부활에는 첫째 부활에서 제외된 이들이 참예한다고 보는 견해

첫째 부활에 참예하여 천년왕국에서 예수 그리스도와 더불어 왕노릇 하게 될 사람들은 '순교자들' 로 보고, 둘째 부활에 참예하는 사람들은 첫째 부활 때(순교자들) 참예하지 않은 모든 성도들과 예수 그리스도의 복음을 믿지 않고 죽은 모든 불신자(악인들)가 모두 부활하여 백보좌 심판대 앞에 서서 그들의 행위대로 심판을 받게 될 것으로 보는 견해다.

이 두 견해 가운데 후자의 견해가 보다 더 성경적 해석으로 받아들여진다.

1) 본문의 계시 내용에 가장 충실한 해석이다.

성경 해석의 원칙 중에서 중요한 사실 하나는, 본문 내용에 충실하고 본문의 계시 의도에 충실한 해석이 되어야 한다는 것이다. 첫째 부활에 대해 계시하고 있는 본문의 의도에 가장 충실한 해석은 그 대상이 '순교자들의 부활' 이라고 해석하는 견해다.

본문의 계시 내용은 그 대상의 혼돈을 일으키지 않도록 첫째 부활에 참예하여 천 년 동안 왕 노릇 하게 될 대상에 대해 상세하게 밝혀주고 있다.

> "또 내가 보좌들을 보니 거기 앉은 자들이 있어 심판하는 권세를 받았더라 또 내가 보니 예수의 증거와 하나님의 말씀을 인하여 목 베임을 받은 자의 영혼(靈魂)들과 또 짐승과 그의 우상에게 경배하지도 아니하고 이마와 손에 그의 표를 받지도 아니한 자들이 살아서 그리스도로 더불어 천 년 동안 왕 노릇 하니(그 나머지 죽은 자들은 그 천 년이 차기까지 살지 못하더라) 이는 첫째 부활이라 이 첫째 부활에 참예하는 자들은 복이 있고 거룩하도다 둘째 사망이 그들을 다스리는 권세가 없고 도리어 그들이 하나님과 그리스도의 제사장이 되어 천 년 동안 그리스도로 더불어 왕 노릇 하리라" (계 20:4-6).

본문의 계시 말씀이 순교자들이 첫째 부활에 참예하게 되는 복을 받게 될 것임을 강조하는 말씀이라고 해석하는 데 전혀 어려움이 없다. 더 이상의 부연설명이 필요없고 더 이상의 가감도 필요없이 본문이 계시해 주고 있는 말씀 그대로 순수하게 받고 해석함이 본문의 의도에 충실한 해석이다.

'예수의 증거와 하나님의 말씀을 인하여 목 베임을 받은 자의 영혼들' 이 순교자들의 영혼임에 틀림없다. 그리고 '또 짐승과 그의 우상에게 경배하지도 아니하고 이마와 손에 그의 표를 받지도 아니한 자들' 또한 7년 대환란의 후 3년 반 동안 예수 그리스도의 복음과 하나님의 말씀을 증거하다 순교를 당한 자들을 지칭하고 있음이 확실하다.

이들이 첫째 부활에 참예하여 천년왕국에서 예수 그리스도와 더불어 왕 노릇 하게 되는 복을 받을 것을 계시해 주심으로, 성도들에게 죽기까지 충성하도록 신앙을 독려(督勵)하고 용기를 심어 주시려는 것이 주님의 계시 의도임을 확신할 수 있다.

2) 요한계시록의 계시 내용과 가장 조화를 이루는 해석이다.

하나님의 인 맞은 십사만사천의 종들에 대해 요한계시록 14장 4절에서 증거하기를 "이 사람들은 여자로 더불어 더럽히지 아니하고 정절이 있는 자라 어린 양이 어디로 인도하든지 따라가는 자며 사람 가운데서 구속을 받아 처음 익은 열매로 하나님과 어린 양에게 속한 자들이라"고 말씀하고 있다. 이들에 대한 동일한 계시내용이 20장 4-6절의 계시 말씀이다.

'처음 익은 열매' 와 '첫째 부활에 참예할 자' 는 동일한 의미의 다른 표현임을 보여주는 말씀이다.

> "……또 내가 보좌들을 보니 거기 앉은 자들이 있어 심판하는 권세를 받았더라 또 내가 보니 예수의 증거와 하나님의 말씀을 인하여 목 베임을 받은 자의 영혼들과 또 짐승과 그의 우상에게 경배하지도 아니하고 이마와 손에 그의 표를 받지도 아니한 자들이 살아서 그리스도로 더불어 천 년 동안 왕 노릇 하니……이는 첫째 부활이라……그들이 하나님과 그리스도의 제사장이 되어 천 년 동안 그리스도로 더불어 왕 노릇 하리라"(계 20:4-6).

첫째 부활에 참예하여 천년왕국에서 하나님과 그리스도의 제사장이 되어 천 년 동안 그리스도로 더불어 왕 노릇 하게 되는 사건은, 다섯째 인봉이 떼어질 때 순교자들의 영혼이 대주재이신 하나님께 자신들의 피를 신원해 주시기를 원하는 호소에 응답하시는 사건으로 볼 수 있다.

> "다섯째 인을 떼실 때에 내가 보니 하나님의 말씀과 저희의 가진 증거를 인하여 죽임을 당한 영혼들이 제단 아래 있어 큰 소리로 불러 가로되 거룩하고 참되신 대주재여 땅에 거하는 자들을 심판하여 우리 피를 신원하여 주지 아니하시기를 어느 때까지 하시려나이까 하니 각각 저희에게 흰 두루마기를 주시며 가라사대 아직 잠시 동안 쉬되 저희 동무 종들과 형제들도 자기처럼 죽임을 받아 그 수가 차기까지 하라 하시더라"(계 6:9-11).

하나님께서 순교자들의 피를 신원하시는 방편이 두 가지인데, 하나는 그들을 죽였던 이 세상 바벨론을 멸망시키는 사건이며, 또 다른 하나는 그들을 첫째 부활에 참예하여 천 년 동안 하나님과 그리스도의 제사장이 되어 그리스도로 더불어 왕 노릇 하게 하시는 사건이다.

> “하늘과 성도들과 사도들과 선지자들아 그를 인하여 즐거워하라 하나님이 너희를 신원하시는 심판을 그에게 하셨음이라 하더라 이에 한 힘센 천사가 큰 맷돌 같은 돌을 들어 바다에 던져 가로되 큰 성 바벨론이 이같이 몹시 떨어져 결코 다시 보이지 아니하리로다……선지자들과 성도들과 및 땅 위에서 죽임을 당한 모든 자의 피가 이 성중에서 보였느니라 하더라”(계 18:20-24).

대주재이신 하나님께서 순교자들의 피를 신원해 주시는 때는 불신 세상을 대표하는 큰 성 바벨론을 심판하사 멸망시킬 때이고, 이 때가 곧 순교자들이 첫째 부활에 참예하여 기쁨과 즐거움으로 하나님과 예수 그리스도의 제사장이 되어 천 년 동안 그리스도로 더불어 왕 노릇 하는 시기가 될 것이다.

본문이 첫째 부활에 참예하여 하나님과 예수 그리스도의 제사장이 되어 천 년 동안 그리스도로 더불어 왕 노릇 하는 사람들이 순교자들임을 뚜렷하게 계시하고 있기 때문에, 천년왕국에서 왕 노릇 하게 될 사람들을 예수 믿는 모든 성도들로 보는 견해는 본문의 계시에 충실치 못한 해석이며, 본문의 계시 내용을 무시하고 인위적 해석을 주장함으로 뒤따르는 의문들에 대답하기 어려워진다.

역사기 전천년설을 주장하는 사람들 중에 첫째 부활에 참예하여 천년왕국에서 하나님과 예수 그리스도의 제사장이 되어 천 년 동안 예수 그리스도로 더불어 왕 노릇 하게 될 대상에 대해 ‘예수 믿는 모든 성도들’이라고 주장하는 사람들은 ‘예수 믿는 모든 성도들이 모두 왕 노릇 하면 천년왕국에서 다스림을 받는 사람들은 누구인가?’라는 질문을 받게 된다. 이 질문에 성경적으로 만족할 만한 대답을 제시해 주지 못할 때, 역사기 전천년설이 성경적 오류를 범하고 있는 듯한 인상을 가져다줄 수밖에 없다. 역사기 전천년이 성경적 해석임이 분명함에도 그런 인상을 남기는 것은 첫째 부활과 둘째 부활에 참예할 대상에 대한 해석에 있어 본문의 계시 내용에 충실하지 않기 때문임을 깨달아야 한다.

본문의 계시 말씀처럼 첫째 부활에 참예하여 천년왕국에서 하나님과 예수 그리스도의 제사장이 되어 예수 그리스도와 더불어 천 년 동안 왕 노릇 하게 되는 사람들은 하나님의 말씀과 예수 그리스도의 복음을 증거하며 신앙의 정절을 지키다가 순교당한 순교자들이다.

천년왕국에서 다스림을 받으며 번성하게 될 백성들은 전 3년 반이 끝나고 후 3년 반 동안 광야 예비처에서 보호되고 양육받은 성도들과 두 증인의 복음 증거를 받은 사람들이 회개하고 돌이켜 천년왕국에 들어가 다스림을 받으며 번성하게 될 것으로 해석함이 요한계시록의 계시 내용과 조화를 이루는 해석이다.

3) 신약의 다른 증거 말씀들과 상통(相通)되는 해석이다.

신약성경에서 부활장이라고 불리는 고린도전서 15장의 말씀들을 살펴보면 첫째 부활과 둘째 부활에 참예할 대상들에 대해 증거해 주고 있다. 사도 바울은 고린도전서 15장 20절 이하에서 부활에 순서가 있음을 증거하고 있는데, 이 말씀은 요한계시록에 계시되고 있는 계시 내용들과 상통(相通)하는 증거다.

> “그러나 이제 그리스도께서 죽은 자 가운데서 다시 살아 잠자는 자들의 첫 열매가 되셨도다 사망이 사람으로 말미암았으니 죽은 자의 부활도 사람으로 말미암는도다 아담 안에서 모든 사람이 죽은 것같이 그리

스도 안에서 모든 사람이 삶을 얻으리라 그러나 각각 자기 차례대로 되리니 먼저는 첫 열매인 그리스도시요 다음에는 그리스도 강림하실 때에 그에게 붙은 자요 그 후에는 나중이니 저가 모든 정사와 모든 권세와 능력을 멸하시고 나라를 하나님 아버지께 바칠 때라 저가 모든 원수를 그 발 아래 둘 때까지 불가불 왕 노릇 하시리니 맨 나중에 멸망받을 원수는 사망이니라"(고전 15:20-26).

위의 말씀에 보면 아담 안에서 모든 사람이 죽은 것같이 그리스도 안에서 모든 사람이 삶을 얻게 된다고 증거하고 있는데, 각각 자기 차례대로 될 것임을 밝혀 주고 있다.

그 순서는 첫째로 첫 열매인 그리스도시요, 둘째로 그리스도 강림하실 때에 그에게 붙은 자요, 셋째로 그 후에는 나중이니 저가 모든 정사와 모든 권세와 능력을 멸하시고 나라를 하나님아버지께 바칠 때라고 했다.

이미 성취된 예수 그리스도의 부활 외에 장차 예수 그리스도 안에서 삶을 얻게 되는 부활의 사건이 두 번 남아 있음을 증거하고 있다.

그 두 번의 부활의 사건 중에 예수 그리스도께서 강림하실 때에 그에게 붙어 첫째 부활에 참예하는 자들은 요한계시록 20장에 계시되고 있는 첫째 부활에 참예하게 될 순교자들임을 나타내고, 그 후에 곧 예수 그리스도께서 나라를 하나님 아버지께 바칠 때 생명의 부활에 동참하게 될 사람들은 그 나머지 모든 성도들이다.

마지막 생명의 부활에 참예할 성도들의 둘째 부활은 천년왕국이 끝나고 마지막 나팔인 일곱 번째 나팔이 불어진 뒤에 일어날 사건이다.

사도 바울이 증거하고 있는 부활의 비밀에 대한 증거 말씀은 둘째 부활이 백보좌 심판이 있은 뒤 사망과 음부가 둘째 사망에 던져지고 예수 그리스도께서 그 나라를 하나님 아버지께 바칠 때임을 분명히 하고 있다.

"일곱째 천사가 나팔을 불매 하늘에 큰 음성들이 나서 가로되 세상 나라가 우리 주와 그 그리스도의 나라가 되어 그가 세세토록 왕 노릇 하시리로다 하니 하나님 앞에 자기 보좌에 앉은 이십사 장로들이 엎드려 얼굴을 대고 하나님께 경배하여 가로되 감사하옵나니 옛적에도 계셨고 시방도 계신 주 하나님 곧 전능하신 이여 친히 큰 권능을 잡으시고 왕 노릇 하시도다 이방들이 분노하매 주의 진노가 임하여 죽은 자를 심판하시며 종 선지자들과 성도들과 또 무론대소하고 주의 이름을 경외하는 자들에게 상 주시며 또 땅을 망하게 하는 자들을 멸망시키실 때로소이다 하더라"(계 11:15-18).

"또 내가 크고 흰 보좌와 그 위에 앉으신 자를 보니 땅과 하늘이 그 앞에서 피하여 간 데 없더라 또 내가 보니 죽은 자들이 무론대소하고 그 보좌 앞에 섰는데 책들이 펴 있고 또 다른 책이 펴졌으니 곧 생명책이라 죽은 자들이 자기 행위에 따라 책들에 기록된 대로 심판을 받으니 바다가 그 가운데서 죽은 자들을 내어주고 또 사망과 음부도 그 가운데서 죽은 자들을 내어주매 각 사람이 자기의 행위대로 심판을 받고 사망과 음부도 불못에 던지우니 이것은 둘째 사망 곧 불못이라 누구든지 생명책에 기록되지 못한 자는 불못에 던지우더라"(계 20:11-15).

부활에 관해 증거하고 있는 데살로니가전서 4장 13절 이하는 예수님 재림 시(時)에 있을 첫째 부활에 관한 증거 말씀이다.

"형제들아 자는 자들에 관하여는 너희가 알지 못함을 우리가 원치 아니하노니 이는 소망 없는 다른 이와 같이 슬퍼하지 않게 하려 함이라 우리가 예수의 죽었다가 다시 사심을 믿을진대 이와 같이 예수 안에서 자는 자들도 하나님이 저와 함께 데리고 오시리라 우리가 주의 말씀으로 너희에게 이것을 말하노니 주 강림하실 때까지 우리 살아남아 있는 자도 자는 자보다 결단코 앞서지 못하리라 주께서 호령과 천사장의 소리와 하나님의 나팔로 친히 하늘로 좇아 강림하시리니 그리스도 안에서 죽은 자들이 먼저 일어나고 그 후에 우리 살아남은 자도 저희와 함께 구름 속으로 끌어올려 공중에서 주를 영접하게 하시리니 그리하여 우리가 항상 주와 함께 있으리라"(살전 4:13-17).

주께서 호령과 천사장의 소리와 하나님의 나팔로 친히 하늘로 좇아 강림하시는 모습은 예수 그리스도의 재림의 모습임에 이견(異見)이 없을 것이다.

예수 그리스도께서 재림하실 때 '그리스도 안에서 죽은 자들이 먼저 일어난다' 고 증거하고 있다. 이는 고린도전서 15장 23절의 증거와 상통(相通)하는 증거 말씀으로 '그리스도 강림하실 때에 그에게 붙은 자와' 동일한 대상임을 나타낸다. 이들은 예수 그리스도 재림 시(時) 첫째 부활에 참예하게 될 순교자들의 부활을 증거해 주는 말씀이다.

'예수 그리스도 안에서 죽은 자들이 먼저 일어난다'는 말씀에서 '먼저 일어난다'는 헬라어 원어 '아나스테쏜타이 프로톤' (ἀναστὴσονται πρώτον)은 요한계시록 20장에 계시되고 있는 '첫째 부활' 에 사용되고 있는 '아나스타시스 헤 프로테' (ἀνὰστασις ἡ πρώτη)와 동일한 단어를 사용하고 있음을 볼 수 있다.

데살로니가전서 4장 13절 이하의 말씀은, 예수 그리스도 강림하실 때에 예수 그리스도 안에서 죽은 순교자들이 첫째 부활에 참예하게 될 것이며, 후 3년 반 동안 두 증인의 복음 증거를 들었던 자들 중에서 두 증인의 순교와 부활 승천하는 모습을 보고 회개하여 복음을 믿고 하나님께 영광을 돌리는 무리들이 휴거되어 공중에서 주를 영접한 뒤 천년왕국에 들어가게 될 것을 증거해 주는 말씀이다.

부활에 대해 증거하고 있는 또 다른 성경 말씀은 고린도전서 15장 50절 이하의 말씀으로, 이는 천년왕국이 끝나고 사망이 이김의 삼킨 바 되는 백보좌 심판 이후에 있을 둘째 부활에 대한 증거 말씀이다.

> "형제들아 내가 이것을 말하노니 혈과 육은 하나님 나라를 유업으로 받을 수 없고 또한 썩은 것은 썩지 아니할 것을 유업으로 받지 못하느니라 보라 내가 너희에게 비밀을 말하노니 우리가 다 잠잘 것이 아니요 마지막 나팔에 순식간에 홀연히 다 변화하리니 나팔 소리가 나매 죽은 자들이 썩지 아니할 것으로 다시 살고 우리도 변화하리라 이 썩을 것이 불가불 썩지 아니할 것을 입겠고 이 죽을 것이 죽지 아니함을 입으리로다 이 썩을 것이 썩지 아니함을 입고 이 죽을 것이 죽지 아니함을 입을 때에는 사망이 이김의 삼킨 바 되리라고 기록된 말씀이 응하리라"(고전 15:50-54).

마지막 나팔인 일곱째 나팔이 불려지면 첫째 부활에 참예하지 않았던 모든 자가(의인이나 악인이나 모두가) 부활하고, 살아 있는 자들은 변화되어 백보좌 심판대 앞에 서게 될 것이다. 창세 이후로 생명책에 이름이 기록되지 못한 악인들은 영벌(永罰)인 둘째 사망의 불못에 던져지고, 생명책에 이름이 기록된 의인들은 생명의 부활로 부활하여 그들이 행한 행위대로 상급을 받고 신천신지에 입성하여 영생(永生)하는 복을 누리게 될 것이다.

> "이를 위하여 그리스도께서 죽었다가 다시 살으셨으니 곧 죽은 자와

산 자의 주가 되려 하심이니라 네가 어찌하여 네 형제를 판단하느뇨 어찌하여 네 형제를 업신여기느뇨 우리가 다 하나님의 심판대 앞에 서리라 기록되었으되 주께서 가라사대 내가 살았노니 모든 무릎이 내게 꿇을 것이요 모든 혀가 하나님께 자백하리라 하였느니라 이러므로 우리 각인이 자기 일을 하나님께 직고(直高)하리라"(롬 14:9-12).

"이는 우리가 다 반드시 그리스도의 심판대 앞에 드러나 각각 선악간에 그 몸으로 행한 것을 따라 받으려 함이라"(고후 5:10).

"하나님 앞과 산 자와 죽은 자를 심판하실 그리스도 예수 앞에서 그의 나타나실 것과 그의 나라를 두고 엄히 명하노니"(딤후 4:1).

"그리스도께서 이미 육체의 고난을 받으셨으니 너희도 같은 마음으로 갑옷을 삼으라 이는 육체의 고난을 받은 자가 죄를 그쳤음이니 그 후로는 다시 사람의 정욕을 좇지 않고 오직 하나님의 뜻을 좇아 육체의 남은 때를 살게 하려 함이라 너희가 음란과 정욕과 술 취함과 방탕과 연락과 무법한 우상숭배를 하여 이방인의 뜻을 좇아 행한 것이 지나간 때에 족하도다 이러므로 너희가 저희와 함께 그런 극한 방탕에 달음질하지 아니하는 것을 저희가 이상히 여겨 비방하나 저희가 산 자와 죽은 자 심판하기를 예비하신 자에게 직고(直告)하리라"(벧전 4:1-5).

천년왕국이 끝나고 백보좌 심판이 있을 때에 악인들만 부활해서 심판을 받는 것이 아니라는 사실은 성경이 여러 곳에서 반복하여 증거해 주는 진리다.

특히 요한복음 5장 24절 이하의 말씀에서는 예수님께서 친히 부활에 대해 가르치신 것을 증거하고 있다.

"내가 진실로 진실로 너희에게 이르노니 내 말을 듣고 또 나 보내신 이를 믿는 자는 영생을 얻었고 심판에 이르지 아니하나니 사망에서 생명으로 옮겼느니라 진실로 진실로 너희에게 이르노니 죽은 자들이 하나님의 아들의 음성을 들을 때가 오나니 곧 이때라 듣는 자는 살아나리라 아버지께서 자기 속에 생명이 있음같이 아들에게도 생명을 주어 그 속에 있게 하셨고 또 인자 됨을 인하여 심판하는 권세를 주셨느니라 이를 기이히 여기지 말라 무덤 속에 있는 자가 다 그의 음성을 들을 때가 오나니 선한 일을 행한 자는 생명의 부활로, 악한 일을 행한 자는 심판의 부활로 나오리라"(요 5:24-29).

이 말씀을 보아도 무덤 속에 있던 자들이 주님의 음성을 듣고 선한 일을 행한 자는 생명의 부활로 살아나고, 악한 일을 행한 자는 심판의 부활로 살아나는 사건이 동시적 사건임을 알 수 있다. 그러므로 첫째 부활 때 모든 성도들이 부활되거나 변화되고, 둘째 부활 때는 악인만 부활한다는 주장은 성경적 지지를 얻지 못하는 비성경적 해석이며, 첫째 부활은 순교자들의 부활이며, 둘째 부활은 그 나머지 모든 죽은 자의 부활로 보는 견해가 성경의 증거에 일치되는 해석임을 확신할 수 있다.

Question 문제 3

곡과 마곡 전쟁

"천 년이 차매 사단이 그 옥에서 놓여 나와서 땅의 사방 백성 곧 곡과 마곡을 미혹하고 모아 싸움을 붙이리니 그 수가 바다 모래 같으리라 저희가 지면에 널리 퍼져 성도들의 진과 사랑하시는 성을 두르매 하늘에서 불이 내려와 저희를 소멸하고 또 저희를 미혹하는 마귀가 불과 유황못에 던지우니 거기는 그 짐승과 거짓 선지자도 있어 세세토록 밤낮 괴로움을 받으리라"(계 20:7-10).

곡과 마곡 전쟁에 관한 문제는 발생 시기와 '땅의 사방 백성 곧 곡과 마곡'은 누구를 지칭하는가 하는 두 가지 문제로 살펴볼 수 있다.

1. 곡과 마곡 전쟁 시기

1) 예수 그리스도의 재림 시기에 일어날 전쟁으로 보는 견해

이 견해는 무천년주의자들이 주장하는 견해로, 아마겟돈 전쟁과 동일한 전쟁으로 보는 것이다.

2) 예수 그리스도 재림 이후 천년왕국이 이루어지고, 천년왕국이 끝난 시점에서 일어나는 전쟁으로 보는 견해

이 견해는 역사기 전천년설을 주장하는 사람들이 중심이 된 견해다.

이 견해는 아마겟돈 전쟁이 예수 그리스도의 재림 때 발생할 전쟁이라면, 곡과 마곡 전쟁은 예수 그리스도 재림 이후 이 땅에 이루어질 천년왕국 기간이 끝나는 시점에서 발생하게 될 각기 다른 사건임을 주장한다.

두 견해 중 후자의 견해가 요한계시록 내증에 적합한 주장이다.

요한계시록 19장과 20장의 계시 내용을 보면, 예수님 재림 시에 발생하게 될 아마겟돈 전쟁 때 짐승(적그리스도)이 잡히고 거짓 선지자도 잡혀 그 둘 모두 산 채로 유황불 붙는 지옥 불에 던져진다.

> "또 내가 보매 그 짐승과 땅의 임금들과 그 군대들이 모여 그 말 탄 자와 그의 군대로 더불어 전쟁을 일으키다가 짐승이 잡히고 그 앞에서 이적을 행하던 거짓 선지자도 함께 잡혔으니 이는 짐승의 표를 받고 그의 우상에게 경배하던 자들을 이적으로 미혹하던 자라 이 둘이 산 채로 유황불 붙는 못에 던지우고"(계 19:19-20).

짐승(적그리스도)과 거짓 선지자가 산 채로 지옥 불에 던져지는 예수 그리스도의 재림 시점(아마겟돈 전쟁 시점)에 붉은 용(옛 뱀, 마귀 사단)은 쇠사슬에 결박되어 일천 년 동안 무저갱에 감금되어 천 년이 차도록 다시는 만국(萬國)을 미혹하지 못하게 된다.

> "또 내가 보매 천사가 무저갱 열쇠와 큰 쇠사슬을 그 손에 가지고 하늘로서 내려와서 용을 잡으니 곧 옛 뱀이요 마귀요 사단이라 잡아 일천 년 동안 결박하여 무저갱에 던져 잠그고 그 위에 인봉하여 천 년이 차도록 다시는 만국을 미혹하지 못하게 하였다가 그 후에는 반드시 잠깐

놓이리라"(계 20:1-3).

짐승(적그리스도)과 거짓 선지자가 산 채로 유황불 붙는 지옥에 던져지고 사단, 마귀가 결박되어 일천 년 동안 무저갱에 감금되는 아마겟돈 전쟁이 지난 뒤, 이 땅은 재림하신 예수 그리스도를 믿는 성도들과 첫째 부활에 참예한 순교자들이 천 년 동안 지상낙원이라 할 수 있는 천년왕국 시기를 보내게 된다.

"또 내가 보좌들을 보니 거기 앉은 자들이 있어 심판하는 권세를 받았더라 또 내가 보니 예수의 증거와 하나님의 말씀을 인하여 목 베임을 받은 자의 영혼들과 또 짐승과 그의 우상에게 경배하지도 아니하고 이마와 손에 그의 표를 받지도 아니한 자들이 살아서 그리스도로 더불어 천 년 동안 왕 노릇 하니 (그 나머지 죽은 자들은 그 천 년이 차기까지 살지 못하더라) 이는 첫째 부활이라 이 첫째 부활에 참예하는 자들은 복이 있고 거룩하도다 둘째 사망이 그들을 다스리는 권세가 없고 도리어 그들이 하나님과 그리스도의 제사장이 되어 천 년 동안 그리스도로 더불어 왕 노릇 하리라"(계 20:4-6).

천 년이 차매 천년왕국 기간이 끝나는 시점에 무저갱에 갇혀 있던 사단 마귀가 잠깐 놓임을 받는다. 옥에서 놓임받은 사단 마귀는 땅의 사방 백성 곧 곡과 마곡을 미혹하고 모아서 하나님의 백성 된 성도들과 사랑하시는 성을 둘러 싸움을 벌이는 곡과 마곡 전쟁을 일으킨다.

"천 년이 차매 사단이 그 옥에서 놓여 나와서 땅의 사방 백성 곧 곡과 마곡을 미혹하고 모아 싸움을 붙이리니 그 수가 바다 모래 같으리라 저희가 지면에 널리 퍼져 성도들과 사랑하시는 성을 두르매 하늘에서 불이 내려와 저희를 소멸하고"(계 20:7-9).

옥에서 잠시 놓여 땅의 사방 백성 곧 곡과 마곡을 미혹하여 전쟁을 일으켰던 사단 마귀는 이제 영원한 형벌 장소인 불과 유황 못인 지옥에 던져진다.

그곳에는 천 년 전에 사로잡혀 던져진 짐승과 거짓 선지자도 있어 세세토록 밤낮 괴로움을 받게 된다.

"또 저희를 미혹하는 마귀가 불과 유황 못에 던지우니 거기는 그 짐승과 거짓 선지자도 있어 세세토록 밤낮 괴로움을 받으리라"(계 20:10).

요한계시록의 계시 예언은 아마겟돈 전쟁과 곡과 마곡 전쟁의 시점이 동일하지 않고 다른 시점임을 극명(克明)하게 증거해 주고 있다.

2. 땅의 사방 백성 곧 곡과 마곡

'땅의 사방 백성 곧 곡과 마곡' 은 누구를 지칭하는가 하는 문제에 대한 몇 가지 견해를 살펴보면,

1) 역사의 종말에 하나님을 대적하는 사단의 세력으로 보는 견해

'땅의 사방 백성 곧 곡과 마곡' 을 역사의 종말에 하나님을 대적하는 사단의 세력으로 보는 견해가 있는데, 이들의 주장에 의하면 하나님의 백성 이스라엘을 향한 곡과 마곡의 전쟁에 대한 에스겔의 예

언을 상징적으로 묘사하여 요한계시록은 인류 최후의 날에 사단의 세력이 하나님의 성도들을 공격하게 될 것이라고 주장한다.

2) 복음을 접해 보지 못한 이방 백성들로 보는 견해

'땅의 사방 백성 곧 곡과 마곡' 을 하나님의 복음을 가까이 접해 보지 못한 세상(땅)의 구석진 곳에 있었던 이방 백성들로 보는 견해다.

3) 천년왕국 후에 배도할 땅의 백성들로 보는 견해

'땅의 사방 백성 곧 곡과 마곡' 을 천년왕국 동안에는 메시아 왕국의 백성들이 되었다가 후에 옥(獄)에서 풀려난 사단이 미혹할 때에 배교한 자들로 보는 견해다.

4) 천년왕국에서 번성한 백성으로 보는 견해

'땅의 사방 백성 곧 곡과 마곡' 을 천년왕국에 자연적인 육체를 가지고 들어간 자들의 후손으로 보는 견해다.

이상의 네 견해 중 마지막 네 번째 견해가 성경의 지지를 받는 견해다.

(1) 천년왕국에서는 생육하고 번성하는 축복이 있다.

천년왕국에 대해 예언하고 있는 이사야 65장 17절 이하의 말씀이 이를 입증해 준다.

> "보라 내가 새 하늘과 새 땅을 창조하나니 이전 것을 기억되거나 마음에 생각나지 아니할 것이라 너희는 나의 창조하는 것을 인하여 영원히 기뻐하며 즐거워할지니라……거기는 날 수가 많지 못하여 죽는 유아와 수한이 차지 못한 노인이 다시는 없을 것이라 곧 백세에 죽는 자가 아이겠고 백세 못되어 죽는 자는 저주받은 것이리라……그들의 수고가 헛되지 않겠고 그들의 생산한 것이 재난에 걸리지 아니하리니 그들은 여호와의 복된 자의 자손이요 그 소생도 그들과 함께 될 것임이라" (사 65:17-23).

천년왕국에서 생육하고 번성하는 하나님의 백성이 있다는 것은 자연적인 육체를 지니고 천년왕국에 들어갈 백성들이 있음을 시사(示唆)해 준다. 왜냐하면 부활의 몸이나 변화체는 생육하고 번성하는 결혼 생활이 없기 때문이다.

> "부활(復活)이 없다 하는 사두개인들이 예수께 와서 물어 가로되 선생님이여 모세가 우리에게 써 주기를 사람의 형이 자식이 없이 아내를 두고 죽거든 그 동생이 그 아내를 취하여 형을 위하여 후사를 세울지니라 하였나이다 칠 형제가 있었는데 맏이 아내를 취(娶)하였다가 후사가 없이 죽고 둘째도 그 여자를 취하였다가 후사가 없이 죽고 셋째도 그렇게 하여 일곱이 다 후사가 없었고 최후에 여자도 죽었나이다 일곱 사람이 다 그를 아내로 취하였으니 부활을 당하여 저희가 살아날 때에 그 중에 뉘 아내가 되리이까 예수께서 가라사대 너희가 성경도 하나님의 능력도 알지 못하므로 오해함이 아니냐 사람이 죽은 자 가운데서 살아날 때에는 장가도 아니가고 시집도 아니가고 하늘에 있는 천사들과 같

으니라"(막 12:18-25).

그동안 천년왕국을 주장하는 역사기 전천년설자들에게 가장 곤혹스러운 문제점으로 부각되었던 문제 가운데 하나가 '땅의 백성 곧 곡과 마곡'의 정체를 설명하는 일이었다. 그들이 이 문제의 질문에 답하기 어려웠던 이유는, 천년왕국에 입성하는 성도들은 예수 그리스도 재림 때에 모두 부활체나 변화체를 입고 들어간다는 오해(誤解)를 주장해 왔기 때문이다. 모든 성도들이 부활체나 변화체를 입고 천년왕국에 들어가 그리스도와 더불어 왕 노릇 한다는 주장은 성경에서 벗어난 견해이기 때문에 요한계시록 해석이 풀리지 않고 질문에 성경적으로 대답해 주기 어려웠던 것이다.

역사기 전천년설이 가장 성경적인 견해임을 의심하지 않는다. 그러나 역사기 전천년설을 주장하는 사람들이 오해(誤解)한 부분에 대해서는 거부한다. 신학의 논리가 아닌 올바른 성경적 견해만이 성도들의 영혼을 흡족하게 할 것임을 확신한다.

이제까지 요한계시록 해석에 곤란을 가져왔던 것은 첫째 부활과 둘째 부활의 올바른 성경적 정립이 안 되었기 때문이고, 부활과 변화체에 대한 성경적 관계가 제대로 연결되지 못했기 때문이다. 그러므로 우리에게 부활과 변화체의 시기 문제와 첫째 부활과 둘째 부활의 대상 문제를 새롭게 연구하는 겸손한 자세가 절실히 요구된다.

앞에서 밝혔지만, 다시 한 번 강조하는 성경의 증거는 천년왕국에 들어가는 성도들이 모두 부활체나 변화체를 입고 들어가는 것이 아니라는 사실이다.

첫째 부활을 모든 성도들의 부활로 해석하는 것은 성경적 견해가 아니다. 첫째 부활에 대한 성경적 증거들에 대해 앞에서 자세히 살펴보았으므로 더 이상 오해(誤解)에 빠지지 않으리라 믿는다.

첫째 부활에 참예하여 천년왕국에서 그리스도의 제사장이 되어 왕 노릇 하게 될 대상은 순교자들이고, 천년왕국에 자연적인 육체를 입고 들어가 천 년 동안 생육하고 번성하게 될 하나님의 백성들은 후 3년 반 동안 광야 예비처에 피신하여 양육받은 교회 성도들과 두 증인의 증거를 듣고 회개한 무리들이다.

이들은 부활체나 변화체가 아니라 신체적 결함이 없이 온전히 회복된 회복체를 갖고 들어갈 것이다.

> "그때에 소경의 눈이 밝을 것이며 귀머거리의 귀가 열릴 것이며 그때에 저는 자는 사슴같이 뛸 것이며 벙어리의 혀는 노래하리니 이는 광야에서 물이 솟겠고 사막에서 시내가 흐를 것임이라……오직 구속함을 입은 자들을 위하여 있게 된 것이라……"(사 35:5-8).

(2) 천년왕국 후에 사단이 잠시 놓여 미혹하게 하시는 이유가 있다

예수님 재림하실 때 짐승(적그리스도)과 거짓 선지자는 잡아 유황불 붙는 연못(지옥)에 던져버리셨는데, 사단은 지옥에 던지지 않고 무저갱에 감금하였다가 천 년이 차매 잠시 옥에서 풀어놓아 '땅의 사방 백성 곧 곡과 마곡' 을 미혹하게 하여 하나님의 백성과 거룩한 성을 둘러 싸우도록 하는 계획을 계시하시는 이유가 무엇인가?

이는 천년왕국에서 번성한 백성들도 예수 그리스도의 복음을 믿는 믿음으로만 영원한 천국에 들어갈 수 있기 때문이다. 천년왕국에서 번성한 2세들은 자연적인 육신을 입은 인간의 소생들이므로 그들의 피 속에 아직 죄성이 유전되어 있다.

천년왕국에서 번성한 2세들 가운데서 예수 그리스도를 믿고 영접하여 선택받은 백성과 유기(遺棄)될 백성이 있을 것이다. 그래서 그들에게 사단을 풀어놓아 미혹하는 시험을 받게 함으로 믿음의 백성을 구별하시는 것이다.

부활체나 변화체가 아닌 썩어질 육체를 가지고는 거룩한 하늘나라를 유업으로 받을 수 없다. 모든 성도가 부활되거나 변화되어 천국에 입성하는 것은 천년왕국 이후 사단이 잠시 놓여 곡과 마곡을 미혹하여 싸움을 벌이는 사건 이후에, 사단이 지옥에 던져지고 사망과 음부도 둘째 사망의 불못(지옥)에 던져지는 백보좌 심판 이후다.

> "또 내가 크고 흰 보좌와 그 위에 앉으신 자를 보니……죽은 자들이 무론대소하고……심판을 받으니……자기 행위대로 심판을 받고 사망과 음부노 불못에 던지우니 이것은 둘째 사망 곧 불못이라 누구든지 생명책에 기록되지 못한 자는 불못에 던지우더라"(계 20:11-15).

이것은 마지막 나팔 사건이다. 이때 살아 있는 모든 성도에게는 '홀연한 변화'와 '죽은 모든 성도들의 부활'이 있게 된다.

> "형제들아 내가 이것을 말하노니 혈과 육은 하나님의 나라를 유업으로 받을 수 없고 또한 썩은 것은 썩지 아니한 것을 유업으로 받지 못하느니라 보라 내가 너희에게 비밀을 말하노니 우리가 다 잠잘 것이 아니요 마지막 나팔에 순식간에 홀연히 다 변화하리니 나팔 소리가 나매 죽은 자들이 썩지 아니할 것으로 다시 살고 우리도 변화하리라 이 썩을 것이 불가불 썩지 아니할 것을 입겠고 이 죽을 것이 죽지 아니함을 입으리로다 이 썩을 것이 썩지 아니함을 입고 이 죽을 것이 죽지 아니함을 입을 때에는 사망이 이김의 삼킨 바 되리라고 기록된 말씀이 응하리라"(고전 15:50-54).

문제 4 Question

흰 보좌 심판

"또 내가 크고 흰 보좌와 그 위에 앉으신 자를 보니 땅과 하늘이 그 앞에서 피하여 간 데 없더라 또 내가 보니 죽은 자들이 무론 대소하고 그 보좌 앞에 섰는데 책들이 펴 있고 또 다른 책이 펴졌으니 곧 생명책이라 죽은 자들이 자기 행위를 따라 책들에 기록된 대로 심판을 받으니 바다가 그 가운데서 죽은 자들을 내어주고 또 사망과 음부도 그 가운데서 죽은 자들을 내어주매 각 사람이 자기의 행위대로 심판을 받고 사망과 음부도 불못에 던지우니 이것은 둘째 사망 곧 불못이라 누구든지 생명책에 기록되지 못한 자는 불못에 던지우더라"(계 20:11-15).

곡과 마곡의 심판에 이어 사단 마귀의 최종 심판과 함께 천년왕국도 막을 내리고, 또 새로운 세계의 도래를 맞이하게 된다. 이 새로운 세계는 21장과 22장에서 펼쳐지는 신천신지(新天新地)인데, 이 신천신지(천국)가 전개되기 전에 눈에 보이는 이 세상의 모든 것이 청산되는 세 가지 사건이 전개된다.

눈에 보이는 처음 하늘과 땅이 영원히 사라져 보이지 않는 일과, 죽은 자들이 부활하여 하나님의 흰 보좌 앞에서 자기 행위를 따라 책에 기록된 대로 최종적인 심판을 받는 일, 그리고 죄가 있는 인간 세계에 존재했던 사망과 음부까지도 짐승과 거짓 선지자와 사단이 던져진 유황불 붙는 못에 던져지는 일 등이다.

사도 요한이 보고 증거하고 있는 '크고 흰 보좌와 그 위에 앉으신

자' 에 대한 계시 내용은 다니엘 7장에 예언된 내용을 배경으로 하고 있다.

> "내가 보았는데 왕좌가 놓이고 옛적부터 항상 계신 이가 좌정하셨는데 그 옷은 희기가 눈 같고 그 머리털은 깨끗한 양의 털 같고 그 보좌는 불꽃이요 그 바퀴는 붙는 불이며 불이 강처럼 흘러 그 앞에서 나오며 그에게 수종하는 자는 천천이요 그 앞에 시위(侍衛)한 자는 만만이며 심판을 베푸는데 책들이 펴 놓였더라"(단 7:9-10).

흰 보좌 심판에 대한 계시내용은 네 가지 관점이 문제시되고 있다. 첫째, 흰 보좌 심판의 시기는 언제인가? 둘째, 심판장이 누구인가? 셋째, 펼쳐진 책들은 무슨 책인가? 넷째, 심판받을 죽은 자들은 누구인가? 이에 대한 자세히 살펴볼 필요가 있다.

1. 흰 보좌 심판 시기(時機)

1) 예수 그리스도의 재림 시기로 보는 견해

이는 무천년설을 주장하는 사람들이 취하는 견해로, 예수 그리스도의 재림과 함께 하나님의 심판이 행해져 천국과 지옥으로 갈라져 영원히 거하게 될 것이라고 주장하는 견해다.

2) 예수 그리스도 재림 이후 천년왕국이 시작되고 천년왕국이 끝난 후에 있을 것으로 보는 견해

예수 그리스도의 재림 이후 천년왕국이 시작되고 천년왕국이 끝난 이후에 이 땅에 태어난 모든 자가 하나님의 흰 보좌 앞에서 자기 행위대로 심판을 받게 될 것이라고 주장하는 견해로, 역사기 전천년설을 주장하는 사람들이 취하는 견해다.

예수 그리스도의 재림 때에 발생하는 사건은 다음과 같다.

(1) 음녀인 큰 성 바벨론에 대한 심판과 멸망이 있다.

"힘센 음성으로 외쳐 가로되 무너졌도다 무너졌도다 큰 성 바벨론이여 귀신의 처소와 각종 더러운 영의 모이는 곳과 각종 더럽고 가증한 새의 모이는 곳이 되었도다 그 음행의 진노의 포도주를 인하여 만국이 무너졌으며 또 땅의 왕들이 그로 더불어 음행하였으며 땅의 상고들도 그 사치의 세력을 인하여 치부하였도다 하더라……하늘과 성도들과 사도들과 선지자들아 그를 인하여 즐거워하라 하나님이 너희를 신원하시는 심판을 그에게 하셨음이라 하더라"(계 18:2-3, 20).

"선지자들과 성도들과 및 땅 위에서 죽임을 당한 모든 자의 피가 이 성 중에서 보였느니라 하더라……그의 심판은 참되고 의로운지라 음행으로 땅을 더럽게 한 큰 음녀를 심판하사 자기 종들의 피를 그의 손에 갚으셨도다 하고"(계 18:24-19:2).

(2) 아마겟돈 전쟁이 일어난다.

"또 여섯째가 그 대접을 큰 강 유브라데에 쏟으매 강물이 말라서 동방에서 오는 왕들의 길이 예비되더라 또 내가 보매 개구리 같은 세 더러운 영이 용의 입과 짐승의 입과 거짓 선지자의 입에서 나오니 저희는 귀신의 영이라 이적을 행하여 온 천하 임금들에게 가서 하나님 곧 전능하신 이의 큰 날에 전쟁을 위하여 그들을 모으더라……세 영이 히브리

음으로 아마겟돈이라 하는 곳으로 왕들을 모으더라"(계 16:12-16).

"저희가 어린 양으로 더불어 싸우려니와 어린 양은 만주의 주시요 만왕의 왕이시므로 저희를 이기실 터이요 또 그와 함께 있는 자들 곧 부르심을 받고 빼내심을 얻고 진실한 자들은 이기리로다"(계 17:14).

"또 내가 하늘이 열린 것을 보니 보라 백마와 탄 자가 있으니 그 이름은 충신과 진실이라 그가 공의로 심판하며 싸우더라……하늘에 있는 군대들이 희고 깨끗한 세마포를 입고 백마를 타고 그를 따르더라……또 내가 보매 그 짐승과 땅의 임금들과 그 군대들이 모여 그 말 탄 자와 그 군대로 더불어 전쟁을 일으키다가"(계 19:11-19).

(3) 짐승과 거짓 선지자가 사로잡혀 산 채로 유황불 붙는 못(지옥)에 던져진다.

"짐승이 잡히고 그 앞에서 이적을 행하던 거짓 선지자도 함께 잡혔으니 이는 짐승의 표를 받고 그의 우상에게 경배하던 자들을 이적으로 미혹하던 자라 이 둘이 산 채로 유황불 붙는 못에 던지우고"(계 19:20).

(4) 용(옛 뱀, 사단, 마귀)이 잡혀 일천 년 동안 무저갱(옥)에 갇힌다.

"또 내가 보매 천사가 무저갱 열쇠와 큰 쇠사슬을 그 손에 가지고 하늘로서 내려와서 용을 잡으니 곧 옛 뱀이요 마귀요 사단이라 잡아 일천 년 동안 결박하여 무저갱에 던져 잠그고 그 위에 인봉하여 천 년이 차도록 다시는 만국을 미혹하지 못하게 하였다가 그 후에는 반드시 잠깐 놓이리라"(계 20:1-3).

(5) 첫째 부활 사건이 성취된다.

"또 내가 보좌들을 보니 거기 앉은 자들이 있어 심판하는 권세를 받았더라 또 내가 보니 예수의 증거와 하나님의 말씀을 인하여 목 베임을 받은 자의 영혼들과 또 짐승과 그의 우상에게 경배하지도 아니하고 이마와 손에 그의 표를 받지도 아니한 자들이 살아서 그리스도로 더불어 천 년 동안 왕 노릇하니 (그 나머지 죽은 자들은 그 천 년이 차기까지 살지 못하더라) 이는 첫째 부활이라 이 첫째 부활에 참예하는 자들은 복이 있고 거룩하도다 둘째 사망이 그들을 다스리는 권세가 없고 도리어 그들이 하나님과 그리스도의 제사장이 되어 천 년 동안 그리스도로 더불어 왕 노릇 하리라"(계 20:4-6).

(6) 어린 양의 혼인 기약이 이르렀다.

"우리가 즐거워하고 크게 기뻐하여 그에게 영광을 돌리세 어린 양의 혼인 기약이 이르렀고 그 아내가 예비하였으니 그에게 허락하사 빛나고 깨끗한 세마포를 입게 하셨은즉 이 세마포는 성도들의 옳은 행실이로다 하더라 천사가 내게 말하기를 기록하라 어린 양의 혼인 잔치에 청함을 입은 자들이 복이 있도다 하고……"(계 19:7-9).

이상의 사건들이 예수 그리스도의 재림 시에 성취될 사건들이다.

요한계시록의 계시 예언이 종말에 성취될 역사에 대해 순서적으로 명확하게 계시해 주고 있기 때문에 말씀 그대로 받아들이면 혼돈될 아무런 이유가 없다.

예수 그리스도의 재림 때 성취될 사건이 어린 양의 혼인잔치 기간이며, 천년왕국 기간이다. 천년왕국 기간에는 원망, 불평, 시기, 질투, 미움, 다툼, 등이 없는 평화의 나라가 이루어진다. 미혹의 영인 사단이 무저갱에 감금되어 다시는 만국을 미혹하지 못하게 되기 때문이고, 예수 그리스도께서 친히 다스리는 왕국이기 때문이다.

> "아담 안에서 모든 사람이 죽은 것같이 그리스도 안에서 모든 사람이 삶을 얻으리라 그러나 각각 자기 차례대로 되리니 먼저는 첫 열매인 그리스도요 다음에는 그리스도 강림하실 때에 그에게 붙은 자요 그 후에는 나중이니 저가 모든 정사와 모든 원수를 그 발 아래 둘 때까지 불가불 왕노릇 하시리니 맨 나중에 멸망받을 원수는 사망이니라"(고전 15:22-26).

사도 바울이 증거하고 있는 고린도전서 15장의 부활에 대한 위의 말씀은 예수 그리스도가 재림하실 때 '그에게 붙은 자'의 부활이 있겠고, 그 이후에 부활의 사건이 있을 때까지 불가불 왕 노릇 하시다가 그 나라를 성부 하나님께 바치게 될 것임을 밝히고 있다.

그때는 모든 원수 즉 사단 마귀의 권세와 능력을 멸하시고 그 발 아래 두실 것이며 사망도 멸망에 처해질 것임을 증거해 주고 있다. 이때가 요한계시록 11장 15절 이하의 사건이 성취되는 시점이다.

> "일곱째 천사가 나팔을 불매 하늘에 큰 음성이 나서 가로되 세상 나라가 우리 주와 그 그리스도의 나라가 되어 그가 세세토록 왕 노릇 하시리로다 하니……주 하나님 곧 전능하신 이여 친히 큰 권세를 잡으시고 왕 노릇 하시도다 이방들이 분노하매 주의 진노가 임하여 죽은 자를 심판하시며 종 선지자들과 성도들과 또 무론대소하고 주의 이름을 경외하는 자들에게 상 주시며 또 땅을 망하게 하는 자들을 멸망시키실 때로소이다"(계 11:15-18).

고린도전서 15장 22절 이하의 증거말씀과 요한계시록 11장 15절 이하의 계시예언이 역사적으로 성취되는 사건이 곧 본문의 말씀인 요한계시록 20장 11-15절 말씀이다. 그러므로 하나님의 '흰 보좌 심판'은 예수 그리스도의 재림 이후에 있을 천년왕국이 끝나고 곡과 마곡 전쟁이 발생한 후에 개정(開廷)될 것으로 보는 것이 성경적 견해다. 처음 하늘과 땅이 사라지고 새 하늘과 새 땅(新天新地)인 천국(계 21장)의 입성이 있기 직전에 하나님의 흰 보좌 심판이 있다.

2. 심판장은 누구인가?

사도 요한은 크고 흰 보좌와 그 위에 앉으신 분을 보았다. 사도 요한이 본 심판장이 누구를 나타내는가 하는 의견에는 두 가지 견해가 있다.

1) 크고 흰 보좌에 앉으신 심판장이 예수 그리스도를 나타낸다고 보는 견해

하나님께서 모든 인류의 심판을 예수 그리스도께 위임하셨기 때문에 백보좌에 앉아서 심판을 주관하시는 최후의 심판장은 성자(聖子) 하나님이신 예수 그리스도로 보는 것이 타당하다고 주장한다. 성경은 실제로 이 사실에 대해 여러 곳에서 증거하고 있다.

> "아버지께서 아무도 심판하지 아니하시고 심판을 다 아들에게 맡기셨으니 이는 모든 사람으로 아버지를 공경하는 것같이 아들을 공경하게 하려 하심이라"(요 5:22-23).
> "이는 우리가 다 반드시 그리스도의 심판대 앞에 드러나 각각 선악간에 그 몸으로 행한 것을 따라 받으려 함이라"(고후 5:10).

"하나님 앞과 산 자와 죽은 자를 심판하실 그리스도 예수 앞에서 그의 나타나실 것과 그의 나라를 두고 엄히 명하노니"(딤후 4:1).

2) 크고 흰 보좌에 앉으신 심판장은 성부 하나님이라고 해석하는 견해

크고 흰 보좌는 심판장이신 하나님의 크신 권능과 영광, 거룩과 위엄을 나타내는데, 이는 구약 다니엘서의 예언을 통해 볼 때 성부 하나님으로 해석하는 것이 타당하다고 보는 주장이다.

본문의 구약적 배경은 다니엘 7장 9-10절 말씀이다.

"내가 보았는데 왕좌가 놓이고 옛적부터 항상 계신 이가 좌정하셨는데 그 옷은 희기가 눈 같고 그 머리털은 깨끗한 양의 털 같고 그 보좌는 불꽃이요 그 바퀴는 붙는 불이며 불이 강처럼 흘러 그 앞에서 나오며 그에게 수종(隨從)하는 자는 천천이요 그 앞에 시위(侍衛)한 자는 만만이며 심판을 베푸는데 책들이 펴 놓였더라"(단 7:9-10).

이 견해를 주장하는 사람들에 따르면, 고린도전서 15장 24절에서 천년왕국이 끝난 뒤에는 그 나라를 아버지 하나님께 바친다고 증거하고 있기 때문에 천년왕국 이후에 시행되는 백보좌 심판대의 심판장은 성부 하나님으로 보는 것이 자연스럽다고 주장한다.

백보좌 심판대의 심판장이 성부 하나님일 수도 있고, 성자 하나님이신 예수 그리스도가 되실 수도 있다. 사실 이 책 요한계시록은 자체에서 보좌에 앉으신 분이 성부 하나님과 성자 하나님이신 어린 양 예수 그리스도께 동일하게 적용되고 있다.

"큰 소리로 외쳐 가로되 구원하심이 보좌에 앉으신 하나님과 어린 양에게 있도다 하니"(계 7:10).

"이는 보좌 가운데 계신 어린 양이 저희의 목자가 되사 생명수 샘으로 인도하시고 하나님께서 저희 눈에서 모든 눈물을 씻어 주실 것임이러라"(계 7:17).

"또 저가 수정같이 맑은 생명수의 강을 내게 보이니 하나님과 및 어린 양의 보좌로부터 나서 길 가운데로 흐르더라"(계 22:1-2).

이상의 구절들은 성부 하나님과 성자 예수 그리스도의 일체성(一體性)과 단일성(單一性)을 강조하고 있는 말씀들이다. 신천신지의 영원한 천국에서는 성부, 성자, 성령 하나님이 삼위일체로 역사하심을 보여준다.

"성안에 성전을 내가 보지 못하였으니 이는 주 하나님 곧 전능하신 이와 및 어린 양이 그 성전이심이라"(계 21:22).

그러므로 성부 하나님이 재판장이시든 성자 예수 그리스도가 심판장이시든 달라지거나 문제시될 것이 전혀 없다. 보좌에 앉으신 심판장이 누구신가 하는 것은 본문의 중심 주제가 아니다. 본문의 계시 목적은 하나님의 최후의 심판인 백보좌 심판이 반드시 있을 것임을 보여주는 데 있다.

심판장의 모습을 계시해 주심으로 아무도 그 크신 권능과 영광을 가지신 전지전능하신 하나님을 속일 수 없고, 거룩하시고 위엄의 빛으로 둘러싸인 심판대 앞에서 감추거나 변명할 수 없이 자기 입으로 자기 행위를 직고(直告)하게 될 것임을 강조하고 있다.

"나 여호와는 심장을 살피며 폐부를 시험하고 각각 그 행위와 그 행실대로 보응하나니"(렘 17:10).

"네가 말하기를 나는 그것을 알지 못하였노라 할지라도 마음을 저울질하시는 이가 어찌 통찰하지 못하시겠으며 네 영혼을 지키시는 이가 어찌 알지 못하시겠느냐 그가 각 사람의 행위대로 보응하시리라"(잠 24:12).

"하나님은 모든 행위와 모든 은밀한 일을 선악간에 심판하시리라"(전 12:14).

"그러므로 때가 이르기 전 곧 주께서 오시기까지 아무것도 판단치 말라 그가 어두움에 감추인 것들을 드러내고 마음의 뜻을 나타내시리니 그때에 각 사람에게 하나님께로부터 칭찬이 있으리라"(고전 4:5).

"네가 어찌하여 네 형제를 판단하느뇨 어찌하여 네 형제를 업신여기느뇨 우리가 다 하나님의 심판대 앞에 서리라 기록되었으되 주께서 가라사대 내가 살았노니 모든 무릎이 내게 꿇을 것이요 모든 혀가 하나님께 자백하리라 하였느니라 이러므로 우리 각인(各人)이 자기 일을 하나님께 직고(直告)하리라"(롬 14:10-12).

3. 펼쳐진 책들

사도 요한은 책들이 펼쳐진 것과 다른 책 곧 생명책이 펼쳐진 것을 보았다. 사도 요한이 본 '펼쳐진 책들'은 무엇을 기록한 책인가에 대한 몇 가지 견해가 있다.

1) 사망록(死亡錄)으로 보는 견해

사도 요한이 본 다른 책이 생명록이기 때문에 그와 반대되는 사망록이라 주장하는 견해다.

2) 심판의 기준이 되는 율법서로 보는 견해

심판의 기준이 되는 법전(法典)이 펼쳐져 있어 그 법전에 기록된 대로 각 행위에 따라 심판을 받게 된다고 주장하는 견해다.

3) 각 사람의 행위를 기록한 행위록(行爲錄)으로 보는 견해

모든 사람이 어떻게 살았는가를 기록해 놓은 행위록으로 각 사람이 자신의 행한 대로 심판을 받게 될 것임을 보여주고 있다고 주장하는 견해다.

마지막 세 번째 견해가 성경적 지지를 받는 주장이다.

사도 요한이 먼저 본 책들은 사람들의 행위를 기록한 행위록(行爲錄으)로 보는 것이 본문의 계시에 충실한 해석이다. 그것도 불신자들의 행위만을 기록한 책이라기보다는 신자와 불신자를 모두 포함한 전 인류의 행위를 빠짐없이 기록한 책들로 해석하는 것이 성경과 일치되는 견해라고 할 수 있다.

불신자(악인)들에게는 심판의 증거로 그들의 행위가 빠짐없이 기록된 행위록이 필요하고, 신자(의인)들에게는 그 행위에 따라 갚으시는 상급의 증거로 그들의 행위가 낱낱이 기록된 행위록이 필요한 것이다.

생명책에 그 이름이 없는 불신자들은 누구든지 둘째 사망의 불못에 던지우기 때문에 그들의 행위록은 심판의 증거자료 외에는 별로 쓸모가 없겠지만, 성도(의인)들에게는 그 행위에 따라 상급이 주어지기 때문에 그들의 행위가 기록된 행위록이 절실히 필요하고 소중한 책이 된다.

심판의 기준은 언제나 각 사람의 행위다.

심판의 원리는 자연의 원리처럼 심는 대로 거두는 원리가 적용되는 것임을 보여준다.

> "스스로 속이지 말라 하나님은 만홀히 여김을 받지 아니하시나니 사람이 무엇으로 심든지 그대로 거두리라 자기의 육체를 위하여 심는 자는 육체로부터 썩어진 것을 거두고 성령을 위하여 심는 자는 성령으로부터 영생을 거두리라 우리가 선을 행하되 낙심하지 말지니 피곤하지 아니하면 때가 이르매 거두리라"(갈 6:7-9).
>
> "이것이 곧 적게 심는 자는 적게 거두고 많이 심는 자는 많이 거둔다 하는 말이로다"(고후 9:6).

다시 한 번 강조하건대, 구원은 우리의 행위와 전혀 무관하다. 구원은 믿음으로 받기 때문이다. 그리고 이 믿음은 내 노력으로 되는 것이 아니라 전적으로 하나님의 은혜의 선물이다. 그러나 상급은 우리의 노력으로 받는다. 우리 행함으로 보상을 받는다. 이것이 성경이 전하는 진리다.

> "너희가 그 은혜를 인하여 믿음으로 말미암아 구원을 얻었나니 이것이 너희에게서 난 것이 아니요 하나님의 선물이라 행위에서 난 것이 아니니 이는 누구든지 자랑치 못하게 함이니라"(엡 2:8-9).
>
> "주여 인자함도 주께 속하였사오니 주께서 각 사람이 행한 대로 갚으심이니이다"(시 62:12).
>
> "인자가 아버지의 영광으로 그 천사들과 함께 오리니 그때에 각 사람의 행한 대로 갚으리라"(마 16:27).
>
> "보라 내가 속히 오리니 내가 줄 상이 내게 있어 각 사람에게 그의 일

한 대로 갚아 주리라"(계 22:12).

전지전능하신 하나님께서는 우리 삶의 어떤 부분도 보지 못하거나 잊어버리지 않으신다. 지금 이 순간에도 하나님의 백보좌 심판대 앞에 펼쳐진 행위록에는 우리 삶의 행적이 하나도 남김없이 기록되고 있다. 혹 우리는 우리의 언행을 모두 망각하고 기억하지 못한다 할지라도 그날에는 행위책에 기록된 사실대로 모두 드러날 것이다. 우리의 행동만 기록된 것이 아니라 그 행동의 모든 동기까지도 적나라하게 밝혀질 것이다. 우리를 상관하시는 자의 눈앞에서 모든 것이 다 명백하게 드러날 것이다.

"지으신 것이 하나라도 그 앞에 나타나지 않음이 없고 오직 만물이 우리를 상관하시는 자의 눈앞에 벌거벗은 것같이 드러나느니라"(히 4:13).

하나님께서는 삶의 모든 과정을 빠짐없이 기록하시고 그 행위책에 기록된 증거를 바탕으로 공의롭게 심판하신다. 우리의 삶 속에서 사용했던 모든 언어들과 행동했던 모든 행위에 따라 선악간에 판단하시고 심판하실 것이다. 그러므로 주어진 하루를 믿음의 족적(足跡)을 남기는, 신실한 신앙의 삶을 엮어 가는 지혜로운 성도가 되어야 한다.

"외모로 보시지 않고 각 사람의 행위대로 판단하시는 자를 너희가 아버지라 부른즉 너희의 나그네로 있을 때를 두려움으로 지내라"(벧전 1:7).

4. 심판의 대상(對象)

"또 내가 보니 죽은 자들이 무론대소하고 그 보좌 앞에 섰는데"(계 20:12).

사도 요한이 백보좌 심판대 앞에 서서 심판을 받고 있는 대상을 보니 '죽은 자들이 무론 대소하고' 백보좌 앞에 서서 심판을 받고 있다.

백보좌 심판대 앞에 서서 심판을 받는 대상에 대해 크게 두 가지 견해가 주장되고 있다.

1) 불신자들이 백보좌 심판대 앞에 선다는 견해

둘째 부활이 악인들의 부활이라고 주장하는 사람들이 취하는 입장으로 백보좌 앞에서 심판을 받는 죽은 자들의 무리들은 불신자들을 나타낸다고 주장하는 견해다.

많은 사람들이 이 견해를 지지하고 있지만 이 견해는 성경적 지지를 받지 못한다.

혹자는 주님께서 요한복음 5장 24절에서 "믿는 자는 영생을 얻었고 심판에 이르지 아니하나니 사망에서 생명으로 옮겼느니라"고 말씀하셨기 때문에 본문의 '죽은 자들'에는 믿는 자가 포함되지 않는다고 주장한다. 그러나 대부분의 신학자들이 인정하는 것처럼 성경의 문맥상 요한복음 5장 24절 말씀은 '심판에 이르지 아니한다'이지 '심판대에 서지 아니한다'는 뜻이 아니다. 계속되는 말씀을 보면, 무덤 속에 있던 모든 죽은 자들이 주님의 음성을 듣고 선한 일을 행한 자는 생명의 부활로, 악한 일을 행한 자는 심판의 부활로 동시에 부활해서 모두가 그리스도의 심판대에 서서 각자의 선악의 행위에 따라 심판을 받게 될 것임을 알 수 있다.

> "진실로 진실로 너희에게 이르노니 죽은 자들이 하나님의 음성을 들을 때가 오나니 곧 이 때라 듣는 자는 살아나리라 아버지께서 자기 속에 생명이 있음같이 아들에게도 생명을 주어 그 속에 있게 하셨고 또 인자 됨을 인하여 심판하는 권세를 주셨느니라 이를 기이히 여기지 말라 무덤 속에 있는 자가 다 그의 음성을 들을 때가 오나니 선한 일을 행한 자는 생명의 부활로, 악한 일을 행한 자는 심판의 부활로 나오리라"(요 5:25-29).

사도 바울은 모든 사람이 하나님 앞에 무릎을 꿇고 각자의 행위를 각자의 혀로 자백할 것임을 증거하고 있다.

> "네가 어찌하여 네 형제를 판단하느뇨 어찌하여 네 형제를 업신여기느뇨 우리가 다 하나님의 심판대 앞에 서리라 기록되었으되 주께서 가라사대 내가 살았노니 모든 무릎이 내게 꿇을 것이요 모든 혀가 하나님께 자백하리라 하였느니라 이러므로 우리 각인(各人)이 자기 일을 하나님께 직고(直告)하리라"(롬 14:10-12).

2) 모든 인류가 백보좌 심판 앞에 선다는 견해

첫째 부활에 참예하지 못한 신자와 불신자 모두를 포함한 모든 인류를 나타낸다고 해석하는 견해다.

이 견해를 취하는 것이 본문의 의도를 제대로 반영한 해석이며, 또 다른 성경의 증거와도 일치를 이루는 성경적 해석이다.

본문에 생명책이 펴져 있는 계시 내용은 신자들도 백보좌 심판대 앞에 서 있음을 시사해 주고 있다. 백보좌 심판대 앞에 서 있는 대상이 불신자(악인)들뿐이라면 굳이 생명책을 펴놓을 필요가 없을 것이다.

마태복음 25장 31-46절 말씀과 연결해 생각해 볼 때, 생명책에 그 이름이 기록된 신자(성도)들은 오른쪽에 갈라 세우시고, 창세로부터 예비하신 신천신지(新天新地)를 상속받으라고 축복하시고 그들의 행위에 따라 상급을 베푸시는 복을 내리신다. 그러나 그와는 반대로 생명책에 그 이름이 없는 불신자(악인)들은 왼쪽에 갈라 세우시고, 마귀와 그 사자들을 위하여 예비된 둘째 사망의 불못인 유황 불못에 들어가라는 저주가 선포된다.

종말을 향해 다가갈수록 세상은 혼탁해져 가고 있다. 영계나 육계나 혼탁한 이 시대를 살아가고 있는 교회와 성도들은 진리와 생명의 빛이 되신 하나님의 말씀과 예수 그리스도의 복음에 바로 서야 한다.

우리 인생은 누구나 할 것 없이 무론대소하고 하나님의 백보좌 심판이라는 최후의 심판을 남겨두고 있다. 성도나 믿지 않는 자들이나, 그가 심판 당시 죽었거나 살았거나 간에 모두 다 하나님의 심판대 앞에 서게 된다. 무론대소하고 역사의 시간 위에 탄생한 모든 인생은 그날 하나님의 심판대 앞에 서게 될 것이다.

심판은 개별적이다. 누가 동행해 줄 수도 없고 변호해 줄 수도 없다. 누가 누구를 대신 할 수도 없다. 오직 자기 자신만이 홀로 천만천사가 시위하고 서서 수종드는 하나님의 심판대 앞에 서서 자기 행위를 낱낱이 자백하며 직고해야 할 시간을 맞이하게 된다.

바울 사도는 로마서 14장 10절에서 "우리가 다 하나님의 심판대 앞에 서리라"고 분명한 목소리로 이 진리를 증거하고 있다.

고린도후서 5장 10절에서도 "우리가 다 반드시 그리스도의 심판대 앞에 드러나 각각 선악간에 그 몸으로 행한 것을 따라 받으려 함이라"고 증거해 주고 있다.

베드로 사도 또한 베드로전서 4장 5절에서 이 진리를 증거하고 있다.

히브리서 기자는 "한 번 죽는 것은 사람에게 정하신 것이요 그 후에는 심판이 있으리니"(히 9:27)라고 증거하고 있다.

> "저희가 산 자와 죽은 자 심판하기를 예비하신 자에게 직고(直告)하리라"(벧전 4:5).

21장의 난해문제

문제 1 / 새 하늘과 새 땅(계 21:1-6)

문제 2 / 거룩한 성 새 예루살렘(계 21:2, 9-27)

Question 문제 1

새 하늘과 새 땅

"또 내가 새 하늘과 새 땅을 보니 처음 하늘과 처음 땅이 없어졌고 바다도 다시 있지 않더라 또 내가 보매 거룩한 성 새 예루살렘이 하나님께로부터 하늘에서 내려오니 그 예비한 것이 신부가 남편을 위하여 단장(丹粧)한 것 같더라 내가 들으니 보좌에서 큰 음성이 나서 가로되 보라 하나님의 장막이 사람들과 함께 있으매 하나님이 저희와 함께 거하시리니 저희는 하나님의 백성이 되고 하나님은 친히 저희와 함께 계셔서 모든 눈물을 그 눈에서 씻기시매 다시 사망이 없고 애통하는 것이나 곡하는 것이나 아픈 것이 다시 있지 아니하리니 처음 것들이 다 지나갔음이러라 보좌에 앉으신 이가 가라사대 보라 내가 만물을 새롭게 하노라 하시고 또 가라사대 이 말은 신실하고 참되니 기록하라 하시고 또 내게 말씀하시되 이루었도다 나는 알파와 오메가요 처음과 나중이라……" (계 21:1-6).

본문에 계시된 '새 하늘과 새 땅' 에 대한 해석 상의 논제는 요한계시록의 마지막 단추를 꿰는 것과 같은 문제다. 이 문제에 대한 주장은 크게 두 가지다.

1. 우주 갱신설(更新說)로 보는 견해

'새 하늘과 새 땅' 이란 사단으로 인하여 부패되고 어지럽혀진 처음 하늘과 처음 땅이 질적으로 새롭게 변화된 것으로 보는 견해로 개혁주의 학자들이 지지하는 이론이다.

일반적으로는 '새 하늘과 새 땅' 을 영원한 천국으로 보는 견해와 천년왕국의 연속으로 보는 견해가 있다.

2. 신(新) 창조설(創造說)로 보는 견해

'새 하늘과 새 땅' 이란 처음 하늘과 처음 땅과 바다가 완전 소멸되고, 질적으로 완전 새롭게 창조된 신천신지(新天新地)로 보는 견해다.

두 견해 중 후자인 '신 창조설' 이 성경의 지지를 받는 견해라고 할 수 있다.

사도 요한이 본 마지막 계시인 '새 하늘과 새 땅' 은 첫 창조에 속한 처음 하늘과 처음 땅이 갱신된 세계를 나타내는 것이 아니라 완전히 새롭게 창조된, 질적으로 전혀 다른 새 하늘과 새 땅이 창조된 신창조로 보아야 하는 분명한 이유가 몇 가지 있다.

1) 구속사적 관점에 잘 조화된다.

구속사적 의미를 살펴볼 때 죄로 더럽혀지고 오염된 처음 하늘과 처음 땅은 더 이상 존재할 의미를 상실(喪失)했다.

첫 창조에 속한 처음 하늘과 처음 땅은 하나님의 구원 사역의 무대로 그 쓰임을 다했다. 첫 창조에 속했던 처음 하늘과 땅에서 시행될 구원의 시나리오는 이제 모두 끝났다. 그 무대 위에 등장했던 모든 배우들은 무론대소하고 모두 하나님의 백보좌 심판대 앞에서 심판을 받고 이제 영원한 세계로 그 무대를 옮기게 된다.

교회와 성도를 핍박하고 환난과 고난을 당하게 하며, 예수 그리스도를 대적했던 불의한 자들은 그들이 감당했던 악역에 합당한 지옥 심판을 받고, 둘째 사망인 유황 불못에 던져져 영원한 고통을 받게 된다. 마귀의 권세 아래 있던 사망과 음부마저도 지옥의 유황 불못에 던져진다. 다시는 필요성이 없기 때문이다.

인류 구원사의 무대였던 처음 하늘과 처음 땅도 이제 더 이상 필요가 없고, 존재 의미도 없어졌다. 하나님의 구원 시나리오에 따른 구원 역사의 파노라마가 끝나고 이제 막을 내렸기 때문이다.

죄로 오염되고 더럽혀진 낡은 무대는 불에 태워 소멸시키심으로 영원히 사라져버렸다. 그리고 영원한 생명을 얻는 의의 사람들이 영원히 복락을 누리며 살 수 있는 영원한 새 하늘과 새 땅이 새롭게 창조되었다.

새롭게 창조된 새 하늘과 새 땅은 영원히 요동치 않고 변하지 않는 새로운 질(質)적 요소로 새롭게 창조된 신천신지다.

2) 다른 성경의 증거 말씀들과 일치한다.

성경은 여러 곳에서 처음 하늘과 처음 땅은 역사의 마지막 날에 없어질 것임을 증거하고 있다.

성경이 하나님의 말씀임을 믿는 사람이라면 누구든지 성경의 증거에 따라 성경을 해석하는 방법에 이견(異見)을 제시하지 않으리라 생각한다.

하나님의 첫 창조에 속한 처음 하늘과 땅과 바다도 참으로 아름답다. 하나님이 창조하시고 심히 좋다 하셨던 세계였다. 그럼에도 불구하고 하나님께서는 인간 구원 사역이 끝난 뒤 첫 창조에 속했던 처음 하늘과 땅과 바다를 불에 태워 소멸시키시고, 의의 거하는 바 새 하늘과 새 땅을 다시 조성하실 것임을 보여주신다.

시편 102편을 노래하고 있는 시편 기자는 "천지는 없어지려니와 주는 영존하시겠고 그것들은 다 옷같이 낡으리니 의복같이 바꾸시면 바뀌려니와 주는 여상하시고 주의 년대는 무궁하리이다"(시 102:26-27)라고 고백하고 있다.

예수님께서도 천지가 사라질 것임을 선언하셨다.

> "천지는 없어지겠으나 내 말은 없어지지 아니하리라"(마 24:35; 막 13:31).

히브리서 기자는 증거하기를 "또 주여 태초(太初)에 주께서 땅의 기초(基礎)를 두셨으며 하늘도 주의 손으로 지으신 바라 그것들은 멸망(滅亡)할 것이나 오직 주는 영존할 것이요 그것들은 다 옷과 같이 낡아지리니 의복처럼 갈아입을 것이고 그것들이 옷과 같이 변할 것이나 주는 여전하여 연대(年代)가 다함이 없으리라 하였으나"(히 1:10-12)라고 말씀하고 있다.

이 진리에 대해 가장 쉽고 분명한 목소리로 증거하고 있는 말씀은 베드로후서 3장의 말씀이다.

> "가로되 주의 강림하신다는 약속이 어디 있느뇨 조상들이 잔 후로부터 만물이 처음 창조할 때와 같이 그냥 있다 하니 이는 하늘이 옛적부터 있는 것과 땅이 물에서 나와 물로 성립한 것도 하나님의 말씀으로 된 것을 저희가 부러 잊으려 함이로다 이로 말미암아 그때 세상은 물의 넘침으로 멸망하였으되 이제 하늘과 땅은 그 동일한 말씀으로 불사르기 위하여 간수하신 바 되어 경건치 아니한 사람들의 심판과 멸망의 날까지 보존하여 두신 것이니라 사랑하는 자들아 주께는 하루가 천 년 같고 천 년이 하루 같은 이 한 가지를 잊지 말라 주의 약속은 어떤 이의 더디다고 생각하는 것같이 더딘 것이 아니라 오직 너희를 대하여 오래 참으사 아무도 멸망치 않고 다 회개하기에 이르기를 원하시느니라 그러나

주의 날이 도적같이 오리니 그날에는 하늘이 큰 소리로 떠나가고 체질이 뜨거운 불에 풀어지고 땅과 그 중에 있는 모든 일이 드러나리로다 이 모든 것이 이렇게 풀어지리니 너희가 어떠한 사람이 되어야 마땅하뇨 거룩한 행실과 경건함으로 하나님의 날이 임하기를 바라보고 간절히 사모하라 그날에 하늘이 불에 타서 풀어지고 체질이 뜨거운 불에 녹아지려니와 우리는 그의 약속대로 의의 거하는 바 새 하늘과 새 땅을 바라보도다"(벧후 3:4-13).

요한계시록에서도 이 사실을 이미 언급하고 있다.

"또 내가 크고 흰 보좌와 그 위에 앉으신 자를 보니 땅과 하늘이 그 앞에서 피하여 간 데 없더라"(계 20:11).

이상에서 살펴본 것처럼, 성경의 많은 말씀들이 우리가 살고 있는 현존하는 하늘과 땅이 마지막 주님의 날에 불에 타 소멸될 것임을 증거하고 있다. 그러므로 현존하는 처음 하늘과 땅과 바다는 완전히 사라지고, 질(質)적으로 완전히 새로운 새 하늘과 새 땅이 새롭게 창조될 것으로 해석하는 것이 성경의 증거들과 일치하는 해석임에 이견(異見)을 가질 수 없다.

3) 원어적 의미가 그 사실을 입증해 준다.

'새 하늘과 새 땅' 이란 말씀에 사용된 '새' 로 번역된 '카이논'(*καινὸν*)은 '새로운', '신선한' 이라는 뜻을 지닌 형용사 '카이노스'(*καινός*)의 목적격으로 본질적(本質的)으로 새로운 것을 나타내는 단어다.

'새로운' 이라는 뜻을 나타내는 헬라어로는 '카이노스' 외에 '네오스' (νέος)가 있는데, 이는 시간적 측면에서 새로움을 나타내는 단어다.

본문에 사용되고 있는 '카이노스' 는 본질적으로 새로운 요소를 나타낼 때 사용되는(막 1:27; 행 17:19; 계 2:17) 단어이므로, 요한이 본 새 하늘과 새 땅은 이전의 하늘과 땅이 완전히 사라지고 그 구조나 본질적 요소가 전혀 다른 새로운 세계가 창조되었다고 보는 것이 언어적 의미에 충실한 해석이 된다.

본문의 계시 내용을 살펴볼 때 "처음 하늘과 처음 땅이 없어졌고 바다도 다시 있지 않더라"고 강하게 덧붙이고 있음은, 새 하늘과 새 땅이 본질적으로 새롭게 창조된 신천신지임을 강조하기 위한 계시 내용이다. 이는 새 하늘과 새 땅에 대한 해석의 오류를 미연(未然)에 방지하기 위한 특별 부연(敷衍) 설명이다.

4) 요한계시록 계시구조와 조화되는 해석이다.

요한계시록 18장에서는 적그리스도의 나라인 이 세상 바벨론의 멸망을 계시하고 있다. 19장에서는 예수 그리스도의 재림과 불의한 자들의 멸망이 계시되고 있다.

20장 전반부에는 이 땅을 미혹하던 사단의 결박과 감금 사건이 계시되고, 첫째 부활에 참예한 자들이 천년왕국에서 그리스도와 더불어 왕 노릇할 것임이 계시되고 있다.

20장 중반부에는 천년왕국이 끝나고 사단이 풀려나 만국을 미혹함으로 곡과 마곡의 전쟁이 일어나고, 하나님이 불로 불의한 자들을 소멸시키고, 마귀가 둘째 사망인 지옥의 유황 불못에 던져지는 사건을 계시하고 있다.

20장 후반부에는 하나님의 백보좌 심판대 앞에서 모든 인류가 심판을 받되 생명책에 기록되지 못한 자는 모두 둘째 사망인 지옥의 유황 불못에 던져지고, 사망과 음부도 유황 불못에 던져지는 마지막 심판 장면이 계시되고 있다.

21장에 들어와서는 생명책에 기록된 의의 백성들이 하나님과 영원히 함께 살게 될 새 하늘과 새 땅을 계시해 주고 있다.

이런 요한계시록의 계시구조를 살펴볼 때, 본문에 계시된 새 하늘과 새 땅은 이사야 선지자가 예언했던 천년왕국 동안 이루어질 지상낙원인 새 하늘과 새 땅과는 본질적으로 다른 신천신지를 나타낸다. 본문에 계시된 신천신지는 천상낙원인 영원한 천국을 의미하고 있기 때문이다.

이사야 선지자는 이 땅이 새롭게 갱신된 새 하늘과 새 땅으로 천년왕국 동안 이루어질 지상낙원을 예언한다.

> "보라 내가 새 하늘과 새 땅을 창조하나니 이전 것은 기억되거나 마음에 생각나지 아니할 것이라 너희는 나의 창조하는 것을 인하여 영원히 기뻐하며 즐거워할지니라 보라 내가 예루살렘으로 즐거움을 창조하며 그 백성으로 기쁨을 삼고 내가 예루살렘을 즐거워하며 나의 백성을 기뻐하리니 우는 소리와 부르짖는 소리가 그 가운데서 다시는 들리지 아니할 것이며 거기는 날 수가 많지 못하여 죽는 유아와 수한이 차지 못한 노인이 다시는 없을 것이라 곧 백세에 죽는 자가 아이겠고 백세 못되어 죽는 자는 저주 받은 것이리라 그들이 가옥을 건축하고 그것에 거하겠고 포도원을 재배하고 열매를 먹을 것이며 그들의 건축한 데 타인이 거하지 아니할 것이며 그들의 재배한 것을 타인이 먹지 아니하리니 이는 내 백성의 수한(壽限)이 나무의 수한과 같겠고 나의 택한 자가 그 손으로 일한 것을 길이 누릴 것임이며 그들의 수고가 헛되지 않겠고 그

들의 생산한 것이 재난에 걸리지 아니하리니 그들은 여호와의 복된 자의 자손이요 그 소생도 그들과 함께 될 것임이라 그들이 부르기 전에 내가 응답하겠고 그들이 말을 마치기 전에 내가 들을 것이며 이리와 어린 양이 함께 먹을 것이며 사자가 소처럼 짚을 먹을 것이며 뱀은 흙으로 식물을 삼을 것이니 나의 성산에서는 해함도 없겠고 상함도 없으리라 여호와의 말이니라"(사 65:17-25).

새 땅에 대한 이사야 선지자의 예언은 요한계시록 21장에 계시되고 있는 새 하늘과 새 땅인 천상낙원(天上樂園)과는 전혀 그 본질이 다른 세상임을 보여준다.

첫째, 이사야 선지자가 예언하고 있는 새 하늘과 새 땅인 천년왕국 기간에는 결혼하여 아이를 낳고 번성하는 축복이 이루어지는 이 땅 위의 사건임을 보여주고 있다. 그러나 21장에 계시된 새 하늘과 새 땅은 천국을 상징하는 계시이기 때문에 시집가고 장가가는 결혼이 없고 생육하고 번성하는 일이 없는 영원한 부활체를 입은 성도들이 들어가는 신천신지다.

둘째, 이사야 선지자가 예언하고 있는 새 하늘과 새 땅에서 이루어지는 천년왕국 기간에는 장수의 축복이 회복되지만 아직은 사망이 남아 있는 세상이다. 그러나 21장에 계시된 새 하늘과 새 땅은 사망권세를 잡은 마귀가 둘째 사망인 지옥의 유황 불못에 던져졌을 뿐만 아니라 사망과 음부마저도 지옥의 유황 불못에 던져진 이후이기 때문에 다시는 죽음이 없는 영원한 천국임을 나타낸다.

셋째, 이사야 선지자가 예언하고 있는 새 하늘과 새 땅에서는 아직도 저주가 남아 있지만, 사도 요한이 본 이 구절의 신천신지는 의인들이 하나님과 함께하는 천국이므로 다시는 저주가 없는 새로운 세상임을 나타내고 있다.

천년왕국이 끝나면 마귀가 다시 놓여 이 땅을 미혹하게 됨으로 갱신되었던 지상낙원이 다시 한 번 죄로 더럽혀지고 하나님을 대적하게 되는 타락한 무리들의 세상이 되어버린다.

그러므로 처음 하늘과 처음 땅은 하나님의 불 심판을 받아 소멸되고, 하나님은 의인이 거하기에 합당한 새 하늘과 새 땅을 완전히 새롭게 창조하여 주실 것임을 계시하고 있다.

> "……너희가 이른 곳은 시온 산과 살아 계신 하나님의 도성인 하늘의 예루살렘과 천만 천사와 하늘에 기록한 장자들의 총회와 교회와 만민의 심판자이신 하나님과 및 온전케 된 의인의 영들과 새 언약의 중보이신 예수와 및 아벨의 피보다 더 낫게 말하는 뿌린 피니라 너희는 삼가 말하신 자를 거역하지 말라 땅에서 경고하신 자를 거역한 저희가 피하지 못하였거든 하물며 하늘로 좇아 경고하신 자를 배반하는 우리일까 보냐 그때에는 그 소리가 땅을 진동하였거니와 이제는 약속하여 가라사대 내가 또 한 번 땅만 아니라 하늘도 진동하리라 하셨느니라 이 또 한 번이라 하심은 진동치 아니하는 것을 영존케 하기 위하여 진동할 것들 곧 만든 것들의 변동될 것을 나타내심이니라 그러므로 우리가 진동치 못할 나라를 받았은즉 은혜를 받자 이로 말미암아 경건함과 두려움으로 하나님을 기쁘시게 섬길지니 우리 하나님은 소멸하는 불이심이니라"(히 12:22-29).

주님께서 새 하늘과 새 땅을 보여주시는 의도가 무엇이겠는가?

장차 사라져버릴 현존 세상에 미련을 두지 말고 영원한 생명이 있는 신천신지에 소망을 두기를 바라시는 주님의 마음을 보여주시는 것이다. 사도 요한이 마지막으로 바라보았던 새 하늘과 새 땅을 우리도 소망 가운데 바라보기를 원하시는 주님의 간절한 마음을 느낄

수 있다.

"하나님의 날이 임하기를 바라보고 간절히 사모하라 그날에 하늘이 불에 타서 풀어지고 체질이 뜨거운 불에 녹아지려니와 우리는 그의 약속대로 의의 거하는 바 새 하늘과 새 땅을 바라보도다"(벧후 3:12-14).

"이 세상이나 세상에 있는 것들을 사랑치 말라 누구든지 세상을 사랑하면 아버지의 사랑이 그 속에 있지 아니하니 이는 세상에 있는 모든 것이 육신의 정욕과 안목의 정욕과 이생의 자랑이니 다 아버지께로 좇아 온 것이 아니요 세상으로 좇아 온 것이라 이 세상도, 그 정욕도 지나가되 오직 하나님의 뜻을 행하는 이는 영원히 거하느니라"(요일 2:15-17).

Question 문제 2

거룩한 성 새 예루살렘

"또 내가 보매 거룩한 성 새 예루살렘이 하나님께로부터 하늘에서 내려오니 그 예비한 것이 신부가 남편을 위하여 단장(丹粧)한 것 같더라, 일곱 대접을 가지고 마지막 일곱 재앙을 담은 일곱 천사 중 하나가 나아와서 내게 말하여 가로되 이리 오라 내가 신부 곧 어린 양의 아내를 네게 보이리라 하고 성령으로 나를 데리고 크고 높은 산으로 올라가 하나님께로부터 하늘에서 내려오는 거룩한 성 예루살렘을 보이니……크고 높은 성곽이 있고 열두 문이 있는데 문에 열두 천사가 있고 그 문들 위에 이름을 썼으니 이스라엘 자손 열두 지파의 이름들이라 동편에 세 문, 북편에 세문, 남편에 세 문, 서편에 세 문이니 그 성에 성곽은 열두 기초석이 있고 그 위에 어린 양의 십이 사도의 열두 이름이 있더라……성안에 성전을 내가 보지 못하였으니 이는 주 하나님 곧 전능하신 이와 및 어린 양이 그 성전이심이라 그 성은 해와 달의 비췸이 쓸데없으니 이는 하나님의 영광이 비취고 어린 양이 그 등이 되심이라 만국이 그 빛 가운데로 다니고 땅의 왕들이 자기 영광을 가지고 그리로 들어오리라 성문들을 낮에 도무지 닫지 아니하리니 거기는 밤이 없음이라 사람들이 만국의 영광과 존귀를 가지고 그리로 들어오겠고 무엇이든지 속된 것이나 가증(可憎)한 일 또는 거짓말하는 자는 결코 그리로 들어오지 못하되 오직 어린 양의 생명책에 기록된 자들뿐이라"(계 21:2, 9-27).

어린 양 예수 그리스도의 아내가 되는 '거룩한 성 예루살렘' 은 하나님께로부터 하늘에서 내려오는데 신부가 남편을 위하여 단장한 것과 같이 가장 아름답고 순결한 모습이다.

어린 양의 신부 곧 아내 된 '거룩한 성 예루살렘' 이 무엇을 상징하느냐 하는 문제에 대해서는 여러 가지 견해가 있다.

1. 현(現) 시대와 장차 있을 이상적인 교회로 보는 견해

어린 양의 아내는 교회임이 분명하다. ‘하늘로부터 내려온 거룩한 성 새 예루살렘’ 은 현재와 장차에 있을 이상적인 교회를 말한다고 주장하는 견해다.

2. 장차 천년왕국에서 존재할 교회로 보는 견해

‘하늘로부터 내려온 거룩한 성 새 예루살렘’ 을 그리스도 강림하실 때에 부활한 성도들과 휴거된 성도들이 영화롭게 변화된 몸으로 천년왕국에 들어갈 교회(성도)의 모습으로 보는 견해다.

3. 천년왕국 시대의 수도로 보는 견해

지상의 예루살렘이 하나님의 부르심을 받은 구약 이스라엘의 수도였듯이, ‘거룩한 성 새 예루살렘’ 을 하나님의 백성들이 거할 ‘새 하늘과 새 땅’ 의 수도로 보는 견해다.

4. 첫째 부활에 참예한 순교자들로 이루어진 믿음의 성으로 보는 견해

예수 그리스도 강림하실 때 첫째 부활에 참예하여 천년왕국에서 하나님과 예수 그리스도의 제사장이 되어 천 년 동안 그리스도와 더불어 왕 노릇 한 순교자들로 이루어진 믿음의 성을 나타낸다고 보는 견해다.

이상의 견해 중에서 네 번째 견해가 가장 적합한 성경적 견해라고 할 수 있다.

1) 어린 양의 혼인잔치인 천년왕국에 신부로 참예하는 대상이 순교자들(첫째 부활에 참예한 자들)이기 때문이다.

어린 양의 혼인잔치를 설명할 때 자세히 살펴본 것처럼 천년왕국은 어린 양의 혼인잔치 기간이고, 이곳에 육체를 입고 들어간 성도들과 번성할 백성들은 혼인잔치에 '청함을 입은 자들' 이며, 첫째 부활에 참예하여 하나님과 예수 그리스도의 제사장이 되어 천 년 동안 그리스도와 더불어 왕 노릇할 신부는 '순교자' 임을 나타낸다.

20장에 계시되고 있는 '곡과 마곡 전쟁' 때 그들이 둘러싼 '성도들의 진' 은 청함 받은 자들 중 하나님의 백성 된 자의 진을 말하고, '사랑하시는 성' 은 예수 그리스도와 함께 왕 노릇할 순교자들이 거하는 성을 의미한다.

천년왕국에서 신부의 자격으로 혼인잔치에 참예한 순교자들이 거했던 '사랑하시는 성' 이 곧 어린 양의 신부 곧 아내 된 '거룩한 새 예루살렘 성' 이다. 하나님이 새롭게 창조하신 신천신지(新天新地)에 안치(安置)될 '거룩한 새 예루살렘 성' 은 '첫째 부활에 참예한 순교자들로 이루어진 믿음의 성' 을 지칭한다.

> "저희가 지면에 널리 퍼져 성도들의 진과 사랑하시는 성을 두르매 하늘에서 불이 내려와 저희를 소멸하고" (계 20:9).

천년왕국에 대해 예언하고 있는 이사야 65장 17장 이하의 말씀에도 '하나님의 백성' 과 '예루살렘 성' 은 구별된 대상임을 증거해 주고 있다.

"보라 내가 새 하늘과 새 땅을 창조하나니 이전 것은 기억되거나 마음에 생각나지 아니할 것이라 너희는 나의 창조하는 것을 인하여 영원히 기뻐하며 즐거워할지니라 보라 내가 예루살렘으로 즐거움을 창조하며 그 백성으로 기쁨을 삼고 내가 예루살렘을 즐거워하며 나의 백성을 기뻐하리니……" (사 65:17-19).

2) 이기는 자들 위에 상(賞)으로 기록될 이름이기 때문이다.

요한계시록은 새 예루살렘 성의 이름이 믿음으로 승리한 자들 위에 기록될 것임을 계시해 주고 있다.

"이기는 자는 내 하나님 성전에 기둥이 되게 하리니 그가 결코 다시 나가지 아니하리라 내가 하나님의 이름과 하나님의 성 곧 하늘에서 내 하나님께로부터 내려오는 새 예루살렘의 이름과 나의 새 이름을 그이 위에 기록하리라" (계 3:12).

"믿음이 없이는 기쁘시게 못하나니 하나님께 나아가는 자는 반드시 그가 계신 것과 또한 그가 자기를 찾는 자들에게 상(賞) 주시는 이심을 믿어야 할지니라……믿음으로 아브라함은 부르심을 받았을 때에 순종하여 장래 기업으로 받을 땅에 나갈새 갈 바를 알지 못하고 나갔으며 믿음으로 저가 외방(外邦)에 있는 것같이 약속하신 땅에 우거하여 동일한 약속을 유업으로 함께 받은 이삭과 야곱으로 더불어 장막에 거하였으니 이는 하나님의 경영하시고 지으실 터가 있는 성을 바랐음이니라……저희가 나온 바 본향을 생각하였더면 돌아갈 기회가 있었으려니와 저희가 이제는 더 나은 본향을 사모하니 곧 하늘에 있는 것이라 그러므로 하나님이 저희 하나님이라 일컬음 받으심을 부끄러워 아니하시고 저희를 위하여 한 성을 예비하셨느니라" (히 11:6-16).

3) 하나님과 어린 양의 보좌가 그 성 가운데 있고 이마에 그의 이름이 기록된 그의 종들이 그를 섬기며 왕 노릇할 것임을 증거해 주기 때문이다.

"……하나님과 그 어린 양의 보좌가 그 가운데 있으리니 그의 종들이 그를 섬기며 그의 얼굴을 볼 터이요 그의 이름도 저희 이마에 있으리라 다시 밤이 없겠고 등불과 햇빛이 쓸데없으니 이는 주 하나님이 저희에게 비취심이라 저희가 세세토록 왕 노릇 하리로다"(계 22:3-5).

4) 어린 양 예수 그리스도의 아내 된 거룩한 예루살렘 성 문을 통해 생명책에 기록된 만국의 백성들이 영광과 존귀를 가지고 들어갈 것이기 때문이다.

"만국이 그 빛 가운데로 다니고 땅의 왕들이 자기 영광을 가지고 그리로 들어오리라 성문들을 낮에 도무지 닫지 아니하리니 거기는 밤이 없음이라 사람들이 만국의 영광과 존귀를 가지고 그리로 들어오겠고 무엇이든지 속된 것이나 가증(可憎)한 일 또는 거짓말하는 자는 결코 그리로 들어오지 못하되 오직 어린 양의 생명책에 기록된 자들뿐이라"(계 21:24-27).

"그 두루마기를 빠는 자들은 복이 있으니 이는 저희가 생명나무에 나아가며 문들을 통하여 성에 들어갈 권세를 얻으려 함이로다"(계 22:14).

5) 신부가 교회 성도들을 초청하고 있기 때문이다.

"나 예수는 교회들을 위하여 내 사자를 보내어 이것들을 너희에게 증거하게 하였노라 나는 다윗의 뿌리요 자손이니 곧 광명한 새벽별이라 하시더라 성령과 신부가 말씀하시기를 오라 하시는도다 듣는 자도 오라 할 것이요 목마른 자도 올 것이요 또 원하는 자는 값없이 생명수를 받으라 하시더라"(계 22:16-17).

22장의 난해문제

문제 1 / 생명수의 강(계 22:1-2)

문제 2 / 강 좌우의 생명나무(계 22:2)

문제 3 / 세세토록 왕 노릇할 자들(계 22:3-5)

Question 문제 1

생명수의 강

"또 저가 수정같이 맑은 생명수의 강을 내게 보이니 하나님과 및 어린 양의 보좌로부터 나서 길 가운데로 흐르더라……"(계 22:1-2).

'수정같이 맑은 생명수의 강' 이 무엇을 상징하는가에 대한 몇 가지 견해를 살펴보면 다음과 같다.

1. 하나님이 그 백성에게 주시는 풍성한 삶으로 보는 견해

'수정같이 맑은 생명수의 강' 을 문자적으로 보아 하나님께서 자기 백성에게 주시는 넉넉한 생명과 풍성한 은혜의 삶으로 보는 견해다.

이 견해를 주장하는 사람들은, 물이 귀한 건조한 사막과 뜨거운 땅에서 수정처럼 맑고 수량(水量)이 풍부한 생명수의 강은, 하나님께서 자기 백성에게 주시는 풍성한 은혜의 삶과 생명의 공급자가 되어 주심을 상징한다고 주장한다.

2. 불멸에 대한 약속으로 보는 견해

'수정같이 맑은 생명수의 강' 을 하나님의 은혜의 선물로 말미암은 구속의 은총이 영원토록 지속되어 멸망하지 않을 것을 상징하는 것으로 보는 견해다.

3. 성령의 충만한 사역을 상징하는 것으로 보는 견해

'수정같이 맑은 생명수의 강' 을 성령 충만한 사역을 상징하는 것으로 보는 견해로, 이들은 성경에서 '물' (水)은 종종 성령의 역사를 상징하는 것으로 증거되고 있기 때문에 본문에 계시되고 있는 '생명수의 강' 은 새 예루살렘 성에서 영원한 생명을 공급하시는 성령의 충만한 역사를 상징한다고 주장한다.

4. 실제로 수정같이 맑은 생명수 강이 새 예루살렘 길 가운데로 흐른다고 보는 견해

'수정같이 맑은 생명수의 강' 이 상징적 의미를 지니는 계시가 될 수도 있지만, 새 예루살렘 성인 천국에는 수정같이 맑은 생명수의 강이 실제로 흐르는 천상낙원임을 보여준다고 보는 견해다.

이상의 견해 중 네 번째 견해가 가장 타당한 해석이다.

새 예루살렘 성은 구원받은 성도들이 부활체나 변화체를 입고 영원한 생명을 누리게 되는 천국이므로 실제 마실 수 있는 수정같이 맑은 생명수가 필요할 것으로 생각하기 때문이다.

상징적 의미로는 성령의 충만한 역사로 말미암아 생명수인 하나님의 말씀과 예수 그리스도의 복음이 풍성히 제공될 것을 나타낸다.

"내가 아버지께 구하겠으니 그가 또 다른 보혜사를 너희에게 주사 영원토록 너희와 함께 있게 하시리니 저는 진리의 영이라……보혜사 곧 아버지께서 내 이름으로 보내실 성령 그가 너희에게 모든 것을 가르치시고 내가 너희에게 말한 모든 것을 생각나게 하시리라"(요 14:16-26).
"성령과 신부가 말씀하시기를 오라 하시는도다 듣는 자도 오라 할 것이요 목마른 자도 올 것이요 또 원하는 자는 값없이 생명수를 받으라 하시더라"(계 22:17).
"명절 끝날 곧 큰 날에 예수께서 서서 외쳐 가라사대 누구든지 목마르거든 내게로 와서 마시라 나를 믿는 자는 성경에 이름과 같이 그 배에서 생수의 강이 흘러나리라 하시니 이는 그를 믿는 자의 받을 성령을 가리켜 말씀하신 것이라……"(요 7:37-39).

새 예루살렘 성인 천국 생활에서는 영혼의 생명수만 필요한 것이 아니고 몸(體)이 마실 수 있는 생명수도 필요하기에 길 가운데 수정같이 맑은 생명수의 강이 흐르도록 창조하셨을 것으로 본다.

"그날에 생수가 예루살렘에서 솟아나서 절반은 동해로, 절반은 서해로 흐를 것이라 여름에도 겨울에도 그러하리라"(슥 14:8).
"한 시내가 있어 나뉘어 흘러 하나님의 성 곧 지극히 높으신 자의 장막의 성소를 기쁘게 하도다"(시 46:4).
"……강 좌우편에 나무가 심히 많더라 그가 내게 이르시되 이 물이 동방으로 향하여 흘러 아라바로 내려가서 바다에 이르리니 이 흘러내리는 물로 그 바다의 물이 소성함을 얻을지라 ……강 좌우 가에는 각종 먹을 실과나무가 자라서 그 잎이 시들지 아니하며 실과가 끊치지 아니하고 달마다 새 실과를 맺으리니 그 물이 성소로 말미암아 나옴이라 그 실과는 먹을 만하고 그 잎사귀는 약 재료가 되리라"(겔 47:7-12).

Question 문제 2

강 좌우의 생명나무

"……강 좌우에 생명나무가 있어 열두 가지 실과를 맺히되 달마다 그 실과를 맺히고 그 나무 잎사귀들은 만국을 소성(蘇醒)하기 위하여 있더라" (계 22:2).

'강 좌우의 생명나무' 는 무엇을 상징하는가?

1. 성령의 풍성한 열매로 보는 견해

수정같이 맑은 생명수의 강 좌우에 있어 달마다 열두 가지 실과가 맺히는 '생명나무' 를 새 예루살렘 성에 거하는 성도들에게 주어지는 성령의 풍성한 열매(갈 5:22-23)로 보는 견해다.

2. 새 예루살렘 성에서 구원의 풍성한 생명의 교제로 보는 견해

'생명수의 강 좌우에 있는 생명나무' 가 새 예루살렘 성에서 하나님과 및 어린 양과의 연합으로 말미암은 성도의 구원의 지극히 풍성한 교제를 상징하는 것으로 보는 견해다.

3. 예수 그리스도로 보는 견해

'수정같이 맑은 생명수 강 좌우에 있는 생명나무' 를 예수 그리스도 자신을 상징하는 것으로 보는 견해다. 이 주장을 펼치는 사람들은 창세기 3장 22-24절에서 잃어버렸던 생명과가 회복된 에덴 동산의 상징인 새 예루살렘 성에서 예수 그리스도의 풍성한 은혜로 말미암은 구원의 상태로 본다.

4. 실제 따 먹을 수 있는 실과(實果)를 맺는 나무로 보는 견해

하나님의 낙원인 새 예루살렘 성 길 가운데로 흐르는 생명수 강가에 있어, 아름답고 먹기에 좋은 열매가 풍성히 맺혀 천국에 입성한 성도들이 언제나 따먹고 영생하기에 충분하도록 공급해 주는 나무로 보는 견해다.

이상의 견해 중 네 번째 견해가 가장 타당한 견해다.

창세기에 증거되고 있는 생명나무가 예수 그리스도의 복음을 상징하기도 하지만 아담과 하와가 실제로 따 먹을 수 있는 과실나무였음이 사실이다.

> "여호와 하나님이 그 땅에서 보기에 아름답고 먹기에 좋은 나무가 나게 하시니 동산 가운데에는 생명나무와 선악을 알게 하는 나무도 있더라"(창 2:9).

옛 뱀, 마귀 사단의 유혹에 넘어가 선악을 알게 하는 나무의 실과를 따 먹어 하나님께 범죄함으로 상실하게 된 에덴 동산과 생명나무 열매가, 믿음으로 승리하여 하나님의 낙원인 새 예루살렘 성에 들어간 성도들에게 다시 허락될 것임을 약속하고 계신 계시 언약이 요한계시록 말씀이다.

> "귀 있는 자는 성령이 교회들에게 하시는 말씀을 들을지어다 이기는 그에게는 내가 하나님의 낙원에 있는 생명나무의 과실을 주어 먹게 하리라"(계 2:7).
> "그 두루마기를 빠는 자들은 복이 있으니 이는 저희가 생명나무에 나아가며 문들을 통하여 성에 들어갈 권세를 얻으려 함이로다"(계 22:14).

문제 3 Question

세세토록 왕 노릇할 자들

"다시 저주가 없으며 하나님과 그 어린 양의 보좌가 그 가운데 있으리니 그의 종들이 그를 섬기며 그의 얼굴을 볼 터이요 그의 이름도 저희 이마에 있으리라 다시 밤이 없겠고 등불과 햇빛이 쓸데없으니 이는 주 하나님이 저희에게 비취심이라 저희가 세세토록 왕 노릇 하리로다"(계 22:3-5).

새 예루살렘 성에서 '세세토록 왕 노릇할 자들'은 누구인가?

1. 구원받은 모든 성도들로 보는 견해

이 견해를 주장하는 사람들은 첫째 부활에 참예하여 그리스도와 더불어 천 년 동안 왕 노릇할 사람들이 구원받은 모든 성도들이라고 본다.

2. 하나님과 어린 양을 위해 생명을 바친 순교자들로 보는 견해

이 견해를 주장하는 사람들은 첫째 부활에 참예하여 천년왕국에서 하나님과 어린 양 예수 그리스도의 제사장이 되어 천 년 동안 왕 노릇할 사람들을 하나님의 말씀과 예수 그리스도의 복음을 위해 순교한 종들로 본다.

두 견해 중 두 번째 견해가 요한계시록의 내증과 조화를 이루는 견해다.

본문의 증거 말씀에 세세토록 왕 노릇할 대상이 '저희 이마에 하나님과 그 어린 양의 이름으로 인침 받은 종들' 임을 밝혀주고 있음이 이를 입증한다.

이들은 분명히 하나님의 인으로 인침 받은 종들로, 그 이마에 인 맞은 십사만사천 명의 종과 같이 하나님과 어린 양을 위해 생명을 바쳐 순교한 성도들이다. 이들은 첫째 부활에 참예하여 천 년 동안 왕 노릇 하는 축복을 얻고 천국에서도 최상의 상급을 받아 세세토록 왕 노릇 하는 축복을 얻게 될 것임을 계시해 주고 있다.

요한계시록 난해문제 집중분석

1판 1쇄 인쇄 _ 2015년 6월 15일
1판 1쇄 발행 _ 2015년 6월 20일

지은이 _ 변동철
펴낸이 _ 이형규
펴낸곳 _ 쿰란출판사

주소 _ 서울특별시 종로구 이화장길 6
편집부 _ 745-1007, 745-1301~2, 747-1212, 743-1300
영업부 _ 747-1004, FAX 745-8490
본사평생전화번호 _ 0502-756-1004
홈페이지 _ http://www.qumran.co.kr
E-mail _ qrbooks@gmail.com/qrbooks@daum.net
한글인터넷주소 _ 쿰란, 쿰란출판사
등록 _ 제1-670호(1988.2.27)
책임교열 _ 이화정

 ISBN 978-89-6562-753-1 93230

책값은 뒤표지에 있습니다.